高等职业教育铁道车辆技术专业系列教材

铁道车辆运用与管理

（第二版）

耿　烽　主　编
吴海超　主　审

中国铁道出版社有限公司

2025年·北　京

内容简介

本书是高等职业教育铁道车辆技术专业的核心课程教材，根据内容共分为基础知识、运用维修、安全三篇，依据现场生产实际采用模块化结构，共5个模块21个项目，与生产过程、生产任务紧密相关。本书内容包括铁道车辆基础运用工作、铁道车辆其他运用工作、铁路客车运用维修、铁路货车运用维修和安全管理。

本书可作为高等职业教育铁道车辆技术专业、中等职业教育铁道车辆运用与检修专业教材，也可做为铁路车辆部门职工培训用书、还可供从事铁路车辆运用的管理人员、工程技术人员和车辆运用维修人员学习参考。

图书在版编目(CIP)数据

铁道车辆运用与管理 / 耿烽主编．--2版．--北京：中国铁道出版社有限公司，2025.5.-- ISBN 978-7-113-32023-2

Ⅰ．U27

中国国家版本馆CIP数据核字第2025H3D589号

书　　名：**铁道车辆运用与管理**
作　　者：耿　烽

策　　划：阚济存
责任编辑：倪英翰　　**编辑部电话**：(010)51873133　　**电子邮箱**：ni_yh_press@163.com
封面设计：郑春鹏
责任校对：刘　畅
责任印制：高春晓

出版发行：中国铁道出版社有限公司(100054，北京市西城区右安门西街8号)
网　　址：https://www.tdpress.com
印　　刷：河北宝昌佳彩印刷有限公司
版　　次：2020年4月第1版　2025年5月第2版　2025年5月第1次印刷
开　　本：787 mm×1 092 mm 1/16　**印张**：21.25　**字数**：530千
书　　号：ISBN 978-7-113-32023-2
定　　价：59.00元

第二版前言

随着中国铁路运输事业的迅速发展，铁道车辆运用与管理相应的铁路技术规章等文件也在不断修订。这使得高等职业教育铁道车辆技术专业需要补充和更新许多新的知识。本书编写顺应中国铁路现代化加速推进新形势，紧跟铁路发展，紧靠生产一线，紧贴技术前沿，对接铁道车辆运用和管理岗位职业标准，参考中国国家铁路集团有限公司最新版关于铁路客车、货车、动力集中动车组运用与管理的有关文件和技术规程，结合铁路车辆部门的生产实际以及高等职业教育铁道车辆技术专业的人才培养特点，对铁路车辆部门的运用管理工作和车辆运用维修等方面的内容进行了详细的介绍。

本版删除了第一版教材中生产实际中已经淘汰的知识内容，增加了铁道车辆运用与管理现场应用的新规定、新技术、新工艺，还增加了与岗位相关的拓展知识，使学生通过学习能够满足企业对该专业技能人才新的要求。

本书采用模块化结构编写模式，内容全面、重点突出。全书包括铁道车辆基础运用工作、铁道车辆其他运用工作、铁路客车运用维修、铁路货车运用维修、安全管理共 5 个模块 21 个项目。内容包括铁道车辆运用管理体系；铁道车辆管理、列车编组、运行和客车、动力集中动车组、货车运用维修的作业要求、方法和技能；生产安全管理的制度与规定；铁路交通事故调查与处理等知识。本书知识理论基于生产过程，技能训练项目基于生产任务，包含的铁道车辆现场技术规程、作业标准都蕴含着大量的职业素养和工匠精神等思政元素，能够使学生在学习过程中潜移默化地实现德技兼修的目标。

本书在编写团队中突出了校企合作，产教融合的特点。由南京铁道职业技术学院耿烽任主编，南京铁道职业技术学院吴海超任主审。其中项目一由中国铁路郑州局集团有限公司车辆部王献宏编写；项目四、十四、十五、十九、二十、二十一由山东职业学院李正伟编写；项目二、十三由武汉铁路职业技术学院曾照平编写；项目三、项目十七中任务一至任务三由湖南铁路科技职业技术学院陈宏媛编写；项目五、十一、十二、十六由耿烽编写；项目六、七由中国铁路上海局集团有限公司南京东车辆段李晓波编写；项目十七中任务四、项目十八由郑州铁路职业技术学院余建勇编写；项目八、九、十由南京铁道职业技术学院宋浩编写。

由于编者水平有限，不妥之处在所难免，希望读者批评指正。

编　者

2024 年 12 月

第一版前言

《铁道车辆运用与管理》是高等职业教育铁道车辆专业的核心专业课教材之一。

随着中国铁路运输事业的迅速发展，铁道车辆技术装备现代化水平加速提高，许多新型车辆装备不断涌现。“和谐号”动车组（CRH）和“复兴号”中国标准动车组（CR）代表中国高速铁路列车技术。时速160 km CR200J型“复兴号”动力集中型动车组列车作为中国标准普速动车组，也已经开通运营。随之而来的是中国铁路车辆系统格局不断变化，车辆的运用维修与管理等工作归属更加明确。其中CR200J型“复兴号”动力集中型动车组列车在车辆段客整所内实施车辆专业牵头的一体化运用维修，普速客车以及货车分别归属客车车辆段和货车车辆段负责运用维修，相应的铁路技术规章等文件也在不断修订。这使得高等职业教育铁道车辆专业需要补充和更新许多新的知识。另外，铁路运营管理机构改革也需要更换现有教材中对应机构名称。因此，为满足高等职业技术教育铁道车辆专业人才培养需要，编写了本教材。本书在保留原有铁道客、货车运用与管理的知识基础上，增加了CR200J型动力集中型动车组列车运用维修相关知识，力求使得教材内容跟上现场生产变化，使学生在学习过程中能够及时了解铁道车辆运用维修与管理的新技术新工艺。

本书依据新版《铁路技术管理规程（普速铁路部分）》《铁路客车运用维修规程》《铁路动车组运用维修规则》《铁路货车运用维修规程》《铁路货车站修规程》《铁路交通事故调查处理规则》《铁路行车设备故障调查处理办法》《CR200J动车组技术检查指导书》等有关规程和技术文件，结合铁路车辆部门的生产实际以及铁道车辆技术专业高等职业技术教育的特点，对车辆部门的运用管理工作和车辆运用维修等方面的内容进行了详细的介绍。主要内容包括：列车编组及运行、车辆运用管理工作、客车运用维修、CR200J型动车组运用维修、货车运用维修、特种货物运输、铁路运输安全与铁路交通事故调查处理等。

本书内容全面、重点突出，注重理论联系实际，便于教学或自学。为满足不同层次读者学习的需求，各章有相对的独立性，教师或读者可以根据需要酌情取舍。

本书由南京铁道职业技术学院吴海超、耿烽、张文，中国铁路上海局集团有限公司合肥车辆段韩志明、史福军，南京东车辆段李宗庆，兰州交通大学李晋武，辽宁轨道交通职业学院麻冰玲等编写，由吴海超、耿烽任主编。在编写过程中，得到了中国铁路上海局集团有限公司合肥车辆段朱永福、中国铁路西安局集团有限公司西安车辆段畅英博等有关部门工程技术人员的支持和帮助，在此表示衷心感谢。

本书是高等职业教育铁道车辆技术专业教材，也可用作铁道车辆专业中等职业教育教材，还可以作为铁路车辆部门职工培训、从事铁路车辆运用的管理人员及工程技术人员和车辆运用维修人员学习的参考教材。

由于编者水平有限，不妥之处在所难免，希望读者批评指正。

编　者
2019 年 12 月

目　录

基础知识篇 ………………………………………………………… **1**

模块一　铁道车辆基础运用工作 ……………………………… **2**

项目一　铁道车辆管理体系 ……………………………………… 3

项目二　铁道车辆管理 …………………………………………… 7

项目三　铁道车辆运用管理 ……………………………………… 18

项目四　铁道车辆检修制度 ……………………………………… 31

项目五　铁道车辆管理信息系统 ………………………………… 38

模块二　铁道车辆其他运用工作 ……………………………… **45**

项目六　特殊货物运输车辆运用 ………………………………… 46

项目七　专用铁路货车运用 ……………………………………… 49

项目八　路用铁道车辆运用 ……………………………………… 51

项目九　自备铁道车辆运用 ……………………………………… 53

项目十　国际联运车辆运用 ……………………………………… 55

项目十一　铁道车辆过轨技术检查 ……………………………… 56

项目十二　爱护铁道车辆 ………………………………………… 59

运用维修篇 ………………………………………………………… **63**

模块三　铁路客车运用维修 …………………………………… **64**

项目十三　库列检 ………………………………………………… 65

任务一　日常检修 ………………………………………………… 66

任务二　专项修 …………………………………………………… 104

项目十四　客列检 ………………………………………………… 124

任务一　始发作业 ………………………………………………… 128

任务二　通过作业 ………………………………………………… 128

任务三　站折作业 ………………………………………………… 130

任务四　终到作业 ………………………………………………… 131

项目十五　车辆乘务组 …………………………………………… 140

任务一　车辆乘务一次往返作业 ………………………………… 141

任务二　运行途中应急故障处置 ………………………………… 143

项目十六　动力集中型动车组运用维修 ………………………… 159

任务一　编组和运行 ……………………………………………… 159

任务二　动车组运用维修 ………………………………………… 163

任务三　乘务作业 ………………………………………………… 187

模块四　铁路货车运用维修 …… 193
项目十七　列检作业 …… 194
任务一　列车摘挂 …… 196
任务二　货物列车技术检查 …… 202
任务三　货车故障处置 …… 243
任务四　列车制动机试验 …… 263
项目十八　站修作业 …… 289
任务一　预检 …… 289
任务二　检修 …… 291
任务三　交车验收 …… 294
安全篇 …… 311
模块五　安全管理 …… 312
项目十九　一般作业安全 …… 313
项目二十　行车设备故障管理 …… 316
项目二十一　事故调查与处理 …… 318
参考文献 …… 325
参考答案 …… 326

基础知识篇

JICHU ZHISHI PIAN

模块一　铁道车辆基础运用工作

【知识导图】

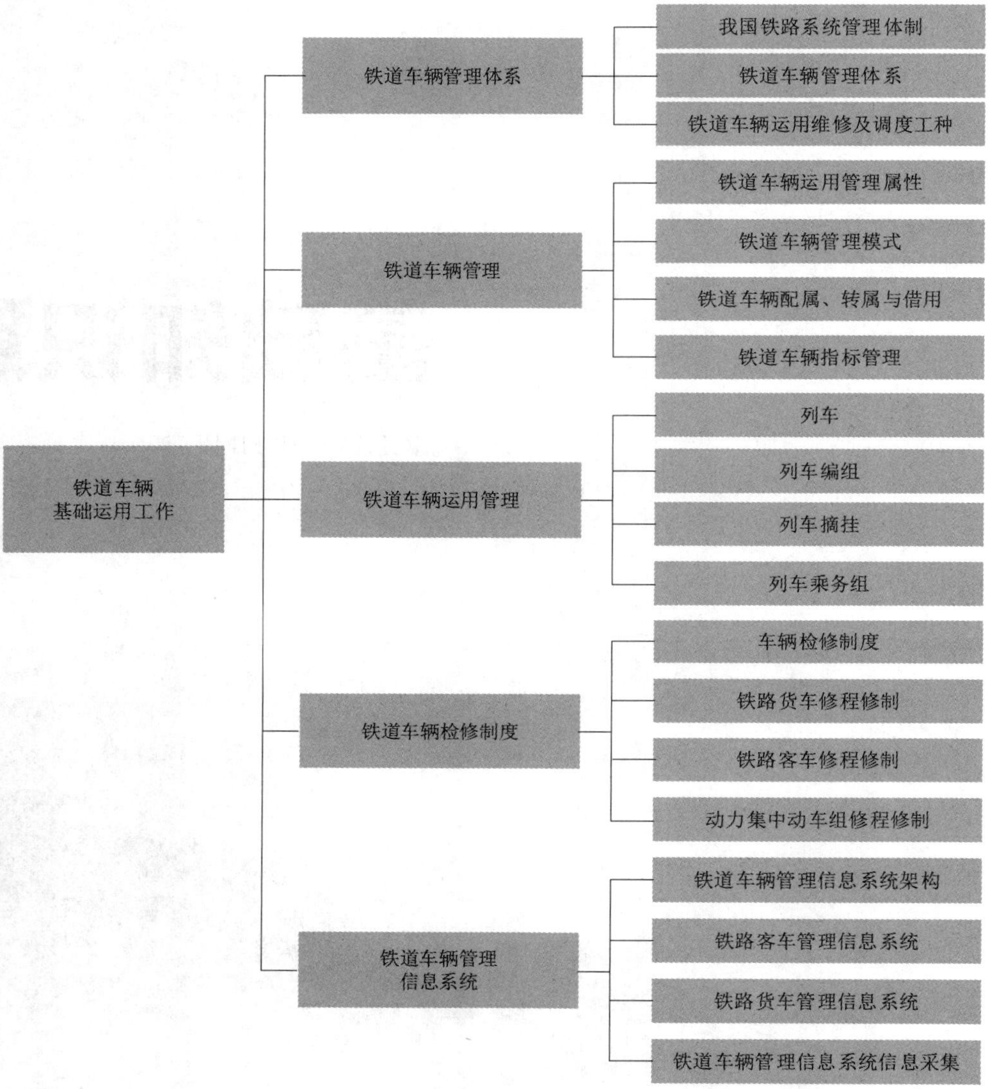

【学习目标】

知识目标

1. 熟悉铁道车辆运用基本概念及专业术语。
2. 熟悉铁道车辆管理体系。
3. 熟悉铁道车辆管理要求。
4. 熟悉铁道车辆运用管理要求。
5. 熟悉铁道车辆修程修制。
6. 熟悉铁道车辆信息化管理知识。

能力目标

1. 具备理解铁道车辆运用技术规程的能力。
2. 具备按要求管理铁道车辆的能力。
3. 具备按要求运用铁道车辆的能力。
4. 具备理解铁道车辆修程修制的能力。
5. 具备铁道车辆信息化管理的能力。

素质目标

1. 具有严格的管理意识和安全意识。
2. 具有信息化和数字化的职业素养。
3. 具有爱路爱车的职业情感。
4. 具有爱岗敬业的职业精神。
5. 具有爱护公共财产的道德素质。
6. 具有铁路运输系统性的大局观念。

项目一 铁道车辆管理体系

铁道车辆也称铁路车辆，主要包括铁路客车、铁路货车、动车组、自轮运转特种设备等。铁道车辆运用需要科学、专业、严格的管理体系。现行铁道车辆管理体系包括车辆运用维修管理体系和车辆调度管理体系，实行三级专业管理。加强车辆运用管理，对运用中的车辆施行迅速、及时、正确的维修，可以保障运用车辆性能安全可靠，加速车辆周转，降低运营成本，保证行车安全，确保优质、高效地完成铁路运输任务。

【相关知识】

知识点 1 我国铁路系统管理体制

我国现有铁路系统按照产权性质划分为国家铁路、地方铁路、专用铁路和铁路专用线。国家铁路是由国家授权机构投资控股的铁路。地方铁路是由地方人民政府授权机构或者社会资本投资控股的铁路。专用铁路是由企业或其他单位投资建设，专为本企业、单位内部运输服务的铁路。铁路专用线是由企业或其他单位投资建设的与国家铁路或其他铁路接轨的岔线。

随着我国铁路改革发展和铁路投资多元化，对国家铁路、地方铁路的定义有了新的认识，普遍理解为，在铁路路网中发挥骨干作用并且由国家授权的铁路投资机构投资控股的铁路为国家铁路；在铁路路网中发挥区域性服务作用并且由地方人民政府授权机构或者社会资本投资控股的铁路称为地方铁路。专用铁路、铁路专用线可理解为工业企业铁路厂内、场外两部分线路，厂内线路为专用铁路，场外线路为铁路专用线。

我国铁路系统现行管理体制分为行政管理和运营管理。

国家铁路局隶属于中华人民共和国交通运输部，是国家对铁路系统进行行政管理的主要政府部门。各个省(自治区、直辖市)设置的铁路管理部门对所辖区域的地方铁路进行相应行政管理。另外，中华人民共和国国家发展和改革委员会和各个省(自治区、直辖市)发展和改革委员会对铁路投资项目进行行政审批管理。

中国国家铁路集团有限公司（以下简称国铁集团）对国家铁路进行运营管理。各个省（自治区、直辖市）的铁路运输企业对各自所辖区域的地方铁路进行相应运营管理。

国铁集团是经国务院批准，依据《中华人民共和国公司法》设立，由中央管理的国有独资公司。公司以铁路客货运输为主业，实行多元化经营。主要负责铁路运输统一调度指挥，统筹安排路网性运力资源配置，承担国家规定的公益性运输任务，铁路行业运输收入清算和收入进款管理，国家铁路新线投产运营的安全评估等。

国铁集团按运输组织需要，在全国设立若干个铁路局集团公司（以下简称铁路局）。各个铁路局对所管辖范围内的铁路日常运输生产实施统一指挥和组织。铁路局下属若干个运输站段，是铁路运输生产具体实施单位。各个运输站段设置不同科室和车间，对基层铁路运输工作进行组织管理。国铁集团实行“国铁集团、铁路局”两级法人和“国铁集团、铁路局、站段”三级管理的管理模式。

知识点 2　铁道车辆管理体系

铁道车辆管理体系包括车辆运用维修管理体系和车辆调度管理体系。两个体系既相互独立又相互交叉。

一、车辆运用维修管理体系

铁道车辆运用维修工作的主要任务包括车辆管理、运用维修和运用安全三个方面。加强铁道车辆运用管理，以保证运用车辆质量性能安全可靠，加速车辆周转，确保铁路运输任务的优质高效完成。

国铁集团设置机辆部，主要通过制订规章制度的技术手段和进行成本考核的经济手段实现对车辆部门的管理，以保证运输安全，完成运输生产任务。机辆部负责提出全路车辆部门工作的发展规划，逐步改革全路车辆检修制度；编制年度车辆各项检修计划、制订全路车辆各级修程及安全生产等规章制度，并组织和督促实行；参与编制铁路设计规范；掌管全路新造车辆、运用车辆、配属、调拨、检修与报废等工作；审查车辆技术政策、各项技术标准及质量标准等。

铁路局设置车辆部，是铁道车辆专业管理的责任主体，负责领导与组织本局所管辖范围内与车辆有关的基层站段的运输生产活动，保证行车安全。车辆部认真贯彻执行国铁集团对车辆工作的方针、政策、指示、命令、规范、规程、技术标准；提出本局车辆部门工作的发展规划和实施计划；指导和督促下属各业务段完成各项技术指标和质量指标。通常铁路局车辆部设有动车科、客车科、货车科、设备科、安全科和综合科等业务部门。

车辆段是铁路局下属的车辆运用检修的基层单位，是铁道车辆运用维修的责任主体，贯彻执行车辆工作相关规章制度、管理办法及技术标准，制定现场作业指导书并组织实施，完成车辆的定期检修和日常维修工作，为铁路运输提供足够的、技术状态良好的铁道车辆，在检修保证期内和保证区段内确保行车安全。通常车辆段设有技术科、运用车间、检修车间、设备车间等生产部门。

铁道车辆运用维修管理体系实行“国铁集团、铁路局、车辆段”三级管理。

二、车辆调度管理体系

国家铁路实行运输调度集中统一指挥、行车单一指挥。铁道车辆调度是铁路运输调度的重要组成部分。铁道车辆调度工作内容包括车辆运用、检修生产的日常组织指挥，相关数据指标分析，安全生产信息收集、分析、反馈，参与非正常行车应急处置、车辆运行安全监测监控和报警信息处置等。铁道车辆调度管理是提高车辆使用效率，保证列车安全运行，维护铁路运输秩序的重要基础。

国铁集团设置运输调度指挥中心（集团级安全生产指挥中心），是集团直属机构，负责全路运输调度集中统一指挥，组织完成铁路日常运输生产任务及应急救援指挥等工作。其中车辆调度协调组织全路铁道车辆运用、检修生产工作，全面掌控安全生产信息，并对信息进行相应处理。

铁路局设置调度所（局级安全生产指挥中心），是局直属机构，负责本局运输调度集中统一指挥，组织完成铁路日常运输生产任务及应急救援指挥等工作。其中车辆调度协调组织本局铁道车辆运用、检修生产工作，全面掌控安全生产信息，并对信息进行相应处理。

车辆段设置调度科（段级安全生产指挥中心），属于段直属职能部门，设有运用调度、检修调度、值班调度和应急指挥等岗位，分工负责生产组织、应急指导、现场监控、质量诊断、统计分析等工作。

车辆调度管理体系按照分级管理、逐级负责的原则，实行“国铁集团、铁路局、车辆段”三级管理。

铁道车辆管理体系架构如图 1-1 所示。

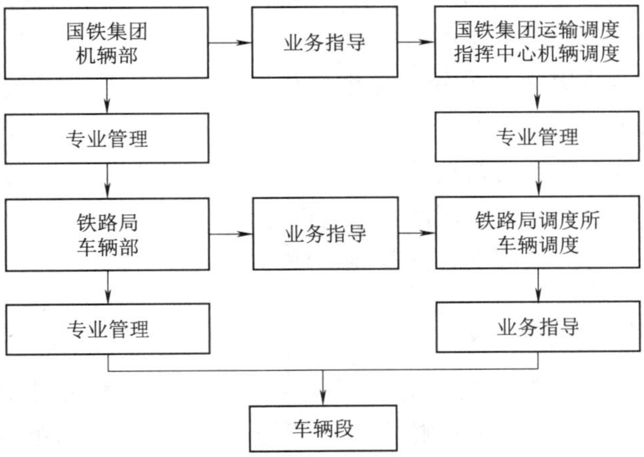

图 1-1 铁道车辆管理体系架构

知识点 3 铁道车辆运用维修及调度工种

按照国家职业分类，涉及铁道车辆运用维修及调度工作的铁路特有工种主要有客车检车员、货车检车员、列检值班员、动态检车员、车辆乘务员、铁路车辆钳工、铁路车辆电工、铁路机车车辆制动钳工（车辆）、无损检测工（探伤工）（车辆）等。

客车检车员：对铁路运用客车车辆及其空调设备和电气装置等技术状态进行检查、测试，并对其进行维护及故障处理的人员。

货车检车员：对铁路运用货车车辆技术状态进行检查、测试，并对其进行维护及故障处理的人员。

列检值班员：从事铁道车辆运用维修作业组织的人员。

动态检车员：运用铁道车辆运行安全监控系统进行铁道车辆不停车技术作业的人员。

车辆乘务员：承担旅客列车车辆乘务作业的人员。

铁路车辆钳工：从事车辆机械装置及部件分解、检查、修理、装配、调试的人员。

铁路车辆电工：从事铁道车辆电气装置维护、检修和调试的人员。

铁路机车车辆制动钳工（车辆）：从事车辆制动系统、制动装置及部件分解、检查、修理、装配、试验、处理故障的人员。

无损检测工（探伤工）（车辆）：使用探伤设备检测车辆车轮和车轴缺陷，并对探伤设备进行检测和保养的人员。

【拓展知识】

拓展知识点 1　国家铁路局主要职能

国家铁路局的主要职能包括：

1. 起草铁路监督管理的法律法规、规章草案，参与研究铁路发展规划、政策和体制改革工作，组织拟订铁路技术标准并监督实施。

2. 负责铁路安全生产监督管理，制定铁路运输安全、工程质量安全和设备质量安全监督管理办法并组织实施，组织实施依法设定的行政许可。组织或参与铁路生产安全事故调查处理。

3. 负责拟订规范铁路运输和工程建设市场秩序政策措施并组织实施，监督铁路运输服务质量和铁路企业承担国家规定的公益性运输任务情况。

4. 负责组织监测分析铁路运行情况，开展铁路行业统计工作。

5. 负责开展铁路的政府间有关国际交流与合作。

6. 承办国务院及交通运输部交办的其他事项。

拓展知识点 2　调度

国家铁路实行运输调度集中统一指挥、行车单一指挥。调度集中统一指挥指的是一切有关列车运行工作的各专业，全部要服从“调度”的统一指挥；行车单一指挥指的是同一时间、同一位置与司机的联系和指挥，只能通过唯一的岗位来完成，高速铁路线路的唯一指挥人为高铁行车调度，既有线则为区段站车站值班员。

所有被称为“调度”的各级部门，都是从事生产组织指挥类工作。运输专业部门“调度”因从事行车组织工作，被称为“行车调度”，其他专业的调度分别在“调度”前面加上专业名称，即为调度名称。运输调度包括行车调度、客运调度、货运调度、机务调度、工务调度、电务调度、牵引供电（电力）调度等专业调度。机务调度包括动车调度、机车调度、车辆调度、5T调度。

拓展知识点 3　铁道车辆运行安全监控系统（5T 系统）

铁道车辆运行安全监控系统，简称 5T 系统，利用科技手段监测监控车辆运行状态，是车辆运用维修体系的重要组成部分。车辆动态检查技术就是运用5T系统进行铁道车辆不停车技术作业，从而提高车辆检修效率，保障车辆运用安全。

5T系统主要由车辆轴温智能探测系统（THDS）、车辆故障轨旁图像检测系统（客车为TVDS，货车为TFDS）、车辆运行品质轨旁动态监测系统（TPDS）、车辆滚动轴承故障轨旁声学诊断系统（TADS）和车辆轮对尺寸动态检测系统（TWDS）组成。

THDS运用红外线辐射探测、计算机和网络通信等技术，具备实时监测运行车辆轴温、智能跟踪和热轴自动报警等基本功能。

TVDS/TFDS运用高速数字图像采集、计算机和网络通信等技术，具备在列车运行状态下采集显示车辆有关部件图像、自动判别部分车辆故障等基本功能。

TPDS运用轮轨垂向力和横向力检测分析、计算机和网络通信等技术，具备实时监测运行车辆的车轮踏面、运行品质、超偏载状态和自动报警等基本功能。

TADS运用声学诊断、计算机和网络通信等技术，具备实时监测车辆滚动轴承早期故障、联网综合评判和自动报警等基本功能。

TWDS运用激光断面测量技术和图像处理技术，具备在列车运行状态下动态自动测量车辆车轮外形尺寸参数等基本功能。

思考与练习

一、填空题

1. 我国铁路系统现行管理体制分为________和________。

2. 国铁集团实行“______、______”两级法人和“______、______、______”三级管理的管理模式。

3. 铁道车辆管理体系包括________和________。

二、选择题

1. 车辆安全生产指挥中心设置运用调度、检修调度、值班调度和（　　）等岗位。

A. 行车调度　　B. 机务调度　　C. 动车调度　　D. 应急指挥

2. 车间（　　）不属于调度人员序列，但是负责落实调度人员制定的生产计划和转发调度命令等。

A. 车间主任　　B. 值班员　　C. 班组长　　D. 应急指挥人员

三、问答题

1. 简述铁道车辆部门组织机构及管理体系。

2. 简述车辆调度管理体系架构。

3. 铁道车辆运用维修及调度工作的工种有哪些？

项目二　铁道车辆管理

国铁集团对进入国家铁路运行的铁道车辆进行全覆盖管理。针对车辆的不同属性，采取不同管理模式。

【相关知识】

知识点 1　铁道车辆运用管理属性

铁道车辆运用管理属性主要包括资产属性和使用属性。

一、资产属性

资产属性是指车辆资产归属，分为国铁车辆、地方车辆、邮政车、自备车辆等。

国铁车辆是国家铁路（含股改上市公司）所属的铁道车辆，包括国铁集团或铁路局出资购置、资产归属铁路局或国铁集团所属专运机构的车辆，以及国铁集团所属中国铁道科学研究院集团有限公司（以下简称铁科院）、专业运输公司等企业出资购置且拥有资产的铁道车辆，分为国铁客车和国铁货车。

地方车辆是指合资及地方铁路公司所属的车辆，包括铁路局集团控股、非控股合资铁路公司以及未参股的地方铁路公司出资购置且拥有资产的铁道车辆，分为地方客车和地方货车。

邮政车是指中国邮政集团有限公司出资购置且拥有资产，用于运送邮件、包裹的铁道车辆。

自备车辆是指部队及非铁路运输企业出资购置且拥有资产的铁道车辆。如客车造修工厂、专用铁路所属单位出资购置且拥有资产的客车为自备客车。企业为满足本企业生产需要自行购置使用的货车为自备货车。

二、使用属性

使用属性是指车辆使用方式，分为运营车辆、专运车辆、路用车辆、过轨车辆四类。

运营车辆是指通过运载旅客或运载货物能够直接产生运输收益的铁道车辆。铁路行业通常将能够作为旅客列车、特快货物班列图定编组使用的客车称为运营客车。地方客车、邮政车均为运营客车。

专运车辆是指参与铁路运输时不以产生运输收益为目的，专门用于担当重点运输任务所使用的铁道车辆。

路用车辆是指不参与铁路运输，具有专门用途的铁道车辆。包括如试验车、特种车、维修车、公务车等专门用于铁路检测、试验、救援、施工宿营等用途的铁路客车，国铁集团批准作为铁路各单位运送非营业运输物资或用于特殊用途的铁路货车。按具体用途分为国铁路用车辆和局管路用车辆。

需要过轨技术检查的车辆设备称为过轨车辆。出口铁道车辆、自备铁道车辆、自轮运转特种设备等进入国家铁路运行前，由所在地铁路局对其技术状态进行检查，以保证运行安全，称为过轨技术检查。

知识点 2　铁道车辆管理模式

根据我国铁道车辆的运用管理属性、实际使用情况等因素，铁路客车采用固定配属方式进行管理。大部分铁路货车采用无固定配属方式管理，少部分货车也采用固定配属方式进行管理。

一、铁路客车管理模式

对铁路局、专运机构所属的国铁客车（不含铁路局所属的局管路用客车）实行固定配属管理，由配属单位负责管理运用维修。局管路用客车由所属铁路局依据国铁集团文件和本局特点制定细化管理办法，实行单独管理。实行固定配属管理的客车称为配属客车。

对铁科院、专业运输公司等单位所属的国铁客车和进入国家铁路运营的地方客车、邮政车、特殊用途自备客车，由国铁集团指定铁路局代为管理，受托负责运用维修。受托负责运用维修的客车称为代管客车。

对自备客车中的过轨运输客车，由产权单位自行负责运用维修，铁路局实行属地管理，由自备客车产权单位所在铁路局负责年审，并在进入国家铁路运行前，由过轨所在地铁路局进行过轨运输技术检查。实行属地管理的客车称为属管客车。

对自备客车中的一次性过轨客车和办理一次性过轨的出口客车，铁路局不负责运用维修，不负责年审，只负责过轨前技术检查。

二、铁路货车管理模式

实行配属的国铁货车，包括路用铁路货车，由配属单位管理，其维修工作由所配属或指定的车辆段（车辆工厂）负责。

自备铁路货车由车辆所属单位负责管理，但车号由国铁集团统一管理和发放。车辆定检检修可以委托车辆段或车辆工厂完成。也可以自做，但其检修能力和质量必须经所在铁路局鉴定并经国铁集团审核批准。

自备铁路货车、企业内用铁路货车和出口铁路货车进入国铁营业线运行时，按有关规定由国铁车辆段进行过轨技术检查。

知识点3　铁道车辆配属、转属与借用

一、车辆配属

新造国铁客车以及需要固定配属的货车整车竣工并经国铁集团监造人员签认后，国铁集团需下达车号并明确配属局，即明确由哪个铁路局固定使用，铁路局据此配属给车辆段，称为配属管理。配属单位可支配安排使用配属车辆资源，称为固定使用。为明确配属车辆责任单位，客车和有固定配属的货车，车辆上都应涂打负责管理该车的铁路局和车辆段的简称，即配属标记。客车配属标记涂打在车体两外端墙的左下角处（涂打在车体 1 位和 4 位端墙），如图 2-1 所示，其中“济局济段”，表示配属在济南局济南车辆段。代管客车一般涂打代管局、段标记。固定配属货车的配属标记涂打在车体中部及性能标记下方，如图 2-2 所示。配属给各局的石油直达列车的罐车应在罐车 1、2 位端板中心保温套上缘涂打罐车配属及车组号标记。

图 2-1　硬座客车配属标记

图 2-2　货车配属标记

二、车辆转属与借用

铁道车辆固定使用过程中，会出现配属单位发生变化的情况，这种配属单位变更过程为车辆转属。车辆跨铁路局（以下简称跨局）间转属由国铁集团根据铁路局申请或全路运输需求统一安排，铁路局局管内转属由铁路局办理。车辆转属时，转出单位应按标准负责整备，转入单位应派人到转出单位接车并办理车辆技术交接。

配属车辆和代管车辆可借用。车辆跨局间借用由国铁集团批准，局管内借用由铁路局批准。接到车辆借用命令后，借出单位应按标准整备车辆，借用单位应派人到借出单位接车，并办理车辆技术状态交接。

知识点4　铁道车辆指标管理

铁道车辆运用的经济性和合理性，主要是通过统计与分析某些技术指标，来正确、及时地反映和考核车辆运用的实际状况。车辆运用效率的高低，可以从车辆周转的快慢和车辆装载的满欠两方面来考核。

一、车辆运用主要运营指标

1. 现在货车

现在货车是指每日18:00管内现有的全部货车。正确掌握现在货车，能为正确地编制作业计划，提供可靠的依据，有助于提高列车编解效率，加速车辆周转。

现在货车按支配权来划分，可分为支配货车（铁路有权调配使用的货车，包括国铁货车和进入我国参加营业运输的外国货车）和非支配货车（铁路无权调配使用的企业自备车和企业租用车）。

以运用来划分，可分为运用货车和非运用货车两种。

运用货车指参加铁路营业运输生产的一切空、重货车，统称为运用货车。它是表明运输生产能力的一项重要指标。铁路完成运输任务的多少，很大程度上取决于运用货车的多少。当日18:00运用货车数与现在货车数之比，称为货车运用率。运用率愈高，说明投入直接运输生产的货车愈多。

非运用货车指不参加铁路营业运输的非生产性的货车和企业自备、租用的空货车，统称为非运用货车。非运用货车包括备用车、检修车、代客货车、路用车、洗罐车、整备罐车、改装及试验车、企业自备及租用和淘汰车等。一定数量的非运用货车，是运输生产所必需的。但非运用货车要严格控制，不能占用过多，压缩非运用货车是挖掘货车潜力的重要途径。

2. 现在客车

现在客车包括运用客车和非运用客车两种。

凡是办理旅客营业的客车统称为运用客车。如供旅客乘坐的软、硬座车，软、硬卧车及为旅客服务的行李车、餐车等。

凡不办理旅客营业的客车以及技术状态不良，不能编挂于列车中运行的客车，均为非运用客车。如备用车、公务车、福利车、特种用途客车及各种检修客车等。

3. 货车车辆公里

一辆货车走行一公里叫一车辆公里。运用货车车辆公里是运用货车总走行的公里，它是反映货车走行工作量的数量指标，在一定程度上还能反映轮对磨耗的程度。

运用货车车辆公里等于重车车辆公里与空车车辆公里之和。

4. 货车日车公里

货车日车公里是指在一定时期内铁路局或全路平均每一运用货车在一昼夜内的走行公里数。

货车日车公里是反映货车流动程度的指标。货车的流动程度愈大,即平均每辆货车每天走行的公里愈多,在空车走行率一定的条件下,货车所完成的货运量就愈大。

5. 货车全周转距离及周转时间

货车全周转距离,简称全周距,是指货车每周转一次(也可以说每完成一个工作量)的平均运行距离。它包括货车在重车状态下和空车状态下的全部行程。货车全周转距离与货车周转时间成正比。若其他因素不变,全周距愈长,货车周转时间也愈长。因此,全周距应在保证工农业生产和为人民生活服务的前提下力求缩短。

货车周转时间是指运用货车在一次周转中(即完成一个工作量的整个过程中)平均所花费的时间。

货车周转时间是考核货车运用效率的最重要的指标之一,也是技术计划中最重要的指标之一。它反映着整个货车周转过程的总效率,反映着所有与运输有关各部门的工作质量与工作效率。因此,通常把它称为反映货车运用效率的综合性指标。

加速货车周转对提高运输效率具有重要意义。缩短货车周转时间,就能以一定数量的运用车完成更多的运输任务,即完成一定数量的运输任务,可以少使用车辆。

6. 货车载重量

货车载重量是反映货车载重力利用程度的指标,通常可分为货车静载重和货车动载重两种。

货车静载重是指在一定时期内,车站、铁路局或全路平均每装车一辆所装载的货物吨数。它直接影响到装车数,影响到为完成一定货物发送吨数所需要的运用车数。车辆的类型对于静载重具有重大影响,增加全部运用车中大型车所占的比例,是提高静载重的有效措施。

货车动载重是指在一定时期内,全路、一个铁路局平均每一货车公里所完成的货物吨公里数。它一般分为重车动载重(指在一定时期内平均每一重车公里所完成的货物周转数)和运用货车动载重(指平均每一运用货车公里所完成的货物吨公里数)两种。

货车静载重仅能反映在装车时或重车状态的静止条件下(即不包括距离因素)货车载重能力的利用程度。货车动载重则不同,它所反映的是平均每一重车公里或运用货车公里所完成的货物周转量,从而也就表现出货车在运送货物全过程中的利用程度。

7. 车辆保有量

(1)货车保有量

货车是在全国各铁路线上运行的。对于一辆货车来说,它经常从一个铁路局的管辖区进入另一个铁路局的管辖区,并不固定在某一铁路局管辖区内,所以各铁路局的实际保有量是变化的。但每个铁路局都需要保持一定数量的运用货车,才能完成所承担的运输任务。因此,国铁集团在每月编制运输技术计划时,分配给各铁路局一定的运用货车保有量。同样,各铁路局也分配给所属各车站一定的运用货车保有量。

正确掌握铁路局的运用货车保有量,是保证完成规定运输任务的重要环节。因此,铁路局应经常采取各种调整措施,使每天的运用货车保有量基本上符合规定的标准。

(2)客车保有量

我国铁路客车由国铁集团分别配属给各铁路局，所以各局的客车保有量是相对稳定的数值，即全部配属的客车辆数。

计算客、货车保有量的目的，一方面是为了更好地掌握车辆的分布情况，以均衡地完成铁路运输任务；另一方面，用保有量乘以各种修程的修理循环系数，可以计算出检修任务量。

8.旅客列车公里及运用客车车辆公里

旅客列车公里是指由铁路局所属各段配属车底开行的旅客列车公里总数。全路旅客列车公里是全国各铁路局旅客列车公里的总和。

运用客车车辆公里是指由铁路局所属各段配属客车在各区段走行公里的总和。

旅客列车公里是计划和考核与旅客列车有关支出的一项重要指标，而运用客车公里则是客车车辆公里的重要组成部分，是计划和考核客车检修费用等有关客运支出的一项重要指标。

9.旅客列车车底周转时间

旅客列车车底周转时间，简称车底周转时间，是指为了开行运行图中某一对旅客列车的车底，从第一次由车底始发站发出之时起，至下一次再由该始发站发出时止，所经过的全部时间。

车底周转时间反映着车底周转全过程的效率，反映着所有与客运有关各部门的工作效率。车底周转时间的长短，直接影响到为开行某对列车所需要的车底数，从而也就影响到铁路所需要的运用客车数。因此，在计划旅客列车车底需要数时，都要使用车底周转时间这一重要指标。

10.旅客列车技术速度、旅行速度、直达速度

旅客列车技术速度是指列车在区段内运行，不包括列车在沿途中间站停车时间在内的平均速度。

旅客列车旅行速度，也称区段速度或商务速度，是指列车在区段内运行的平均速度(将列车在沿途中间站的停车时间考虑在内)。

旅客列车直达速度(直通速度)是指列车在车底始发站和折返站之间的平均速度，也就是旅客列车在其运行全程中的平均速度。

二、车辆检修指标

1.检修车辆现有数

检修车辆现有数，也叫不良车数、残车数或检修车数，是指每日18:00全路、一个铁路局、一个车辆修理工厂或车辆段的管辖范围内所具有的全部已摘修的在修和待修的车辆数。包括国铁车辆(含企业租用车)中因定检到期或临修而摘修的车辆，因事故破损和待报废及回送中的检修车辆，在铁路营业线运用中因临时发生故障而摘车临修的外国车及企业自备车。

检修车辆现有数可以反映全路或一个铁路局车辆的状况，也可以反映各个车辆检修单位、路局或全路修车工作的进展。为了保证工厂和车辆段修车计划有步骤、有节奏地均衡完成，国铁集团规定了各铁路局和修理工厂有一定的检修车定量，也叫残车定量，铁路局也规定了所属车辆段的残车定量。各段、厂要采取一切必要措施，努力减少管内的检修车数，使之经常保持在规定定量以下。加强摘车的计划性和减少摘车临修，是减少检修车数的一个主要途径，而提高修车效率，缩短检修时间及提高修车的当日出车率，也是减少检修车辆的

重要措施。

2. 车辆检修率

车辆检修率，又称车辆不良率，是以相对数字反映车辆状态的指标，分为货车检修率和客车检修率两种。

(1)货车检修率是全路或一个铁路局不良货车数与支配货车数之比。

由于我国铁路货车是全路通用，没有固定配属，而且各铁路局货车检修任务是根据各局检修能力分配的。另外，由于各铁路局管内有无车辆修理工厂及其修车能力的大小不同，其所需的在厂车数和待入厂车数也不同。因此，分别计算各局货车检修率是没有实际意义的，故一般只计算全路的货车检修率，作为考查车辆检修运用成绩的依据。

(2)客车检修率是不良客车数与配属客车数之比。

由于客车都有固定配属，所以它和货车情况不同，除了应当计算全路客车检修率外，还应分别计算各铁路局的客车检修率。

车辆检修率愈低，表示不良车辆数愈少，可以参加运用的车辆数愈多。因此，车辆检修率愈低愈好。

车辆检修率与检修车辆数成正比，而与支配货车数及配属客车数成反比。由于车辆检修率的大小和检修车辆数成正比，因此，它也在一定程度上反映了全路车辆修理的质量。当修车质量较高时，随着检修车辆数的减少，车辆检修率也就相应降低。反之，当修车质量较差时，随着修车数增加，车辆检修率也就相应增高。

3. 车辆检修停留时间

车辆检修停留时间，简称休车时间，是指在一定时期内，全路或一个铁路局、一个车辆修理工厂、一个车辆段或其他修车单位，平均检修一辆车的全部停留时间。休车时间是按客、货车辆的各种修程分别计算。

休车时间是表示修车工作进度的重要指标。在保证修车质量的前提下，如果休车时间愈短，则表明修车效率愈高；休车时间愈长，则表示修车效率愈低。

每一检修车辆的全部休车时间，对于交由车辆段修理的车辆来说，大致包括站休时间、待修时间和修理时间 3 个内容。对于交由工厂检修的车辆来说，往往还要加上由确认需要送交工厂检修的地点编入列车，直至送到工厂所在地办理入厂手续完了为止的全部时间，也可称之为回送时间。为了加快修车进度，缩短休车时间，就必须努力缩短站休、待修、修理和回送时间。对车辆检修部门来说，往往又以缩短待修和修理时间为主要关键。

4. 责任晚点

责任晚点是考核列检工作质量的重要指标。检车人员应在列车运行图规定的时间内检修好车，并确保运行到下一个列检所而该所检修范围的部位不发生故障。凡由于工作组织不当影响列车按图定时间开出的和由于检修列车造成的晚点叫列检责任晚点。这种晚点多因车辆故障危及行车安全，如在列车队不能修复时，必须做甩车处理，所以惯称始发甩车晚点。

5. 责任事故

车辆运用部门要消灭行车事故，确保列车运行安全。由于本列检作业场或段责任造成事故的按规定列入责任事故，铁路局、车辆段按件数考核。对一般事故，客车按每百辆配属车发生件数统计，货车按管内货物列车运行量每百万辆公里发生的件数统计。

除上述车辆检修运用工作指标外，还有车辆段每年每名工人的平均修车辆数、站修作业场的台位利用率、半日出车率、劳动生产率、临修率等质量指标。

【拓展知识】

拓展知识点1　国际联运客车

运营客车中担当跨国运输任务的客车称为国际联运客车。目前我国与俄罗斯、蒙古国、哈萨克斯坦、朝鲜、越南等国家相互开行国际联运旅客列车，我国担当的列车分别使用沈阳、北京、呼和浩特、南宁、乌鲁木齐局集团公司所属的国铁客车开行。2023年4月我国与老挝相互开行动力集中型动车组（以下简称动集动车组）跨境客车。

拓展知识点2　运用车、检修车、备用车

配属客车按使用状态划分为运用车、检修车、备用车。

运用车是指编挂在列车上使用的客车。检修车是指处于检修状态（含回送期间）的客车。备用车是指技术状态良好，随时可以挂用的客车。备用车包括临修备用车和高峰备用车。临修备用车是指为防止运用车发生故障后无法复编而随时准备替换上线的客车，高峰备用车是指日常运行图未安排上线使用的客车，这些客车仅在高峰时段根据客流需求增加使用。

为方便直接区分上线运行客车和非上线运行客车，将检修车和备用车统称为检备车。运用车、检修车、备用车在配属客车中的占比，分别称为运用率、检修率、备用率。这“三率”既是生产性分析指标，也是经营性评价指标。经营性指标评价的主要目的是对配属客车保有量（配属数量）合理性，即对客车配属数量过多或过少进行评价。然而，配属客车中除包含运营客车外，还包括不直接产生运输收益的国铁路用客车；运营客车除担当互联网售票的旅客列车外，还担当不在互联网售票的旅游列车。部分客车进行高端改造后，专用于旅游列车使用，已经无法用于互联网售票旅客列车。因此，进行经营性指标分析时，应在剔除国铁路用车的基础上，对互联网售票运营客车和非互联网售票运营客车分别进行评价。

检修率指标规定：春运时平均不得超过1%，暑运时平均不得超过5%，平时平均不得超过7%。临修备用率指标规定：平时不超过配属车总数4%，春运时不超过0.5%。

拓展知识点3　铁路客车代管

按照就近管理的原则，邮政车和非铁路局配属的国铁客车，经国铁集团批准后指定铁路局代管（实行代管的铁路局、车辆段简称代管局、代管段），进入国铁线路运营的地方客车由铁路局受产权单位委托进行代管，有特殊用途的自备客车也应实行代管。客车代管前，铁路局应与产权单位签订代管协议。客车代管期间，代管局（段）承担客车运用安全及管理责任。国铁路用客车、地方客车产权单位变更时，由新产权单位通过代管局向国铁集团报备。邮政车在地方邮政中心管理局间变更管理关系前，接手管理的地方邮政中心管理局应与新代管局签订代管协议，并经中国邮政集团有限公司向国铁集团提出代管变更申请。

拓展知识点4　铁路客车全寿命周期运用管理

铁路客车全寿命周期运用管理是指客车自新造至报废的整个寿命过程中的运用管理行

为。从对铁路客车实施的运用管理角度来讲，分为全寿命前期管理和全寿命后期管理，前期管理范围包括新造配属、固定使用、配属变更（转属）、临时借用、委托代管。后期管理范围包括转用途使用、降速使用、整体出售和办理报废。

一、全寿命前期管理

国铁客车新造：国铁客车由国铁集团综合考虑铁路局（含国铁集团其他所属企业）提报的客车购置计划建议，确定年度购置数量及配属局。国铁客车新造配属流程如图 2-3 所示。

1. 购置申请：铁路局申请购置新造客车时，应根据既有客车配属情况和运行图编组、国铁路用车使用需求，在充分考虑检修车、临修备用车和高峰备用车的前提下，测算各车种、车型的具体需求数量。

测算临修备用车需求数量时，一般以客整所为单位，综合考虑车种、车型、供电制式、供风形式、车钩形式、风挡形式等因素，同时兼顾客车运行安全监控系统主机车、播音车、无障碍设施车、工程师车、首尾车等特殊功能因素，确定备用量。

2. 数量确定：国铁集团根据年度投资计划，在全面分析客车使用效率的基础上，综合考虑铁路局使用需求、检修能力、配属结构等，确定购置数量及配属局计划。

3. 技术审核：配属及代管的国铁客车技术条件由国铁集团专业管理部门负责审核，国铁集团所属监造机构负责监造。

4. 配属安排：新造国铁客车出厂前，由国铁集团下达车号，明确配属客车的配属局和代管客车的代管局；专运客车专属国铁集团专运机构。

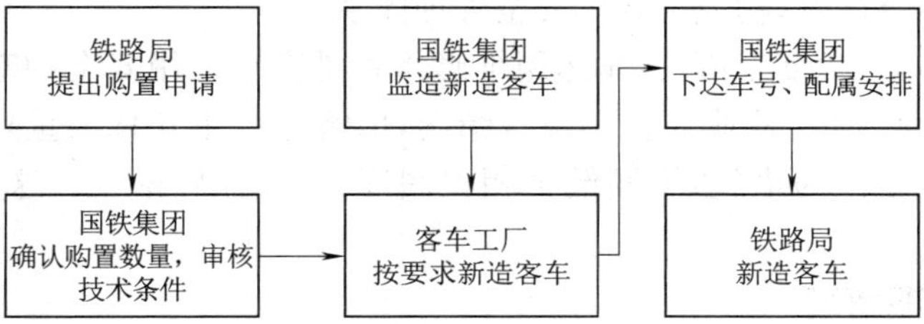

图 2-3 国铁客车新造配属流程

其他客车新造：邮政车及过轨运输自备客车由产权单位、代管的地方客车由产权单位所在局向国铁集团提报购置计划，具体数量由国铁集团批复；新造技术条件由国铁集团专业管理部门负责审核、批复，一般应明确是否由国铁集团所属监造机构负责监造。

新造国铁客车配属后，其中的运营客车要根据运行图安排担当列车上线使用，国铁路用车要根据检测计划安排上线使用；在使用过程中，上线客车必须确保运行安全、未上线客车必须确保存放安全。此外，部分国铁客车还需根据国铁集团相关规定转为其他用途使用，如转为局管路用车。这些管理行为称为使用管理。

客车固定使用中，因开行方案发生变化或车型、车种配属结构不满足使用需求等原因，部分客车会发生转属，将客车从原配属单位转移到另一个单位作为配属客车固定使用，铁路局之间、同一铁路局不同车辆段之间、同一车辆段不同客整所之间都会发生转属。这些管理行为称为转属管理。

客车固定使用中，遇有春运、暑运、小长假客流激增或铁路局担当临时任务等情况时，铁路局所属客车会出现不足，此时需要根据管理权限，将客车从配属单位转移到另一个单位作为借用客车临时使用。这些管理行为称为借用管理。

对代管客车发生的委托管理行为称为代为管理，简称代管。这种管理行为主要发生在代管客车新造后，部分也会发生在使用中。实行代管的国铁客车由国铁集团监造人员负责监造；其他代管客车新造时，国铁集团监造人员根据监造委托协议决定是否监造，经国家铁路运营和过轨运输的，必须实行监造，可委托国铁集团监造人员，也可自行安排其他有相关资质的人员。凡委托国铁集团运营的客车，由国铁集团下达客车车号并明确代管局，比照配属客车进行管理。

客车固定使用中，因路内生产、生活等国铁集团内部需求和路外企业购置需求，发生运营客车转为国铁路用车、局管路用车，以及国铁客车出售给非国铁集团所属企业使用等情况，由此引发的管理行为称为转用途使用管理。

客车固定使用中，部分车型会发生降速使用情况，由此引发的管理行为称为降速使用管理。

客车经鉴定符合报废条件或达到规定的使用年限后，要办理报废手续，按规定进行处置；国铁客车报废由国铁集团负责，代管客车由产权单位负责。这些管理行为称为报废管理。

客车安全管理的概念较大，不仅要保证列车运行安全，还要保证作业安全，其中列车运行安全需要车务、调度、机务、车辆、工务、电务、供电等各专业共同采取措施予以保证。

从车辆专业安全管理的角度来讲，客车技术管理、检修管理、运用管理所涉及的规程、规定、标准、制度、要求等内容，构成了客车安全管理体系。

从客车运用管理的角度来讲，客车运用维修体系是客车运用安全的基础，需要根据固定设备、移动设备、外部环境、从业人员等综合情况，以客车技术变化为重点，以故障分析为抓手，以完善安全监控手段为措施，不断健全相关制度，持续抓好落实。这些管理行为称为客车运用安全管理。

二、全寿命后期管理

铁路客车全寿命后期管理范围主要包括报废处置、转用途使用、降速使用和整体出售用于非国铁线路使用。报废处置、转为局管路用车使用以及整体出售用于非国铁线路使用时，应拆除电子标签；降速使用时，应修改客车电子标签信息。

拓展知识点 5　客车降速使用

客车实行强制降速和评估降速制度。降速使用的铁路客车按最高速度标尺 120 km/h 安排运行交路，车体标记速度涂打为 120 km/h，在原车型后加“J”（如 25TJ、25KJ），车种、车号不变，在铁路客车管理信息系统中相应修改技术卡片及履历。

一、强制降速

出厂标记速度 140 km/h、160 km/h 铁路客车达到设计使用寿命但厂修尚未到期时，经铁路局组织评估技术状态较好、具备继续运营条件的，可申请实施强制降速。

二、评估降速

对未达到设计使用寿命但其技术状态无法满足原设计速度运行要求时，可由铁路局组织评估后，实施评估降速。

三、组织流程

客车强制降速使用由国铁集团机辆主管部门核准，评估降速使用由国铁集团机辆主管部门核备。铁路局向国铁集团机辆主管部门提出申请，上报拟降速使用的客车车种、车型、车号、降速原因（强制降速或评估降速）等；国铁集团机辆主管部门对拟强制降速使用客车的使用年限、厂修日期和评估报告进行审查，对评估降速使用客车的使用年限和评估报告进行审查，履行国铁集团相关决策程序后，由国铁集团机辆主管部门予以批复。客车降速使用流程如图 2-4 所示。

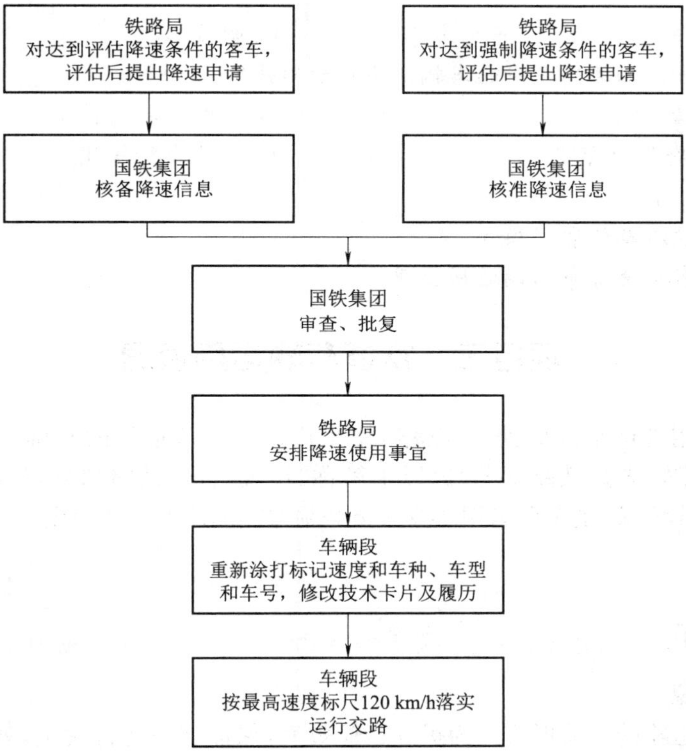

图 2-4　客车降速使用流程图

思考与练习

一、填空题

1. 快速铁路中以客运为主的线路不低于________ km/h。
2. 检修车是指处于检修状态包括________________期间的客车。
3. 备用车是指技术状态良好，随时可以________________的客车。
4. 除自备客车外，其他一次性进入国家铁路运行的客车，如出口客车，也属于________________客车。
5. 客车车号 25TJ 中的 J 表示________________使用。

二、选择题

1. 大秦铁路属于（　　）。

A. 国家铁路　　B. 地方铁路　　C. 专用铁路　　D. 铁路专用线

2. 行李车属于（　　）。

A. 客车　　B. 货车　　C. 特种用途车　　D. 邮政车

3. 部队配属的铁路客车属于（　　）。

A. 地方客车　　B. 路用客车　　C. 自备客车　　D. 国铁客车

4. 健康快车属于（　　）。

A. 国铁客车　　B. 地方客车　　C. 邮政车　　D. 自备客车

5. 关于成组专列油罐列车中的车辆说法正确的是（　　）。

A. 固定配属管理　　B. 非固定配属管理

C. 地方政府集中管理　　D. 企业自行管理

三、问答题

1. 简述我国铁道车辆管理模式。

2. 简述铁路客车全寿命周期运用管理。

项目三　铁道车辆运用管理

铁道车辆运用管理是确保铁道车辆运用生产活动高效进行的基础。国铁集团颁发的《铁路技术管理规程（普速铁路部分）》（以下简称《技规（普速铁路部分）》），明确规定了铁道车辆运用管理工作要求，是车辆运用从业人员必须遵循的基本工作原则。

【相关知识】

知识点 1　列车

一、列车定义

列车是铁路运输的主要形式。为提高运输效率，保证列车运行安全，列车的编组、重量、长度等方面须符合一定要求。按列车编组计划、列车运行图及《技规（普速铁路部分）》有关规定编成的车列，挂有牵引的机车及规定的列车标志，称为列车。动车组列车为自走行固定编组列车。单机、大型养路机械及重型轨道车，虽未完全具备列车条件，亦应按列车办理。

列车应根据其种类及运行的线路和方向，在头部和尾部分别显示不同的列车标志。列车标志的显示方式，昼间与夜间相同，但昼间不点灯。旅客列车的尾部标志应使用电灯，动车组以外的旅客列车尾部标志灯的摘挂、保管，由车辆部门负责。对中途转向的动车组以外的旅客列车应有备用标志灯，以备转向时使用。

二、列车分类

在铁路运输生产中，根据需要和服务对象，每个列车分别担任着不同的运输任务。按运输性质和任务的不同，列车分为以下五种。

1. 旅客列车

旅客列车是指运送旅客及行李、包裹、邮件的列车。按其运行途程、运行速度及性质不同可分为：

(1)高速动车组旅客列车：分跨局、管内。

(2)城际动车组旅客列车：分跨局、管内。

(3)动车组旅客列车：分跨局、管内。

(4)直达特快旅客列车。

(5)特快旅客列车：分跨局、管内。

(6)快速旅客列车：分跨局、管内。

(7)普通旅客列车：分普通旅客快车和普通旅客慢车。

(8)临时旅客列车：分跨局、管内。

(9)旅游列车。

(10)城郊专运客车。

(11)回送客车车底列车。

2. 特快货物班列

特快货物班列是指使用行李车或邮政车等客车车辆，根据需要编组，整列装载行李、包裹和邮件等的列车。特快货物班列在固定发到站间，有固定的车次和运行线、明确的开行周期和运行时刻，按照客车化模式组织开行。从装车站到卸车站全程紧密衔接，确保快捷、及时运送行李、包裹、邮件等。

3. 军用列车

军用列车是用来运送军队人员与军用物资的列车。

4. 货物列车

货物列车是指运送货物和派送空货车的列车。它包括：

(1)快速货物班列：最高速度 120 km/h，使用专用货车或通用棚车编组，在固定发列站间，有固定车次和运行线、明确的开行周期和运行时刻，运送行包等的货物列车。

(2)快运货物列车：采用运行速度 120 km/h 的专用车辆，按照旅客列车的形式，以高附加值货物为重要运输对象的快速列车。

(3)直达货物列车：在技术站编组，通过一个及以上编组站不进行改编作业的列车，分始发直达列车和技术直达列车。在装车站编组的列车为始发直达列车，在技术站(编组站和区段站的总称)编组的列车为技术直达列车。

(4)直通货物列车：在技术站编组，通过一个及以上区段站不进行改编作业的列车。

(5)冷藏货物列车：由机械冷藏车组编组而成，专门运送鲜活、易腐等需要保持特定温度的货物的列车。

(6)自备车列车：全部用企业自备车组编组而成的列车。

(7)区段货物列车：在技术站编组并到达相邻技术站，在区段内不进行摘挂作业的列车。

(8)摘挂货物列车：在技术站编组并到达相邻技术站，在区段内的中间站进行摘挂作业的列车。

(9)超限货物列车：挂有装运超限货物车辆的列车。

(10)小运转列车：分为区段小运转列车和枢纽小运转列车两种。在编组站或区段站和邻近区段内的几个中间站开行的列车为区段小运转列车，在枢纽内各站间开行的列车为枢纽小运转列车。

(11)重载货物列车：牵引重量超过 5 000 t 的列车。

5. 路用列车

路用列车是指不以营业为目的，专为运送铁路自用物资或设备而开行的列车。如试验列车、运送铁路器材、路料的列车，因施工、检修需要开行的轨道车、接触网作业车、大型养路机械车组等。

三、列车运行等级顺序

列车运行等级顺序原则上按速度等级从高到低排序，同速度等级的列车原则上按以下等级顺序：动车组列车、特快旅客列车、特快货物班列、快速旅客列车、普通旅客列车、军用列车、货物列车、路用列车。

开往事故现场救援、抢修、抢救的列车，应优先办理。特殊指定的列车的等级，应在指定时确定。

四、列车的运行方向

列车运行，原则上以开往北京方向为上行，车次编为双数；远离北京方向为下行，车次编为单数。在支线上运行的列车以开往干线为上行，车次编为双数；以远离干线为下行，车次编为单数。但在一些线路上，列车运行方向与开往或远离北京并不明显，为了统一上、下行方向，全国各线的列车运行方向，以国铁集团规定为准。在枢纽地区，列车运行方向由各铁路局规定。在个别区间，使用直通车次时，可与规定方向不符。

在双线区段，列车应按左侧单方向运行，这个方向称为双向正方向行车；反之，称为反方向行车，双线反方向行车一般属于非正常行车。

五、列车车次

为了便于组织列车和进行作业，每一列车必须编有车次。列车的车次表示了该列车的运输性质、种类及运行方向。列车分类和列车车次编排规定如下：

1. 旅客列车

旅客列车的车次编排见表 3-1。

表 3-1　旅客列车车次编排表

序号	列车种类	车次范围	备注
1	高速动车组旅客列车	G1～G9998	“G”读“高”
	其中：直通(跨局)	G1～G4998	G4001～G4998 为临客预留
	管内	G5001～G9998	G9001～G9998 为临客预留
2	城际动车组旅客列车	C1～C9998	“C”读“城” C9001～C9998 为临客预留
3	动车组旅客列车	D1～D9998	“D”读“动”
	其中：直通(跨局)	D1～D4998	D4001～D4998 为临客预留
	管内	D5001～D9998	D9001～D9998 为临客预留
4	直达特快旅客列车(160 km/h)	Z1～Z9998	“Z”读“直”
	其中：直通(跨局)	Z1～Z4998	Z4001～Z4998 为临客预留
	管内	Z5001～Z9998	Z9001～Z9998 为临客预留

续上表

序号	列车种类	车次范围	备注
5	特快旅客列车(140 km/h)	T1～T9998	“T”读“特”
	其中:直通(跨局)	T1～T3998	T3001～T3998 为临客预留
	管内	T4001～T9998	T4001～T4998 为临客预留
6	快速旅客列车(120 km/h)	K1～K9998	“K”读“快”
	其中:直通(跨局)	K1～K4998	K4001～K4998 为临客预留
	管内	K5001～K999	K5001～K6998 为临客预留
7	普通旅客列车(120 km/h)	1001～7598	
	(1)普通旅客快车	1001～5998	
	其中:直通(跨局)	1001～3998	
	管内	4001～5998	
	(2)普通旅客慢车	6001～7598	
	其中:直通(跨局)	6001～6198	
	管内	6201～7598	
8	通勤列车	7601～8998	
9	临时旅客列车(100 km/h)	L1～L9998	“L”读“临”
	其中:直通(跨局)	L1～L6998	
	管内	L7001～L9998	
10	旅游列车(120 km/h)	Y1～Y998	“Y”读“游”
	其中:直通(跨局)	Y1～Y498	
	管内	Y501～Y998	

2. 特快货物班列(160 km/h)

X1～X198,“X”读音“行”。

3. 货物列车

货物列车的车次编排见表 3-2。

表 3-2　货物列车车次编排表

序号	列车种类	车次范围
1	快运货物列车	
	(1)快速货物班列(120 km/h)	X201～X398
	(2)快运货物列车(120 km/h)	X2401～X2998,X401～X998
	其中:直通(跨局)	X2401～X2998
	管内	X401～X998
	(3)中欧、中亚集装箱班列,铁水联运班列	X8001～X9998
	其中:中欧、中亚集装箱班列(120 km/h)	X8001～X8998
	中亚集装箱(普通货车标尺)	X9001～X9500
	水铁联运班列(普通货车标尺)	X9501～X9998
	(4)普快货物班列	80001～81998

续上表

序号	列车种类	车次范围
2	技术直达列车	10001～19998
3	直通货物列车	20001～29998
4	区段货物列车	30001～39998
5	摘挂货物列车	40001～44998
6	小运转列车	45001～49998
7	自备车列车	60001～69998
8	超限货物列车	70001～70998
9	重载货物列车	71001～77998
10	冷藏货物列车	78001～78998
11	煤炭直达列车	82001～84998
12	石油直达列车	85001～85998
13	始发直达列车	86001～86998
14	空车直达列车	87001～87998

4. 军用列车

90001～91998。

5. 单机和路用列车

单机和路用列车的车次编排见表 3-3。

表 3-3　单机和路用列车车次编排表

序号	列车种类	车次范围	备注
1	单机		
	(1)客车单机	50001～50998	
	(2)货车单机	51001～51998	
	(3)小运转单机	52001～52998	
2	补机	53001～54998	
3	动车组检测、确认列车		“DJ”读“动检”
	(1)动车组检测列车	DJ1～DJ8998	
	(2)动车组确认列车	DJ5001～DJ8998	
4	试运转列车	55001～55998	
5	轻油动车、轨道车	56001～56998	
6	路用列车	57001～57998	
7	救援列车	58101～58998	
8	回送客车底列车		
	其中：回送图定客车底	图定车次前冠以数字“0”	
	因故折返旅客列车	原车次前冠以“F”读“返”	

为确保列车车次全路统一性及有关行车设备和信息系统正常运行，列车车次编排仅限于使用大写汉语拼音字母和阿拉伯数字。列车编用车次，旅客列车在全路范围、货物列车在铁路局管内不得重复，旅客列车车次由国铁集团确定。各铁路局不得超出上述车次规定范围擅自编造、自造使用车次。

知识点 2　列车编组

列车编组是按列车种类、用途和运输性质，根据《技规(普速铁路部分)》、列车编组计划和列车运行图所规定的编挂条件、车组、重量或长度，将车辆或车组编成和挂成列车。其中，车辆运用中将由若干车辆按固定编组而成的车列叫作车底。在列车运行周期中，所需要的车底数由列车一次往返的时间确定。

一、禁止编入列车的车辆

为确保铁路行车安全，应严格掌握车辆技术条件，下列机车车辆禁止编入列车：

1. 插有摘修、倒装色票的车辆及车体倾斜超过规定限度的车辆。

插有色票(车统—23、车统—26 等)的车辆属于故障车、检修车或装载不良的车辆，所以不能编入列车。车体倾斜是由于弹簧衰弱或装载偏重、集重等原因造成，运行中可能导致弹簧折损或燃轴，车体倾斜超过限度也可能侵入限界，危及行车安全。因此客车车体倾斜超过 50 mm，货车车体倾斜超过 75 mm 者禁止编入列车。

2. 曾经脱轨的车辆或曾经编入发生重大、大事故列车内，未经检查确认可以运行的车辆。

这些车辆经过激烈冲撞，转向架、轮对、轴箱、车钩缓冲装置以及车底架等均可能存在故障隐患，如不经仔细检查处理，将严重危及行车安全。

3. 装载货物超出机车车辆限界，无挂运命令的车辆。

装载超限货物的车辆，在运行上有特殊要求。列车调度员根据批准装运电报发布挂运的命令。因此，编入列车时，必须得到列车调度员同意及有关挂运的指示后方可运行，否则不能保证行车安全。

4. 装载跨装货物(跨及两平车的汽车除外)的平车，无跨装特殊装置的车辆。

为使装载跨货物的车辆安全运行，灵活地通过曲线，必须在车辆与货物之间使用“货物转向架”，为防止因车钩缓冲装置压缩、伸张而造成的货物窜动，在跨装的车辆之间还必须使用车钩缓冲装置停止器。

5. 平车及敞车装载货物违反装载和加固技术条件的车辆。

装载货物，若不符合《铁路货物运输规程》中“货车装载加固技术条件”的要求。如货物装载集重、偏重、超重、重心过高，原木、粮食、棉花以及其他包装物品等不按规定码放，加固的绳索、铁丝、支柱等不符合规定或捆绑不牢等，在运行中可能导致货物窜动、倒塌、坠落等，影响列车正常运行，危及行车安全。

6. 未关闭侧开门、底开门的，以及底开的扣铁未全部扣上的车辆。平车未关端、侧板(有特殊规定者除外)的车辆。

端、侧板或侧开门未关闭的车辆，在运行中侧板与侧开门可能发生摇晃或上下掀动，甚至超出机车、车辆限界，威胁人员和设备安全，一旦端、侧板或侧门脱落，还可能造成列车脱轨。底开门不关闭，容易刮坏道岔和线路设备，甚至造成车辆脱落。底门扣铁如果没有安全关闭，经过振动可导致底开门开放，使货物散落而引起车辆脱轨。

7. 由于装载的货物需停止自动制动机的作用，而未停止的车辆。

如装载易燃、易爆货物时，要求关闭自动制动机截断塞门，停止其使用，以防止闸瓦与踏面间摩擦发热迸发火星而引起货物燃烧或爆炸，所以必须停止自动制动机的作用。

8. 企业自备机车、车辆、自轮运转特种设备和城市轨道车辆、进出口机车车辆过轨时，未经铁路机车车辆人员检查确认的车辆。

厂矿企业自备机车、车辆、自轮运转特种设备一般在本企业内部运行，若进入铁路运行，未经铁路机车车辆人员检查确认，不能保证其技术状态符合铁路规定，所以不能编入列车。

9. 缺少车门（检修回送车除外）的车辆。

缺少车门，不能保证车辆原构造装载货物需要，所以不能编入列车。

10. 超过定期检修期限的客车车辆（经车辆部门鉴定的回送客车除外）禁止编入旅客列车。

二、旅客列车编组

旅客列车按照列车运行图中公布的列车编组表实行固定编组，满足列车编组表中车种、定员、供风形式、供电制式，以及播音车、无障碍设施车等编挂要求。临时旅客列车的编组按国铁集团、铁路局调度命令办理，应于列车始发前 48 h 编组完毕，并逐辆实施技术整备。客车最大编组不得超过 20 辆。

1. 客车标记速度分为 100 km/h、120 km/h、140 km/h、160 km/h 四个等级。客车编组时须满足运行图规定的列车最高运行速度要求，标记速度不同的客车混编时，应按最低标记速度掌握。

2. 旅客列车编组中车辆供风状态必须一致，密封风挡不得与橡胶风挡或铁风挡连挂，必须连挂时由配属铁路局批准，并采取有效的防护措施。进京、进沪、进穗集中供电旅客列车须编挂电气化厨房餐车，其他集中供电旅客列车也应编挂电气化厨房餐车。

3. DC 600 V 机车供电旅客列车，应编有具备供电请求功能的客车，首尾车辆应配备与机车连接的电力连接线、通信连接线。具有互备供电（邻车供电）功能的 DC 600 V 客车，应连续编挂。

4. 编有 DC 600 V 发电车的旅客列车，采用机车供电时，发电车须挂于列车尾部且断开与列车电力干线的连接。

5. 集中供电空调列车供电制式必须一致。全列空调列车额定负载总和不得超过发电车额定输出功率，通过电力连接线的电流量不得大于电力连接线额定容量，电力干线容量不同的客车混编时，应按电力干线容量从发电车起由大到小排列编挂。

6. 非空调旅客列车编组中，硬座车每 3 辆中编挂 1 辆茶炉车，硬卧车每 4 辆中编挂 1 辆茶炉车；子车连续编挂不得超过 2 辆，首尾以 1 辆为限。

7. 旅客列车首尾两端须编挂装有 KLW 装置的客车，首尾客车应配置外端门。集中供电空调旅客列车须编挂装有 TCDS 主机的客车，25T 型客车还须编挂工程师车，达不到上述条件要求时，由铁路局制定安全措施，跨局运行时须报国铁集团批准。

8. 客车编组后，车钩钩提杆、车钩下锁销需加装防跳装置，折角塞门手把需加装开口销（以下简称“三捆绑”）。

9. 同一辆客车的电气综合控制柜 PLC 显示屏、轴温报警装置、烟火报警装置全列联网使用时，顺位号设定须相同，原则上编号与客运车厢号一致。当发生加挂时，在最大顺位号后逐个增加；发生减编时，可出现空号，不需进行重新调整。

10. 执行检测、试验任务的国铁路用车，具备本车独立供电条件的，一律自供电；原则上应编挂在列车尾部，供风状态与列车一致，且不影响列车供电的，可编挂在机次。

11. 旅客列车、回送客车底不准编挂货车。

12. 旅客列车中，与机车相连接的客车端门及编挂在列车尾部的客车后端门须加锁。动车组列车驾驶室与旅客乘坐席间的门须锁闭。

13. 旅客列车不准编挂制动关门车。在运行途中，当制动机发生临时故障，在停车时间内不能修复时，准许关闭 1 辆，但列车最后一辆不得为关门车。120 km/h 速度等级及编组小于 8 辆的 140 km/h、160 km/h 速度等级列车按规定关门时需限速运行，车辆乘务员须向司机递交限速证明书。

14. 旅客列车按列车编组表编组，机车后第一位编挂一辆未搭乘旅客的车辆作为隔离车。行李车、邮政车、发电车等非乘坐旅客的车辆应分别挂于机车后第一位和列车尾部，起隔离作用；在装设集中联锁的区段，并设有列车运行监控装置时，旅客列车可不挂隔离车。如隔离车在途中发生故障摘下时，可无隔离车继续运行。局管内旅客列车经铁路局批准，可不隔离。

15. 客车加挂要求：

(1)加挂、换挂客车由请令单位保证符合编组条件和《运用客车出库质量标准》。加挂在外属旅客列车运营时，加挂车应派车辆乘务员。

(2)临时换挂、加挂客车时，铁路局客运调度员应于列车出发前 6 h 通知车辆调度员，由库列检、客列检按规定检修车辆。中途站加挂客车时，由客列检将调度命令转交车辆乘务员，无客列检作业时由车站值班员转交车辆乘务员。

(3)空调列车加挂外属客车(国铁路用客车、图定回转车除外)时，只允许编挂在尾部，原则上不供电。如有特殊需要时，始发站加挂的客车可以由双方签订协议，安排供电；中途加挂的客车一律不许供电。

(4)双管供风客车加挂在单管供风列车中，须改为单管供风状态。单管供风客车加挂在双管供风列车时，只允许编挂在列车尾部，但加挂区段有换向时禁止加挂。

(5)加挂 1 辆非空调客车时，只允许加挂母车；加挂 2 辆及以上时须满足列车子母车编组要求。

(6)加挂车随车车辆乘务员负责对加挂客车的连结状态、折角塞门、“三捆绑”状态进行检查确认，并确认加挂车制动、缓解良好。

三、货物列车编组

货物列车编组，除应严格按照编组计划，列车运行图规定编组外，还应符合下列规定：

1. 装载危险及易燃货物车辆在运输中须采取隔离措施，其隔离限制按“铁路车辆编组隔离表”执行，以避免发生意外。

2. 货物列车中编挂关门车的规定：

货物列车中因装载的货物规定停止制动作用的车辆，自动制动机临时发生故障的车辆，准许关闭截断塞门(简称关门车)，但列检作业场所在站编组始发的列车中，不得有制动故障关门车。编入列车的关门车数不得超过现车总辆数的 6%(尾数不足一辆按四舍五入计算)，超过时，须计算闸瓦压力，并填发制动效能证明书交与司机。

关门车不得挂于机车后部三辆之内；在列车中连续连挂不得超过两辆；列车最后一辆不得为关门车；列车最后第二、三辆不得连续关门。

对于不适于连挂在列车中部但走行部良好的车辆，经列车调度员准许，可挂于列车尾部，以一辆为限，如该车辆的自动制动机不起作用时，须由车辆人员采取安全措施，保证不致脱钩。

3. 货物列车中编挂客车的规定：

(1)客车编入货物列车回送时，客车编挂辆数不得超过 20 辆，应挂于列车中部或后部。

(2)装有密接式车钩的客车原则上应附挂旅客列车回送。需附挂货物列车回送时，不得超过 10 辆，其后编挂的其他车辆不得超过 1 辆。

(3)客车与平车、平车—集装箱共用车以外的货车连挂时，不得与货车有人力制动机端连挂；客车与平车、平车—集装箱共用车人力制动机端连挂时，平车、平车—集装箱共用车的人力制动机不得使用，处于非工作状态。

(4)机械冷藏车组应尽量挂于货物列车中部或后部。

(5)军用及其他对编挂位置有特殊要求的客车按有关规定办理。

知识点 3　列车摘挂

列车摘挂包括机车与车辆、车辆与车辆之间的摘解和连挂。规定如下：

1. 列车中车辆的连挂，由调车作业人员负责。软管的连结，有列检作业的始发列车由列检人员负责；无列检作业的，由调车作业人员负责。

2. 列车机车与第一辆车的连挂，由机车乘务员负责。单班单司机值乘的由列检人员负责；无列检作业的列车，由车辆乘务员负责；无车辆乘务员的列车，由车站人员负责。

3. 列车机车与第一辆车的车钩摘解、软管摘结，由列检人员负责。无列检作业的列车，车钩、软管摘解由机车乘务员(单班单司机值乘的由车辆乘务员)负责，软管连结由车辆乘务员负责；无车辆乘务员的列车，由机车乘务员(单班单司机值乘的由车站人员)负责。

4. 列车机车与第一辆车电气连接线的连结与摘解由客列检作业人员负责，无客列检作业人员时，由车辆乘务员负责。

5. 货物列车本务机车在车站调车作业时，无论单机或挂有车辆，与本列的车辆摘挂和软管摘结，均由调车作业人员负责。

6. 旅客列车在途中摘挂车辆时，车辆的摘挂和软管摘结，由调车作业人员负责，密封风挡和电气连接线的连结与摘解由车辆乘务员负责，其他由列检作业人员负责，无列检作业人员时，由车辆乘务员负责，必要时打开车门，以便于调车作业。装有密接式车钩的客车车辆摘挂时，过渡车钩的安装与拆卸由列检人员负责，无列检人员时由车辆乘务员负责。

7. 列车机车与动车组过渡车钩的连结与摘解、软管摘结、电气连接线的连结与摘解，由随车机械师负责。

知识点 4　列车乘务组

为完成列车运行中的各项作业，及时处理列车运行中发生的各种情况，根据列车任务、要求和运行条件，配备直接为列车服务的人员组成列车乘务组。

列车乘务组按下列规定组成：

1. 动车组列车应有动车组司机，其他列车应有机车乘务人员。

2. 动车组列车应有随车机械师，其他旅客列车、特快货物班列和机械冷藏车组，均应有车辆乘务人员。

3. 旅客列车应有旅客乘务组。

(1)车辆乘务人员应按技术作业规程的规定检查车辆，并参加制动试验。在列车运行途中，应保证车辆运行安全，及时消除车辆故障，并将本身不能完成的不摘车修工作，预报前方车站列检，前方站列检应积极组织人力，修复车辆故障，保持原编组运用。是否摘车检修，由当地列检所决定处理。

(2)未设有运转车长的旅客列车，其车辆乘务员应配备列车无线调度通信设备及响墩、火炬、短路铜线、信号旗(灯)等防护用品，在值乘中还应做到：

①车站发车前和列车出站后，及时检查列车尾部风压，并向司机通报。

②列车发生紧急制动停车后，查明原因，检查车辆技术状态安全无误后，通知司机开车。

③负责向司机通报使用紧急制动阀的情况，并协助司机处理有关行车事宜。

【拓展知识】

拓展知识点1　列车方位

铁道车辆在前后、左右方向是一个接近对称的结构，在对称轴上或在对称的部位上有许多结构相同或相近的零部件。设置车辆方位就像数学上给定坐标系一样，便于在设计、制造、检修、运用中确定同类型零部件在车辆中的位置。

一、车辆方位

车辆的方位一般以制动缸活塞杆推出的方向为第一位，相反的方向为第二位，如图 3-1 所示，并在车上规定的部位涂刷方位标志。对有多个制动缸的情况则以人力制动机安装的位置为第一位，如按上述方法确定方位仍有困难则以出厂时涂打的标记为准。

二、车辆零部件位置

车辆的车轴、车轮、轴箱、车钩、转向架、车底架上的各梁和其他部件的位置确定，如果是纵向排列的，是由 1 位端起顺次数到 2 位端止。如果位置是左右对称的，则人站立在 1 位车端，面向 2 位端，从 1 位端起，从左至右顺次数到 2 位端止：则左侧为一位侧，左侧零部件为单数位，其位数依次为 1、3、5、7 等；右侧为二位侧，右侧零部件为双数位，其位数依次为 2、4、6、8 等，如图 3-1 所示。

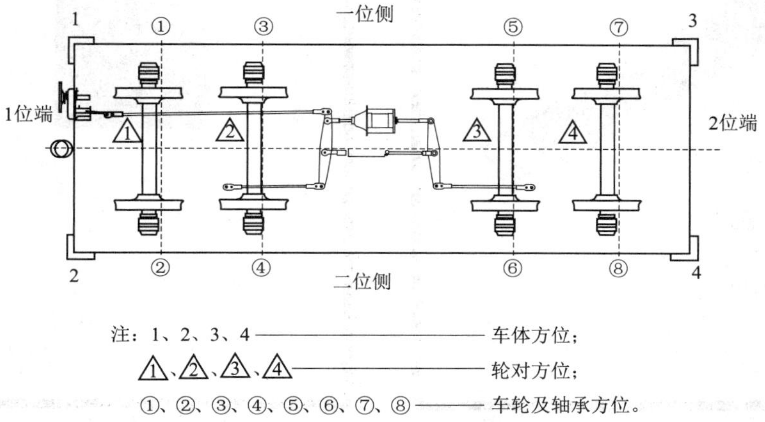

图 3-1　车辆方位及零部件位置

三、列车中车辆前、后、左、右

编挂在列车中的车辆，其前、后、左、右的确定方法是按照列车运行方向来规定的。其前进的一端称为前部，相反的那一端称为后部，面向前部站立而定出其左右。其连挂的车辆，由机车后的第一辆车、第二辆车等分别称为机后1位、2位车辆等；也从尾部车辆往前定位，由最后第一辆车往前的第一辆车、第二辆车等分别称为尾前1位、2位车辆等。

拓展知识点2　色票

色票是记录车辆技术状态、倒装要求、送往去向等信息，标识该车去向的票据。

凡因车辆技术状态不良或定检到期或有的货物装载不良需要从列车队内摘下，往修理专用线、车辆段、车辆修理厂或货物装卸地点时，均应正确及时地填写所需要的色票并办理手续，以保证行车安全。色票上填写的内容有送往修理地点、车号、不良部位、摘车时间、办理摘车单位及检车员姓名等。凡经检车人员检查确定，因技术状态不良或定检到期需要摘修的车辆，或重车因技术状态不良需要倒装而进行摘车修理时，检车人员应在该车的表示版框内，插上相应的色票。插有色票的车辆，一律不准使用。各种色票的插、撤，只有能由列检人员进行，其他人员不得任意插撤。列检人员在插撤色票的同时，要向车站发出“车辆检修通知单”。车站应按通知书要求送往指定地点。

色票的类型有以下几种：

1.“铁路车辆送往修理专用线”的色票（车统—16）。表示在车站站线上的技术不良车，需要送往站内修理专用线检修，如图3-2所示。

2.“铁路车辆送往车辆段检修车间”的色票（车统—17）。表示定检到期或车辆技术状态不良不能在车站修理专用线维修，送往车辆段检修，如图3-3所示。

车统—16

铁路车辆送往修理专用线

1. 送往修理地点______
2. 车种车型______车号______
3. 主要故障情况______
4. 填发日期______年______月______日______时
5. 填发单位______局______列检作业场，检车员______

本色票除指定人员办理外，禁止其他人员插入或撤除。　（规格：132mm×210mm）

图3-2　车统—16示例

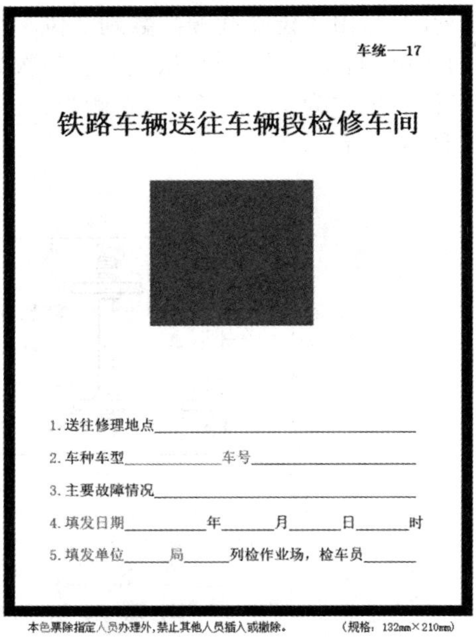
车统—17

铁路车辆送往车辆段检修车间

1. 送往修理地点______
2. 车种车型______车号______
3. 主要故障情况______
4. 填发日期______年______月______日______时
5. 填发单位______局______列检作业场，检车员______

本色票除指定人员办理外，禁止其他人员插入或撤除。　（规格：132mm×210mm）

图3-3　车统—17示例

3.“铁路车辆送往_____修理工厂”的色票(车统—18)。表示厂修到期或大破损需要送往工厂修理,如图3-4所示。

4.“倒装”货车的色票(车统—19)。表示装载货物的重车技术状态不良,修理前需要倒装,如图3-5所示。

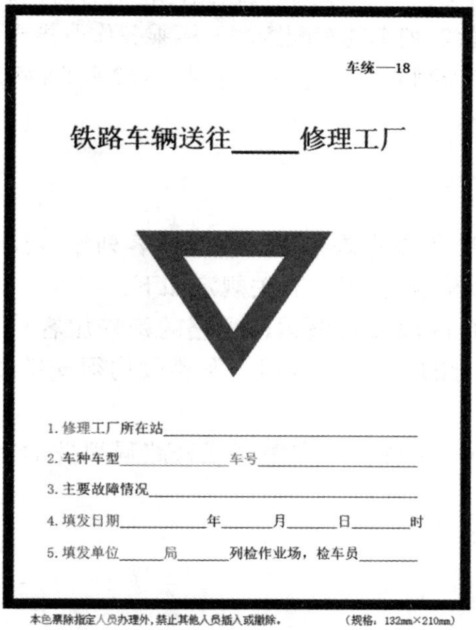

车统—18

铁路车辆送往_____修理工厂

1. 修理工厂所在站______

2. 车种车型______车号______

3. 主要故障情况______

4. 填发日期______年____月____日____时

5. 填发单位____局____列检作业场,检车员______

本色票除指定人员办理外,禁止其他人员插入或撤除。 (规格:132mm×210mm)

图3-4 车统—18示例

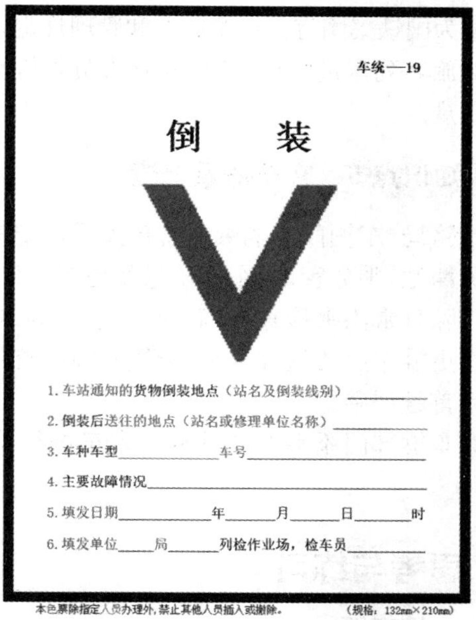

车统—19

倒 装

1. 车站通知的货物倒装地点(站名及倒装线别)______

2. 倒装后送往的地点(站名或修理单位名称)______

3. 车种车型______车号______

4. 主要故障情况______

5. 填发日期______年____月____日____时

6. 填发单位____局____列检作业场,检车员______

本色票除指定人员办理外,禁止其他人员插入或撤除。 (规格:132mm×210mm)

图3-5 车统—19示例

5.“送往附近列检作业场”的色票(车统—20)。表示在较小的区段站或无列检所的中间站,发现列车内的车辆须摘车修理,但此车辆对运行尚无妨碍,送往附近列车检修作业场修理。

插有摘修色票,即“铁路车辆送往修理专用线”(车统—16)、“铁路车辆送往车辆段检修车间”(车统—17)及“倒装”(车统—19)色票的车辆,禁止编入列车。

拓展知识点3 事故车辆、故障车辆检查及回送

事故车辆、故障车辆检查及回送有关规定如下:

1. 车辆在站内发生冲突、脱轨时,车站必须通知列检检查(在岔线、段管线发生冲突、脱轨时,须及时通知车站转告列检检查)。无列检作业场的车站发生冲突、脱轨及列车在运行途中发生车辆事故或经红外线轴温探测站预报于中间站甩车后,应及时报告列车调度员转告车辆段派人检查处理。

2. 车辆在运行途中发生故障但不影响运行时,列车到达有列检作业场的车站后,司机应通知机后检车员进行处理。必要时应会同列检用本务机进行自动制动机试验并做好记录。

3. 事故、故障车辆经车辆段鉴定后,填写车辆回送单(车统—26或车统—23),注明挂运条件和限制交车站,由车站报请调度所安排挂运。挂运计划安排后,列车调度员应通知车辆调度。

4. 回送车辆应插回送票(车统—16、车统—17、车统—18),凭车统—26挂运。

拓展知识点4　客车联网检查

为推进普速旅客列车客车车辆管理规范化、标准化，由国铁集团或铁路局组织的局与局、段与段之间，对普速旅客列车客车车辆乘务工作进行的相互检查，简称客车联网检查。

客车联网检查包括例行检查和专项检查，检查方式分为添乘检查、站停检查、库停检查，检查依据为国铁集团有关规章制度和管理规定以及旅客列车随车配置的车辆乘务作业指导书。

对旅客列车进行检查时，检查人员须持有客车联网检查证，并严格执行客车联网检查证的使用规定。

拓展知识点5　客车添乘制度

铁路局、车辆段车辆乘务管理人员应定期按相关规定添乘所属普速旅客列车，对车辆乘务人员两纪，乘务管理，车辆质量及爱车工作进行检查、指导。有关规定如下：

1. 除日常添乘检查外，对新图增开、延长运行区段或调整运行径路的跨局旅客列车，既有车次更换车底的旅客列车，新线开通后首趟运行的旅客列车，担当车辆段均须安排技术人员进行首趟添乘。

2. 车辆部门添乘人员对本属客车进行检查时，应持有国铁集团或铁路局填发的客车添乘证。

思考与练习

一、填空题

1. 双管供风客车加挂在单管供风列车中，须改为____________。

2. 旅客列车按列车编组表编组，机车后第一位编挂一辆未搭乘旅客的车辆作为____________。

3. 列车运行，原则上以开往北京方向为____________，车次编为双数；远离北京方向为____________，车次编为单数。

4. 列车机车与第一辆车的连挂，由____________负责，单班单司机值乘的由列检人员负责；无列检作业的列车，由车辆乘务员负责；无车辆乘务员的列车，由车站人员负责。

5. 旅客列车机车与第一辆车电气连接线的连结与摘解由客列检作业人员负责。无客列检作业人员时，由____________负责。

二、选择题

1. 客车最大编组不得超过(　　)辆。

A. 18　　B. 20　　C. 22　　D. 25

2. 旅客列车运行时尾部标志是(　　)。

A. 红旗　　B. 检查锤　　C. 电灯　　D. 列尾装置

3. 标记速度不同的客车混编时，应按(　　)的标准进行编组。

A. 最低标记速度　　B. 最高标记速度　　C. 最高运营速度　　D. 最低运营速度

4. 货车车体倾斜超过(　　)的车辆禁止编入列车。

A. 50　　B. 65　　C. 75　　D. 80

5.（　　）不能称之为列车。

A. 单机　　B. 重型轨道车　　C. 大型养路机械　　D. 餐车

6. 非编组始发的货物列车，编入的制动关门车不超过列车中车辆总数的（　　）。

A. 5%　　B. 6%　　C. 7%　　D. 8%

三、问答题

1. 什么叫列车？列车分为哪几种？
2. 什么叫编组列车？哪些车辆禁止编入列车？
3. 说明列车中车辆的摘挂分工。
4. 车辆方位和零部件位置应如何确定？
5. 简述《技规（普速铁路部分）》中有关货车制动关门车的规定。

项目四　铁道车辆检修制度

为保障铁路运输安全和畅通，有效地完成铁路运输任务，必须拥有相应数量且技术性能良好的铁道车辆。车辆检修就是保证运用中车辆始终处于良好的技术状态，确保安全、高速、平稳地运送旅客和货物，并延长车辆的使用寿命。铁道车辆因为类型多、数量大、工作环境和使用条件复杂，因此铁路货车、铁路客车和动力集中型动车组修程修制有所差异。

国铁集团统筹修程修制改革工作，坚持以确保安全质量为前提，按照安全稳妥、积极推进原则，以降本提效为目标，充分利用大数据，开展相关研究。逐步实现由计划性预防修向数字化精准预防修和状态修转变，由单一检修制度向精细化分类分级检修制度转变。

【相关知识】

知识点1　车辆检修制度

为了维持铁道车辆的功能和性能而进行的定期及临时检查、修理业务统称为“检修”。在一定的维修理念指导下，对铁道车辆制定的相应的规定与制度，称为车辆检修制度。目前铁路运输行业采用的车辆检修制度大致分为计划预防修、以可靠性为中心的维修、事后维修三种维修理念和制度体系。

我国铁道车辆检修实行计划预防修，并逐步扩大实施状态修、换件修和主要零部件的专业化集中修，推广应用先进检测诊断手段和维修装备，初步形成了铁道车辆检修的现代化管理体系。

一、计划预防修

计划预防修是指车辆装备及其零部件在尺寸、位置变化即将到限或损坏之前及时更换、修理，将检修工作开展在故障发生之前。计划预防修制度的具体实施为“定期检查、按时保养、计划修理”，关键是确定车辆装备及其零部件的检修周期，合理划分检修等级及检修周期结构，制定检修规程与规范。

定期检修基于“计划预防修”理念，又称计划维修，是以运行里程、使用时间等累积工作量作为维修期限，车辆装备达到预先设定的累积工作量，不管其技术状态如何，都要进行规定的维修工作,是一种强制性的预防性维修。

计划预防修制度的优点是以预防为主,有利于及时发现隐患,避免发生意外损坏,防止设备过度磨损,延长车辆设备使用寿命;也有利于安排维修计划,提前做好检修准备,缩短维修时间,提高维修效率。缺点主要是有些修理工作缺乏针对性,容易出现过度维修和欠维修的问题,维修费用较高,定期检修中的大拆大卸也不利于发挥机件的固有可靠性。

二、状态修

状态修基于"以可靠性为中心的维修"理念,又称视情维修,是按车辆装备实际技术状况确定维修时机和任务,根据车辆装备在检查、检测、监控其定量分析装备的某些参数和状态数据,确定车辆装备的最佳维修时机和维修项目,是一种按需维修的方式。它的优点是针对性强,充分发挥车辆装备的工作寿命,提高维修的有效性,减少维修工作量和人为差错。缺点是费用高,需要适当的检测、诊断条件和较高的维修人员素质。

三、换件修

换件修是在车辆设计时按照等寿命的原则,在全寿命经济、性能配比最大化的基础上,选择全车及主要零部件的结构形式和材料,根据可靠性理论进行计算和试验验证,确定整车及其各主要部件的使用寿命,并配以自动检查、检测手段,实行计算机自动管理和预警。整体上表现为依据各主要部件的使用寿命作为检修周期和范围,而对整车不设置专门的定期修理。

四、专业化集中修

专业化集中修是指针对特定领域或特定设备进行专门化的维护和保养工作,以确保其持续高效地运行和延长使用寿命。专业化集中修不仅可以提高维修效率与质量,降低维修成本,增强安全性,还能提升车辆装备的可用性与稳定性。专业化维修的概念与定义是对维修工作进行系统化、科学化的规划和实施,依靠专业技能和先进设备,以提高维修质量和效率的管理方式,只有在逐步规范化的维修过程中,才能实现高效、安全、稳定的维修效果。

五、事后维修

事后维修也称恢复性维修或故障维修,是指车辆装备发生故障后,使其恢复到规定状态所进行的维修活动。它可分为及时修理和延迟修理。对不影响安全和生产任务的故障可严加监控,延迟修理,有的称之为监控可靠性水平的视情维修或故障后的视情维修。

定期检修和视情维修属于预防性维修,而事后维修则是非预防性的。定期维修是按照规定期限标准进行维修,视情维修是按实际状况标准进行维修,而事后维修则不控制维修时间,在车辆检修中,往往三种维修方式并存,相互配合使用,以充分利用各个机件的固有可靠性。

知识点 2　铁路货车修程修制

目前,我国铁路货车采用厂修(A 级修)、段修(B 级修)两级定期检修和列检、临修等日常维修相结合的计划性预防修检修运用体制。定期检修周期分为以时间确定和以走行公里结合时间确定两种。以时间确定定期检修周期的分为厂修、段修两级修程。以走行公里结合时间确定定期检修周期的分为 A 级修、B 级修两级修程。以走行公里结合时间确定定期检修周期的铁路货车,满足二者之一视为到期。各级修程同时到期时,按高级修程施修,段修过期距厂修到期不足 4 个月时,按厂修施修。

另外，大秦运煤专用线铁路货车尝试按运行里程进行检修，修程设置分为大修、全面检查修、状态检查修。

厂修是对铁路货车各部装置按规定进行全面分解、检查和彻底修理，全面恢复铁路货车的技术性能，一般在车辆工厂进行，也可以在有条件的铁路局车辆段进行。厂修作业包括分解、检查、检测、探伤、修理、组装、试验、油漆等主要检修过程和运输、储存等辅助过程，专业上涵盖焊接、铆接、机械加工、热处理、调修、装配、油漆等工艺方法和目视检查、量具检查、无损检测、自动检测等检查技术。

段修是维护货车的基本性能，减少运用故障，提高车辆使用效率，一般在铁路局车辆段检修车间进行。段修作业包括分解、检查、检测、修理、组装、试验等主要检修过程和运输、储存等辅助过程，专业上涵盖焊接、铆接、机械加工、热处理、调修、装配等工艺方法和目视检查、量具检查、无损检测、自动检测等检查技术。

A 级修也称大修，仅名称上区别于厂修，其作业场所、作业内容及任务与厂修一致。B 级修也称全面检查修，仅名称上区别于段修，其作业场所、作业内容及任务与段修一致。

列检是对使用状态的货车进行技术检查，并对发现的故障在列车停留允许的条件下进行修理，即不摘车临时修理，是利用车辆停站时间，在不影响解体作业或正点发车的情况下，在列车或车列中进行修理作业。对一些较大的、一时难以修复的故障，则把故障车辆从列车中摘出，送到站修所或专用临修线修理，称为摘车修。

货车检修周期见表 4-1。

表 4-1 货车检修周期表

车种	车型	厂修（A 级修）	段修（B 级修）	备注
棚车	P_{80}	第一次 10 年 第二次 8 年	2 年	
	P_{70}、P_{70H}	8 年	2 年	
		9 年	2 年 3 个月	实施修程修制改革的国铁货车
	P_{70A}、P_{70B}	8 年	2 年	
	P_{65}	6 年	1 年	
	P_{64AK}、P_{64AT}、P_{64GH}、P_{64GK}、P_{64GT}、P_{64K}、P_{64T}	9 年	1 年 6 个月	
		10 年	1 年 8 个月	实施修程修制改革的国铁货车（2000 年及以后新造出厂）
	P_{62NK}、P_{62NT}、P_{62K}、PT、P_{62N}、P_{64}	9 年	1 年 6 个月	
	P_{62K}、P_{62T}、P_{66K}、P_{66H}、P_{62}	6 年	1 年 6 个月	
	P_{61}	5 年	1 年	
	PB	5 年或 80 万 km	1 年	
敞车	C_{70}、C_{70H}、C_{70E}、C_{70EH}、$C_{70E\text{-}A}$、$C_{70EH\text{-}A}$	8 年	2 年	
		9 年	2 年 3 个月	实施修程修制改革的国铁货车

续上表

车　种	车　型	厂修(A级修)	段修(B级修)	备　注
敞车	C_{70F}、C_{70A}、C_{70AH}、C_{70C}、C_{70EF}、C_{100A}、C_{100AH}	8年	2年	
	C_{70B}、C_{70BH}	12年	2年	
	C_{80B}、C_{80BH}	8年或160万km	2年或40万km	
		9年	2年3个月	实施修程修制改革的国铁货车(非配属)
	C_{76}、C_{76H}、C_{76A}、C_{76B}、C_{76C}、C_{80}、C_{80H}、C_{80A}、C_{80AH}、C_{80BF}、C_{80C}、C_{80CA}	8年或160万km	2年或40万km	
	C_{80E}、C_{80EH}、C_{80EF}	第一次10年 第二次8年	2年	
	C_{64K}、C_{64H}、C_{64T}、C_{64AT}	9年	1年6个月	
		10年	1年8个月	实施修程修制改革的国铁货车(2000年及以后新造出厂)
	C_{62BK}、C_{62BT}、C_{62GK}、C_{62B}	9年	1年6个月	
	C_{63}、C_{63A}、C_{FK}、C_F	6年	1年	
	C_{62AK}、C_{62AT}、C_{62A}(车号为45字头开始)	6年	1年6个月	
	C_{62AK}、C_{62AT}、C_{62A}(车号为14、44字头)C_{16K}、C_{16AK}、C_{62}、C_{62M}	5年	1年	
罐车	GF_{70}、GF_{70H}	8年	2年	
	GH_{65K}	5年	1年	
	酸碱类罐车、液化石油气罐车、液氯罐车、黄磷罐车等	4年	1年	
	其他型罐车	5年	1年	
矿石车	KF_{70}、KM_{70}、KM_{70H}、KM_{70A}、KZ_{70}、KZ_{70H}、KZ_{70A}、KF_{60H}、KF_{60AK}、KF_{60Q}(耐候钢)	8年	2年	
	KM_{70B}	12年	2年	
	K_{13AK}、K_{13AT}、K_{13NAK}、K_{13NK}、K_{13NT}、K_{13BK}、K_{14T}、K_{18AK}、K_{18AT}、K_{18BK}、K_{18DFK}、K_{18DK}、K_{18DT}等型提速耐候钢矿石车	8年	1年	
	K_{13N}、K_{13NA}、K_{13B}、K_{13D}、K_{14E}、K_{16}、K_{16A}、K_{18AE}、K_{18D}、K_{18DA}、K_{18DF}、K_{18DG}、K_{18DJ}、KF-60N、KF_5、KG-2、KG_2、KH型等非提速耐候钢矿石车	8年	1年	
	K_{13K}、K_{13T}、KF_{60QK}、K_{18DK}(普碳钢)	5年	1年	
	K_{13}、K_{18}、K_{18F}、KF_{60}等型普碳钢车	5年	1年	

续上表

车　种	车　型	厂修(A 级修)	段修(B 级修)	备　注
水泥车	U_{70}	8年	2年	
	U_{61WK}、U_{61WT}、U_{61WZK}、U_{61W}、U_{61WE}、U_{61WZ}	9年	1年6个月	
	U_{60WK}、U_{60}、U_{60W}、U_{15}	5年	1年	
集装箱平车	X_{70}、X_{2H}、X_{2K}、X_{4K}	8年	2年	
		9年	2年3个月	实施修程修制改革的国铁货车
	X_{6K}	8年	2年	
	X_{3K}	9年	1年6个月	
	X_{6AE}	6年	1年	
平车、平车—集装箱共用车	N_{30}、NP_{70}	8年	2年	
	其他型平车、平车—集装箱共用车	5年	1年	
小汽车运输专用车	JSQ_{3K}	9年	1年6个月	
	JSQ_{4K}、JSQ_5	6年	1年6个月	
	JSQ_6	6年	2年	
	JSQ_7 运输汽车—普货两用车	8年	2年	
粮食车	L_{70}、L_{18}	8年	2年	
	L_{17}、L_{17K}	5年	1年	
毒品车	W_{70S}	8年	2年	
	W_{55K}、W_{65}、W_5	5年	1年	
长大货物车	D_{12}、D_{22G}、D_{15B}、D_{28}、D_{70}、D_{12K}、D_{10}	9年或90万km	3年或30万km	
	D_{10A}、D_{11}、D_{2A}、D_{22}、D_{23G}、D_{25}、D_{26}、D_{26B}、D_{30A}、D_{15A}、DK_{29}、DK_{36}、DL_1、DNX_{17K}、D_{15}、D_{17A}、D_{26A}、D_{26AK}、D_{30G}、D_{38}、D_2、D_{2G}、D_{18A}、D_{25A}	8年或80万km	2年或20万km	
	D_5	5年	1年	
	D_{9A}、D_{22A}、D_{32A}、D_{45}、DA_{21}、DA_{25}、DA_{26}、DA_{37}、DK_{17A}、DK_{23}、DK_{36A}、DQ_{35}、DQ_{45}	10年或100万km	2年或20万km	
特种车	T_6、T_{6D}、T_{6DK}	6年	1年6个月	
	T_{6FK}、T_7、TP_{11}、T_8、T_{8P}、T_{8D}、NJ_1、NJ_2、NJ_3、NJ_4、NJ_5、NJ_6、NJ_7、NJ_8、NJ_9、NJ_{10} 型铺轨(架桥)机组车辆	8年	2年	
	TP_{10}	8年	1年	
	其他型铺轨(架桥)机组车辆 长钢轨车、60 t的凹型车	5年	1年	
	其他特种车、专用车	8年	2年	

注:1. 专用车指救援车、机械车、线桥工程车、宿营车、发电车、磅秤修理车、生活供应车、战备车等按照车辆型号合格证和制造许可证生产的车辆(不含未经国铁集团车辆主管部门批准的改造部分)。

2. 按走行公里检修的铁路货车检修周期以走行公里为主、兼顾运用时间,实行"先到为准"原则。

大秦配属货车，根据轮轴和车钩状态，开展二级整备，段修周期延长至 45 万 km，厂修周期延长至 180 万 km。

知识点 3　铁路客车修程修制

我国铁路客车检修实行定期检修和运用维修。定期检修实行以走行公里为主、时间周期为辅的计划预防修制度。根据修程级别不同，客车定期检修分为 A1、A2、A3、A4、A5 五级修程，客车检修周期见表 4-2。其中 A1 修程也称为辅修，属于定期检修修程，纳入客车运用管理范畴；A2、A3 修程统称为段修，在车辆段实施；A4、A5 修程统称为厂修，在客车检修工厂实施。

表 4-2　客车检修周期表

A1 修	A2 修	A3 修	A4 修	A5 修
运行(30±3)万 km 或距上次 A1 修以上修程 1 年	运行 60^{+6}_{0}万 km 或距前次 A2 修以上修程 2.5 年	距前次 A2 修运行 60^{+6}_{0}万 km 或2.5年	运行 240^{+24}_{0} 万 km 或距新造(或前次 A5 修)10 年	距前次 A4 修运行 240^{+24}_{0}万 km 或 10 年

注：走行公里和时间周期以先到者为准，A1 修时间周期计算到日，其余计算到月。

客车实施定期检修时，其中的电气装置检修部分执行《铁路客车电气装置检修规则》。电气装置修程分为 E1、E2、E3、E4、E5 五级修程。E1 修程对应运用检修中的专项检修，E2～E5 修程原则上与客车定期检修同步进行，其中 E2、E3 修程结合客车 A2 或 A3 修程，E4、E5 修程结合客车 A4 或 A5 修程。

知识点 4　动力集中型动车组修程修制

160 km/h 动力集中型动车组检修实施 D1、D2、D3、D4、D5、D6 六级修程。D1、D2 修属于运用维修范畴，D3 及以上修程属于定期检修范畴。修程级别和周期见表 4-3。

表 4-3　动力集中型动车组检修周期表

修程	走行公里及时间周期
D1 修	每运行不超过 4 000+400 km
D2 修	动力车、控制车机务设备检修周期为 1 年的专项检修项目及拖车、控制车(不含机务设备)按 A1 修项目：运行(30±3)万 km 或距上次 D2 修以上修程 1 年；动力车、控制车机务设备其他专项检修项目分为月度、季度、半年或年度等不同的时间周期
D3 修	运行(60±6)万 km 或距上次 D3 修以上修程 2 年
D4 修	运行(110±10)万 km 或距上次 D3 修 2 年
D5 修	运行(220±20)万 km 或距新造或 D6 修 8 年
D6 修	运行(440±40)万 km 或距上次 D5 修 8 年

【拓展知识】

拓展知识点　影响修程修制设置的主要因素

一、修程设置主要考虑的技术因素

1. 社会的科学技术发展水平。社会的科学技术发展水平主要包括制造车辆的原材料技术水平、检查测量技术、管理技术及手段。原材料主要是耐腐蚀性、抗疲劳性和耐磨损性，这与冶炼、加工及成型等技术有关，性能指标越高，即车辆的可靠性越高，发生失效的周期越长。检查测量技术主要是精度、准确度和关联度，这与利用光电技术、成像技术及计算机处理等项技术有关，这些技术应用越广泛，程度越高，则越能及时、准确地发现故障或判断被检对象的技术状态对车辆失效的影响程度。管理技术及手段主要是指计算机技术及其管理软件、传输技术的发展水平，使得对车辆技术状态的动态监控、对每一辆车的各级修程修理的故障统计分析、对可靠性较低的配件提出预警，指导检查作业及对制造、修理、检查的质量进行监控等成为可能。

2. 设计与维修理念。设计与维修理念实际是指在设计上对整体结构及其各组成部分采取的检查修理策略，包括“无”维修的程度和“定位”损坏的能力。“无”维修是指在一定使用周期内不需要进行分解检查修理的程度，目前主要采用“使用寿命”的概念，并且各主要零部件的“使用寿命”接近或一致。“定位”损坏是指在设计时建立“熔断”的概念，即在整体中选择对使用性能失效程度影响小、运输秩序影响低和损失较低的零件，当使用性能一旦发生失效，能够进行“定位”检查和修理，在选择时一般选择便于检查的零件或部位，并且能够简单和快速地修理恢复使用性能。

3. 车辆的技术结构。车辆的技术结构包括设计参数、材料特性和结构的可靠性，设计参数主要是各主要零部件技术指标裕量的科学性，既要考虑正常的使用工况，又要考虑非正常的使用工况，特别是要考虑使用后的性能指标的衰减和维修时的恢复程度。材料特性主要是耐腐蚀性能、抗疲劳性能、耐磨损性能及加工性能，特别是机械性能与加工性能的关系，如高强度合金钢的成型和焊接的难度。结构的可靠性主要是结构易发生失效的程度及局部失效对整体性能品质影响的程度，当发生故障后对牵引、走行、制动、承载 4 个使用性能和运行安全的影响程度，或称为后果。

4. 制造、修理的工艺和质量水平。工艺和质量有很紧密的内在联系，较先进的工艺是保证较高和稳定质量的先决条件，机械化、自动化程度是实现较高质量标准和稳定制造、修理质量水平的基础，特别是在较高效率条件下的稳定质量水平。制造工艺水平的程度是实现较高设计性能的基础，也是减少制造误差和缺陷程度的基本途径。检查修理工艺水平的程度标志着检查的及时性、全面性和修理的彻底性、恢复性程度，体现车辆基本使用性能满足设计要求实际使用周期的长短程度。

二、修程设置主要考虑的经济因素

1. 国民经济的整体水平，主要是指对铁路运输的需求程度和车辆购置、维修的经济承受能力，当经济条件允许有较大投入时，可以使用成本相对较高的先进技术用于制造和提高维修的彻底性。同时，用工成本的高低也是较为重要的因素，理论上用工成本远低于配件或材料成本时，压缩配件或材料成本则是首选因素。

2. 制造与修理成本的配比关系，主要是指制造与维修成本综合考虑的程度或采取高制造投入还是高维修投入的政策。极限情况是资产性成本与运营成本完全分开考虑，将会导致为弥补制造成本过低而使维修成本过高。反之，当综合考虑的程度越高则配比关系更趋于合理，车辆寿命期内的总成本越低。

3. 运输效益与维修成本的关系，主要是指在单位时间内的运输收入能够承担维修成本的能力或维修成本占运输收入的比例，其制约条件是运输收入。理论上当这个比例较高时，势必要压缩每次检修时的成本而降低这个比例，由此造成维修不彻底，使得修程间隔缩短和每次检修范围扩大。

4. 车辆的使用效率，主要是指运输需要车辆在某一时间段内的实际使用时间，其制约条件是车辆的总保有量与运输实际用车的比例。极限情况下因运输需求而使车辆过剩，形成每辆车的非检修停止使用时间是一个相对恒定值时，就可考虑调整检修间隔，降低维修成本，使该成本处于相对合理的值。

思考与练习

一、填空题

1. 我国铁道车辆检修实行计划预防修，并逐步扩大实施________________、________________和________________。

2. 我国铁路货车采用________________、________________两级定期检修和列检、临修等日常维修相结合的计划性预防性检修运用体制。

3. 客车________________属于定期检修修程，但纳入客车运用维修管理范畴。

二、选择题

1. 客车定期检修分为(　　)级修程。

A. 三　　B. 四　　C. 五　　D. 六

2. 动力集中动车组定期检修分为(　　)级修程。

A. 三　　B. 四　　C. 五　　D. 六

三、问答题

1. 简述铁路货车段修任务。

2. 简述铁路货车厂修任务。

项目五　铁道车辆管理信息系统

铁路信息化管理是保障铁路运输安全、提高生产效率和管理水平的重要手段。铁道车辆管理信息系统是铁路信息化建设的重要组成部分，已经成为铁道车辆基本信息管理和生产过程管理的必要技术手段。铁道车辆管理信息系统是在国铁集团信息化管理要求的统一规划和部署下，应用计算机信息技术和系统化开发方法，融合现代科学管理理论和系统工程理论，对全国铁道车辆及其配件资产的技术结构和技术状态进行日常管理和动态跟踪的车辆管理综合系统。

【相关知识】

知识点 1　铁道车辆管理信息系统架构

铁道车辆管理信息系统是利用计算机技术、网络技术、通信技术、数据库技术，实现铁道车辆生产组织、质量控制和技术管理，覆盖国铁集团、铁路局和车辆段(厂)三级车辆新造、运用、检修基本业务活动的车辆技术管理广域网。该系统依据每节车辆由新造到报废所产生的全部技术数据，形成铁道车辆技术信息数据库，使得铁道车辆技术管理数据资源规范统一，数据实时完整，信息高度共享，分析快速准确，成为各级管理和技术人员监控生产质量与工作质量，经营管理决策的数据依据。

铁道车辆管理信息系统分为国铁集团级、铁路局级、车辆段(厂)级组成的大三级系统和车辆段(厂)级、车间级、工位级组成的小三级系统。车辆段(厂)级是最底层数据采集点，为铁路局级、国铁集团级提供车辆状态信息、加装改造信息、检修信息、走行公里信息；铁路局级作为中间层，掌握本局内所有车辆的生产状况，并可以依据该系统对本局的车辆管理作出决策；国铁集团级作为最高级，掌握全路所有车辆的技术状态，技术履历，并为国铁集团提供各种分析数据和决策支持。

大三级系统和小三级系统均是通过铁路计算机网互联，拨号网络作为辅助网络连接。生产信息、故障信息等数据从车辆段上传至铁路局再由铁路局上传至国铁集团，车辆配属信息、系统升级数据、数据字典信息等通过国铁集团发布，经过铁路局中转发布，各车辆段从所属铁路局下载上一级发布的数据，从而实现信息共享。

大三级系统架构如图 5-1 所示，小三级系统架构如图 5-2 所示。

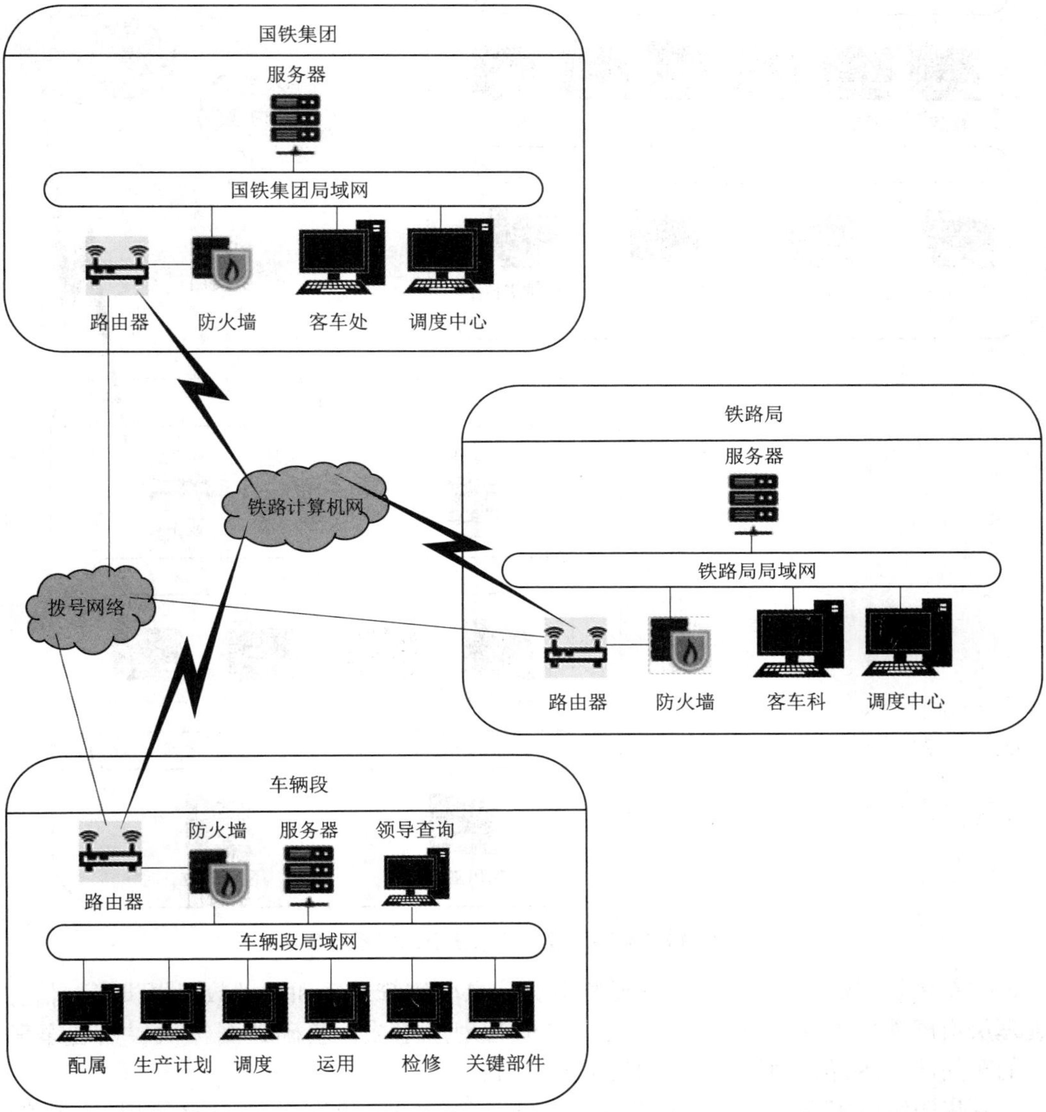

图 5-1 铁道车辆管理信息系统大三级系统架构

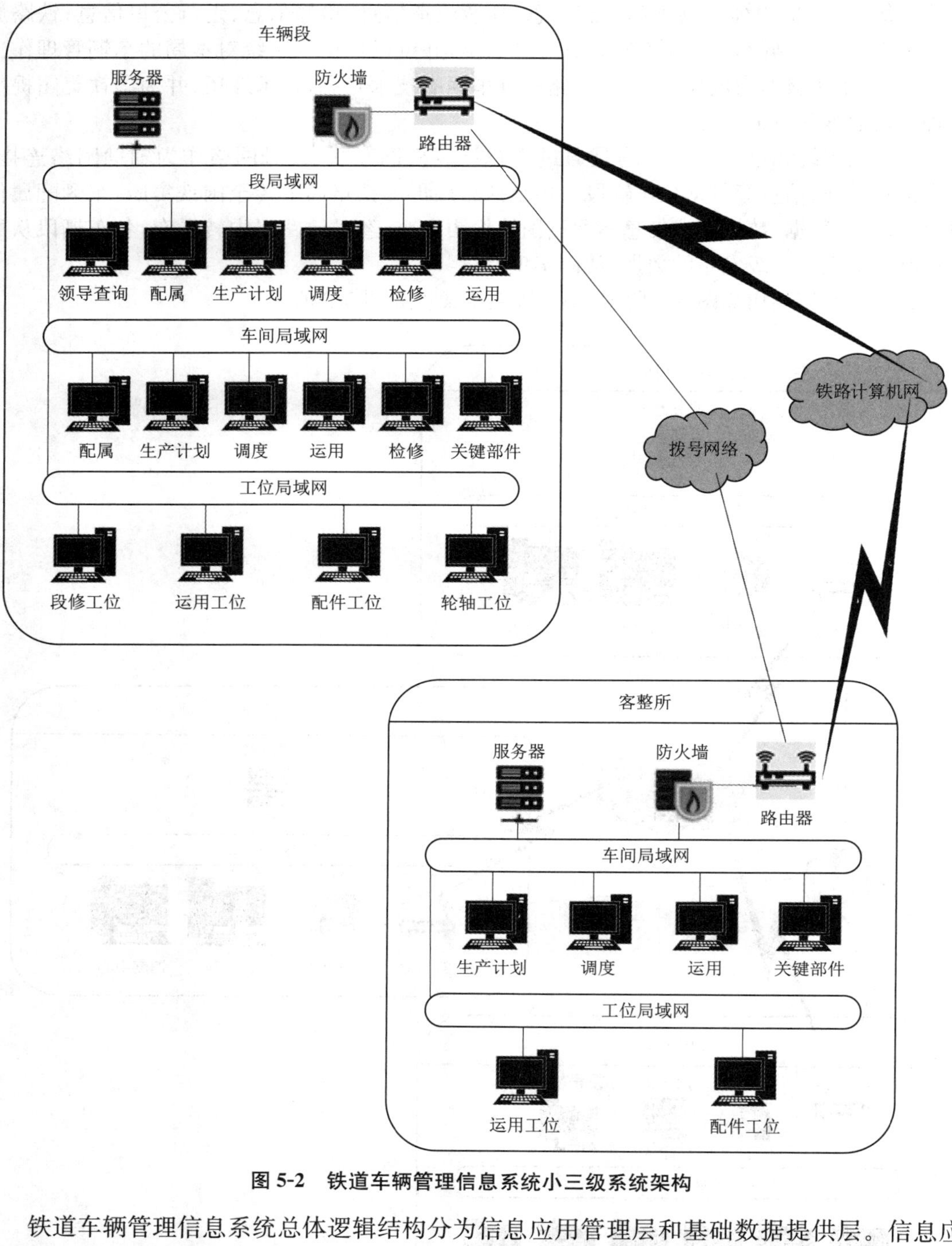

图 5-2　铁道车辆管理信息系统小三级系统架构

铁道车辆管理信息系统总体逻辑结构分为信息应用管理层和基础数据提供层。信息应用管理层由国铁集团、铁路局及车辆段（厂）的管理层组成。基础数据提供层由各车辆段（厂）的车间层组成，预留可扩展到工位的数据接口。

国铁集团级应用系统由领导决策、新造管理、厂修管理、段修管理、站修管理、运用管理、轮轴管理、制动管理、调度管理、安全管理、机保车管理、自备车管理、爱车管理、红外线管理等子系统组成。

铁路局级应用系统由领导决策、段修管理、站修管理、运用管理、轮轴管理、制动管理、调度管理、安全管理、自备车管理、爱车管理、红外线管理等子系统组成。

车辆段(厂)级应用系统由领导决策、调度管理、技术管理、安全管理、质量和验收管理等子系统组成。

基础数据提供层由车辆段(厂)的运用维修、定期检修、轮轴、修配等子系统组成车间级应用子系统,预留可扩展到工位级的数据接口、技术规范及各生产车间的人员、材料、成本等管理功能。

工位级由智能数字化设备和 PC 工作站两种形式组成。智能数字化设备按照技术规范自动进行数据采集,PC 工作站由生产人员在工位直接进行数据录入。

知识点 2 铁路客车管理信息系统

铁路客车管理信息系统(以下简称 KMIS)是由国铁集团级、铁路局级以及车辆段(厂)级等数据库三级构架应用系统组成的铁路客车技术管理广域网。

KMIS 以每辆客车为主线,自新造客车技术卡片相关参数记录开始,到客车报废或转局管录用后取消客车车号为止,对客车全寿命过程的配属、转属、借用、运用、检修等相关节点进行信息化管理,对客车技术变化、故障信息等进行全过程记录,其管理业务包括了客车调度、配属、检修和运用生产的技术、材料、成本,延伸到生产现场,渗透到管理全过程。

KMIS 包括配属管理、调度管理、检修管理等主要子系统,具备铁路客车新造管理、配属管理、调度管理、生产计划管理、运用(库列检、客列检、乘务)管理、检修(段修、厂修)管理、关键部件(轮轴、电气装置、重要件)管理、健康管理、应急指挥管理、基础数据管理(车号标签编程、配件构造编码库)等功能。

铁路客车制造工厂负责在 KMIS 中填报新造客车装备的轮轴组成、油压减振器组成、制动阀组成、空调装置等关键部件的参数信息;客车配属或使用单位根据运行情况对客车各部组成进行运用维修管理,登记运用故障并判定质量责任;车辆修程到期送修时,客车检修单位可在系统中查看客车基本信息、编挂履历、走行公里、关键配件参数、运用故障以及检修履历等信息,通过了解车辆当前状况进行精准施修,并负责在系统中填报客车及装车部件的检修、组装等信息,从而形成信息闭环,实现客车及关键部件的造、修、用的数据贯通。在检修过程中采集的故障数据和运用过程中车辆状态数据将作为健康管理的基础数据来源。系统整体数据流程如图 5-3 所示。

知识点 3 铁路货车管理信息系统

铁路货车管理信息系统(以下简称 HMIS)覆盖国铁集团、铁路局、车辆段、车辆制造工厂以及部分配件厂、工位多级应用,系统依据每辆货车由新造到报废所产生的全部技术数据,形成铁路货车技术信息数据库,为货车技术管理涉及的领导决策、生产组织、安全管理、质量控制、资源优化等工作提供技术支持。

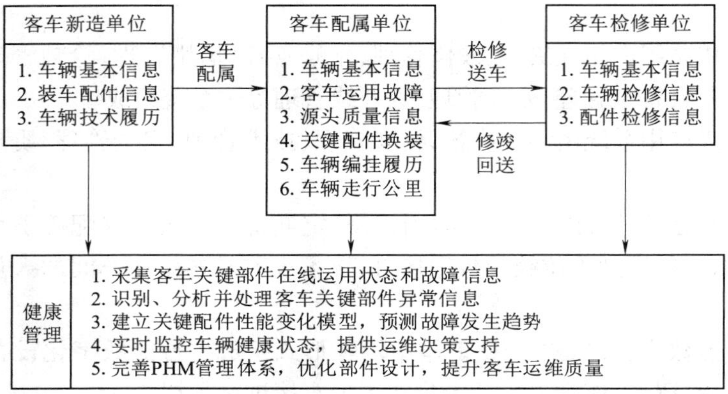

图 5-3　KMIS 整体数据流程

HMIS 包括货车运用、检修、段修、轮轴、工厂、调度管理等子系统，具备各型铁路货车列检、站修、段修、修配、轮轴等生产车间技术管理基础数据的集中或分点录入、纠错、确认功能，形成数据电子化的货车技术管理信息；具备对计划实施、生产组织、技术管理等进行过程、质量等控制，并为技术指导和管理提供数据依据；具备铁路货车技术管理信息下载、形成、恢复、上报等功能；具备对故障进行分析、大部件故障明细查询、配件信息进行查询的系统分析以及对配件进行非现车收入、支出的配件管理功能；具备系统运行、部门管理相关参数的数据字典维护以及进行部门内部组织结构及员工的基本信息的维护的功能；具备程序升级、备份等系统维护功能。

知识点 4　铁道车辆管理信息系统信息采集

铁道车辆管理信息系统建立铁道车辆电子标签库，与车号进行绑定，确保一车一标签的唯一性和标签内容的准确性。系统以车号为载体建立铁道车辆的全部电子档案，施行一车一档。系统能提供铁道车辆的运用、检修、监控等全部历史信息，并在各管理层之间信息共享。

电子标签(以下简称 TAG)管理是铁道车辆管理信息系统基础数据管理的组成部分，由国铁集团统一组织编制、发布实施。铁道车辆电子标签由地面安装独立运行的铁路车号自动识别系统(以下简称 AEI 系统)进行实时识别，并自动接入至铁道车辆管理信息系统。铁道车辆管理信息系统建立与 AEI 系统的信息接口，并建立与铁道车辆运行安全监控系统、物资管理系统等相关系统的信息接口，实现铁道车辆及零部件制造、检修、运用、监控等全部历史信息共享。

铁道车辆管理信息系统设备主要由电子标签读出器，具备信息采集、传输、存储功能的计算存储设备，二维码，移动手持终端，信息网络等构成。信息网络由有线网络和无线网络组成。计算存储设备包括服务器、存储、图形工作站等，服务器包含数据服务器和应用服务器，存储容量按照业务数据保存三年进行计算。二维码集成车辆配件信息、移动手持终端采集二维码信息。

铁道车辆管理信息系统采用自动采集、人工读取或转储采集、手工录入等方式采集信息。原始记录和车辆段级局域网的各工作站所输入的数据或装备自动采集的数据的信息采集、存储、处理、传输、检索要及时、准确、完整。

HMIS 检修信息采集流程如图 5-4 所示。

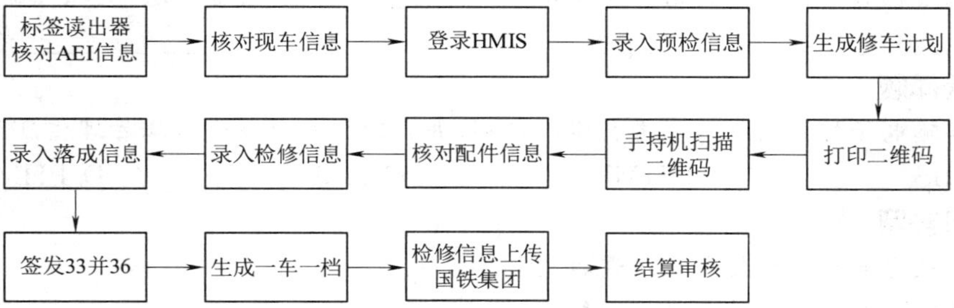

图 5-4 HMIS 检修信息采集流程

【拓展知识】

拓展知识点 1 铁道车辆电子标签

铁道车辆管理信息建立铁道车辆电子标签库。新标签使用时进行注册登记，确认标签编号。通过标签初装与车号进行绑定，确保一车一标签的唯一性和标签内容的准确性；通过标签补写，对原标签与车号进行解绑，同时将新标签与车号进行重新绑定，标记原标签失效，确保新标签内容的准确性；通过标签改写，对标签内容进行重新更新，确保标签内容和车号信息的一致性；通过标签撤销，对标签与车号进行解绑，同时清除标签信息，进行回收利用。铁道车辆电子标签存储信息可被地面 AEI 设备自动识别。

拓展知识点 2 预测与健康管理技术

预测与健康管理（prognostic and health management，PHM）技术指利用传感器采集车辆系统的数据信息，通过大数据、人工智能等方式来实时监控、管理与评估系统自身的健康状态，在车辆系统发生故障之前对其故障进行预测，并提供一系列的维护检修建议或决策。它是一种集故障检测、隔离、健康预测与评估及维护决策于一体的综合技术。

传统的铁道车辆故障后维修或定期检修是对当前健康状态的故障检测与诊断，而 PHM 系统能够及时、准确地确定其当前状态以及未来一段时间内发生故障的可能性，并对使用、维修活动做出辅助决策建议，变被动式的维修活动为先导性的维护保障活动，从而降低维保费用、提高装备使用率，降低全寿命周期费用。

铁道车辆 PHM 系统一般包括状态监测、故障预测、健康评估、决策支持、模型验证、系统管理等模块，与车辆技术管理信息系统进行信息交换，实现预警、预测等信息在车辆运用、检修、技术改造等环节的贯通，主要解决铁道车辆“是否需要维修”“故障是什么”“何时会发生故障”的问题。

思考与练习

一、填空题

1. 铁道车辆管理信息系统分为____________组成的大三级系统和____________组

成的小三级系统。

2. 铁道车辆管理信息系统总体逻辑结构分为________________和________________。

3. 铁道车辆管理信息系统设备主要由________________，具备信息采集、传输、存储功能的________________，________________，________________，________________等构成。

二、选择题

铁道车辆电子标签由（　　）进行实时识别，并自动接入至铁道车辆管理信息系统。

A. KMIS　　B. HMIS　　C. AEI　　D. PHM

三、问答题

1. 简述铁道车辆管理信息系统逻辑结构。

2. 简述铁路客车管理信息系统功能。

3. 简述铁路货车管理信息系统功能。

模块二　铁道车辆其他运用工作

【知识导图】

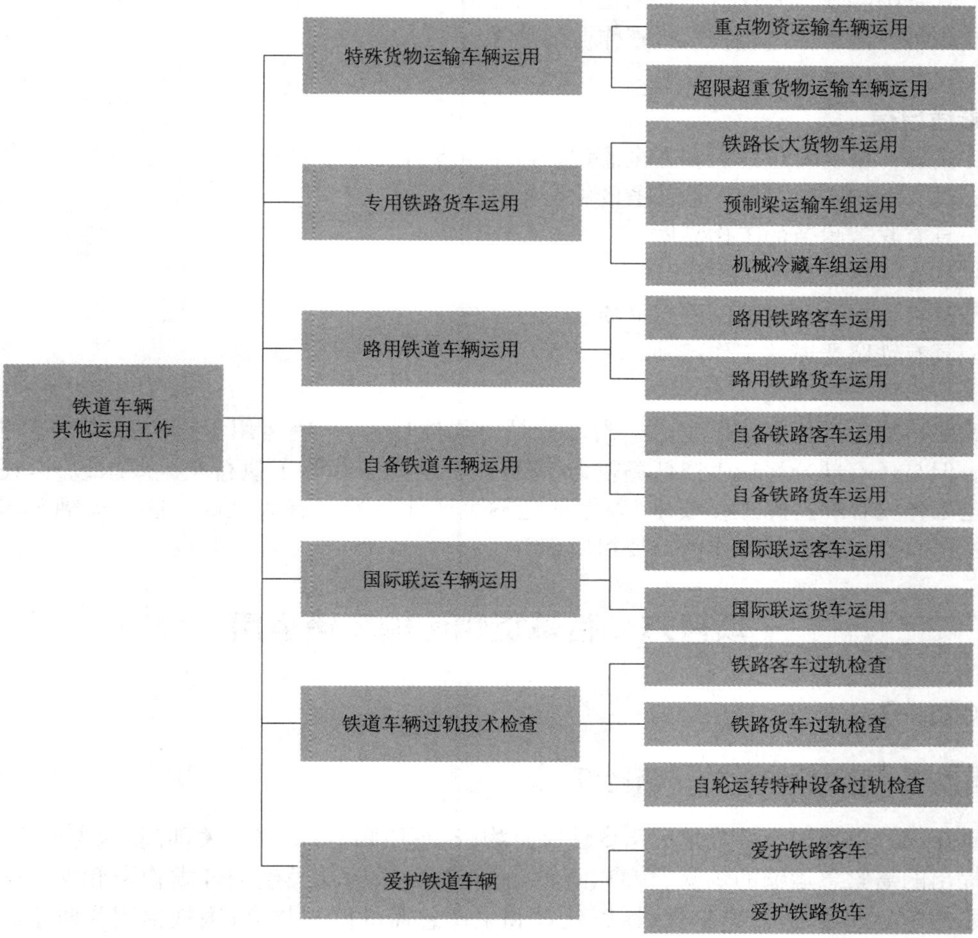

【学习目标】

知识目标

1. 熟悉铁路特殊货物运输车辆运用工作知识。
2. 熟悉专用铁路货车运用工作知识。
3. 熟悉路用铁道车辆运用工作知识。
4. 熟悉自备铁道车辆运用工作知识。
5. 熟悉国际联运车辆运用工作知识。
6. 熟悉铁道车辆过轨技术检查工作知识。
7. 熟悉爱护铁道车辆工作知识。

能力目标

1. 具备铁路特殊货物运输车辆运用及列检作业的能力。

2.具备专用铁路货车运用及列检作业的能力。

3.具备路用铁道车辆运用及列检作业的能力。

4.具备自备铁道车辆运用及列检作业的能力。

5.具备国际联运车辆运用及列检作业的能力。

6.具备铁道车辆过轨技术检查作业的能力。

7.具备爱护铁道车辆责任心。

素质目标

1.具有严格的管理意识和安全意识。

2.具有承担铁路特殊运输任务的综合素质。

3.具有吃苦耐劳的工作品质。

4.具有一丝不苟的工作作风。

5.具有爱护公共财产的思想品质。

6.具有铁路严谨的工作精神。

铁路运输生产任务情况复杂。大部分是常规性任务，车辆运用工作执行基础运用工作要求。但是还有部分运输生产任务较为特殊，车辆运用工作除了执行基础要求以外，还有一些特定工作内容和特殊工作要求，以保证运输生产任务安全有效完成。这些车辆运用工作也是铁道车辆运用管理工作的重要组成部分。

项目六　特殊货物运输车辆运用

【相关知识】

知识点1　重点物资运输车辆运用

重点物资包括国家抢险救灾指令性应急物资；军用物资；国家有关部门、地方政府、重点企业提出的需紧急运输的煤炭、粮食、石油、棉花等关系国计民生的各类物资和涉及国家对外关系的国际联运、进出口物资；铁路建设和生产急需的路用物资；国铁集团临时指定运输的其他物资。

各级铁路货车运用管理部门和人员在执行铁路重点物资运输任务时，要严格执行相关的保密规定。铁路局和车辆段要及时组织召开专题会议，逐级传达铁路重点物资运输任务内容及上级要求，制定执行任务的具体方案，还要加强干部值班和信息反馈，了解运输计划和作业情况，检查列车作业质量，对发生的临时突发问题及时逐级汇报。

一、车辆选摘

车辆段接到铁路局重点物资运输摘车调度命令后，要积极配合运输部门选摘所需铁路货车。所选铁路货车除了要符合《始发列车检查范围和质量标准》，还要符合以下规定：

1.棚车运送人员时，按要求挑选有“㊇”标记等条件的棚车。

2.装运轮式、履带式等装备，挑选地板压铁、角铁及地板、端板齐全良好，且能放下人力制动机、端板的平车、平车—集装箱共用车。

3.选摘的铁路货车定检到期时间需满足本次运输时限的要求。

二、列检作业

车辆段按规定对选扣列车进行技术检查作业。检查范围和质量标准执行“始发列车检查范围和质量标准”外，还要检查脱轨器、列车制动机试验装置及铁路货车运行安全监控系统等。制动机试验执行持续一定时间全部试验。货车钩提杆、折角塞门要进行捆绑。

对跨装或爬装货物的平车、平车—集装箱共用车，人力制动机要处于非工作位并进行捆绑。

知识点 2 超限超重货物运输车辆运用

超限货物是指货物装车后，车辆停留在水平直线上，货物的任何部位超出机车车辆限界基本轮廓。或者货物装车后，在平直线路上停留时虽然没有超出机车车辆限界，但当货车行经半径 300 m 曲线线路时，货物上任何一点的计算宽度超出机车车辆限界基本轮廓。

超重货物是指货物装车后，重车总重活载效应超过桥涵设计标准活载的货物。

运输超限、超重货物，车辆段按规定负责检查和确认车辆技术状态。

超限、超重货物装车前，按规定进行技术检查，检查铁路货车技术状态符合运用货车条件。列检作业检查范围和质量标准执行始发列车检查范围和质量标准，制动机试验执行持续一定时间全部试验。装车时，监督是否有损坏车辆现象；装车后，确认车辆技术状态是否影响行车安全，各部状态符合有关规定。运输过程中车辆部门要指派专人添乘，监视铁路货车运行状态。

对跨装运输超长货物时，根据货物托运人、车站或货运部门的委托，车辆段制作车钩缓冲停止器并负责安装工作，费用由货物托运人承担。卸车后，由卸车单位负责拆除车钩缓冲停止器。

【拓展知识】

拓展知识点 超限货物种类和等级

一、超限货物种类

超限货物根据它超限的部位分为左侧超限、右侧超限和两侧超限三种。超限部位的划分是以线路中心线为标准，按照列车运行的前进方向来确定的。货物的超限部位在列车运行前进方向的线路中心线左侧时，称左侧超限；在右侧时，称右侧超限；左右两侧都超限时，称两侧超限。两侧超限中，两侧超限尺寸一样的称为对称超限，不同的称为非对称超限。

超限货物根据超限部位所在高度不同，又分为上部超限、中部超限和下部超限三种。高度一律从轨面算起，具体高度如下：

1. 上部超限。高度超过 3 600 mm，有任何部分超限的。
2. 中部超限。高度自 1 250 mm 至 3 600 mm 之间有任何部位超限的。
3. 下部超限。高度自 150 mm 至 1 250 mm 之间有任何部位超限的。

二、超限货物等级

超限货物的运输，是利用机车车辆限界与建筑接近限界之间的“安全空间”运送体积大的货物。货物超限程度越大，则货物与建筑接近限界的间隙越小，列车在运行中的限制越多。

超限货物根据它的超限程度分为一级超限、二级超限和超级超限三种等级，如图 6-1 所示。按照规定，不论是左侧、右侧或两侧超限，根据货物本身或其计算宽度超出机车车辆限界的程度，上部超限和中部超限均分为一级、二级和超级超限三个等级。而下部超限只分为二级和超级超限两个等级。一级和二级超限都规定有具体尺寸，超过二级超限尺寸时为超级超限。

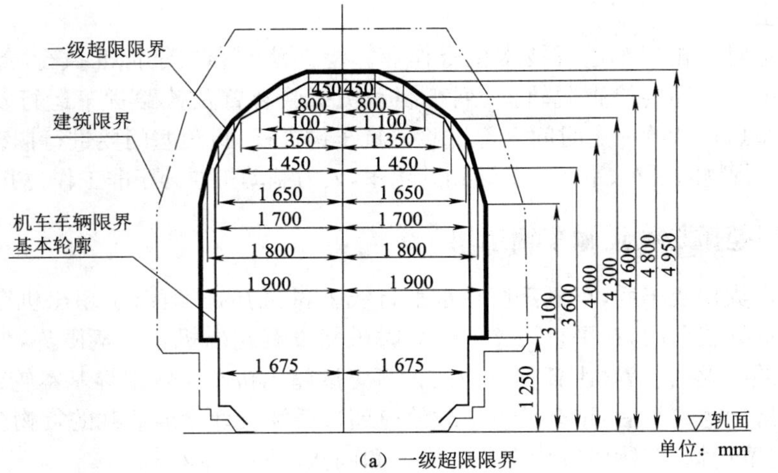

（a）一级超限限界

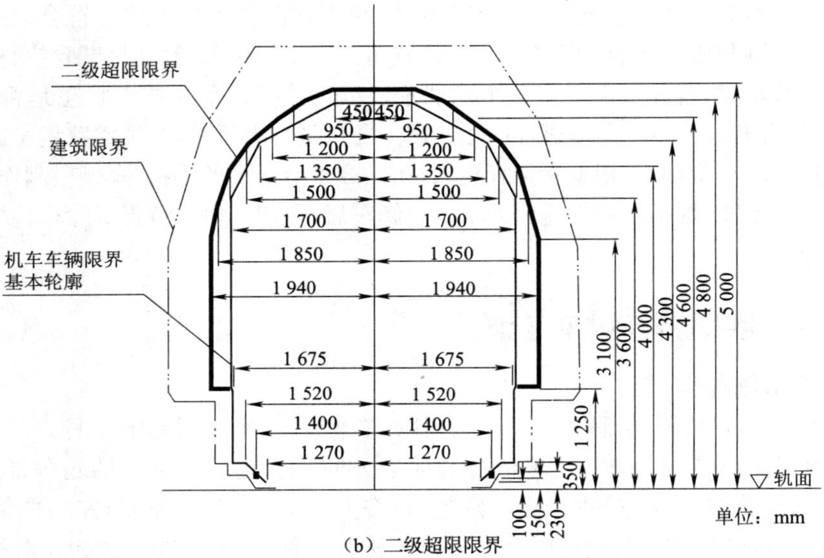

（b）二级超限限界

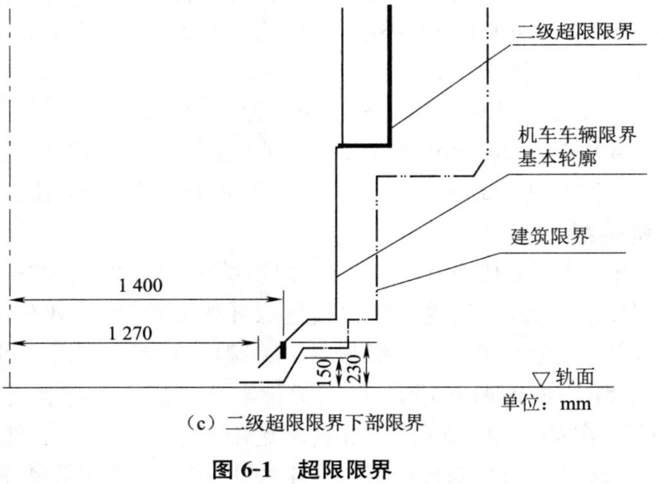

（c）二级超限限界下部限界

图 6-1　超限限界

1. 一级超限限界尺寸的最高点距轨面为 4 950 mm,高度在 1 250～3 100 mm 之间的最大宽度为 3 800 mm,即每侧各宽 1 900 mm。高度 1 250 mm 以下与机车车辆限界相同。货物装车后,任何部位超出机车车辆限界而没有超出一级超限限界的,为一级超限。

2. 二级超限限界尺寸最高点距轨面 5 000 mm,高度在 1 250～3 100 mm,最大宽度为 3 880 mm,即每侧各宽 1 940 mm;高度在 351～1 249 mm 之间的宽度为 3 300 mm,即每侧各宽 1 650 mm。货物装车后在任何部位超出一级超限限界,而没有超出二级超限限界的,为二级超限。

3. 超级超限。货物装车后任何部位超出二级超限限界时为超级超限。

思考与练习

一、填空题

1. 车辆段接到铁路局重点物资运输任务后,按规定对选摘列车进行技术检查作业。检查范围和质量标准执行________________检查范围和质量标准。

2. 超限、超重货物装车前,列检作业检查范围和质量标准执行________________检查范围和质量标准。

二、选择题

超限、超重货物运输过程中(　　)要指派专人添乘,监视铁路货车运行状态。

A. 货运部门　　B. 车辆部门　　C. 委托人　　D. 车站

三、问答题

车辆段接到铁路局重点物资运输任务后,如何按规定对选摘列车进行技术检查作业?

项目七　专用铁路货车运用

专用铁路货车是指一般只运送一种或很少几种货物,用途比较单一的铁路货车。同一种车辆要求装载的货物重量或外形尺寸比较统一。常见的有机械冷藏车组、铁路长大货物车、预制梁运输车组、矿石车和其他指定的专用铁路货车。专用铁路货车由配属单位负责日常管理。按规定涂打固定配属管理的单位名称标记,并根据需要配备车辆乘务人员。每年年底前配属单位向国铁集团上报次年专用铁路货车检修计划,报废时告知使用部门。专用铁路货车的配属调整需国铁集团批准。

知识点 1　铁路长大货物车运用

常见的铁路长大货物车有凹底平车、落下孔车、双联平车、长大平车及钳夹车等。

铁路长大货物车要配有加盖车辆制造单位印章的使用说明书,内容包括长大货物车的技术参数及检查、修理、维护、装载、运行、限速、通过曲线半径、闸瓦压力计算依据等方面的技术要求。

铁路长大货物车固定配属管理单位要建立长大货物车管理台账,实时掌握长大货物车定检动态,确保各级修程按时施修,保证长大货物车技术状态良好,满足使用要求,还要根据不同车型的长大货物车结构特点,制定长大货物车故障应急处理预案。

标记载重 260 t 及以上的落下孔车，标记载重 300 t 及以上的凹底平车、钳夹车等铁路长大货物车执行以下规定：

1. 根据运输需要，运用时配备必要的工具及配件，满足车辆乘务人员生产、生活的空间，以及具备装载救援及故障处理所需工装配件等物资的储备空间。运用时，安排车辆乘务人员，负责装车前、装车时及装车后长大货物车技术状况的检查，随车监视长大货物车运行状况。车辆乘务人员是国铁集团所属企业，具备专列运输途中液压、机械、电气设备维护、车辆技术检查及故障处理等能力的车辆检修、运用从业人员。

2. 除危及本列行车安全外，在重车状态运行中不得施行紧急制动。

3. 重车状态运行中遇有障碍物需作侧移通过时，应在通过前于平直线路上停车，做好铁路长大货物车侧移操作处理后，按规定通过障碍物；通过后在平直线路上停车，恢复通过障碍物前的侧移，方可继续运行。

4. 运行中因发生行车、机械事故或遇自然灾害不能运行时，车辆乘务人员要立即向当地车站和铁路局汇报，并听从当地铁路局的指挥。

5. 车辆乘务人员的车辆技术检查及故障处理与列检人工或人机分工作业同步进行，并在技检时间内完成，其检查范围和质量标准由配属管理单位组织制定。处理故障超过技检时间时，联系列检作业场。列检作业场对车辆乘务员预报的故障应积极配合处理，对需摘车的故障应及时通知车辆乘务人员，并上报铁路局，由车辆段和车辆乘务人员共同确定施修方案。

知识点 2　预制梁运输车组运用

预制梁运输车组装车前，由就近车辆段进行技术检查。当发现支撑装置、转向盘和专用车钩缓冲停止器配件损坏、丢失、技术状态不良时，通知预制梁运输车组使用单位按有关规定进行处理。装车后超限的，使用单位还应按超限货物办理相应运输手续，按规定进行技术检查。

预制梁运输车组在使用过程中应严格遵守使用说明书及相关规定。预制梁运输车组卸车后，相关设备配件的复位状况由卸车单位负责。卸车单位应在卸空后将桥梁支撑杆平放于两侧的锁闭装置上并锁闭。将专用车钩缓冲停止器平放于一侧的锁闭装置上，处于非工作位并锁闭。将游车的所有通用车钩缓冲停止器拆除。

知识点 3　机械冷藏车组运用

机械冷藏车组是铁路运送需冷藏、保温的易腐货物的专用列车。运用管理工作除执行《铁路货车运用维修规程》外，还应执行《铁路机械冷藏车运用维修规程》。规定如下：

1. 车站按《铁路鲜活货物运输规则》装车，严禁使用机械冷藏车组装运易损坏车内设备的非易腐货物（如煤、砖、矿石、水泥等）和有毒、恶臭易污染车体的货物。

2. 机械冷藏车组应配备乘务组，设有“车辆故障交接记录”，并配备必要的铁路货车配件。乘务组中应有车辆乘务员，负责机械冷藏车组装车前、卸车后和沿途技术作业。

3. 机械冷藏车组车辆乘务员要充分利用技检时间对机械冷藏车组进行技术作业，对运行中或调车作业中出现的车辆故障，填写“车辆故障交接记录”交列检作业人员。列检作业人员应积极配合处理，双方应在“车辆故障交接记录”中签字确认并各执一份。

4. 列检作业人员在机械冷藏车组技术作业中发现检查范围内的车辆故障时，由列检作业人员负责处理。发现其他车辆故障时，应及时通知机械冷藏车组车辆乘务员处理，车辆乘务员填写“车辆故障交接记录”，双方签字确认并各执一份。

5. 机械冷藏车组中的车辆发生临修时，列检作业场办理摘车后通知机械冷藏车组车辆乘务员，由机械冷藏车组车辆乘务员与摘修车辆段按规定共同制定故障修理方案。

6. 机械冷藏车组应编挂在列车中部或后部。在加挂铁路货车时，严禁剧烈冲撞，并禁止进行溜放调车作业。

【拓展知识】

拓展知识点 游车

游车是指因货物长度关系而加挂的不承载超限、超长货物重量的平车。加挂游车的数量和位置，由超长货物的装载方法而定：

1. 一车负重，一端突出装载，突出端加挂游车；两端突出装载，两端加挂游车。

2. 跨装运送时，货物的重量由两辆负重车共同负担。游车使用情况可分为：两车负重，一端加挂一辆或两端各加挂一辆游车；两负重车，中间加挂一辆游车；两负重车中间加挂一辆游车，另一端加挂一辆或两端各加挂一辆游车。

思考与练习

一、填空题

1. 专用铁路货车按规定涂打固定配属管理的单位名称标记，并由________负责日常管理。

2. 常见的铁路长大货物车有________、________、________、________及________等。

3. 标记载重 260 t 及以上的落下孔车，标记载重 300 t 及以上的凹底平车、钳夹车等铁路长大货物车在________运行中不得施行紧急制动。

4. 机械冷藏车组运用管理工作除执行《铁路货车运用维修规程》外，还应执行________。

二、选择题

1. 预制梁运输车组装车前，由(　　)进行技术检查。

A. 货运部门　　B. 装车单位　　C. 车辆段　　D. 车站

2. 机械冷藏车组中的车辆发生临修时，列检作业场办理摘车后通知机械冷藏车组车辆乘务员，由车辆乘务员与(　　)按规定共同制定故障修理方案。

A. 承运人　　B. 机保段　　C. 就近车站　　D. 摘修车辆段

三、问答题

预制梁运输车组卸车后，卸车单位需做哪些作业内容？

项目八 路用铁道车辆运用

知识点 1 路用铁路客车运用

路用铁路客车是指不参与旅客运输，具有专门用途的铁路客车。其中由国铁集团统一管理车号的路用客车为国铁路用客车，由铁路局自行管理车号的路用客车为局管路用客车。

国铁路用车可跨局运行、配属在铁路局、铁科院或专业运输公司等单位。国铁路用车按用途分为公务、试验、维修、检测车等，可编挂在旅客列车中使用。

国铁路用客车编挂旅客列车时，标记速度、技术条件等要满足旅客列车编组要求。使用单位要安排经配属或代管局车辆部门技术培训并取得培训合格证的专（兼）职车辆乘务人员。国铁路用客车上安装的专用设备及其配套设施的维修保养由使用单位负责，车辆通用设备的维修保养由配属或代管段负责，其他由双方协商明确。

局管路用客车是指从运营客车中淘汰、由铁路局自行编排、管理车号的路用客车，不纳入客车配属统计，主要用于机务救援、工务宿营、供电接触网检修、车辆检修作业配套、职工体检等铁路内部生产生活用途。局管路用客车不得编挂在旅客列车运行，原则上不得跨局运行。执行救援、施工等其他特殊任务需跨局运行时，以国铁集团调度命令或电报为准。

由运营客车转为局管路用客车由铁路局于每年 2 月底前向国铁集团提出申请，申请说明改造车源、改造费用落实情况、使用单位、用途等信息，经国铁集团批准后方可改造。经国铁集团核准报废的客车严禁改为局管路用客车使用。临时调整转局管路用客车计划的，应于 8 月底前上报。运营客车改造为局管路用客车的技术方案及局管路用客车的后续加改方案由铁路局车辆主管部门审查，改造及定期检修应由具备资质（条件）的单位承担。使用单位是局管路用客车的安全责任主体，负责局管路用客车的日常使用、维护和管理，不得擅自对局管路用客车进行加装改造。

知识点 2　路用铁路货车运用

路用铁路货车是指国铁集团批准作为铁路各单位运送非营业运输物资或用于特殊用途的铁路货车。

铁路局需要加强对管内固定路用铁路货车的管理。建立管理台账，记录车号、定检、使用单位、状态更新等信息。每年组织一次清理，每年年底前向国铁集团上报次年检修计划，督促使用单位及时送修定检到期货车。

路用铁路货车使用单位负责路用铁路货车的日常管理，严格按照路用铁路货车的使用要求操作和使用路用铁路货车。路用铁路货车收回时，办理车站或货运部门会同车辆部门共同检查鉴定车辆技术状态。对损坏的铁路货车，由车辆部门负责修理，修理费用由使用单位承担。铁路货车转为路用铁路货车和路用铁路货车收回时，车辆部门按规定在“运用车转变记录”上签字。

【拓展知识】

拓展知识点　备用铁路货车运用

备用铁路货车是为了保证完成临时紧急任务需要所储备的技术状态良好的国铁铁路货车空车。在铁路局公布的地点备用。车辆段在备用地点设检车员，负责备用铁路货车的备用和解除备用前的铁路货车技术检查，保证备用铁路货车技术状态良好。

备用铁路货车的备用或解除备用，由所在地车辆段检查。车辆段检查时，将备用和解除备用命令号、日期、车种车型车号等项内容进行登记在“备用铁路货车登记簿”。技术状态不良车、定检过期车、重车、租用车、企业自备车、外国车不得列入备用铁路货车。

铁路货车备用时，检车员按当日调度命令对备用铁路货车进行技术检查和记录。符合备用铁路货车条件的，在“备用铁路货车登记簿”上登记，并在车站填写的“运用车转变记录”上签字。不符合则通知车站取消该备用铁路货车的备用，按规定送检修地点修理。解除备用时，检车员按当日调度命令对备用铁路货车进行技术检查和记录。经检查符合运用车技术状态，在“备用铁路货车登记簿”上登记，并在车站填写的“运用车转变记录”上签字。

思考与练习

一、填空题

1. 国铁路用客车的____________由国铁集团统一管理。
2. ____________路用客车可跨局运行，也可编挂在旅客列车中使用。
3. 局管路用客车不纳入____________统计。
4. 车辆段在____________设检车员，负责备用铁路货车的备用和解除前的铁路货车技术检查，保证备用铁路货车技术状态良好。

二、选择题

1. 局管路用客车(　　)附挂旅客列车，原则上(　　)跨局运行。

A. 不得，不得　　B. 不得，可以

C. 可以，不得　　D. 可以，可以

2. 路用铁路货车由(　　)负责日常管理。

A. 货运部门　　B. 使用单位

C. 制造企业　　D. 车辆段

项目九　自备铁道车辆运用

知识点 1　自备铁路客车运用

部队及非铁路运输企业如客车造修工厂、专用铁路所属单位出资购置且拥有资产的客车称为自备客车。

部队除购置自备客车外，其他军用自备铁道车辆中，有些车辆既不是纯粹的客车也不是纯粹的货车，为方便管理，按照装用客车转向架、设有电气装置等客车特征，定义为按客车检修管理的军用自备铁道车辆，归类为自备客车。

健康快车由社会各界爱心人士及企业捐赠购置，产权单位为中华人民共和国国家卫生健康委员会，对生活困难的白内障患者免费实施复明手术，也归类为自备客车。

国铁集团统一配发车号的自备客车由所在地铁路局进行属地管理，每年组织对自备客车进行年审。年审时逐辆核对产权、车种、车型、车号，定期检修实施情况，铁路客车技术状态，出具年审报告，并于每年 11 月 15 日前将自备客车年审情况报国铁集团。自备铁路客车应与国铁客车的检查、修理范围和质量标准要求等规定相同。自备铁路客车中的专用设备由产权单位负责，走行、制动、钩缓等车辆通用部件由代管段进行检查维修。

由国铁集团统一配发车号的自备客车定期检修要在具备资质（条件）的单位施修，随车工作人员需要经属管局组织的车辆专业技术培训，并取得培训合格证。

知识点2　自备铁路货车运用

自备铁路货车是指凡属企业资产，为满足本企业生产需要自行购置、使用的货车。军方特殊用途货车（车体标明客车基本记号者除外）归类为自备货车。

自备铁路货车的车号由国铁集团统一管理和发放。货车运用作业场严格按检修合同和检修周期摘修自备铁路货车。自备铁路货车应与国铁货车的检查、修理范围和质量标准要求等规定相同。对自备铁路货车中的专用铁路货车只对走行、制动、钩缓等车辆通用部件进行检查维修，其他部件由企业和承担检修的单位负责。列车中的自备铁路货车装用放射性或剧毒物等危险品时，列检作业场所在车站在列车到达前，将装用放射性或剧毒物等危险品铁路货车的车位、车号通知列检作业场。

自备铁路货车检修经国铁集团批准后，由取得相应的维修合格证的单位承担。铁路局每年需对管内承担自备铁路货车检修的单位，按规定进行检修资格检查，并于当年12月1日前将检查情况书面报国铁集团。

【拓展知识】

拓展知识点　健康快车

健康快车是一所流动的、专门为从事慈善医疗活动而建造的白内障手术专科“流动医院”，目前共有4列，每列固定编组4辆，1号为发电车、2号为宿营车、3号为手术车、4号为病房车。1997年，香港同胞捐赠了第1列健康快车，命名为“香港光明号”，25G型客车底；1999年，香港同胞捐赠了第2列健康快车，命名为“Lifeline Express”，25K型客车底；2002年，澳门同胞捐赠了第3列健康快车，命名为“澳门光明号”，25K型客车底；2008年，中国石油化工集团公司捐赠了第4列健康快车，命名为“中国石化光明号”，25T型客车底。2020年，第1列健康快车办理报废，已经不再上线使用，目前仅用于展览。

思考与练习

一、填空题

1. 健康快车归类为__________管理。
2. 自备铁路客车中的专用设备由__________负责，走行、制动、钩缓等车辆通用部件由__________进行检查维修。
3. 自备铁路货车的__________由国铁集团统一管理和发放。
4. 自备铁路货车应与__________的检查、修理范围和质量标准要求等规定相同。

二、选择题

铁路局每（　　）需对管内承担自备铁路货车检修的单位，按规定进行检修资格检查。

A. 半年　　B. 1年　　C. 2年　　D. 5年

项目十　国际联运车辆运用

国际联运车辆是指进出境或过境运行的中国或外国铁道车辆。

知识点 1　国际联运客车运用

凡参加国际联运的中方铁路客车，必须符合《国际联运客车使用规则（客车规则）》和“国境铁路会议议定书”中规定的条件。

外国所属联运客车入境时，指定由入境铁路局负责技术交接与检查。途经铁路局及折返铁路局应认真检查维修，发现故障及时处理并编制记录，保证行车安全。

联运到国外的国内客车，应由专人进行维修保养。宽轨转向架（包括发动机及传动装置）的维修保养，由换装站所在地铁路局负责。车体和准轨转向架的维修保养，由配属局负责。

客列检对通过国际客运列车按规定做技术检查和维修。

知识点 2　国际联运货车运用

参加国际联运的中方铁路货车，要符合《国际联运货车使用规则》中国际联运铁路货车的技术要求的规定及中方与外方铁路间相关协定的交接条件。参加国际联运的中方铁路货车在车体的规定位置涂打“ⓂⒸ”联运标记，未涂打“ⓂⒸ”联运标记的中方铁路货车不得编入国际联运列车。

外方铁路货车进入各铁路局国境站时，应按两国铁路间规定的货车技术条件进行交接，发现货车技术状态不良或破损应及时按规定填发“不良/破损车辆的交接记录”，并经交接双方签字加以证明。

外方铁路货车入境在中方铁路运行时，铁路局根据外方铁路货车的技术结构，结合《国际联运货车使用规则》中车辆的技术要求，制定外方铁路货车检查范围和质量标准，按安全保证距离的规定，明确作业列检作业场。进入中方铁路运行需换装转向架的，还需执行国铁集团有关规定。

设有国境站技术交接作业场的铁路局，要根据《国际联运货车使用规则》《铁路货车运用维修规程》和相关协定，组织制定有关劳动组织办法、技术交接标准、技术交接程序、安全防护要求、发现故障处置规定、相关台账记录格式及填写标准等。

思考与练习

一、填空题

1. ____________对通过国际列车按规定做技术检查和维修。

2. 外方铁路货车进入中方铁路运行需换装转向架的，还需执行____________有关规定。

3. 参加国际联运的____________铁路货车在车体的规定位置涂打“ⓂⒸ”联运标记。

二、选择题

外国所属联运客车入境时，指定由（　　）负责技术交接与检查。

A. 途经铁路局　　B. 入境铁路局　　C. 折返铁路局　　D. 配属铁路局

项目十一　铁道车辆过轨技术检查

出口铁道车辆和企业自备铁道车辆、自轮运转特种设备等进入国家铁路运行前，由所在地铁路局对其技术状态进行检查，以保证运行安全，称为过轨技术检查。其中，一次性进入国家铁路运行只进行一次过轨技术检查，为一次性过轨技术检查；经常性进入国家铁路运行需要经常进行过轨技术检查，为过轨运输技术检查。

知识点 1　铁路客车过轨检查

从非国铁线路进入国铁线路运行的自备客车（含产权单位自行编号的客车）需要进行过轨技术检查，检查作业由车辆段负责。

属管局指定车辆段（简称属管段）与自备客车产权单位签订过轨运输技术检查协议。协议内容包括过轨客车车种、车型、车号、协议有效期、检查技术要求、运行安全保证责任、过轨检查费用等事项。原则上每年签订一次。在过轨运输技术检查协议中，要按照《铁路客车运用维修规程》中客车车体、走行部、钩缓装置及制动装置等出库质量标准，明确检查技术要求。运行安全保证责任根据检查技术要求进行约定。签订过轨运输技术检查协议时，属管段需核对自备客车产权单位出具的“过轨运输技术检查年审报告”和“过轨运输证”。

过轨运输技术检查前，由过轨所在地车辆段对产权单位出具的过轨运输技术检查协议进行审核后，组织有关人员按照检查技术要求进行过轨运输技术检查。符合安全运行条件的，填发“过轨技术检查合格证明书”，一式三份，两份交申请单位作为客车过轨技术检查合格的凭证，一份作为车辆段清算费用的依据。

经国家铁路过轨运输的自备客车，按照程序办理“过轨运输证”，由自备客车产权单位所在地铁路局（简称属管局）每年组织年审。年审时逐辆核对产权、车种、车型、车号、定期检修实施情况，年审合格后，铁路局车辆部出具“过轨运输技术检查年审报告”，于每年 11 月 15 日前，将自备客车年审情况报国铁集团。

经国家铁路过轨运输的自备客车，车号由国铁集团机辆主管部门下达。新造客车的制造技术条件或既有客车属于重大改造的技术条件要通过国铁集团机辆主管部门组织的审查。国铁集团或铁路局可与自备客车产权单位约定由国铁监造机构进行监造。国铁集团机辆主管部门负责对客车制造（改造）企业提供的制造（改造）技术条件和出资购置单位（产权单位）出具的采购（改造）技术条件进行审核，技术条件内容包括技术要求、试验方法、检验规则、规范性引用文件、整车及零部件技术参数等。

经国家铁路一次性过轨运行的出口客车和新造自备客车，由国铁集团对其上线运行条件进行审核，由国铁监造机构进行查验确认。既有自备客车，由过轨所在地铁路局对其涉及列车编组的有关技术参数进行审核，审核通过后，由过轨所在地铁路局安排车辆段对其进行一次性过轨技术检查。经检查合格后，方可进入国家铁路运行。

车辆段进行一次性过轨技术检查时，重点检查以下项点，质量标准符合《铁路客车运用维修规程》规定。

1. 成组过轨时进行列车制动机试验，单辆过轨时进行单车制动机试验。

2. 首尾客车车钩高度及三态作用。

3. 轮对相关尺寸。

4. 车体倾斜。

5. 走行部及车下悬吊装置等各部状态。

经检查，符合安全运行条件的，车辆段填发过轨技术检查合格证明书。

出口客车和新造自备客车的车辆结构与国铁客车存在较大技术差异时，承担过轨技术检查的车辆段可要求产权单位协调制造企业向车辆段提供技术培训。

知识点 2 铁路货车过轨检查

自备铁路货车、企业内用铁路货车和出口铁路货车进入国铁营业线运行时，按有关规定由国铁车辆段进行过轨技术检查。过轨技术检查时，车辆部门仅负责与国铁货车相同的通用部件进行检查，并执行“始发列车检查范围和质量标准”，其他部件由自备铁路货车企业、企业内用铁路货车企业或出口铁路货车制造企业负责。经检查符合要求的填发“自备铁路货车、企业内用铁路货车过轨技术检查合格证”。办理过轨技术检查时，企业要向车辆部门提供交通工具和符合过轨技术检查的条件。如图 11-1 所示为企业自备铁路货车过轨技术检查合格证示例。

辆货统-026

企业自备铁路货车过轨技术检查合格证

编号＿＿＿＿＿＿＿＿

自备车产权所属单位名称＿＿＿＿＿＿＿＿＿＿＿＿＿＿＿＿

经＿＿＿＿＿＿检查，＿＿＿＿＿＿技术状态符合国铁货车运用规定，准许进入国铁营业线运行。

发站＿＿＿＿＿＿＿＿　　到站＿＿＿＿＿＿＿＿

过轨检查车辆段及列检作业场＿＿＿＿＿＿＿＿＿＿＿＿

＿＿＿＿年＿＿月＿＿日（印章）

说明：1. 编号填写车辆段简称及合格证序号。
2. 按“经（检查单位） 检查，（车种车型车号）技术状态符合国铁货车运用规定，准许进入国铁营业线运行”填写。
3. 此证由车辆段（列检作业场）填发，涂改无效。

（规格：148.5mm×210mm）

图 11-1 企业自备铁路货车过轨技术检查合格证示例

知识点3　自轮运转特种设备过轨检查

重型轨道车（含轨道平车）、大型养路机械、接触网作业车等自轮运转特种设备进入国铁营业线运行前，应办理过轨手续，按照国铁集团提供的过轨技术检查标准进行过轨技术检查。具体检查程序为：

1. 重型轨道车（含轨道平车）、大型养路机械、接触网作业车所属单位对自轮运转特种设备进行检查，确保达到过轨技术检查标准，提前7天向所在地车辆段以“自轮运转特种设备过轨技术检查申请表”书面形式提出过轨技术检查申请，申请内容包括自轮运转特种设备名称、用途、运行区段、技术状态等。

2. 过轨技术检查还需提供技术结构资料和铁路局及以上专业主管部门发放的有效技术状态合格证明。其中接触网作业车、供电轨道车提供铁路局供电部发放的“年检合格证”；国铁大型养路机械、工务轨道车提供国铁集团工电部发放的“年检合格证”（“年检合格证”过期的提供铁路局发放的有效技术状态合格证明）；路外大型养路机械、工务轨道车提供铁路局发放的技术状态合格证明。

3. 车辆段接到书面申请后，对有关资料进行审核，并复印存档，符合规定的方可办理过轨技术检查。自轮运转特种设备所属单位负责向车辆部门提供交通工具和符合过轨技术检查的条件。

4. 过轨技术检查合格后，方可出具“自轮运转特种设备过轨技术检查合格证”，一式两份，设备所属或使用单位、车辆部门各一份，加盖过轨检查运用车间或车辆段公章。

5. 货运部门凭车辆部门签发的“自轮运转特种设备过轨技术检查合格证”方可受理自轮运转特种设备货物运输，“自轮运转特种设备过轨技术检查合格证”自车辆部门填发之时起7日内交给货运部门。

【拓展知识】

拓展知识点　自轮运转特种设备

自轮运转特种设备是用于铁路线路、电气化铁路接触网修理作业的重要施工设备，是在国铁营业线上运行的铁路轨道车、救援起重机及铁路施工、维修专用车辆。常见的自轮运转特种设备有轨道车（包括重型轨道车、起重轨道车、轨道平车等）、大型养路机械（包括捣固车、动力稳定车、配整形车、钢轨探伤车、道砟清筛车、打磨车、焊轨车、除雪车、换轨车等）、接触网作业车（包括接触网检修作业车、接触网多平台检修作业车、接触网高空作业车、接触网放线车、接触网检测车、接触网立杆作业车等）。

思考与练习

一、填空题

1. 铁道车辆过轨技术检查作业由__________负责。

2. 属管段与自备客车产权单位签订过轨运输技术检查协议中，要按照__________中客车车体、走行部、钩缓装置及制动装置等出库质量标准，明确检查技术要求。

3. 经国家铁路过轨运输的自备客车，__________由国铁集团机辆主管部门下达。

4. 自备铁路货车、企业内用铁路货车和出口铁路货车过轨技术检查时，车辆部门仅负责与国铁货车相同的通用部件进行检查，并执行__________检查范围和质量标准。

二、选择题

1. 经国家铁路过轨运输的自备客车，由自备客车产权单位所在地铁路局（简称属管局）每（　　）组织年审。

A. 半年　　B. 1 年　　C. 2 年　　D. 5 年

2. 自轮运转特种设备进入国铁营业线运行前，应办理过轨手续，按照（　　）提供的过轨技术检查标准进行过轨技术检查。

A. 国铁集团　　B. 铁路局　　C. 车辆段　　D. 使用单位

三、问答题

简述车辆段进行客车一次性过轨技术检查时，重点检查哪些项点。

项目十二　爱护铁道车辆

爱护铁道车辆（以下简称爱车）工作是铁道车辆运用工作的重要组成部分，是为铁路运输提供技术状态良好车辆，圆满完成运输生产任务，保护国家财产不受损失的重要基础。

铁路局成立多部门组成的爱车工作领导和协调小组，负责组织和部署局级爱车工作，包括制定爱车工作制度、组织爱车活动、宣传爱车工作。对易损坏铁路货车的装卸设备、装卸方法和调车方式组织改进、完善等。具体工作由车辆部负责。

以站区为单位成立车辆部门牵头的多部门及有关企业组成的爱车联合协调工作小组，负责站区爱车工作制度、实施办法细化落实，定期召开爱车协调会议，开展装卸机械及设备监管，及时通报爱车情况，修订爱车协议等工作。车辆段落实具体日常爱车工作，包括开展爱车宣传，指导、监督和检查铁道车辆的使用，制止损坏铁道车辆的行为，负责损坏铁道车辆的索赔和管理，定期统计分析损坏铁道车辆情况等内容。

【相关知识】

知识点 1　爱护铁路客车

爱护铁路客车有关规定如下：

1. 铁路局要加强爱车工作。建立旅客列车上部设备设施出入库交接和客车备品丢失、损坏清算办法；加强爱车工作监督检查；建立爱车工作协调会议制度，定期由车辆部组织召开车辆、客运等部门参加的爱车工作会议。

2. 按规定使用、整备和维护客车设备、备品。列车乘务人员应向旅客进行爱车宣传，发现不正确使用或损坏设备行为时，要立即制止和纠正。列车在库内进行客运整备作业时，车辆段要负起监管责任，发现违规现象时，要予以制止。

3. 旅客列车车底停留期间，车上由客运部门根据相关规定看守。除检修试验需要外，严禁使用空调、电风扇、电开水炉、电冰箱、电气化厨房和照明等电器。

4. 在客车内装卸、搬运物品时应避免刮碰车辆设备，严禁使用拖、拉、滑、拽等方式挪动物品，避免地板布划伤和破损。严禁敲击、冲撞车体、车门及车内设施。

5. 客车保洁时,使用中性清洗剂,严禁使用酸、碱洗刷车辆;严禁使用损伤车体及设备表面的工具进行清洁;严禁用水冲刷地板、墙板及电气装置。车顶作业人员严禁踩踏、碰撞空调机组外罩及各类天线。旅客列车停运及运用客车摘下时,客运部门对车厢垃圾进行彻底清理。

6. 装用集便装置和塞拉门的旅客列车,客运部门加强塞拉门滑道和厕所便器内异物的清理。要加大宣传力度,引导旅客爱护和正确使用集便装置,不得向便盆内丢弃杂物。

7. 空调客车 AC 220 V 交流插座仅限于笔记本电脑、手机、平板电脑、电动剃须刀、移动充电器及列车办公通信设备的充电,禁止插入多功能插线板。客运部门要加强宣传及监督。

8. 除国铁集团已经批准的加装改造项目外,凡涉及行车安全、车型车种改变、车体结构或平面布置发生变化、用电负荷(风量)增加的改造项目,配属铁路局报国铁集团审批,按国铁集团批复意见执行。对涉及影响旅客服务功能的改造项目由配属铁路局报国铁集团备案。其他改造项目由铁路局车辆部批准。在客车上安装宣传及列车广告,经铁路局客运、车辆主管部门同意,严禁乱钉、乱贴、乱挂。

9. 餐车电气化厨房设备操作人员,经相应设备使用培训,合格后方可上岗,按照设备操作说明和安全操作规程的要求安全使用厨房设备。灶台上不得堆(存)放其他导磁体,随时保持干燥、清洁。使用与电磁灶配套的锅具。

10. 新造、厂修客车的移动备品由车辆段向客运段办理一次性交接,客运段负责保管、使用。移动备品是指电气化厨房锅具、冰箱隔板、蒸饭菌托盘,抽油烟机格栅及接油盘、沥水格栅、垃圾桶等。客车调拨、转属、借用时,移动备品应随车配备,由客运部门向车辆段一次性交接。

11. 对摘下的故障发电车,安排发电车乘务员看守,由就近车辆段提供替换发电车并担当乘务工作。对摘下的其他故障客车,由车辆乘务员与所在站客列检办理备品交接手续,无客列检时由列车长和车辆乘务长与车站办理备品交接手续,必要时由列车长派人看守。

知识点 2　爱护铁路货车

爱护铁路货车有关规定如下:

1. 铁路局对爱车人员颁发"爱车检查证",爱车人员凭"爱车检查证"进入爱车区域内的车站、货场、厂矿、港口、地方铁路、合资铁路、专用铁路、企业专用线和工程临管线等单位进行爱车宣传,检查、监督爱车协议的执行情况和铁路货车的使用情况。爱车人员对违反铁路货车使用规定、违章操作损坏铁路货车或装卸货物影响行车安全的行为,有权制止并通知有关部门处理,同时向上级主管部门报告;对未经国铁集团批准擅自改变铁路货车技术结构或安装永久性配件和装置的行为,须立即制止,并向上级主管部门报告。

2. 翻车机、解冻库以外的装卸设备应满足爱护铁道车辆的有关要求。装卸作业严格执行《铁路货物装卸安全技术规则》和国铁集团公布的其他有关货车使用、货物运输、装载加固的规定和要求,适应铁路现代物流和装卸机械化的发展需要,不得损坏铁路货车。

3. 车辆段建立铁路货车翻车机、解冻库等装卸机械设备技术资料、使用和监测情况数据库,并定期统计分析铁路货车损坏情况。

4. 车站站区治安管理单位要加强治安管理,防止停留的铁路货车配件被盗或人为损坏。铁路局定期组织车辆段对管辖区域车站进行车辆专业知识培训,使车站人员能够发现车辆异常状态。

5. 路内外单位损坏铁路货车时，铁路局车辆部门填写车辆破损技术记录，由双方共同检查签认，作为损坏车辆赔偿的依据，并按规定准确、足额计算铁路货车损坏赔偿费用，及时收取损坏铁路货车赔偿费。

【拓展知识】

拓展知识点 1　翻车机

翻车机是指直接翻卸铁路货车散料的大型机械设备，有摘钩翻卸和不摘钩翻卸两种方式，如图 12-1 所示。翻车机的形式有多种，根据翻车机的流程可分为贯通式和折返式。根据结构形式可分为转子式、侧倾式、端卸式和复合式等，其中使用最多的是转子式翻车机。转子式翻车机又可分为 O 形和 C 形。同时还可根据翻车机的驱动力方式分为钢丝传动和齿轮传动。又可按翻车机的翻卸能力来分为“单翻”“双翻”和“三翻”，现在最大的翻车机卸车系统一次可以翻卸 4 节车辆。

图 12-1　翻车机

拓展知识点 2　解冻库

解冻库是对铁路货车装载的被冻结的散装货物进行加温解冻的库房和设施。解冻库具备温度智能监控、自动报警功能，热源设在铁路货车侧梁以上，热源出口温度及解冻时间等符合铁路货车翻车机和散装货物解冻库检测技术条件规定。解冻可采用热风、远红外、蒸汽、电热等方式进行加温，不能使用明火直接对车辆进行加温解冻，禁止使用化学品喷淋等易造成车辆损坏的解冻方式或方法。

思考与练习

一、填空题

1. 铁路局爱车工作具体由＿＿＿＿＿＿负责。＿＿＿＿＿＿落实站区具体日常爱车工作。

2. 客车保洁时，使用____________清洗剂，严禁使用酸、碱洗刷车辆。严禁____________冲刷地板、墙板及电气装置。

3. 新造、厂修客车的____________由车辆段向客运段办理一次性交接，客运段负责保管、使用。

4. 路内外单位损坏铁路货车时，按规定准确、足额计算并及时收取________________。

二、选择题

(　　)对爱车人员颁发“爱车检查证”，爱车人员凭“爱车检查证”进入爱车区域内的单位进行爱车宣传，检查、监督爱车协议的执行情况和铁路货车的使用情况。

A. 国铁集团　　B. 铁路局　　C. 车辆段　　D. 运用车间

三、问答题

简述爱车工作组织架构及工作内容。

运用维修篇

YUNYONG WEIXIU PIAN

模块三　铁路客车运用维修

【知识导图】

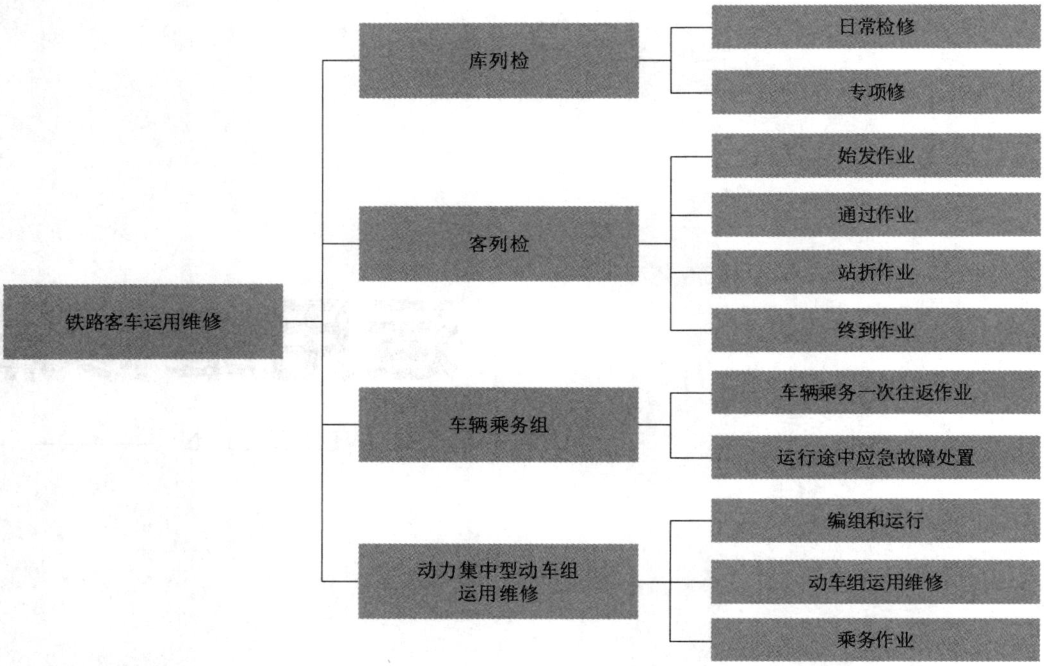

【学习目标】

知识目标

1. 熟悉客车运用检修流程。
2. 熟悉客车日常检修、临客整备相关规定。
3. 熟悉运用客车出库质量标准。
4. 熟悉运用客车专项检修项目及要求。
5. 熟悉客车整修项目及要求。
6. 熟悉动力集中型动车组运用知识和要求。
7. 熟悉动力集中型动车组 D1 和 D2 修相关知识和要求。
8. 熟悉动力集中型动车组车辆乘务组乘务作业知识和要求。

能力目标

1. 具备正确使用客车运用检修常用工具仪器的能力。
2. 具备按照流程和标准进行客车单车技术检查的能力。
3. 具备按照流程和标准进行客车制动闸瓦/闸片更换的能力。
4. 具备按照流程和标准进行客车专项修的能力。
5. 具备按照流程和标准完成制动试验的能力。
6. 具备按照流程和标准进行客车绝缘试验的能力。
7. 具备按照流程和标准完成客车动态检查的能力。

8. 具备按照流程和标准进行动力集中型动车组主要设施检查的能力。
9. 具备发现问题和解决问题的能力。

素质目标

1. 具有较强的安全生产意识。
2. 具有遵章守纪的工作习惯。
3. 具有标准化作业的工作素养。
4. 具有严格执行工作流程的规范意识。
5. 具有爱护设备、工具及备品的思想品质。
6. 具有严谨细致、精益求精的铁路工匠精神。
7. 具有团队沟通和协作的意识。
8. 具有自我学习和开拓创新的意识。

铁路客车运用维修实行以计划预防修和状态预防修并重的检修制度。运用管理主要包括客车辅修、运用检修、列车检修、车辆技术作业、全寿命周期管理、运用安全等管理内容。客车运用管理所涉及的规程、规定、标准、制度、要求等内容,构成了客车运用维修体系。

客车运用维修的生产单位为隶属于客车车辆段(或机辆段)的客车技术整备所(以下简称客整所。客整所内承担铁路客车运用检修任务的部门称为库列检,也称"库")、旅客列车检修所(以下简称客列检,也称"站")、车辆乘务组(也称"乘")。库列检、客列检、车辆乘务组从事的全部工作构成铁路客车运用维修工作。

项目十三　库 列 检

客整所是客车运用维修的重要基地。库列检设置在客整所,承担着本属、外属客车入库例行检修工作。国铁集团配属本单位的客车是本属客车,配属其他局跨局运行的客车属于外属客车。租(借)用其他单位的客车按本属客车同等对待。本属客车入库检修为日常检修,外属客车入库检修为折返检修。检修过程中在车列中直接修复车辆故障为不摘车修。把故障车辆从车列中摘下,送到临修线(库)内修理为摘车临修。客车 A1 修属于计划预防修,在客整所由库列检人员对特定配件进行换件修、分解修,另外通过检测、试验方法,对特定配件参数进行限度管理,超过限度时施修。

客整所主要设施包括线路、检修线路上的主要设施、生产房屋和设备、办公房屋和生活设施等。设置相应的整备线(库)、存车线、临修线(库)、站场照明、列车供电、车辆排污、污水处理、风水电路、配件材料存放、消防设施及运输通道等生产设施。

整备线(库)、存车线及相应的检修地沟、外接(地面)电源、上水、吸污设施等满足本、外属客车检修整备需要。因客整所能力不足,需将运用车底送外站停留时,停留场所应设置外接(地面)电源,并根据需要设置吸污设施。

客整所配备起重、运输、换轮、充电、试风、车顶作业等检修设施和作业安全防护设施、通信装备等。检修设备及工装应满足客车检修需要,其中客车不落轮数控旋床的设置数量和位置要满足运用客车轮对临修及踏面定期修形的需要。

客整所配备 TCDS、KLW、轴温检测、绝缘监测等车载检测数据地面分析系统和 TPDS、

TADS、TVDS、微控试风等动态检测数据分析系统。

客整所具体职责包括：

1. 负责本、外属入库旅客列车的日常检修和加油、供电、吸污等工作。

2. 对本属旅客列车负责专项检修、临客整备、客车整修及客车辅修（A1 修）等工作，负责新造及厂、段修客车的接送和技术状态、备品的交接，负责回送、借用客车的整修、交接工作。

3. 库列检对检修后的本属旅客列车，要保证在下次本属入库检修前不发生责任行车设备故障；对外属旅客列车实施折返检修，对经检查的项目承担返程安全责任，对车辆乘务人员交修的故障要积极处理，保证返程不发生责任行车设备故障。

4. 库列检作业时，应使用微控列车制动机试验器按照《列车制动机试验方法》的要求，对旅客列车制动机进行全部试验、列车总风管漏泄试验及持续一定时间的保压试验。

5. 采用盘形制动装置的旅客列车应按以下规定实施地沟检查作业：

(1)本属跨局旅客列车每次入库。

(2)单程运行距离超过 2 000 km 的外属旅客列车每次入库。

(3)管内旅客列车每运行不超过 4 000 km。

6. 旅客列车整备作业时，原则上应使用外接电源或地面电源供电，车辆用电负载不得超过电源容量，供电时间原则上不超过 2 h。

旅客列车在库内无地面电源和外接电源供电时，须采取限电措施，防止蓄电池亏电。DC 600 V供电客车当全列 DC 110 V 蓄电池电压低于 92 V 时，要切断所有负载。地面电源符合中点接地要求，配备 DC 600 V 干线绝缘检测装置的列车出库前，库列检根据检测数据出具绝缘检测记录交车辆乘务员；途中出现供电故障时，车辆乘务员要参考检测报告妥善处理。

任务一　日常检修

【相关知识】

知识点 1　本属车/外属车作业原则

跨局旅客列车每运行一个往返（含套跑交路）、管内旅客列车每运行 4 000 km 安排入库实施日常检修。本属客车日常检修的库内技术作业时间应满足甩挂作业、例行检查和专项检修时间。一般情况下，在客整所所在地车站图定到开时间间隔不少于 7 h，不满足时，要加强日常运输组织、采取备用车底替换、加强检修作业组织等措施，确保安全质量。本属客车入库实施日常检修和专项检修后必须符合《运用客车出库质量标准》。

单程运行距离在 2 000 km 及以上的旅客列车，折返铁路局原则上应安排入库进行折返检修作业，技术作业时间应满足甩挂作业、例行检查和故障处理时间。一般情况下，在折返车站图定到开时间间隔不少于 4 h；如无法安排入库检修或时间不足时，折返局采用动态检查技术进行补充作业，承担入库折返检修作业的安全质量责任。

知识点 2　作业范围

库列检实施日常检修时，结合专项修项目，按照不重复检修原则，对客车轮对、转向架、制动装置及总风装置、车钩缓冲装置、车电装置、车内设备、车体及车顶设备等部件进行全面检查，检修后符合出库标准。管内客车往返运行不足 4 000 km 时，入库要安排处理 5T 预报故障、车统—181 故障及进行列车制动机试验。

库列检实施折返检修时，按下述范围进行技术作业，检修后符合出库标准。

1. 处理 THDS、TVDS 预报的故障；处理车辆乘务员交修的车统—181 故障。

2. 进行列车制动机全部试验、列车总风管漏泄试验及持续一定时间的保压试验。

3. 按照对列车牵引可能造成故障的部位、装载旅客或货物可能造成故障的部位、运行途中异物击打可能造成故障的部位必须重点检查的原则，对列车进行重点检查：

(1)检查车端连接处互钩差、“三捆绑”及各电气连接线及座、软管、风挡连接状态。

(2)检查车轮缺损，踏面剥离、擦伤及局部凹入。

(3)检查转向架、钩缓装置、制动装置、车下各箱体等配件丢失、脱落、裂损及异物撞击导致的变形等故障。

知识点 3　车辆技术检查

车辆技术检查是指通过科学、规范的检测方法和手段，对车辆的各项技术状况进行全面、系统的检查和判定的行为。车辆技术检查是保障铁路运输安全的重要环节，也是维护行车安全和提高车辆维修质量的必要措施。

单车故障检查技巧的前提是熟知检查步骤、检查部位、检查标准，要确保“走到位、看到位”，做到“不漏件、不漏检”。基本方法是目视、锤敲、耳听、检测、试验及综合研判，开展日常实战演练，不断积累实践经验，才能做到熟能生巧。

客车故障较为繁杂，有多维度的归类方式，结合客车运用特点，将技术作业(含检车、车电)中发现的故障分为磨耗(损)类、结构类、功能类，基本能够涵盖客车故障类型。

排查检车故障的关键是对车辆结构熟悉，对车辆配件的配置、配件的正常状态，日常要注意观察积累经验，有经验的检车员能够对检车故障产生条件反射，经验不足的检车员一般采用同部位对比差异的方式进行检查。另外，发现故障时，还要对同部位的其他配件进行延伸检查，例如发现轴箱弹簧折断时，要同时检查车轮、油压减振器等部位是否存在缺陷，及时消除异常振动源。

机械磨耗类故障主要指车辆运用过程中相对运动的部件之间必然存在的磨耗损耗导致的故障，一般分为极限尺寸超限故障和配合尺寸超限故障，如车轮踏面圆周磨耗、闸瓦或闸片、制动盘磨耗后会造成极限尺寸超限，各活动件、销套配合件磨耗后会造成配合尺寸超限。

车轮踏面圆周磨耗主要表现为踏面形状变化。车轮踏面具有一定的斜度，在车辆运行过程中，闸瓦与踏面及踏面与轨面存在正常的、不可避免的自然磨耗。同时，踏面与钢轨接触处的材料受挤压和剪切等多次反复作用使表层金属疲劳磨耗。另外，制动时闸瓦与车轮踏面间产生大量摩擦热，缓解时闸瓦离开踏面后，摩擦热迅速向整个车轮传导而使踏面快速冷却，时冷时热易使表面材料变化而造成破坏，以上原因造成车轮踏面圆周磨耗。踏面磨耗后，破坏了踏面斜度，影响运行的平稳性，增大了车轮和钢轨间的接触面积，使摩擦力增大，增加了车辆在线路上的运行阻力；轮缘高度相应加高，可能会撞击和剪断钢轨联结螺栓，引起车辆颠覆事故。踏面圆周磨耗的运用限度是不大于 8 mm，在距轮缘内侧 70 mm 处测量。

客车在制动过程中，依靠闸瓦与车轮、闸片与制动盘间的摩擦阻力产生制动作用，会造成不可避免的磨耗。根据制动摩擦副之间的材质特性，为保护车轮及制动盘，闸瓦或闸片作为日常磨损的低值易耗件，在摩擦作用时磨损速度快。当其磨耗到达运用限度后必须对其进行更换，避免车轮与闸瓦托或制动盘与闸片托直接摩擦，导致结构部件或车轮、制动盘损伤。客车闸瓦厚度运用限度为 10 mm，以最薄部分厚度（不含钢背厚度）为准；闸片厚度运用限度为 5 mm，以最薄部分厚度为准；制动盘磨耗后整体厚度运用限度为 96 mm，其中 SW-QD160 制动盘磨耗量小于 5 mm。

结构件故障可能是配件材质不良引起，如车轮踏面剥离、轮辋及制动盘裂纹，也有可能是配件装配部位紧固件松动导致。运用中，对于配件材质不良引起的故障，检查难度较大，需要作业人员具备一定的经验，而出现配件组装部位故障时，该部位基本会发生移位或变形现象，在对客车正常状态熟悉的情况下，一般都可以目视检查检出。

客车配件常见固定连接方式有焊接、铆接、普通螺栓加平钢垫紧固、防松螺栓螺母紧固等。焊接部位易发故障为焊缝裂纹，段修及以上修程中都有探伤检查等质量控制要求。日常运用中若不对焊接部位彻底清污，不易检查发现，有经验的检车员能够通过观察透锈现象进行判别。铆接、螺栓等连接部位松动时，会有明显迹象，运用中仔细检查可以发现。

车轮材质不良时，运用中常见故障为车轮踏面剥离或局部凹入，不常见故障为轮辋裂纹。踏面剥离是车轮踏面金属剥落的一种损伤，主要由于材质不良时在车轮与钢轨多次挤压作用下发生的疲劳破坏，以及车轮与钢轨及闸瓦间的摩擦热使踏面金属组织发生变化而造成的金属脱落。踏面剥离的凹下处不会与钢轨接触，车辆在运行中会产生过大的振动，可能造成轴承损伤；踏面剥离的运用限度为：一处不超过 30 mm，两处每处均不超过 20 mm，剥离的长度应沿着车轮的圆周方向测量。轮辋裂纹一般发生在辐板与轮辋交界处、轮辋外侧、踏面及轮缘根部，故障前期没有明显迹象，不易在车辆运行中发现，发现后要立即换轮处理。

知识点 4　运用客车出库质量标准

库列检通过施行日常检修和专项检修，保证上线客车达到《运用客车出库质量标准》。出库质量标准中的裂纹、裂损、折损均指在正常检查方式下，肉眼可见裂纹、裂损、折损。出库质量标准中未明确的设备设施应保证配件齐全，技术状态良好。

一、轮对

1. 轮轴各部不得有裂纹，轮毂无松动现象，各部尺寸符合规定限度。

2. 制动盘盘毂、盘座、半盘连接部无裂纹，散热筋（片）无贯穿裂纹，制动盘摩擦面无明显偏磨，制动盘磨耗及摩擦面热裂纹不超限，制动盘、螺栓、销套无松动，螺栓开口销无折损、丢失。

二、转向架

1. 构架、摇枕、弹簧托梁及各安装座（含车体上与转向架配件相连的安装座）无裂纹、变形，摇枕吊及吊轴、横向控制杆、抗侧滚扭杆、牵引拉杆（横向拉杆）、牵引销、上下心盘、轴箱导柱、定位转臂及夹紧箍、各安全吊无裂纹，摇枕弹簧及轴箱弹簧无裂损。

2. 导柱弹性定位套无脱落、窜出；轴箱定位节点、牵引拉杆橡胶节点、横向挡等橡胶件无破损和脱胶；橡胶堆定位器不开胶，无裂纹，缺口方向符合规定；抗侧滚扭杆关节轴承及橡胶保护套无脱出、裂损。

3. 摇枕挡、旁承、横向挡间隙不超限；转向架各部安装螺栓无松动，防松铁丝捆绑良好；心盘垫板无破损窜出，摇枕挡磨耗板无脱落。

4. 空气弹簧高度测量块无缺失，橡胶囊与金属板的粘接面无脱离，橡胶囊及橡胶堆表面裂纹不超限、胶囊帘线不外露。

5. 高度调整阀及调整杆安装牢固、无裂损、变形，调整杆护套完好；差压阀安装牢固、无裂损；防过充安全钢丝绳、圆销、开口销无折损；AM96 型转向架空气弹簧排风装置排风良好，钢索、操纵杠杆、弹簧、开口销等无折损。

6. 各油压减振器配件无缺失、安装牢固，无漏油、折损。

三、基础制动装置

1. 盘形制动单元的杠杆和悬吊装置无裂纹，各杠杆转动灵活；各圆销、开口销无丢失、折损或磨耗到限，各圆销与套配合间隙不过限，销套不窜出。闸片厚度不超限，缓解时闸片离开制动盘或闸片无压力。

2. 踏面制动（含踏面清扫器）制动梁及吊、闸瓦托吊、各拉杆及杠杆无裂纹；杆件与托不抗劲，各托架安装牢固、无裂纹；缓解簧安装牢固、无裂损；闸瓦及托磨耗不过限；各圆销、开口销无丢失、折损，各圆销与套配合间隙不过限，销套不窜出、裂损；闸瓦托防翻装置、闸瓦托吊销防脱挡齐全良好。

3. 制动缸活塞行程符合规定，自动间隙调整器、ST1-600 型闸调器作用良好，缓解时闸瓦不紧靠车轮，闸瓦不偏磨；各垂下品距轨面符合规定。

4. 人力制动机作用良好，链条处于松弛状态；各磨耗部（含转向架、钩缓等各部）磨耗板齐全，润滑良好。

四、空气制动装置及总风装置

1. 列车制动机试验符合规定。制动、缓解作用良好，制动管系漏泄不超限，单元制动缸、制动缓解显示器及防滑排风阀无漏泄；总风管系贯通良好，漏泄不超限。

2. 管系各管卡无松动、丢失；各阀、塞门、风缸配件无缺失、安装牢固、位置正确、作用良好；软管无鼓泡，安装无松动，连接状态良好，防尘堵悬挂牢固、防尘堵链垂下后不超过垂下品距轨面限度规定；折角塞门手把开口销无折损、丢失；制动缓解指示器清洁，显示正确，无裂损；压力表不过期；紧急制动阀铅封齐全。

3. 单元制动缸及座无裂损，定位销轴定位良好，防尘套无破损，金属软管无松动、抗磨、破损。

4. 集成电空制动机箱、气路控制箱箱体及安装座无破损、松动，箱门关闭良好。

5. 客列尾例行检查试验良好，主机安装牢固，管路无漏泄，胶管无龟裂、老化，专用 DC 48 V电源插座无松动、破损，工作正常。

五、车钩缓冲装置

1. 15 号车钩缓冲装置车钩、尾框、托板、摆块及吊、冲击座、从板及座无裂纹，缓冲器无裂损；托板螺栓、钩尾销横穿螺栓无松动，防松铁线安装良好；钩舌销无折断，螺母安装良好，开口销无折损；缓冲器无上翘，钩提杆落槽、不冲击下锁销连杆；下锁销及钩提杆按规定捆绑；车列首尾车钩三态作用良好，车钩高度符合规定；相连车钩钩差不过限。

2. 密接式车钩缓冲装置安装座、缓冲器壳体、钩体无裂纹和永久变形；各部螺栓无松动、丢失；两车钩连接间隙及缓冲器的内半筒相对外壳后端面的伸出量不超限；解钩手柄定位良好、无变形。

六、车体及车顶设备

1. 车辆定检不过期；车端登车扶梯及防攀盒安装牢固，盒门锁闭良好；车体倾斜不超限；

车底架各梁无裂纹，墙、顶板无破损。

2. 风挡弹簧、阻尼装置安装牢固、无折损；折棚式风挡拉杆组成松紧适度、连接牢固，篷布无裂损，车内折棚挂绳（簧）齐全，渡板无翘起；铁风挡折棚无弯曲、裂损和开焊；橡胶风挡胶囊裂损不超过 100 mm。

3. 脚蹬安装牢固，无腐蚀破损；手把杆无破损、丢失、松动；各裙板锁闭紧固。

4. 车底架各悬吊装置（含电气设备箱体悬吊）配件齐全、安装牢固、无裂纹、防松螺母无松动；车下各箱体（含电气设备箱体）外观无破损、箱门锁闭良好；油箱、水箱、污物箱无漏泄。

5. 各注水管、排水管及导管、排便桶安装牢固，无缺失；排水管朝向正确，避开轴箱、台车、轮对及基础制动装置；各类排水管、制动管、缓解阀拉杆等部件与车体间孔路封堵可靠，防寒材不外露。

6. 车顶不漏雨；车顶设备安装牢固，车顶天线、车顶活盖、通风器、废排风帽、消声器帽等无缺失，固定螺栓无脱落、松动现象。

七、车内设备

1. 按规定配备灭火器、消防锤；灭火器检修不过期，压力符合规定，铅封完好。墙板、地板、顶板完整无孔洞，通过台、厕所、洗面间、小走廊地板及墙板各压条齐全、间隙孔洞封堵良好。

2. 各折页门、拉门、翻板及簧、锁、门止及碰头配件齐全，作用良好；塞拉门作用良好，各锁开关正常，翻转脚蹬安装牢固、作用正常；自动内端门手动、电动控制位转换功能良好，作用灵活，防挤压功能良好。

3. 活动车窗配件齐全，升降、锁闭作用良好；门窗玻璃安装牢固、无破损；外嵌拉铆结构车窗窗框无破损、松动。

4. 座席、卧铺及吊带、扶手、扶梯、茶桌、行李架、衣帽钩安装无松动；座席及卧铺面布无破损；车内身高标志牌、座号牌、铺号牌、残疾人专用座席标牌齐全、清晰，位置符合规定；车内地板及地板布无影响行走的塌陷、鼓泡现象。

5. 给水管系及阀不漏水、不堵塞，作用良好；洗面盆、洗手盆、便器安装牢固、裂损不影响使用；水位表（液位仪）显示准确，检修不过期。

6. 采暖装置配件齐全，作用良好。温度表、水位表指示准确；管系各阀、塞门、接箍、弯头无漏水、冻结。燃煤温水锅炉、茶炉及餐车炉灶作用良好，烟筒及防火隔热装置完整。

7. 集便装置作用良好，便器冲水均匀、无外喷。

八、车下电气装置

1. 测试列车干线绝缘符合规定；车端电气连接器各插头、插座外观无变形、破损，标记清晰、正确；连接线护套无损伤，密封垫无破损；各连接器连接牢固；首尾安装尾部标志灯的车辆 DC 48 V 侧灯插座导通良好。

2. 各分线盒、配线槽、配线管安装牢固；各传感器（包括制动供风系统压力传感器、车体及转向架加速度传感器、防滑器速度传感器、轴温传感器、蓄电池温度检测传感器）、排风阀安装牢固，配线无破损，各引线套管连接良好、无抗磨；轴端接地装置、车体接地线安装牢固，螺栓无松动、丢失。

3. 轴端发电机各部配件齐全，作用良好；大小皮带轮安装无松动、裂纹，螺栓无折损，悬吊装置配件齐全，无裂纹，吊销与销孔间隙符合规定、润滑状态良好；皮带安装松紧适度，不磨底槽；整流元件表面无烧痕，导线无脱焊。

4. 蓄电池无松动、漏液，电解液面符合规定；接续线牢固，无硫化，导电良好；电解液比重及电压符合规定，熔断器容量符合规定，定检标记清晰；排水、排气通畅；单块电池电压符合规定，DC 110 V 蓄电池组放电电压不低于 92 V。

九、车上电气装置

1. 电气综合控制柜、电源柜、空调控制柜、照明配电柜（盘）、厨房电器控制柜等电气控制柜门锁状态良好、关闭严密；触摸屏及指示灯正常，各开关、按钮操作灵活、接触良好；各传感器、热继电器、PLC、触摸屏、在线绝缘检测装置的设定值符合规定、作用可靠；各电气开关、接触器、继电器等电气元件安装牢固、作用良好；接线端子无松动、脱焊、烧损，测温胶贴齐全、无变色；各配线无外露、绝缘良好；各熔断器容量符合规定。

2. 充电机、逆变器输出电压、频率正常；充电机、逆变器与电气综合控制柜通信正常，触摸屏上显示正常信息代码；电气综合控制柜的车下电源箱指示灯显示为绿色。

3. 通电后控制柜电源转换及空调控制电气动作及指示正常，各项功能符合要求；各功能单元工作电流正常；DC 600 V 单车漏电电流不超过 100 mA，AC 380 V 单车漏电电流不超过 150 mA；首尾车 DC 600 V 干线在线绝缘监测装置 CF 卡完好，触摸屏无故障或错误显示，任一路干线对地电压不得低于 130 V。

4. 空调装置各部配件齐全、作用良好、安装牢固；蒸发器网、回风网清洁；机组空气预热器安装牢固，无烧损；根据外温通电试验检查相应功能，系统功能作用须良好，各电机运转正常无异声。

5. 电加热器安装牢固、作用良好，防护罩与墙板间无异物，与加热板（管）不密贴；温水箱、伴热装置工作正常；电开水器出水阀无松动、漏水，加热及保护功能正常。

6. 照明灯具配件齐全，型式统一，照明正常。旅客信息显示系统车厢显示屏显示正确；48 V 应急电源整流、充电、应急输出功能正常。顺位号调节器作用良好。厕显开关配件齐全，安装牢固，作用良好。隔离变压器、电铃、排气扇、电动水泵、插座、播音呼唤公共系统等装置作用良好。

7. 电气化厨房电蒸饭箱排水阀和排气阀开闭正常（自动排气阀开启压力不大于 0.05MPa），管件连接处无渗漏；通电后，设备工作正常。电炸锅、排油烟机通电后，控制面板按键控制作用良好，设备工作正常。电磁灶控制旋钮挡位控制灵活，工作正常，进、出风口通畅，通风管道清洁，空气通过冷却盘无阻碍，风扇、冷却盘安装牢固。保鲜加热柜箱门开关灵活，通电工作正常。电冰箱配件齐全、无泄漏，箱体及门无破损、密封良好，换热器及滤网清洁；配套逆变装置电源输出可靠，通电后冰箱工作正常。

8. 影视系统电视画面清晰、频道正常、安装可靠；影视控制器功能正常，表面清洁。播音系统电源开关处于工作位，音量开关工作正常。

9. 电子防滑器主机与电气综合控制柜的 PLC、行车安全监测装置的车厢级主机通信正确、可靠；电气综合控制柜触摸屏上防滑器的信息显示应为正常信息代码；与塞拉门联锁信号（<5 km/h）作用良好。

10. 轴温报警器、记录仪轴位显示准确，轴温及外温显示功能正常，声光报警可靠；同侧静态轴温温差<5 ℃；报警器车厢顺位号、记录仪时钟、记录时间间隔设置正确；记录仪通信功能正常；报警器与电气综合控制柜中的 PLC 通信正常，在电气综合控制柜触摸屏上无“故

障”信息显示。

11. 烟火报警器主机声光报警功能良好，电源开关处于工作位，与电气综合控制柜中的PLC通信正常，在电气综合控制柜触摸屏上无“故障”信息显示。

12. 行车安全监测装置：车厢级电气设备监控网络网关、代理节点各指示灯显示正常；电气综合控制柜触摸屏显示本车电气设备信息正常，车厢顺位号与实际编组相符；列车级电气设备监控网络主控站触摸屏显示正常，无离线车辆及故障信息。列车级主机显示的列车编组数，车厢顺位号应与实际编组相符，防滑器、制动、转向架的“报警/故障”报告内容不得出现黄色标志。

十、本车供电柴油发电机组及附属装置

1. 柴油机组各部配件齐全，状态良好，安装牢固，机体清洁；燃油、润滑油管系、阀门畅通，无漏油、漏气；柴油滤清器、机油滤清器、空气滤清器作用良好。

2. 高压油泵、增压器、停车电磁阀、启动电机、调速电机、充电电机安装牢固、转动平稳、接线无松动、作用可靠；各油压、油温、缸温、转速、断带保护等传感器安装可靠；机组运转及供电正常，无异声，油温、油压、缸温、转速符合规定。

3. 发电机绝缘符合规定，机温正常，励磁器元器件齐全，性能良好，输出导线压接牢固无烧损，绝缘护套无破损，包扎良好，接插件接触可靠。

4. 共用底架无裂损、移位；减振器无老化；联轴器传动平稳无异声。冷却风扇传动机构无裂纹、变形；冷却风扇运转正常，无异常；换热器及管阀件安装牢固，无渗漏；换热器无脏堵。

5. 油箱无腐蚀、漏泄；注入口，通气孔，检查孔，油阀配件齐全，无渗漏；液位显示正确、清晰；液位控制器作用良好；油箱及悬吊装置无裂纹，螺栓无松动；油箱注油口按规定加锁。

6. 启动蓄电池配件齐全，作用良好；壳体及封口无裂纹，电解液密度、液面高度符合规定，电池容量及电压符合规定。

7. 配电柜内外清洁，安装牢固，各柜门、锁、销作用良好，图纸齐全、清晰、粘贴牢固无破损。各元器件齐全牢固，动作正确灵活；导线排列整齐，接线牢固，绝缘层无破损，接线无松动、变色、烧损、脱焊；各仪表、指示灯齐全，显示正确，仪表校验不过期；机组报警、保护系统工作正常。

十一、发电车柴油发电机组及附属装置

1. 机组各部配件齐全，状态良好，安装牢固，机体清洁；润滑油液位符合规定。管系、阀门畅通，无漏油、漏水、漏气；柴油滤清器、机油滤清器、空气滤清器、水滤清器应清洁，作用良好。

2. 高压油泵、PT 泵、调速器、增压器、停车电磁阀作用良好；各油压、油温、水温、转速等传感器安装可靠，传递正确；机组运转及供电正常，无异声，油温、油压、水温、转速符合规定。共用底架无裂损、变位；减振器无老化。

3. 发电机绝缘符合规定，机温正常；励磁装置元器件齐全，性能良好，接插件接触可靠；输出导线压接牢固、无烧损，绝缘护套无破损，包扎良好；固定螺栓紧固；表面油漆不变色；接地线应符合要求。联轴器传动平稳无异声。

4. 冷却风机座无裂纹、变形；冷却风机自动、手动运转正常；换热器及管阀件安装牢固，无渗漏；换热器、过滤网无脏堵。

5. 油箱、水箱无腐蚀、漏泄；注入口，通气孔，检查孔，油阀、吸气阀、呼气阀、水管路及阀

配件齐全，无渗漏；液位显示正确、清晰，液位控制器作用良好。膨胀水箱冷却水位在 1/2 以上，冬季时按规定加注防冻液。油箱燃油油位符合规定，油箱注油口须加锁。

6. 充电装置配件齐全，作用良好。蓄电池配件齐全，作用良好；壳体及封口无裂纹，电解液密度、液面高度符合规定，电池容量及电压符合规定。48 V 转换 24 V 装置作用良好。

7. 控制屏内外清洁，安装牢固，各柜门、锁、销作用良好，图纸齐全、清晰、粘贴牢固无破损。各元器件齐全牢固，动作正确灵活；导线排列整齐，接线牢固，绝缘层无破损，接线无松动、变色、烧损、脱焊；各仪表、指示灯齐全，显示正确，仪表校验不过期；DC 48 V 直流系统无漏电；柴油机组调速系统作用良好，机组报警、保护系统工作正常。

十二、青藏客车相关装置

1. 各车间防雷接地连接线连接良好，接地续流器作用良好，接地线配件齐全，接地阻值小于 4 Ω。

2. 供氧系统车端供风管路漏泄不超标，快速接头连接软管、快速插座、截断塞门状态良好；连接软管中不得有水；快速插座不用时，须关闭阀门并加堵。

3. 供氧系统空压机和储气罐悬挂装置无裂纹、开焊，螺栓齐全，无锈蚀、松动，外表无损坏变形。空压机减振垫无破损、倾斜、移位现象；空压机导风筒和进风口无变形破损、无异物堵塞；空气滤清器、油过滤器无堵塞，冷却器表面清洁；各部及接头密封良好，无泄漏；储风罐内无积液；安全阀、自动及手动排水阀作用良好。

4. 制氧机控制显示器、空压机文本显示器、海拔高度仪内部参数设置符合规定，各按键作用良好，通电试验无故障显示，无报警，作用良好。电控系统网络通信良好，与空调装置电气联锁控制正常；节流阀、减压阀手动操作灵活，无故障。压力表指示灵活准确，无故障。

5. 污水箱无泄漏、变形，外包装无破损；悬吊装置无裂纹、开焊，螺栓齐全，无锈蚀、松动，外表无损坏变形；各检修门及锁具作用良好；污水排净。

6. PLC 控制柜内车窗伴热处于开启位，中空玻璃内无结雾、结霜现象。紧急逃生窗手把外观良好无异状。

7. 发电车 DC 600 V 整流供电装置作用良好；隔离变压器安装牢固，吊架无裂纹，接线紧固，作用良好。应急启动装置作用良好。

知识点 5 绝缘测试

一、绝缘的含义

绝缘是指利用绝缘材料和构件将电位不等的导体分开，使其没有电连接以保持不同的电位，从而保证带电部件能够正常工作。电工设备的绝缘部分称为绝缘结构、绝缘体或绝缘设备，通常简称为绝缘。绝缘体在实际应用中，不仅起绝缘作用，还常常要起支撑物的作用。绝缘体不仅受电场作用，还有机械应力作用。此外，绝缘体所处的环境是多种多样的，有的暴露于大气中，遭受日晒雨淋及严冬酷暑等自然因素的侵袭；有的密闭于设备之中，处在远高于常温的温度下或非大气的介质之中。所以，从广义来说，绝缘试验应不仅检验电性能，还要检验机械性能、热稳定性能和化学稳定性能等。

二、绝缘试验

绝缘材料或电工设备绝缘结构的介电强度需要检验试验。通常所说的绝缘试验，主要指绝缘体的电性能试验，可分为绝缘耐压试验和绝缘特性试验。绝缘耐压试验是指测定绝缘设备在不同电压下，如工频交流、直流、雷电冲击和操作冲击电压下，能耐受的最大电压。试验结果不外乎耐受和击穿两种可能性，因而称为破坏性试验。这种试验结果的可信度高，但要冒一定风险，而且多次做这种试验，可能会由于累积效应而对绝缘体造成一定损害。绝缘特性试验是在较低电压下进行的，一般不会因累积效应而造成设备损害，也不会冒破坏的风险，所以又称非破坏性试验。绝缘特性试验不仅绝缘设备在出厂前做，设备在运行中还定期做。比较历次试验数据，判断绝缘情况的演变，或根据规程标准，判断绝缘合格或不合格。因此，这种试验又称预防性试验，其试验结论不很明确。为了提高可信度，不仅要比较历次试验记录，还要从不同的试验结果，如绝缘电阻、介质损耗因数、电压分布、局部放电分析等，对照分析来做出结论。

按其对被试绝缘的危险性进行分类，电气设备预防性试验分为非破坏性试验和破坏性试验。

非破坏性试验指较低电压（低于或接近额定电压）下进行的试验，主要包括测量绝缘电阻、泄漏电流和介损等电试验项目。由于这类试验施加的电压较低，故不会损伤设备的绝缘性能，其目的是判断绝缘状态，及时发现可能的劣化现象。

破坏性试验是指高于工作电压下所进行的试验。试验时在设备绝缘上加上规定的试验电压，考验绝缘对此电压的耐受能力，因此也叫耐压试验。它主要指交流耐压和直流耐压试验。由于这类试验所加电压较高，考验比较直接和严格，但也有可能在试验过程中给绝缘造成一定的损伤。

试验时首先进行非破坏性试验，然后再进行破坏性试验，这样可以避免不应有的击穿事件发生。

三、电气设备绝缘产生缺陷的原因

电气设备在制造、运输和检修过程中，有可能因发生意外事故而残留有潜伏性缺陷。在长期运行过程中，又受到电场的作用、导体发热的作用、机械力损伤与化学腐蚀作用以及大条件的影响等，在这些外界因素的影响下，可能逐渐产生缺陷，使其绝缘性能变坏，这就是通常所说的劣化。劣化的绝缘有的是可逆的，有的是不可逆的。如绝缘受潮后，其性能下降，但进行干燥后，又恢复其原有的绝缘性能。这是设备绝缘劣化后的绝缘性能可逆情况。如绝缘在各种因素的长期作用下发生一系列的化学、物理变化，导致绝缘性能和机械性能等不断下降，称这种劣化为老化。老化是不可逆的劣化。

四、绝缘电阻试验

测量电气设备的绝缘电阻，是检查其绝缘状态最简便的辅助方法。在现场普遍用兆欧表测量绝缘电阻。测量绝缘电阻，能发现电气设备导电部分影响绝缘的异物，能发现绝缘局部或整体受潮和脏污，能发现电气设备的严重劣化、绝缘击穿和严重热老化等缺陷。因此，测量绝缘电阻，是电气检修、运行和试验人员都应掌握的基本方法。当电气设备绝缘受潮，表面变脏，留有表面放电或击穿痕迹时，其绝缘电阻会显著下降。根据绝缘等级的不同，测试要求的区别，常采用的兆欧表输出电压有 100 V、250 V、500 V、1 000 V、2 500 V、5 000 V、10 000 V 等。手摇式兆欧表多采用 ZC-7 型，目前数字式兆欧表也被广泛应用，但产品种类繁多，其精准度不可靠。

进行绝缘电阻试验所采用的兆欧表，输出电压是脉动的直流电压。兆欧表有三个接线端子：线路端子(L)，接地端子(E)，屏蔽(或保护)端子(G)，被试品接在 L 和 E 之间，G 用以消除绝缘试品表面泄漏电流的影响，其试验原理接线如图 13-1 所示。

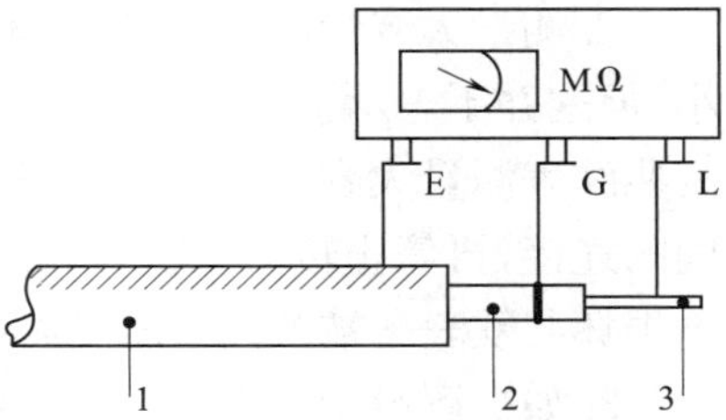

1—电缆金属铠装；2—电缆绝缘；3—导电芯。

图 13-1 绝缘电阻试验原理接线

在实际试验中，规程规定，只需测量 60 s 时的绝缘电阻值，即 R_{60s} 的值。当电容量特别大时，吸收现象特别明显，如大型发电机，可以采用 10 min 时的绝缘电阻值。工程上用“吸收比”来反映绝缘状态是否良好。吸收比一般用 K 表示，其定义为

$$K=R_{60s}/R_{15s}$$

式中，R_{60s} 为 $t=60$ s 测得绝缘电阻值，R_{15s} 为 $t=15$ s 时测得的绝缘电阻值。如果绝缘严重受潮，则吸收比 K 将约等于 1。

对于电容量较大的绝缘试品，K 可采用式(13-1)表示：

$$K=R_{10min}/R_{1min} \tag{13-1}$$

式中，R_{10min} 为 $t=10$ min 时测得的绝缘电阻值，R_{1min} 为 $t=1$ min 时测得的绝缘电阻值。K 在工程上称为极化指数。

当绝缘状况良好时，K 值较大，其值远大于 1；当绝缘受潮时，K 值将变小，一般认为如 $K<1.3$ 时，就可判断绝缘可能受潮。

五、绝缘电阻试验结果判断的基本方法

在绝缘电阻试验中，绝缘电阻的大小与绝缘材料的结构、体积有关，与所用的兆欧表的电压高低有关，还与大气条件有关。因此，不能简单地用绝缘电阻的大小或吸收比来判断绝缘的好坏。在排除了大气条件的影响后，所测绝缘电阻值和吸收比应与其出厂时的值比较，与历史数据相比较，与同批设备相比较，其变化不能超过规程允许的范围。同时，应结合绝缘电阻值与吸收比的变化结合起来综合考虑。

六、测量绝缘电阻的有关规定

1. 试验前应拆除被试设备电源及一切外连线，并将被试物短接后接地放电 1 min，电容量较大的应至少放电 2 min，以免触电。

2. 校验兆欧表是否指零和无穷大。

3. 用干燥清洁的柔软布擦去被试物的表面污垢，必要时可先用汽油洗净套管的表面积垢，以消除表面的影响。

4. 接好线，如用手摇式兆欧表时，应用恒定转速(120 r/min)转动摇柄，兆欧表指针逐渐上升，待 1 min 后读取其绝缘电阻值。

5. 在测量吸收比时，为了在开始计算时就能在被试物上加上全部试验电压，应在兆欧表达到额定转速时再将表笔接于被试物，同时计算时间，分别读取 15 s 和 60 s 的读数。

6. 试验完毕或重复进行试验时，必须将被试物短接后对地充分放电。这样除可保证安全外，还可提高测试的准确性。

7. 记录被试设备的铭牌、规范、所在位置及气象条件等。

七、测量绝缘电阻注意事项

1. 对于同杆双回架空线或双母线，当一路带电时，不得测量另一回路的绝缘电阻，以防感应高压损坏仪表和危及人身安全。对于平行线路，也同样要注意感应电压，一般不应测其

绝缘电阻。在必须测量时，要采取必要措施才能进行，如用绝缘棒接线等。

2. 测量大容量电机和长电缆的绝缘电阻时，充电电流很大，因而兆欧表开始指示数很小，但这并不表示被试设备绝缘不良，必须经过较长时间，才能得到正确的结果。使用手摇式兆欧表测量大容量设备的绝缘电阻时，试验结束时手不能停，要先断开 L 线与被测设备之间的连接，再停止转动兆欧表，并立即对被测设备放电和接地，防止被试设备对兆欧表反充电损坏兆欧表和被测设备所带高电压电人。

3. 如被测绝缘电阻过低，应进行分解试验，找出绝缘电阻最低的部分。

4. 一般应在干燥、晴天时进行测量。在阴雨潮湿的天气及环境湿度太大时，不应进行测量。

5. 测量绝缘的吸收比时，应避免记录时间带来的误差。由上述可知，变压器、发电机等设备绝缘的吸收比，是用兆欧表在加压 15 s 和 60 s 时记录 R_{15s}、R_{60s}后计算求得的。

6. 屏蔽环装设位置。为了避免表面泄漏电流的影响，测量时应在绝缘表面加等电位屏蔽环，且应靠近 E 端子装设。

7. 兆欧表的 L 和 E 端子接线不能对调。用兆欧表测量电气设备绝缘电阻时，其正确接线方法是 L 端子接被试品与大地绝缘的导电部分，E 端子接被试品的接地端。

8. 兆欧表与被试品间的连线不能铰接或拖地，否则会产生测量误差。

9. 采取兆欧表测显时，应设法消除外界电磁场干扰引起的误差。在强磁场附近或在未停电的设备附近使用兆欧表测量绝缘电阻，由于电磁场干扰也会引起很大的测显误差。引起误差的原因是磁耦合或电容耦合。

10. 为便于比较，对同一设备进行测量时，应采用同样的兆欧表、同样的接线。当采用不同型式的兆欧表测绝缘电阻，特别是测量具有非线性电阻的阀型避雷器时，往往会出现很大的差别。当用同一只兆欧表测量同一设备的绝缘电阻时，应采用相同的接线，否则将测量结果放在一起比较是没有意义的。

八、影响绝缘电阻测量结果的主要因素

1. 湿度。随看周围环境的变化，电气设备绝缘的吸湿程度也随着发生变化。

2. 温度。电气设备的绝缘电阻随温度变化而变化的，其变化的程度随绝缘的种类而异。富于吸湿性的材料，受温度影响最大。

3. 表面脏污和受潮。由于被试物的表面脏污或受潮会使其表面电阻率大大降低，绝缘电阻将明显下降。必须设法消除表面泄漏电流的影响，以获得正确的测量结果。

4. 被测设备剩余电荷。对有剩余电荷的被试设备进行试验时，会出现虚假现象，由于剩余电荷的存在会使测量数据虚假地增大或减小，要求在试验前先充分放电 10 min。

5. 兆欧表容量。实测表明，兆欧表的容量对绝缘电阻、吸收比和极化指数的测量结果都有一定的影响。兆欧表容量愈大愈好。

典型工作任务 1　客车单车技术检查

【任务准备】

工作任务书见表 13-1。

表 13-1　任务书

任务名称	客车单车技术检查	参考学时	2
任务要求	以小组为单位按标准完成客车单车技术检查。每组 2 人，剖析任务内容，商定工作方案，明确成员分工，安全有序规范完成任务		
任务方案			
教师检查			

具体分工见表 13-2。

表 13-2　任务分工

<table>
<tr><td>班级</td><td></td><td>组号</td><td></td><td>指导老师</td><td></td></tr>
<tr><td>组长</td><td></td><td>序号</td><td colspan="3"></td></tr>
<tr><td colspan="2" rowspan="5">组员</td><td>姓名</td><td>组员排序</td><td>姓名</td><td>组员排序</td></tr>
<tr><td></td><td></td><td></td><td></td></tr>
<tr><td></td><td></td><td></td><td></td></tr>
<tr><td></td><td></td><td></td><td></td></tr>
<tr><td></td><td></td><td></td><td></td></tr>
<tr><td colspan="2">分工描述(按序号)</td><td colspan="4"></td></tr>
</table>

【任务实施】

一、劳动安全注意事项

1. 作业者在作业前必须穿戴好绝缘鞋、安全帽，作业过程中应注意尖锐角边可能造成绊倒、挤伤事故以及皮肤割伤。

2. 作业前，准备好作业工具、材料、携带台账记录本。

3. 作业者确认车辆已施加停放制动、防溜已设置。作业前必须确认防护号志已设置。

4. 作业中，工具材料不得落地及抛掷，并按要求定置摆放；作业结束后，应做到工完、料尽、场地清，严禁任何工具、材料遗留在作业现场或车上。

5. 雨雪天气时，当心滑倒。

6. 现场作业时，不得侵限。

7. 地沟作业时，当心碰头。

8. 现场作业时，防止触电。

二、工量具准备

对讲机、检点锤、手电筒、三角钥匙、四角钥匙、内六方扳手、车统—15、记录笔、塞尺、卷尺、钢直尺等。

三、作业步骤及质量标准

普通客车单车技术检查作业内容及标准见表 13-3。技术检查作业中，作业者要依据车辆零部件状态判断车辆性能正常与否，以客车运用限度表中的技术参数作为判断依据。

表 13-3 普通客车单车技术检查作业流程

序号	检查口诀	质量标准
1	离车两米看风挡	风挡折棚弹簧不折，螺母、圆销、开口销不失，龙门框不弯、不裂
2	转头定检倾斜望	厂、段修不过期（厂修可延长 18 个月、段修可延长 6 个月），车体倾斜不大于 50 mm
3	车钩提杆试三态	摇动钩提杆不碰下连杆。钩提杆座不松动，杆与座凹槽间隙不大于 3 mm。钩舌与钩腕内侧闭锁位不大于 135 mm，全开位不大于 250 mm，钩舌销与钩舌销孔间隙不大于 7 mm。车钩中心高：最高 890 mm，最低 830 mm，三态作用良好，下锁销不反装
4	软管标记及质量	软管不变质起泡，辅修标记不过期，配件无裂痕，连接无漏泄，卡子螺栓有松余量，折角塞门作用灵活、正位
5	钩颈摆块风杆簧	螺栓不松动，磨耗板不破不失。风挡杆不弯曲，簧不折断，摆块及吊、钩颈无裂纹，卡子无裂纹
6	进车主管及各梁	管系无漏泄，管卡齐全无松动，风挡杆销开口销不折不失，钩托不松不裂，各梁无裂纹，地板无腐蚀
7	钩身从板钩尾框	钩身、尾框、缓冲器、从板及座无裂纹，钩体下部、尾框各部磨耗不大于 6 mm，内外托板无松动、无裂纹
8	心盘三横制动梁	心盘销不失，螺栓不松，心盘、摇枕、枕簧托板、托梁、构架、制动梁无裂纹不弯曲
9	杠杆拉杆开口销	各圆销磨耗不大于 3 mm，组装间隙不大于 4 mm，圆开口销磨耗不超过 1/4，各垂下品距轨面不少于 50 mm，各杠杆、拉杆不抗横，不磨轴身
10	轴身轮背缓解簧	轮轴无裂纹，轴身磨耗深度不大于 1 mm，轮缘内侧缺损长不大于 30 mm，宽不大于 10 mm，轮对内距（1 353±3）mm，三处不超过 3 mm，缓解簧不裂、不松
11	跨轨蹲姿看闸件	瓦托吊平直部分和瓦托各部磨耗不大于 4 mm，制动梁端轴磨耗不大于 3 mm，组装间隙不大于 4 mm，各扁销磨耗剩余厚度不小于 1.5 mm，瓦钎磨耗不大于 5 mm，瓦钎距轨面不小于 25 mm，闸瓦厚度不小于 10 mm，同一制动梁闸瓦厚度互差不大于 20 mm，闸瓦不紧靠车轮
12	踏面轮辋轴箱簧	轮缘垂直磨耗高度不大于 15 mm，轮缘厚度不小于 23 mm，踏面圆周磨耗不大于 8 mm，轮缘顶部无碾堆，踏面擦伤局部凹入深度：库检本属 0.5 mm、外属 1.0 mm，通过 1.5 mm。踏面剥离长度：一处不大于 30 mm，二处每处不大于 20 mm，连续剥离长度不大于 350 mm。踏面缺损：相对轮缘外侧至缺损部之距离不少于 15.5 mm，长度不大于 150 mm。轮毂后部不甩油，各螺栓不松动，圆弹簧不折不裂，定位套，支持环，缓冲器不窜，不失、不破、支柱插销、开口销不失
13	车端出来看脚蹬	脚蹬不腐蚀、不变形，车门扶手不松动，排便筒良好
14	移步蹲下看轮辋	轴箱无裂纹，螺栓无松动，轮辋无裂纹
15	起身轴箱轮面望	轴箱顶部与侧架下部距离不小于 38 mm，圆簧、定位套良好，轮辋、踏面、轮缘良好
16	圆簧轮面闸件簧	同序号 12、13
17	转身挡吊安全托	螺栓不松动，安全托、摇枕吊、吊座无裂纹，枕簧、摇枕挡良好、不裂、不破
18	吊轴托板摇枕簧	吊轴无裂纹，吊轴螺栓无松动，枕簧无裂纹折断，组合螺栓良好，簧上下要落槽，承台托板良好

续上表

序号	检查口诀	质量标准
19	减振器到摇枕挡	减振器配件齐全、不漏油、不松动，摇枕挡间隙前后之和 0～10 mm，牵引拉杆螺母不松动，止铁、胶垫良好
20	构架轴检不要忘	构架无裂纹(2、3 位构架外侧涂打辅修标记)
21	旁承心盘两边看	同一台车左右旁承游间之和 2～6 mm，心盘、旁承螺栓不松动，心盘无裂纹、无移位、心盘、旁承垫木不开裂
22	蹲看另侧摇枕挡	同序号 17、18、19
23	同左顺序到轮面	同序号 12、13、14、15
24	探身主管及各梁	主管无腐蚀、无漏泄、管卡齐全，各梁、地板无裂纹、无腐蚀
25	再进台车里到外	同序号 8、9、10
26	拉杆托架看端详	托架无裂纹，螺栓不松动，拉杆不抗衡
27	管系横梁向前看	同序号 24
28	支管塞门集尘器	管系无漏泄，螺栓不松动，塞门、集尘器正位，把手不折失
29	调整器阀及风缸	调整器不卡死，安装螺栓无松动，三通阀、104 阀、紧急阀螺栓不松动、阀不漏泄，紧急阀防尘胶皮不失，工作风缸无漏泄，吊带不松动，排水塞门良好
30	辅修标记制动缸	制动缸不漏泄，螺栓不松动，辅修期 8 个月，提前或延后不超过 10 天
31	行程托架各种销	活塞行程：复式(190±15)mm，手闸拉杆、托架无裂纹，销套间隙不大于 4 mm，开口良好
32	拉杆向前地板梁	中拉杆，手闸拉杆配件齐全，调整螺套螺母不松，地板梁良好
33	二位台车同前样	同序号 8、9、10、12～15
34	手闸配件不能忘	螺栓不松动，圆开口销良好，闸链应处松弛状态
35	连缓车端看半边	同序号 6、7
36	钻出车端风杆簧	同序号 5
37	钩头舌销吊链堵	钩耳无裂纹，钩舌销与耳孔或钩舌销孔间隙不大于 7 mm，钩舌销上下开口销齐全，软管吊链及堵齐全无裂纹
38	看清标记和风挡	同序号 1，标记清楚
39	扶手脚蹬半边完	同序号 11
40	反位过程都一样	反位无制动缸及阀，要看副风缸、辅助风缸、排水塞门

【结果评价】

作业记录卡见表 13-4。

表 13-4 作业记录卡

序号	作业内容	结果描述

各组展示任务结果，介绍作业完成情况。作业结果评价见表 13-5。

表 13-5　结果评价

姓名			组号			
评价项目	分值	得分	评价标准（每项考核点分 A、B、C、D 四个等级评价）			
			A(得分≥80%)	B(80%>得分≥70%)	C(70%>得分≥60%)	D(得分<60%)
出勤情况	10		全勤	迟到	早退	旷课
准备情况	10		充分	较充分	基本充分	不充分
团队合作	10		全员参与、分工合作明确	全员参与	一般	不能协调合作
学习态度	10		认真、积极	认真	一般	不参与学习
技能考核	50		熟练正确地操作	操作基本正确，较为熟练	操作不太熟练，错误不超过 10%	错误超过 10%
安全意识	10		安全	较安全	基本安全	存在风险
总评分数	100		优良(得分≥80)/中等(80>得分≥70)/合格(70>得分≥60)/不合格(得分<60)			

典型工作任务 2　制动机试验

【任务准备】

工作任务书见表 13-6。

表 13-6　任务书

任务名称	制动机试验	参考学时	2
任务要求	以小组为单位按标准完成制动机试验。每组 5～8 人，剖析任务内容，商定工作方案，明确成员分工，安全有序规范完成任务		
任务方案			
教师检查			

具体分工见表 13-7。

表 13-7　任务分工

班级		组号		指导老师	
组长		序号			
组员		姓名	组员排序	姓名	组员排序
分工描述(按序号)					

【任务实施】

一、劳动安全注意事项

1. 确认车列防溜。
2. 作业前插设防护信号。
3. 按规定穿戴劳保用品，带好作业工具。
4. 雨雪天气时，当心滑倒。
5. 地沟作业时，当心碰头。
6. 现场作业时，不得侵限。

二、工量具准备

对讲机、检点锤、手电筒、车统—15G、记录笔。

三、作业步骤及质量标准

制动机试验包括单车试验和列车试验，列车试验包括全部试验和简略试验。全部试验一般采用微机控制单车试验器(图 13-2～图 13-4)和微机控制列车试验器进行，减少了试验作业对机车的依赖。

图 13-2　微机控制单车试验器

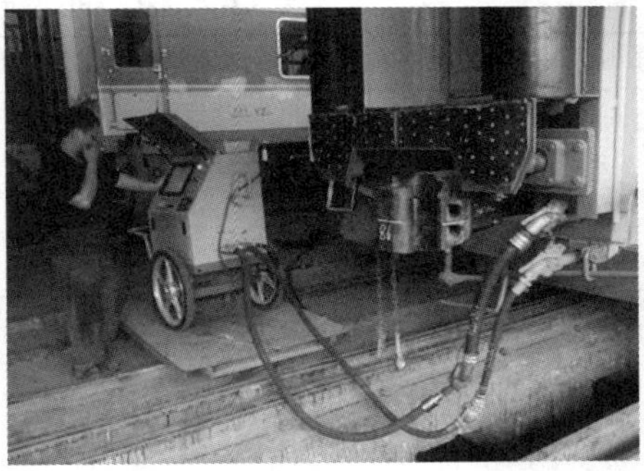

图 13-3　单车试验器与车辆连接

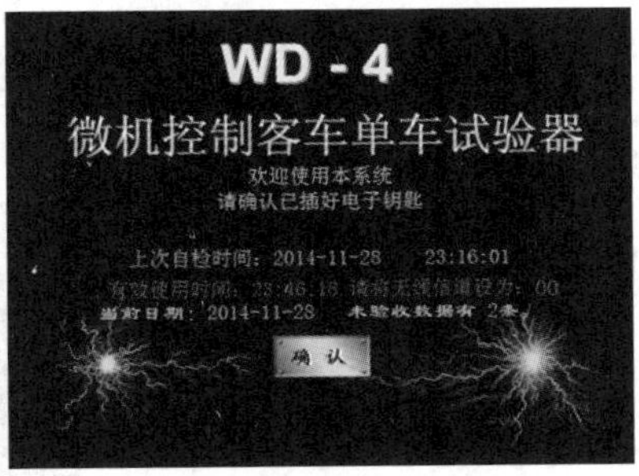

图 13-4　单车试验器操作界面

简略试验一般在车站由机车操控进行。在站简略试验时，有列检作业的由列检人员负责，无列检作业的由车辆乘务员负责，无车辆乘务员的由车站人员负责。挂有列尾装置的列车由司机负责(挂有列尾装置的旅客列车，始发前、摘挂作业开车前及在途中换挂机车站、客列检作业站，有列检作业的由列检人员负责，无列检作业的由车辆乘务员负责)。

制动机经过检修后(包括摘车临修、摘车轴检或处理制动故障时，以及辅修以上修程)，要进行单车试验。日常检修车底出库前要进行列车试验，检查其检修质量是否符合要求。

始发站本务机车换挂完毕、车辆检查试验符合要求、乘客登程完毕，按照运行图规定的时间、车站开放发车信号，列车开始新的旅程。

旅客列车制动简略试验时机规定如下：

(1)客列检作业后和旅客列车始发前。

(2)更换机车或更换机车乘务组时。

(3)无列检作业的始发列车发车前。

(4)列车软管有分离情况时。

(5)列车停留超过 20 min 时。

(6)列车摘挂补机，或第一机车的自动制动机损坏交由第二机车操纵时。

(7)机车改变司机室操纵时。

(8)单机附挂车辆时。

(9)列车进行摘、挂作业开车前。

以 AC 380 V 快速客车制动机试验为例，作业内容及标准见表 13-8。

表 13-8　AC 380 V 快速客车制动机试验

作业项目	作业内容及质量标准	图　示
1. 客列尾试验	(1)上车分别打开首、尾车客列尾主机箱，检查主机状态。 ①主机挂接牢固，馈线、风管及电源线连接可靠。 ②打开球芯截断塞门，闭合主机电源开关，耳听管路及主机无漏泄，检查主机软管无破损、鼓泡。 ③客列尾主机月检测不过期	 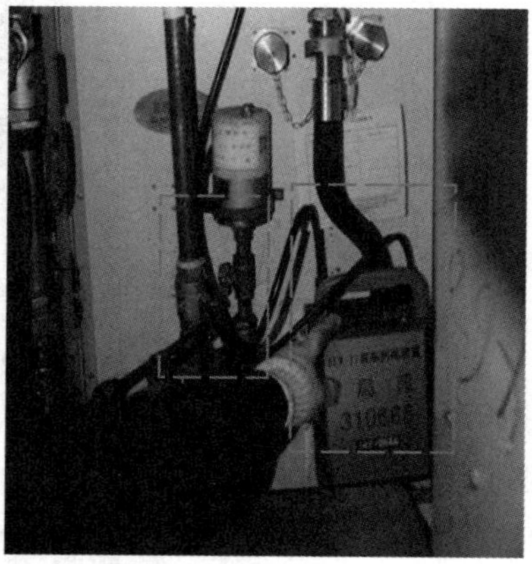

续上表

作业项目	作业内容及质量标准	图　示
1. 客列尾试验	(2)使用便携式库检仪输入尾、首车客列尾主机 ID 号建立连接并查询风压。 ①便携式库检仪查询风压值与所在车辆压力表显示值误差不大于 10 kPa。 ②客列尾主机显示便携式库检仪编号正确	 
	(3)1 号检车员操纵列车试验器减压 100 kPa 后保压。减压至 500 kPa 时客列尾便携式库检仪欠压自动提示	
	(4)测试尾部客列尾装置辅助排风功能。各检车员确认辅助排风状态，各检车员确认全列发生紧急制动。 ①尾车客列尾主机进行辅助排风。 ②全列须发生紧急制动	

续上表

作业项目	作业内容及质量标准	图　示
1. 客列尾试验	(4)测试尾部客列尾装置辅助排风功能。各检车员确认辅助排风状态，各检车员确认全列发生紧急制动。 ①尾车客列尾主机进行辅助排风。 ②全列须发生紧急制动	 
	(5)测试前部客列尾装置辅助排风功能。1号检车员操纵列车试验器充风至定压后，4号检车员使用便携式库检仪向前部客列尾主机发送辅助排风命令。1号检车员确认辅助排风状态，2、3号检车员确认全列发生紧急制动。 ①前部客列尾主机进行辅助排风。 ②全列须发生紧急制动	
	(6)检车员分别解除便携式库检仪与主机连接，确认便携式库检仪播报销号成功提示，关闭首车、尾车客列尾主机电源，锁闭客列尾主机箱	

续上表

作业项目	作业内容及质量标准	图　　示
1. 客列尾试验		
2. 漏泄试验	由 1 号检车员操纵列车试验器进行充风，4 号检车员确认记录仪风压达到定压后，用对讲机通知 1 号检车员，1 号检车员操纵试验器进行漏泄试验。 保压 1 min 内压力下降不得超过 10 kPa	 
3. 制动缓解感度试验	(1)由 1 号检车员操纵列车试验器充风，用对讲机通知全组到达列车指定位置。 车底下部技术检查作业的 4 名检车员参加，由列车试验器向后依次分别为 1 号检车员、2 号检车员、3 号检车员、4 号检车员	 

续上表

<table>
<tr><th>作业项目</th><th>作业内容及质量标准</th><th>图　示</th></tr>
<tr><td rowspan="3">3. 制动缓解感度试验</td><td>(2)由 4 号检车员确认记录仪达到定压后，在车底一侧依次由后向前传递制动信号至 1 号检车员</td><td></td></tr>
<tr><td>(3)由 1 号检车员操纵试验器减压 50 kPa 后保压，各检车员按作业示意路线进行检查。
①全列必须发生制动作用。
②1 min 内不得发生自然缓解</td><td>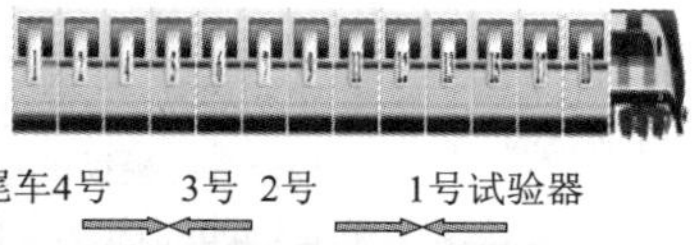

</td></tr>
<tr><td>(4)由 4 号检车员依次由后向前传递缓解信号至 1 号检车员</td><td></td></tr>
</table>

续上表

作业项目	作业内容及质量标准	图　　示
3. 制动缓解感度试验	(5)由1号检车员操纵列车试验器充风缓解，各作业人员按图示作业示意路线进行检查。 ①全列车须在1 min内缓解完毕。 ②制动缓解指示器在制动机进行制动缓解试验时，显示正确	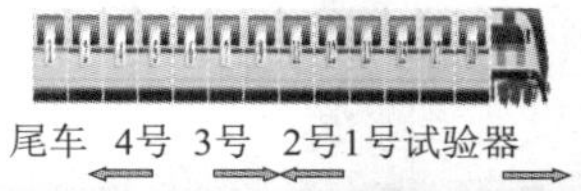 
4. 制动安定试验	(1)由4号检车员确认记录仪达到定压后，依次由后向前传递制动信号	 
	(2)由1号检车员操纵列车试验器减压170 kPa。 保压5 min，各检车员确认全列车制动机不得发生紧急制动作用	

续上表

作业项目	作业内容及质量标准	图　　示
4. 制动安定试验	(3)各检车员按图示路线进行检查，逐个检查闸片须与制动盘密贴，耳听制动管系、单元制动缸、防滑排风阀无漏泄。 在制动保压状态下，列车制动管压力每分钟漏泄不得超过 10 kPa	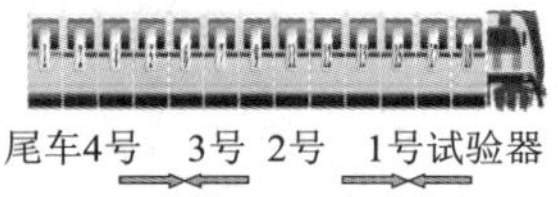 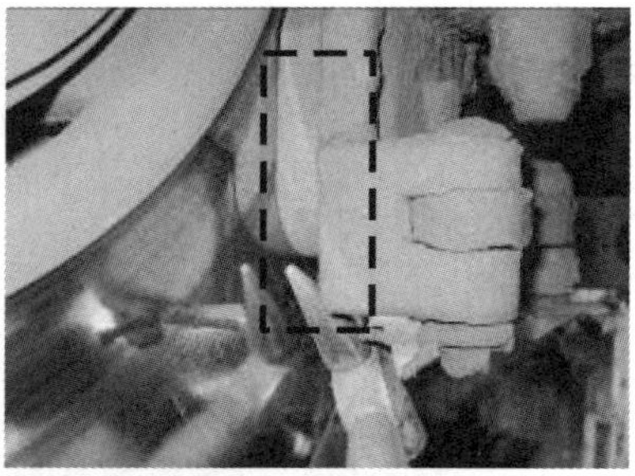  
	(4)由 4 号检车员依次由后向前传递缓解信号至 1 号检车员	

续上表

作业项目	作业内容及质量标准	图　示
4. 制动安定试验	(5)由 1 号检车员操纵列车试验器充风缓解，各作业人员按图示作业示意路线进行检查。 闸片须与制动盘分离	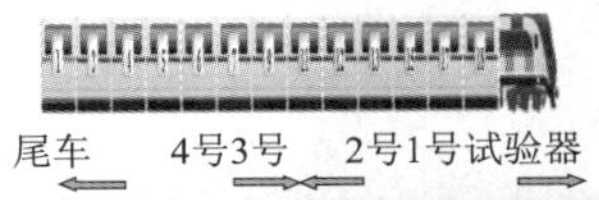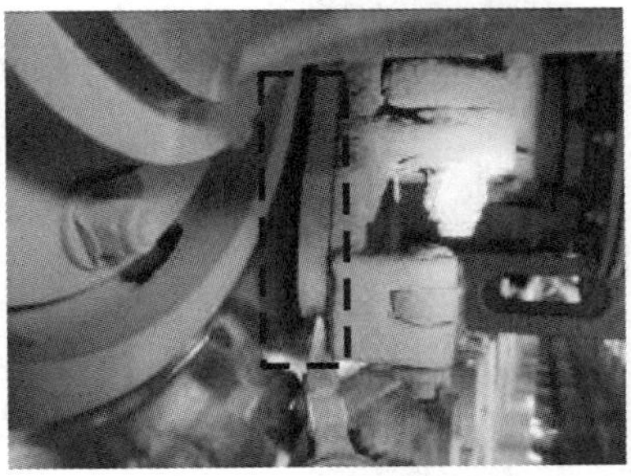
5. 全列简略试验	(1)由 4 号检车员确认记录仪达到定压后，由后向前依次传递制动信号至 1 号检车员	
	(2)由 1 号检车员操纵列车试验器减压 100 kPa 保压 5 min。 ①在制动保压状态下，5 min 内不得发生自然缓解。 ②漏泄量每分钟不超过 10 kPa	

续上表

作业项目	作业内容及质量标准	图　示
5. 全列简略试验	(3)由 4 号检车员依次向前传递结束信号至 1 号检车员	
6. 总风管漏泄试验	(1)由 1 号检车员关闭首车制动管折角塞门，打开总风折角塞门进行试验	 
	(2)由 1 号检车员操纵列车试验器向总风管充风，4 号检车员负责对尾车总风管吹尘并排水，连接尾部记录仪	

续上表

作业项目	作业内容及质量标准	图　示
6. 总风管漏泄试验	(3)由1号、4号检车员确认首、尾车辆总风压力表达到550～620 kPa后，分别与列车试验器、记录仪显示风压进行校对，压力差各不得超过20 kPa。由4号检车员使用对讲机通知1号检车员进行总风漏泄试验。压力差各不得超过20 kPa	
	(4)由1号检车员操纵列车试验器进行总风管保压试验。1 min内压力下降不得超过20 kPa	

【结果评价】

作业记录卡见表13-9。

表13-9　作业记录卡

序号	作业内容	结果描述

各组展示任务结果，介绍作业完成情况。作业结果评价见表13-10。

表13-10　结果评价

姓名			组号			
评价项目	分值	得分	评价标准(每项考核点分A、B、C、D四个等级评价)			
			A(得分≥80%)	B(80%>得分≥70%)	C(70%>得分≥60%)	D(得分<60%)
出勤情况	10		全勤	迟到	早退	旷课
准备情况	10		充分	较充分	基本充分	不充分
团队合作	10		全员参与、分工合作明确	全员参与	一般	不能协调合作

续上表

<table>
<tr><td rowspan="2">评价项目</td><td rowspan="2">分值</td><td rowspan="2">得分</td><td colspan="4">评价标准（每项考核点分 A、B、C、D 四个等级评价）</td></tr>
<tr><td>A(得分≥80%)</td><td>B(80%>得分≥70%)</td><td>C(70%>得分≥60%)</td><td>D(得分<60%)</td></tr>
<tr><td>学习态度</td><td>10</td><td></td><td>认真、积极</td><td>认真</td><td>一般</td><td>不参与学习</td></tr>
<tr><td>技能考核</td><td>50</td><td></td><td>熟练正确地操作</td><td>操作基本正确，较为熟练</td><td>操作不太熟练，错误不超过 10%</td><td>错误超过 10%</td></tr>
<tr><td>安全意识</td><td>10</td><td></td><td>安全</td><td>较安全</td><td>基本安全</td><td>存在风险</td></tr>
<tr><td>总评分数</td><td>100</td><td></td><td colspan="4">优良(得分≥80)/中等(80>得分≥70)/合格(70>得分≥60)/不合格(得分<60)</td></tr>
</table>

典型工作任务 3　客车绝缘测试

【任务准备】

工作任务书见表 13-11。

表 13-11　任务书

<table>
<tr><td>任务名称</td><td>客车绝缘测试</td><td>参考学时</td><td>2</td></tr>
<tr><td>任务要求</td><td colspan="3">以小组为单位按标准完成客车绝缘测试。每组 5～8 人，剖析任务内容，商定工作方案，明确成员分工，安全有序规范完成任务</td></tr>
<tr><td>任务方案</td><td colspan="3"></td></tr>
<tr><td>教师检查</td><td colspan="3"></td></tr>
</table>

具体分工见表 13-12。

表 13-12　任务分工

<table>
<tr><td>班级</td><td></td><td>组号</td><td></td><td>指导老师</td><td></td></tr>
<tr><td>组长</td><td></td><td>序号</td><td colspan="3"></td></tr>
<tr><td colspan="2" rowspan="5">组员</td><td>姓名</td><td>组员排序</td><td>姓名</td><td>组员排序</td></tr>
<tr><td></td><td></td><td></td><td></td></tr>
<tr><td></td><td></td><td></td><td></td></tr>
<tr><td></td><td></td><td></td><td></td></tr>
<tr><td></td><td></td><td></td><td></td></tr>
<tr><td colspan="2">分工描述(按序号)</td><td colspan="4"></td></tr>
</table>

【任务实施】

一、劳动安全注意事项

1. 作业人员必须按规定穿戴劳保防护用品。
2. 严禁带电作业，作业前在车列端部悬挂“禁止供电”标志牌。
3. 检测用湿度计、兆欧表等仪表工具须有定期计量校验标记且校验不过期。
4. 雨雪天气时，当心滑倒。
5. 现场作业时，不得侵限。

二、工量具准备

湿度计、1 000 V 级兆欧表、万用表、DC 110 V 漏电检测仪、电工工具、客车整备线路。

三、作业步骤及质量标准

车辆绝缘检测作业以 DC 600 V 客车绝缘检测为例，作业内容及标准见表 13-13。

表 13-13　DC 600 V 客车绝缘测试作业内容及标准

作业项目	作业内容及质量标准	图　示
1. 断电、复位	(1)测试前全列减载。 (2)逐辆将配电柜主电源选择开关置于 0 位(断位)，同时断开 Q1、Q2 主开关	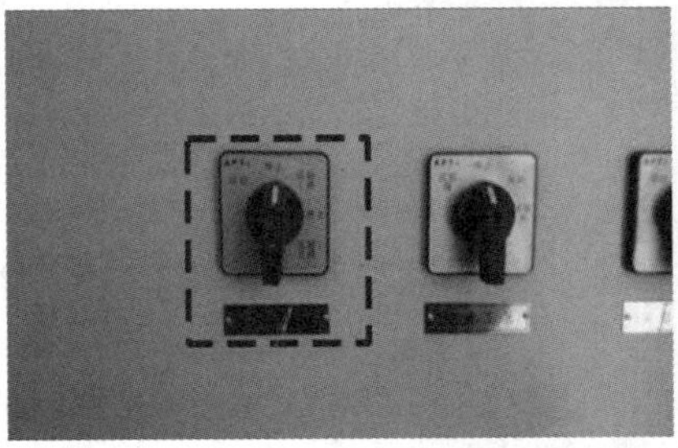 电源选择开关置 0 位  断开 Q1、Q2 主开关
2. 首车连接器线、座检查	(1)检查前确认Ⅰ、Ⅱ路干线无电。 (2)检查电力连接线及通信线，外部护套无破损，防水护套与插头处密接可靠。 (3)电力连接线及通信连接线座，密封胶圈密封、防水作用良好，接线端子、插针、插孔无缩针、缩孔、松动、锈蚀、变色、灼痕、烧损	 电力连接器座  通信连接器座

续上表

作业项目	作业内容及质量标准	图　示
3. 测试干线电气绝缘	(1)测试前确认Ⅰ、Ⅱ路干线无电。 (2)逐辆在车端连接线座处使用 1 000 V 级兆欧表进行 DC 600 V 干线绝缘测试。 (3)测试Ⅰ路干线绝缘。 ①将兆欧表表笔分别置于连接器座正、负插孔内，测试正、负线间绝缘阻值。 ②将兆欧表表笔一支置于正线插孔，另一支连接车体金属处，测试正线与车体绝缘阻值。 ③将兆欧表表笔一支置于负线插孔，另一支连接车体金属处，测试负线与车体绝缘阻值。 (4)测试Ⅱ路干线绝缘。 ①将兆欧表表笔分别置于连接器座正、负插孔内，测试正、负线间绝缘阻值。 ②将兆欧表表笔一支置于正线插孔，另一支连接车体金属处，测试正线与车体绝缘阻值。 ③将兆欧表表笔一支置于负线插孔，另一支连接车体金属处，测试负线与车体绝缘阻值	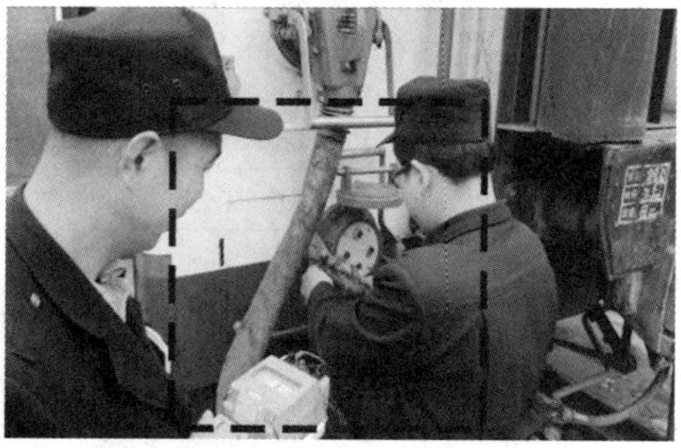 测试Ⅰ路干线绝缘 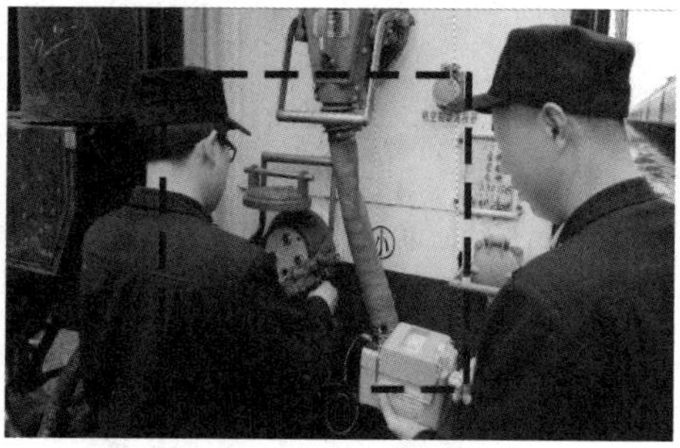 测试Ⅱ路干线绝缘
4. 测试 DC 110 V 干线电气绝缘	使用 110 V 漏电检测仪监测，1、2 路测试时检测仪不报警为正常	 测试 DC 110 V 干线绝缘
5. 首位车通信干线通路测试	使用通信线路检测仪测量	 通信干线通路测试

续上表

作业项目	作业内容及质量标准	图　示
6. 记录、确认	(1)记录测试结果。 (2)绝缘值不得低于“列车干线绝缘测试值表”(表 13-14);测试不合格查明原因,彻底消除故障	
7. 清理	清理工作场地,整理工具	

表 13-14　列车干线绝缘测试值表

单位:MΩ

线别	DC 600 V 及 DC 600 V/AC 380 V 兼容供电				AC 380 V 供电			
类别	运用列车		运用单车		运用列车		运用单车	
湿度	线间	线地	线间	线地	线间	线地	线间	线地
≤60%	2	1	4	2	2	1	4	2
61%	1.95	0.98	3.88	1.94	1.94	0.97	3.88	1.94
62%	1.9	0.95	3.76	1.88	1.88	0.94	3.76	1.88
63%	1.84	0.92	3.64	1.82	1.81	0.91	3.64	1.82
64%	1.78	0.89	3.52	1.76	1.75	0.88	3.52	1.76
65%	1.72	0.86	3.4	1.7	1.68	0.85	3.4	1.7
66%	1.67	0.84	3.28	1.64	1.62	0.82	3.28	1.64
67%	1.61	0.81	3.16	1.58	1.55	0.79	3.16	1.58
68%	1.56	0.78	3.04	1.52	1.49	0.76	3.04	1.52
69%	1.5	0.75	2.92	1.46	1.42	0.72	2.92	1.46
70%	1.44	0.72	2.8	1.4	1.36	0.69	2.8	1.4
71%	1.39	0.7	2.68	1.34	1.29	0.66	2.68	1.34
72%	1.33	0.67	2.56	1.28	1.23	0.63	2.56	1.28
73%	1.28	0.64	2.44	1.22	1.16	0.6	2.44	1.22
74%	1.22	0.61	2.32	1.16	1.1	0.57	2.32	1.16
75%	1.16	0.58	2.2	1.1	1.03	0.54	2.2	1.1
76%	1.11	0.56	2.08	1.04	0.97	0.51	2.08	1.04
77%	1.05	0.53	1.96	0.98	0.9	0.47	1.96	0.98
78%	1	0.5	1.84	0.92	0.84	0.44	1.84	0.92
79%	0.94	0.47	1.72	0.86	0.77	0.41	1.72	0.86
80%	0.88	0.44	1.6	0.8	0.71	0.38	1.6	0.8
81%	0.83	0.42	1.48	0.74	0.64	0.35	1.48	0.74
82%	0.77	0.39	1.36	0.68	0.58	0.32	1.36	0.68
83%	0.72	0.36	1.24	0.62	0.51	0.29	1.24	0.62
84%	0.66	0.33	1.12	0.56	0.45	0.26	1.12	0.56
≥85%	0.6	0.3	1	0.5	0.38	0.22	1	0.5
兆欧表等级	1 000 V				500 V			

【结果评价】

作业记录卡见表 13-15。

表 13-15　作业记录卡

序号	作业内容	结果描述

各组展示任务结果，介绍作业完成情况。作业结果评价见表 13-16。

表 13-16　结果评价

姓名			组号			
评价项目	分值	得分	评价标准(每项考核点分 A、B、C、D 四个等级评价)			
			A(得分≥80%)	B(80%>得分≥70%)	C(70%>得分≥60%)	D(得分<60%)
出勤情况	10		全勤	迟到	早退	旷课
准备情况	10		充分	较充分	基本充分	不充分
团队合作	10		全员参与、分工合作明确	全员参与	一般	不能协调合作
学习态度	10		认真、积极	认真	一般	不参与学习
技能考核	50		熟练正确地操作	操作基本正确，较为熟练	操作不太熟练，错误不超过 10%	错误超过 10%
安全意识	10		安全	较安全	基本安全	存在风险
总评分数	100		优良(得分≥80)/中等(80>得分≥70)/合格(70>得分≥60)/不合格(得分<60)			

典型工作任务 4　闸片更换

【任务准备】

工作任务书见表 13-17。

表 13-17　任务书

任务名称	闸片更换	参考学时	2
任务要求	以小组为单位按标准完成闸片更换。每组 5～8 人，剖析任务内容，商定工作方案，明确成员分工，安全有序规范完成任务		
任务方案			
教师检查			

具体分工见表 13-18。

表 13-18 任务分工

班级		组号		指导老师	
组长		序号			
组员		姓名	组员排序	姓名	组员排序
分工描述（按序号）					

【任务实施】

一、劳动安全注意事项

1. 作业前插设防护信号。
2. 单车作业时，做好防溜。
3. 按规定穿戴劳保用品，带好作业工具。
4. 雨雪天气时，当心滑倒。
5. 地沟作业时，当心碰头。
6. 现场作业时，不得侵限。
7. 严禁未做关门排风开始作业。
8. 严禁将手置于闸片与闸片间。

二、工量具准备

手锤，钩引，活动扳手，小撬棍，钢丝钳，18 寸、24 寸管钳各 1 把，除锈剂。

三、作业步骤及质量标准

闸片由于制动磨损、制动发热缺损或安装不牢运行中丢失，必须及时补充更换，才能保证列车的制动力；更换闸片作业是车辆检修工作一项重要的内容。更换闸片作业流程如图 13-5所示。

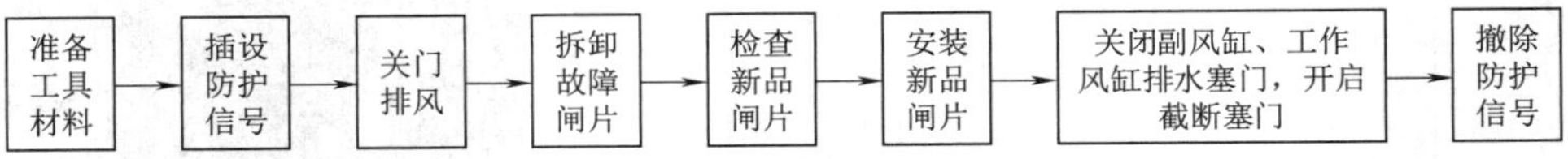

图 13-5 更换闸片作业流程

作业内容及标准见表 13-19。

表 13-19 更换闸片作业

作业项目	作业内容及质量标准	图　　示
1. 设置防护信号	(1)待车辆进入整备线，作业人员列队进入客整场，前往作业股道脱轨器处插设防护红旗（灯）后，开始进行作业。 (2)待调车作业完毕，值班室确认后，在作业车辆停靠整修股道插设防护号志（脱轨器上脱），确认脱轨器上脱后方可进行作业	

续上表

作业项目	作业内容及质量标准	图　　示
2. 准备工具材料	(1)手锤，钩引，活动扳手，小撬棍，钢丝钳，18 寸、24 寸管钳各 1 把，除锈剂。 (2)新品制动闸片一副。 (3)根据现车要求配备直径 4 mm 圆开口销，橡胶及钢质平垫圈	
3. 拆卸故障闸片	(1)关闭截断塞门，排尽工作风缸、副风缸余风。 ①余风须排尽。排风注意：由小到大，严禁将头置于各风缸排风阀下方。避免缸内高压空气将杂物吹入眼内。 ②发现工作风缸，副风缸余风有较多残水时。通知相关班组对全列余下车辆进行彻底排水	  
	(2)检查闸片与制动盘的间隙，如果间隙小于 15 mm，使用活动扳手或管钳调整单元缸活塞行程，调整伸长至新品闸片能装上的适量要求。 注意： ①禁止将单元缸活塞行程无限量调长，将活塞推杆调至拧死状态。 ②防护罩不得扭曲	

续上表

作业项目	作业内容及质量标准	图　　示
3. 拆卸故障闸片	(3)使用钢丝钳剪断闸片捆绑铁丝，使用手锤、钩引去除闸片挡铁圆销一端开口销，取出圆销	  
	(4)打开挡铁，取下故障闸片。检查闸片挡铁、圆销及闸片托销孔是否磨耗严重，不良者进行更换，预防闸片脱落的发生	

续上表

作业项目	作业内容及质量标准	图　示
3. 拆卸故障闸片	(4)打开挡铁，取下故障闸片。检查闸片挡铁、圆销及闸片托销孔是否磨耗严重，不良者进行更换，预防闸片脱落的发生	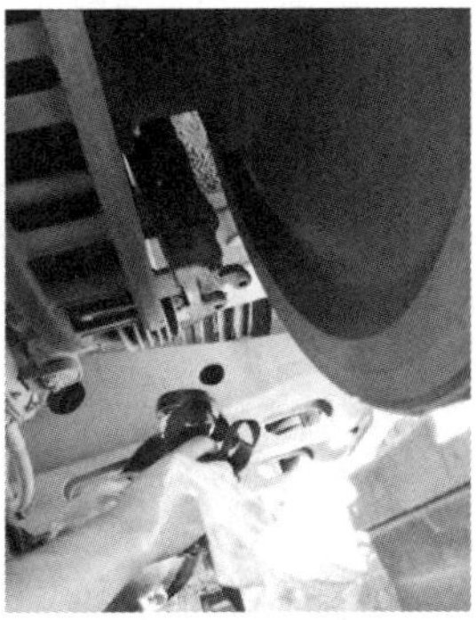
4. 安装闸片	(1)检查新闸片，质量符合标准	
	(2)将闸片装入燕尾槽，并且检查闸片与燕尾槽的间隙是否符合要求，不良者进行更换闸片托处理，防止闸片断裂故障的发生	
	(3)恢复挡铁，安装挡铁圆销、垫片、开口销。并将开口销角度劈至 60°～70°。开口销的大小根据挡铁圆销孔径的大小要求，开口销过长影响圆销转动者打卷，挡铁圆销上串余量不得超过 1.5 mm，否则加装橡胶垫圈处理	

续上表

作业项目	作业内容及质量标准	图　　示
4. 安装闸片	(4)将闸片托捆绑铁丝	
	(5)恢复活塞行程。检查制动盘两侧闸片间隙之和为 3～5 mm	
5. 关闭副风缸、工作风缸排水塞门，开启截断塞门		 

续上表

作业项目	作业内容及质量标准	图　　示
5. 关闭副风缸、工作风缸排水塞门，开启截断塞门		
6. 作业完毕	作业完毕后，清理工具材料，撤除防护信号	
7. 制动试验	库检检车员在维修人员闸片更换完毕后，按照“列车制动机试验指导书”开始全列制动机试验，试验时，对更换闸片部位进行重点检查，检查制动盘两侧闸片间隙之和为 3～5 mm	

【结果评价】

作业记录卡见表 13-20。

表 13-20　作业记录卡

序号	作业内容	结果描述

各组展示任务结果，介绍作业完成情况。作业结果评价见表 13-21。

表 13-21　结果评价

姓名			组号			
评价项目	分值	得分	评价标准（每项考核点分 A、B、C、D 四个等级评价）			
			A(得分≥80%)	B(80%>得分≥70%)	C(70%>得分≥60%)	D(得分<60%)
出勤情况	10		全勤	迟到	早退	旷课
准备情况	10		充分	较充分	基本充分	不充分
团队合作	10		全员参与、分工合作明确	全员参与	一般	不能协调合作
学习态度	10		认真、积极	认真	一般	不参与学习
技能考核	50		熟练正确地操作	操作基本正确，较为熟练	操作不太熟练，错误不超过 10%	错误超过 10%
安全意识	10		安全	较安全	基本安全	存在风险
总评分数	100		优良(得分≥80)/中等(80>得分≥70)/合格(70>得分≥60)/不合格(得分<60)			

【拓展知识】

拓展知识点1 日常检修作业流程

日常检修作业流程见表13-22。

表13-22 日常检修作业流程

作业项目	作业内容及质量标准	图 示
1. 列队点名	(1)作业人员携带好工具,着装整齐,列队站好,面向工长。 (2)由工长进行点名,对作业人员到岗情况、精神状态、身体健康状态进行询问确认,并做好考勤记录	
2. 穿戴好劳动防护用品	(1)工装整齐,帽子、臂章佩戴齐全。 (2)特殊岗位衣服须有反光安全标志(或穿戴反光安全标志背心)。 (3)雨天作业需穿戴雨衣。登高作业需戴安全帽、系安全带	
3. 传达生产任务	(1)按照当日的生产计划和任务,对计划任务逐项进行布置和安排。 (2)对各作业小组的作业内容和当日作业的重点、安全注意事项进行安排、布置、强调	
4. 检查工具	(1)工具、计量器具无过期失效,携带齐全。 (2)对讲机调至正确频道接收和发送良好、检点锤、手电筒明亮电量充足、扳手、卷尺、塞尺、钢丝钳、尾表电量充足,状态良好	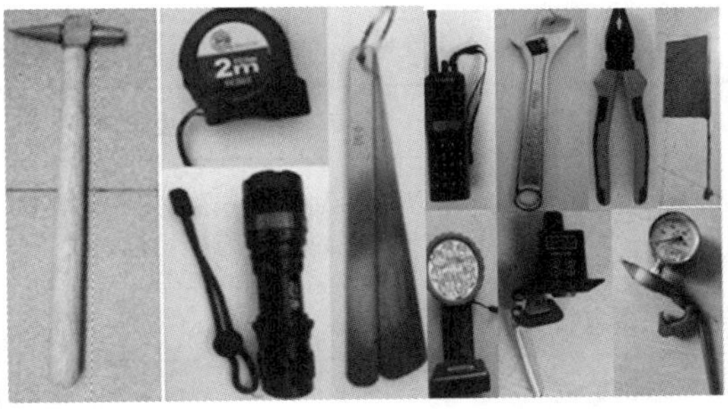

续上表

作业项目	作业内容及质量标准	图　示
5. 列队出工	(1)作业人员按照生产计划和任务由组长带领列队进入股道，开始作业。 (2)安全事项 ①严禁在未设置防护信号的情况下进行作业。 ②严禁跨越地沟、钻无防护车辆，抢越股道。 ③穿越股道时，执行一站、二看、三通过。现场作业注意不得侵入邻线。 ④严禁在股道中心、枕木头行走。严禁在钢轨上、车辆下坐卧、休息、乘凉。 ⑤现场作业严禁吸烟、接打手机	

任务二　专项修

【相关知识】

铁路客车日常检修无法全部施修到位，且经检修后在一定时间内不易发生故障的部位、部件，按照故障周期规律，实行定期专项检修。经专项检修的部位或部件须保证一个专项检修周期不发生责任事故。

所有车型专项检修共计 18 个项目，包括轮对鉴定、转向架深度检查、首尾车钩分解检查、密接钩分钩检查、制动系统排水除尘、拉铆式车窗检查、登顶检查、电开水器、塞拉门、集便器、电气化厨房设备、DC 600 V 车下电源、蓄电池、DC 600 V 供电请求和车端电气连接装置、电气控制柜、列车网络、柴油发电机组及附属装置、J 型发电机。

典型工作任务 1　转向架月度深度检查

【任务准备】

工作任务书见表 13-23。

表 13-23　任务书

任务名称	转向架月度深度检查	参考学时	2
任务要求	以小组为单位按标准完成转向架月度深度检查。每组 5～8 人，剖析任务内容，商定工作方案，明确成员分工，安全有序规范完成任务		
任务方案			
教师检查			

具体分工见表 13-24。

表 13-24　任务分工

<table>
<tr><td>班级</td><td></td><td>组号</td><td></td><td>指导老师</td><td></td></tr>
<tr><td>组长</td><td></td><td>序号</td><td colspan="3"></td></tr>
<tr><td colspan="2" rowspan="5">组员</td><td>姓名</td><td>组员排序</td><td>姓名</td><td>组员排序</td></tr>
<tr><td></td><td></td><td></td><td></td></tr>
<tr><td></td><td></td><td></td><td></td></tr>
<tr><td></td><td></td><td></td><td></td></tr>
<tr><td></td><td></td><td></td><td></td></tr>
<tr><td colspan="2">分工描述(按序号)</td><td colspan="4"></td></tr>
</table>

【任务实施】

一、劳动安全注意事项

1. 确认车列防溜。
2. 作业前插设防护信号。
3. 按规定穿戴劳保用品,带好作业工具。
4. 雨雪天气时,当心滑倒。
5. 现场作业时,不得侵限。
6. 现场作业时,防止触电。

二、工量具准备

红旗/红灯、高压清洗机、钢丝刷、检点锤、第四种检查器、手电筒、卷尺、游标卡尺、放大镜、基准块、油漆笔等。

三、作业步骤及质量标准

以 CW-200K 型转向架月度深度检查(双人平行作业)为例,作业内容及标准见表 13-25。

表 13-25　CW-200K 型转向架月度深度检查

作业项目	作业内容及质量标准	图　　示
1. 轮对检查	查询车统—181 轮对跟踪故障及 TPDS 在 1 个月内轮对报警数据的情况,记录在车统—15 上,对相关的轮对故障重点的检查确认。 检查人员一人手持检点锤、手电筒,一人手持第四种检查器、油压镐做好准备,到达车列检查位置(全列车辆制动机处于缓解状态)	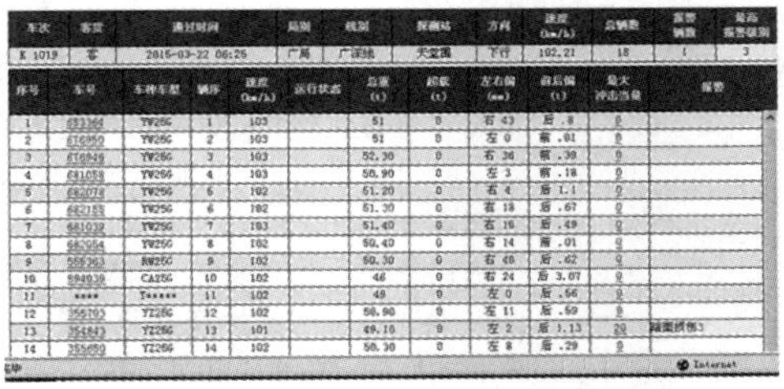

续上表

<table>
<tr><th>作业项目</th><th>作业内容及质量标准</th><th>图　示</th></tr>
<tr><td rowspan="3">1. 轮对检查</td><td>(1)地面检查。
①使用检点锤、手电筒配合沿着轮对周边自下而上全面检查，依次目视检查踏面、轮缘、轮辋状态，锤击车轮踏面，对反馈运行中有异音、异振的轮对，检查车轮有无失圆。发现轮对故障压在钢轮接触部位无法检查时，需顶镐转动轮对，使故障部位转到合适的位置进行全面的检查。
a. 检查轮轴外表，各部无裂纹。
b. 锤击车轮踏面无异音，车轮无失圆。
c. 轮缘顶部不得形成锋芒、外侧不得有缺损。
d. 踏面局部凹入及擦伤深度不大于 0.5 mm。
e. 踏面剥离长度：一处不大于 30 mm；二处每处不大于 20 mm。
f. 踏面缺损：
相对车轮轮缘外侧至缺损部之距离不小于 1 505 mm；缺损长度不大于 150 mm。
g. 轮缘内侧缺损长度不大于 30 mm；宽不大于 10 mm（轻微掉皮可用砂轮打磨，但不得影响顶部线型。打磨平坦，凹痕深度不超过 1 mm）。
h. 车轮外侧辗宽不大于 5 mm</td><td>

</td></tr>
<tr><td>②使用手电筒沿轴箱后盖照射，目视检查轴箱后盖状态。各部不得有裂纹，轴箱无甩油情况。</td><td></td></tr>
<tr><td>③检查轮对辐板及轮座、轴身。非盘形制动轮对实行跨轨检查，使用手电筒自上而下沿圆周方向全面照射，目视检查轮对辐板及轮座、轴身状态。
轮轴各部不得有裂纹，轮毂无松弛现象，轴身打痕、碰伤、磨伤及弹伤深度（限度内将锐角消除继续使用，到限时更换轮对）小于 2.5 mm（最高运行速度 120 km/h 时）</td><td></td></tr>
</table>

续上表

作业项目	作业内容及质量标准	图　示
1. 轮对检查	(2)地沟检查。 ①盘形制动轮对进地沟检查，使用手电筒自上而下沿圆周方向全面照射，目视检查轮对辐板及轮座状态。检查各部无裂纹，轮毂无松动现象	
	②使用手电筒沿制动盘圆周方向全面照射，分别目视检查制动盘两侧状态。 a. 制动盘毂、盘座、半盘连接部不允许任何裂纹、松动，散热筋(片)不允许有贯通的裂纹，固定螺栓无松动。制动盘摩擦盘面的热裂纹距内侧或外侧边缘大于 10 mm 时，不得超过 95 mm；距内侧或外侧边缘小于 10 mm 时，不得超过 65 mm。 b. 制动盘各连接螺栓、销套不得松动，螺栓开口销无折损、丢失；制动盘的两个摩擦面应均匀磨耗，整体厚度不小于 96 mm(SW-QD160 制动盘磨耗量小于 5 mm)，不允许有厚度方向的贯通裂纹	 
	③使用手电筒沿轮轴轴身全面照射，目视检查车轴状态。 轮轴、盘座各部不得有裂纹，轮毂无松弛现象，轴身打痕、碰伤、磨伤及弹伤深度(限度内将锐角消除继续使用，到限时更换轮对)： 最高运行速度 120 km/h 时小于 2.5 mm； 最高运行速度 140 km/h 时小于 2 mm； 最高运行速度 160 km/h 时小于 1 mm	
2. 车轮踏面、轮缘、轮辋的测量	检查第四种检查器检定标签及技术状况，准备记录台账。由两人负责，一人负责检测轮对，一人负责记录测量数据	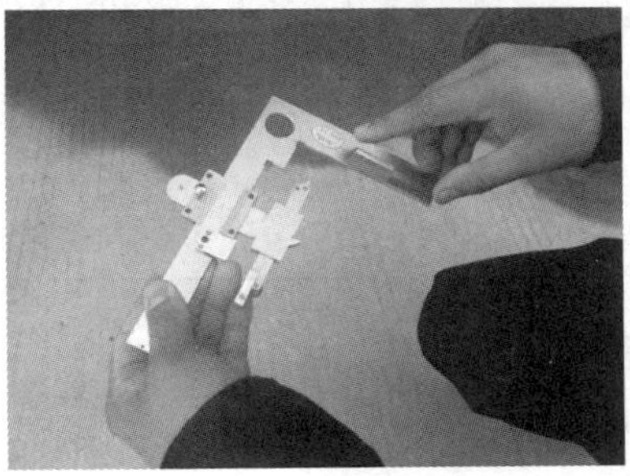

续上表

作业项目	作业内容及质量标准	图　示
2. 车轮踏面、轮缘、轮辋的测量	①用第四种检查器测量轮踏面圆周磨耗数据。踏面圆周磨耗深度不大于 8 mm	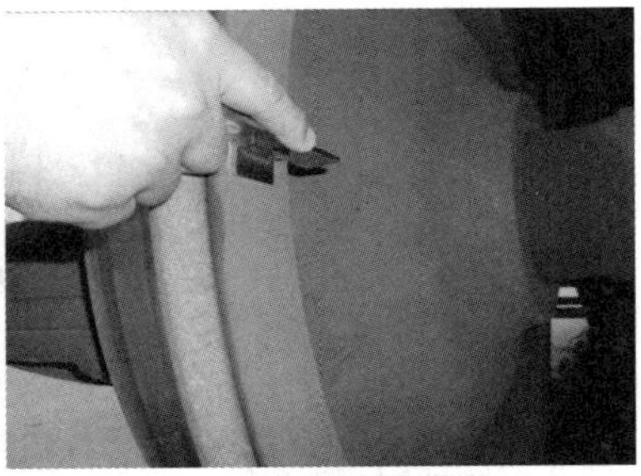
	②用第四种检查器测量轮缘垂直磨耗及厚度。 a. 轮缘垂直磨耗高度不大于 15 mm(不得有锋芒)。 b. 轮缘厚度不小于 23 mm(轮缘产生辗堆时须消除)。 c. 轮缘锋芒、轮缘辗堆，打磨消除故障后，方可测量轮缘垂直磨耗和轮缘厚度数据	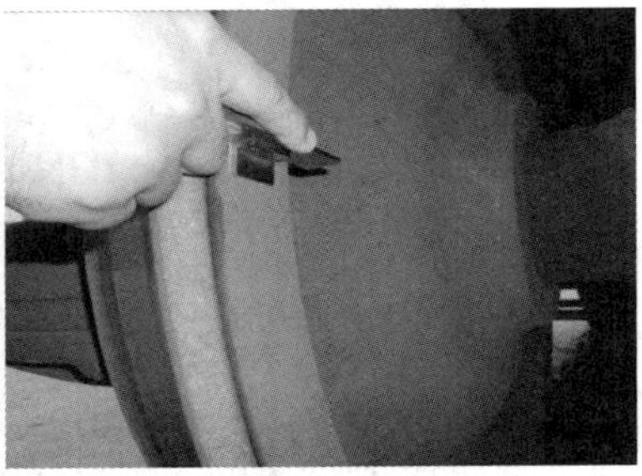
	③用第四种检查器测量轮对轮辋厚度。轮辋厚度不小于 25 mm	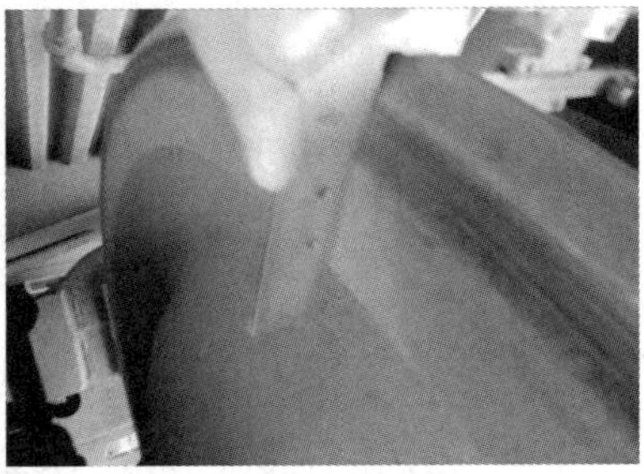
3. 鉴定结果处理	检查、测量完毕全列客车轮对后，对鉴定结果进行分析处理。 (1)对轮对鉴定及检测中发现不符合运用限度和异常的轮对，报计划安排换轮或旋修。 (2)对未超过运用限度，但不符合辅修(A1)限度的轮对纳入跟踪。 (3)严禁放超过运用限度的轮对故障不良客车出库。 (4)轮对鉴定及检测中发现不符合运用限度和异常的轮对不安排换轮或旋修，列车出库放行，易造成轮对燃轴、脱轨的安全事故	

【结果评价】

作业记录卡见表 13-26。

表 13-26 作业记录卡

序号	作业内容	结果描述

各组展示任务结果，介绍作业完成情况。作业结果评价见表 13-27。

表 13-27 结果评价

姓名				组号		
评价项目	分值	得分	评价标准（每项考核点分 A、B、C、D 四个等级评价）			
			A（得分≥80%）	B（80%＞得分≥70%）	C（70%＞得分≥60%）	D（得分＜60%）
出勤情况	10		全勤	迟到	早退	旷课
准备情况	10		充分	较充分	基本充分	不充分
团队合作	10		全员参与、分工合作明确	全员参与	一般	不能协调合作
学习态度	10		认真、积极	认真	一般	不参与学习
技能考核	50		熟练正确地操作	操作基本正确，较为熟练	操作不太熟练，错误不超过 10%	错误超过 10%
安全意识	10		安全	较安全	基本安全	存在风险
总评分数	100		优良（得分≥80）/中等（80＞得分≥70）/合格（70＞得分≥60）/不合格（得分＜60）			

典型工作任务 2　客车电气综合控制柜月度专项检查

【任务准备】

工作任务书见表 13-28。

表 13-28 任务书

任务名称	客车电气综合控制柜月度专项检查	参考学时	4
任务要求	以小组为单位按标准完成客车电气综合控制柜月度专项检查。每组 5～8 人，剖析任务内容，商定工作方案，明确成员分工，安全有序规范完成任务		
任务方案			
教师检查			

具体分工见表 13-29。

表 13-29 任务分工

班级		组号		指导老师	
组长		序号			
组员		姓名	组员排序	姓名	组员排序
分工描述(按序号)					

【任务实施】

一、劳动安全注意事项

1. 严禁带电进行检修作业，检修试验时须注意防止触电。

2. 禁止带电处理故障，必须带电作业时，须一人监护、一人作业。

3. 作业完毕，必须锁闭综合柜柜门。

4. 所使用表具必须在检定有效期内。

5. 登高作业时，防止坠落。

6. 线路作业时，设置防护。

7. 现场作业时，不得侵限。

8. 带电作业时，当心触电。

二、工量具准备

车辆电工个人配备工具、钳形万用表、毛刷、电笔、防护号志。

三、作业步骤及质量标准

作业流程如图 13-6 所示。

以 DC 600 V 电气综合控制柜月度专项检查为例，作业内容及标准见表 13-30。

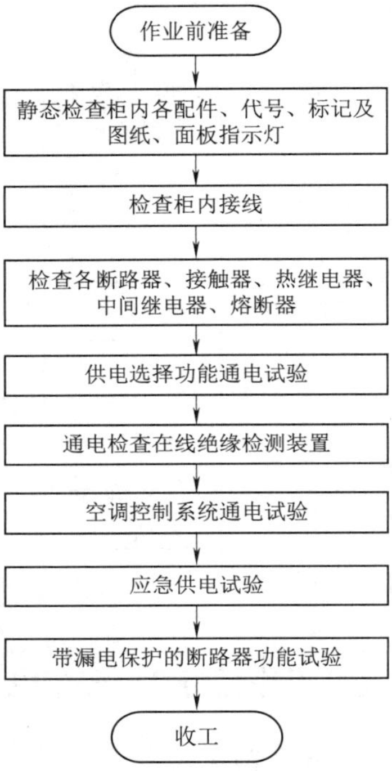

图 13-6 作业流程

表 13-30 DC 600 V 电气综合控制柜月度专项检查

作业项目	作业内容及质量标准	图 示
1. 静态检查	(1)检查配电柜及配线前，要确认电源已切断。用万用表确认控制柜无电。打开综合电气控制柜，将电源转换开关 SA1 打到“停止”位，断开供电输入开关 Q1、Q2，断开蓄电池电源开关 Q30	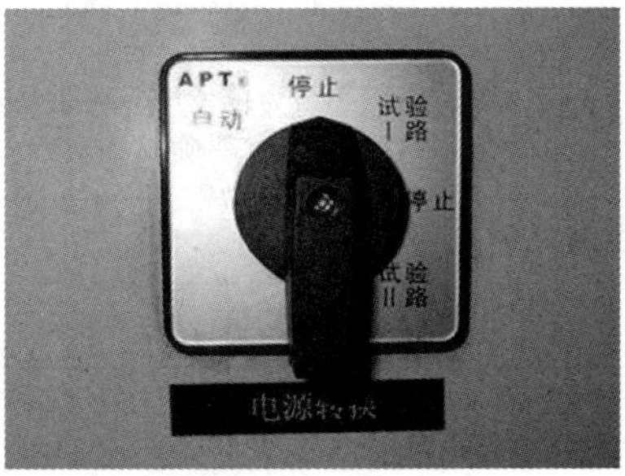

续上表

作业项目	作业内容及质量标准	图　示
1. 静态检查	（1）检查配电柜及配线前，要确认电源已切断。用万用表确认控制柜无电。打开综合电气控制柜，将电源转换开关 SA1 打到"停止"位，断开供电输入开关 Q1、Q2，断开蓄电池电源开关 Q30	
	（2）检查进线口防护胶圈、柜内各配件、图纸、面板指示灯、触摸屏、转换开关。 ①进线口防护胶圈无龟裂、变色、变形、劣化、剥离。 ②用手晃动各元器件确认安装牢固。 ③柜内各配件、代号、标记及图纸齐全，标示正确，粘贴牢固。 ④面板上指示灯、触摸屏、转换开关等指示正确、安装牢固	 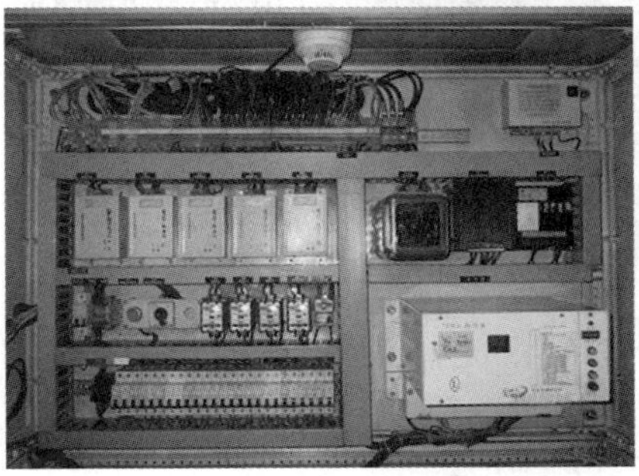
	（3）检查柜内接线。 ①箱内各接线紧固，无烧损、松动。 ②接线端子无过热变色，感温胶贴齐全无变色。 ③配线绝缘层无老化、开裂和烧损迹象，配线线号正确且清晰无损坏，如有损坏或模糊需更换	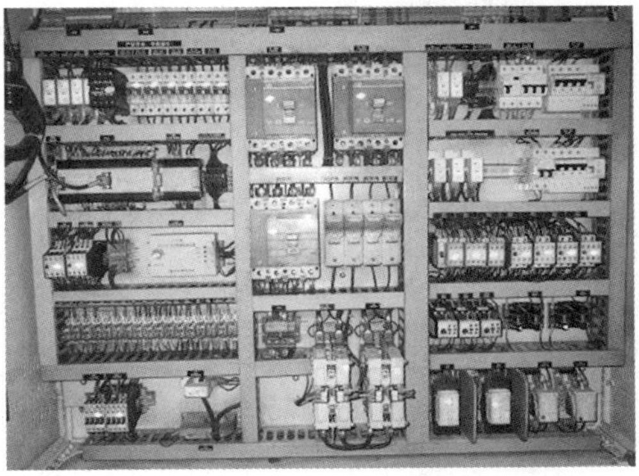

续上表

作业项目	作业内容及质量标准	图　　示
1. 静态检查	(4)检查柜内各断路器：检查主断路器外壳没有污点(油脂)、过多的灰尘和冷凝，没有灼烧的痕迹或者裂缝。 ①各断路器能够正常分闸和合闸，断路器外壳有灼烧的痕迹或者裂缝，必须马上更换。 ②拉动断路器上下口接线导线应没有可觉察的移动，确保无接线松脱现象，以防因线缆虚接引起断路器烧损。 ③不得将导线电缆绝缘层接入接线端子，避免不同线径导线同时接入时导致接线不良现象发生。 ④各断路器触头无卡死、粘连。 各断路器对应控制关系： Q1：Ⅰ路供电断路器。 Q2：Ⅱ路供电断路器。 Q3：模块交流电源断路器。 微型断路器对应控制关系： Q11：空调电源 1 供电断路器。 Q21：空调电源 2 供电断路器。 Q4、Q41、Q42：空调机组控制断路器。 Q15、Q16：客室电热 1、2 供电断路器。 Q25、Q26：客室电热 3、4 供电断路器。 Q17：塞拉门伴热 1 控制断路器。 Q18：塞拉门伴热 2 控制断路器。 Q13：制暖 1-1 控制断路器。 Q14：制暖 1-2 控制断路器。 Q23：制暖 2-1 控制断路器。 Q24：制暖 2-2 控制断路器。 Q20：备用 1。 Q30：电池控制断路器。 Q19：乘务室插座控制断路器。 Q9：照明 1 路控制断路器。 Q10：照明 2 路控制断路器。 Q31：应急灯控制断路器。 Q32：尾灯插座控制断路器。 Q33：电话插座 DC 48 V 控制断路器。 Q5：排风机控制断路器。 Q6：开水炉控制断路器。 Q7：温水箱控制断路器。 Q27：管路 A 路伴热控制断路器。 Q28：管路 B 路伴热控制断路器。 Q60：集便器控制断路器(带集便器客车有)。 Q34：塞拉门控制断路器。 Q35：水位显示控制断路器。 Q36：厕所显示控制电路断路器。 Q40：照明控制电路断路器。 Q50：便器伴热 1 控制电路断路器。 Q51：便器伴热 2 控制电路断路器	  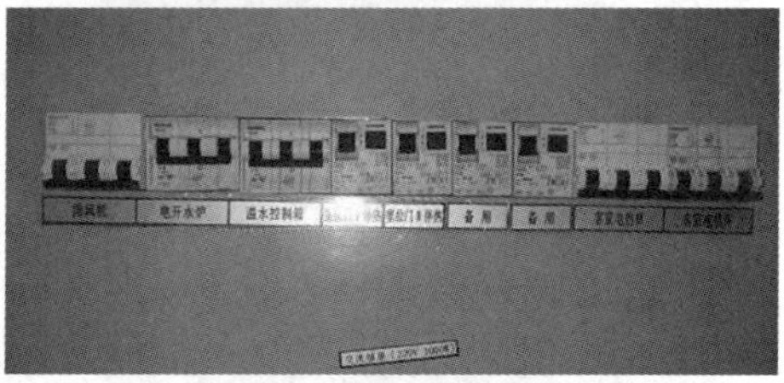 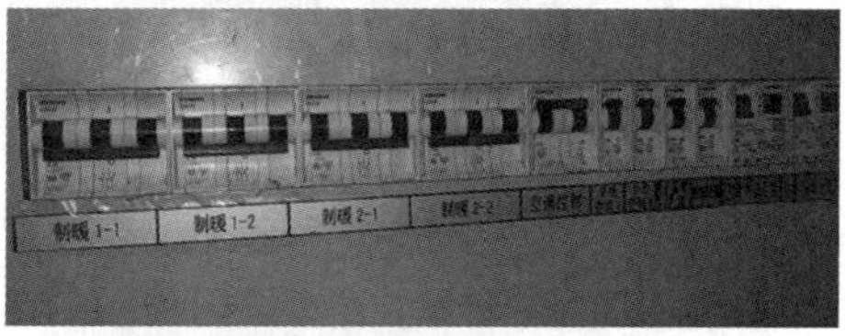 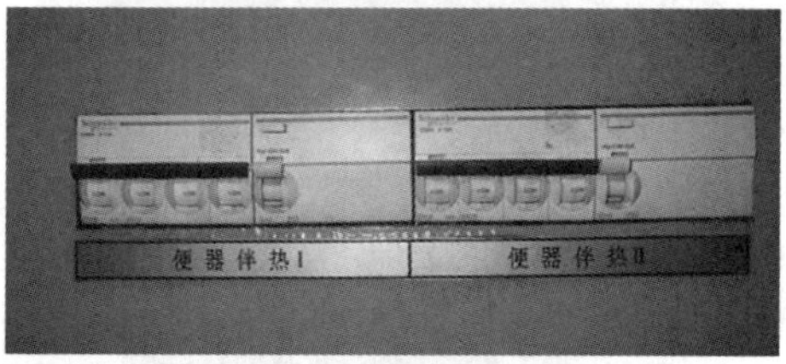 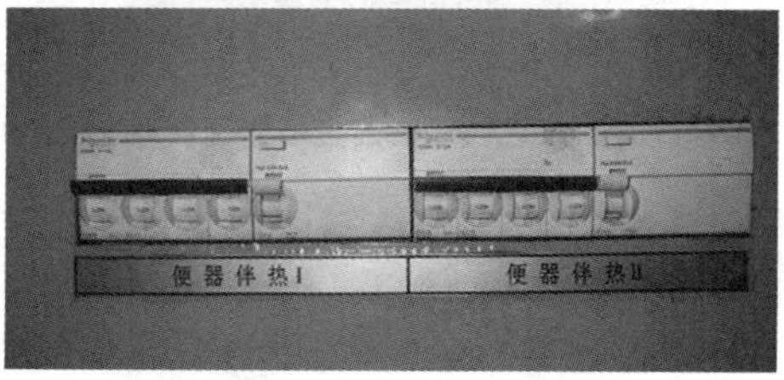

续上表

作业项目	作业内容及质量标准	图　　示
1. 静态检查	(5)检查柜内各接触器:检查接触器外部没有灼烧的痕迹或者裂缝;检查接触器各紧固件和灭弧罩部分。 ①检查接触器各紧固件不得松动,接触器触头无卡死、粘连。 ②接触器触点无松动脱落,发现问题时,应及时修理或更换。 ③接触器灭弧罩无破损,灭弧罩位置无松脱和位置变化,灭弧罩缝隙内不得有金属颗粒及杂物。 接触器对应控制关系: KM1、KM2:1路、2路供电接触器。 KM3:应急电池输出接触器。 KM11、KM21、KM12、KM22:空调机组通风机电机控制接触器。 KM14、KM24:空调机组冷凝风机电机控制接触器。 KM16、KM17、KM26、KM27:空调机组压缩机电机控制接触器。 KM18、KM19、KM28、KM29:空调机组电采暖控制接触器。 KM8、KM9:客室电热控制接触器。 KM4、KM5、KM6:照明1路、照明2路、应急灯控制接触器	   
	(6)检查柜内各热继电器。 ①热继电器防松标示无错位,热继电器设定值旋钮无松动,如有松动,或已更换新的热继电器,须按空调热继电器整定值重新设定,并划防松标示。 ②热继电器无过热,无异味及放电现象,各部件螺丝无松动、脱落、接触良好,表面清洁、完整无破损;按下"TEST"按钮,应能立即跳开。 热继电器对应控制关系: FR11、FR21、FR12、FR22:空调机组通风机热继电器。 FR14、FR24:空调机组冷凝风机热继电器	

续上表

<table>
<tr><th>作业项目</th><th>作业内容及质量标准</th><th>图　示</th></tr>
<tr><td rowspan="3">1. 静态检查</td><td>(7)检查柜内各中间继电器。从中间继电器座上拔下继电器，检查中间继电器安装座，检查中间继电器。
①检查中间继电器安装座各紧固件不得松动。
②中间继电器触点无松动脱落，触点无粘连。
中间继电器对应控制关系：
KA1、KA2：1 路供电、2 路供电继电器。
KA11、KA12：制冷 1-1、制冷 1-2 故障信号。
KA13、KA14：制暖 1-1、制暖 1-2 故障信号。
KA21、KA22：制冷 2-1、制冷 2-2 故障信号。
KA23、KA24：制暖 2-1、制暖 2-2 故障信号。
KA8：应急转换控制继电器。
KA18：逆变器减载信号。
KA3：试验暖继电器。
KA4：试验冷继电器。
KA5：PLC 工作继电器。
FA16、FA17：压缩机过流保护继电器</td><td>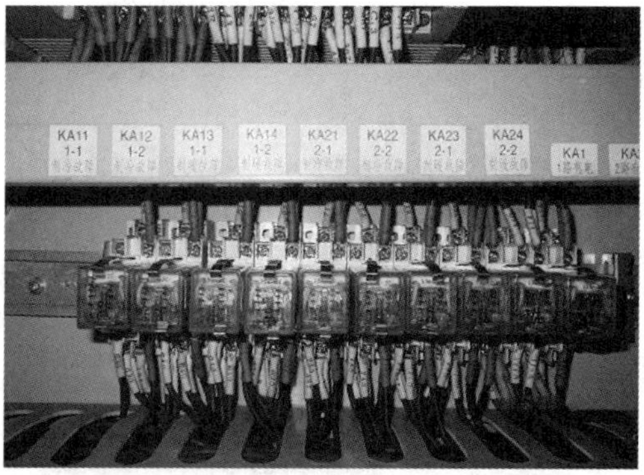

</td></tr>
<tr><td>(8)检查柜内各熔断器。
①检查电源控制回路熔断器 FU1、FU2 容量为 1A，无烧损。
②检查轴报熔断器 FU3 容量为 1 A、防滑器熔断器 FU4 容量为 3 A，插座熔断器 FU5 容量为 3 A，无烧损</td><td>
</td></tr>
<tr><td>(9)检查柜内外有无灰尘和异物。
①清理柜内及配线、元件灰尘，清洁滤尘网。
②柜门开启、关闭灵活，锁定装置可靠，门锁良好。
③对柜门合页给油</td><td></td></tr>
</table>

续上表

作业项目	作业内容及质量标准	图　示
2.供电选择功能通电试验	依次闭合Q30、Q1、Q2断路器，给主电路和控制系统供电，检查各断路器合闸、接触器吸合情况。 (1)闭合断路器时，同步目视检查断路器无拉弧、跳闸，无卡滞故障。 (2)目视、耳听检查电池应急输出接触器KM3、PLC工作继电器KA5吸合正常，无电磁噪声	  
	(3)试验自动、手动供电功能。将电源转换开关SA1打到“自动”“试验Ⅰ路”或“试验Ⅱ路”，检查控制柜相应的继电器、接触器动作情况。 ①SA1转换开关置“试验Ⅰ路”位。 a.目视、耳听检查Ⅰ路供电接触器KM1吸合正常，无电磁噪声。 b.目视、耳听检查KA1继电器触点动作灵活，吸合时动作无卡阻、异音。 ②SA1转换开关置“试验Ⅱ路”位。 a.目视、耳听检查KM2接触器吸合正常，无电磁噪声。 b.目视、耳听检查KA2继电器触点动作灵活，吸合时动作无卡阻、异音。	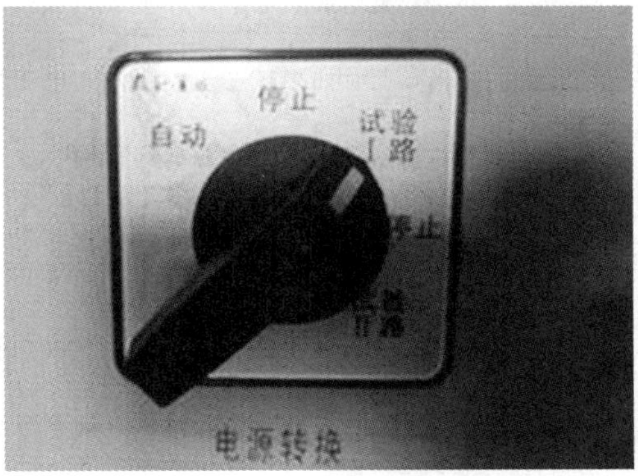

续上表

作业项目	作业内容及质量标准	图　示
2. 供电选择功能通电试验	③SA1 转换开关置“自动”位。 a. PLC 根据触摸屏所设定的车厢号自动选择供电电路；奇数号车厢选择Ⅰ路供电、偶数号车厢选择Ⅱ路供电。 b. Ⅰ路/Ⅱ路供电接触器 KM1/KM2 的吸合时间与设置的车厢号有关。 c. 目视、耳听检查 KA6 或 KA7 继电器触点动作灵活，吸合时动作无卡阻、异音	 
	(4)试验供电转换功能，检查触摸屏显示电源参数准确。按触摸屏的“电源控制”触摸开关进入电源控制画面，人工强制选择电源供电回路“Ⅰ路供电”“Ⅱ路供电”“自动供电”或“停止供电”。检查触摸屏显示电源参数。 ①选择电源供电回路“Ⅰ路供电”。 a. 此时如果电源停止，且Ⅰ路供电回路有电，则选择Ⅰ路供电。触摸屏显示Ⅰ路有电，电压显示准确。 b. 此时如果是Ⅱ路供电，则转换到Ⅰ路供电。 c. 此时如果正在Ⅰ路供电则电源继续供电。 d. 触摸屏显示“电源试验Ⅰ路供电”。 ②选择电源供电回路“Ⅱ路供电”。 a. 此时如果电源停止，且Ⅱ路供电回路有电，则选择Ⅱ路供电。触摸屏显示Ⅱ路有电，电压显示准确。 b. 此时如果是Ⅰ路供电，则转换到Ⅱ路供电。 c. 此时如果正在Ⅱ路供电则电源继续供电。 d. 触摸屏显示“电源试验Ⅱ路供电”	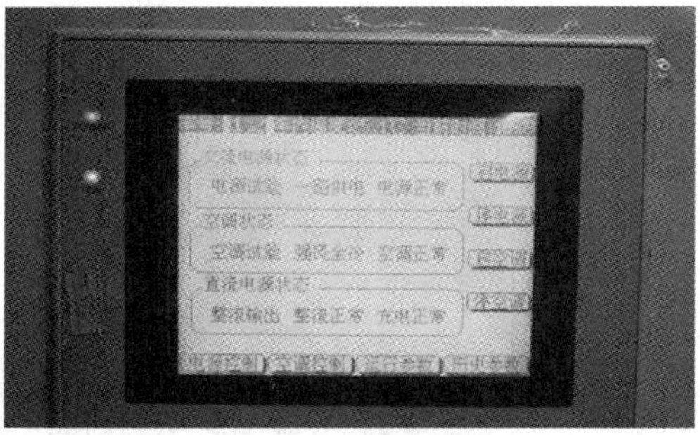 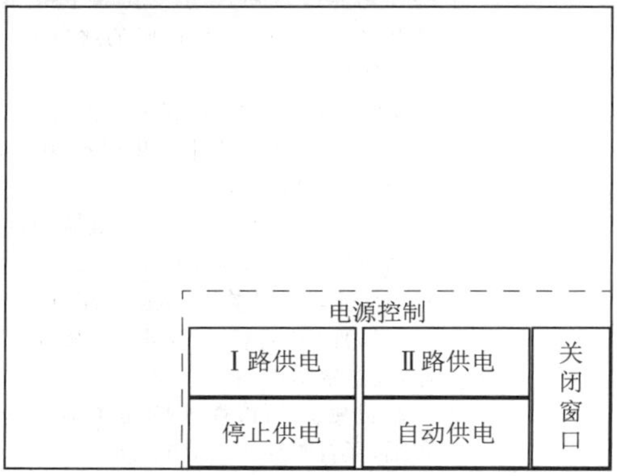

续上表

作业项目	作业内容及质量标准	图　　示
2. 供电选择功能通电试验	③选择“自动供电”。 a. 自动返回 PLC 默认的供电回路，奇数车厢Ⅰ路供电，偶数车厢Ⅱ路供电。 b. 奇数车厢触摸屏显示“电源自动Ⅰ路供电”，偶数车厢触摸屏显示“电源自动Ⅱ路供电”，供电电压显示准确。 (5)选择“停止供电”。电源供电停止。 ①当通过触摸屏“供电控制”控制供电的状态时，供电状态字符串应显示“电源试验”。 ②如果电源曾出现故障，确认故障排除后，可以按下“停止供电”或“自动供电”解除故障保护，通过 PLC 检测后，重新启动供电。 ③人工强制选择电源供电回路应有特殊原因时使用，使用后如无特殊原因应转换回“自动供电”状态	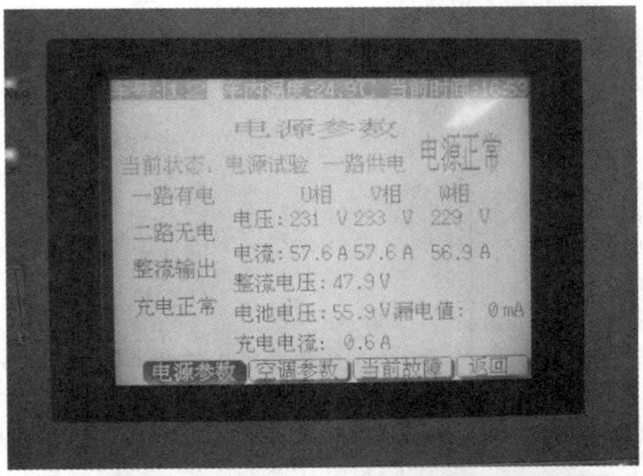 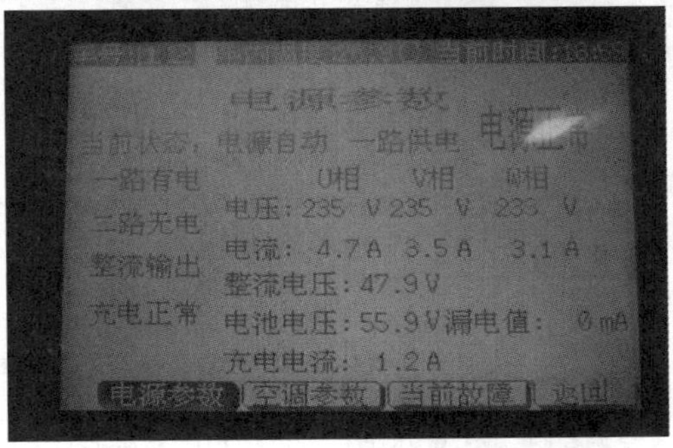
3. 空调控制系统通电试验	分别对空调装置在自动位和试验位进行通电试验，按触摸屏的“空调控制”触摸开关进入空调控制画面，查询压缩机或空气预热器的各相电流、各压缩机或空气预热器的累计工作计时，空调机组运行状态正常、启动顺序正确，各电机电流正常。 (1)空调机组控制功能转换开关 SA2 置于“自动”位，夏季试验空调时合上空调机组控制电路的断路器 Q4、空调系统供电断路器 Q11。冬季试验采暖时合上空气预热器控制断路器 Q13、Q14、Q23、Q24。通过触摸屏上的空调给予运行工况菜单和提示，分别选择“弱风”“强风”“强风半冷”“强风全冷”“弱风半暖”“弱风全暖”等工况	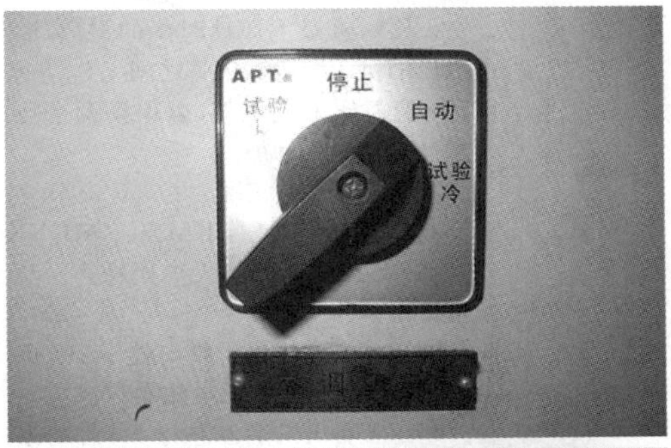 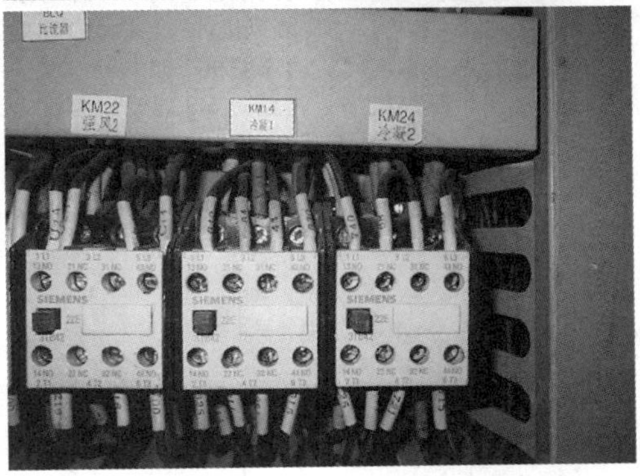

续上表

作业项目	作业内容及质量标准	图　示
3. 空调控制系统通电试验	①“弱风”工况。 a. 空调机组弱风接触器 KM11 接触器吸合正常，无电磁噪声。 b. 通风机电流正常。 ②“强风”工况。 a. 空调机组强风接触器 KM12 接触器吸合正常，无电磁噪声。 b. 通风机电流正常。 ③“强风半冷”工况。 a. 冷凝风机接触器 KM14、KM24 吸合正常，无电磁噪声。 b. 冷凝风机电流正常。 c. 压缩机接触器 KM16、KM17 或 KM26、KM27 吸合正常，无电磁噪声。压缩机电流正常。 d. 压缩机过流保护继电器 FA16、FA17 或 FA26、FA27 正常，无电磁噪声。 e. 压缩机以工作计时少的先启动工作，当压缩机 1 和压缩机 2 之间工作计时差达 2 h，交替压缩机工作，以保证两台压缩机累计工作时间均衡。 ④“强风全冷”工况。 a. 压缩机接触器 KM16、KM17、KM26 和 KM27 吸合正常，无电磁噪声。压缩机电流正常。 b. 压缩机过流保护继电器 FA16、FA17、FA26、FA27 正常，无电磁噪声。 c. 各电动机的启动顺序为：启动强通风机，再启动冷凝风机，冷凝风机启动后延时一段时间启动压缩机 1-1，再延时 5 s 启动压缩机 2-1，再延时 5 s 启动压缩机 1-2，再延时 5 s 启动压缩机 2-2	   

续上表

<table>
<tr><th>作业项目</th><th>作业内容及质量标准</th><th>图　示</th></tr>
<tr><td rowspan="3">3.空调控制系统通电试验</td><td>⑤“弱风半暖”工况。
a.空气预热器接触器 KM18 和 KM19 吸合正常，无电磁噪声。空气预热器电流正常。
b.空气预热器以工作计时少的先启动工作，当空气预热器 1-1、2-1 和空气预热器 1-2、2-2 之间工作计时差达 2 h，交替空气预热器工作，以保证两台空气预热器累计工作时间均衡。
⑥“弱风全暖”工况。
a.空气预热器接触器 KM18、KM28、KM19、KM29 吸合正常，无电磁噪声。空气预热器电流正常。
b.各空气预热器的启动顺序为：启动弱通风，延时一段时间启动空气预热器 1-1，再延时 5 s 启动空气预热器 2-1，再延时 5 s 启动空气预热器 1-2，再延时 5 s 启动空气预热器 2-2</td><td></td></tr>
<tr><td>(2)通电情况下，检查各热继电器，按下“TEST”按钮。
①强通风机用热继电器 FR12，弱通风机用热继电器 FR11，冷凝风机用热继电器 FR14、FR15 无过热，无异味及放电现象。
②按下“TEST”按钮，各热继电器能立即跳开</td><td></td></tr>
<tr><td>(3)空调工况转换开关 SA2 置于“试验冷”或“试验暖”，合上空调机组控制电路的断路器 Q4，闭合空调机组控制断路器 Q41，适当延时后再合上空调机组控制断路器 Q42</td><td></td></tr>
</table>

续上表

作业项目	作业内容及质量标准	图　示
3. 空调控制系统通电试验	①“试验冷”工况。 a. 转换开关 SA2 置于“试验冷”，目视、耳听检查中间继电器 KA4 触点动作灵活，吸合时动作无卡阻、异音。强通风机和冷凝风机启动。 b. 闭合断路器 Q41，启动空调机组压缩机 1-1、2-1，压缩机电流正常。 c. 适当延时后再合上 Q42，启动压缩机 1-2、2-2，压缩机电流正常。 ②“试验暖”工况。 a. 转换开关 SA2 置于“试验暖”，目视、耳听检查中间继电器 KA3 触点动作灵活，吸合时动作无卡阻、异音。弱通风机启动。 b. 闭合断路器 Q41，启动空气预热器 1-1、2-1，空气预热器电流正常。 c. 适当延时后再合上 Q42，启动空气预热器 1-2、2-2，空气预热器电流正常	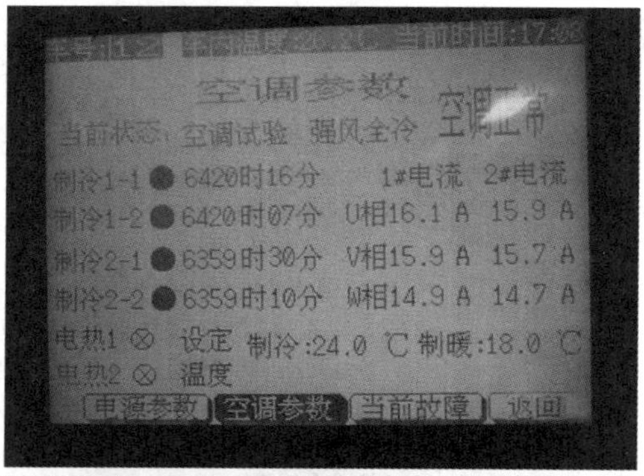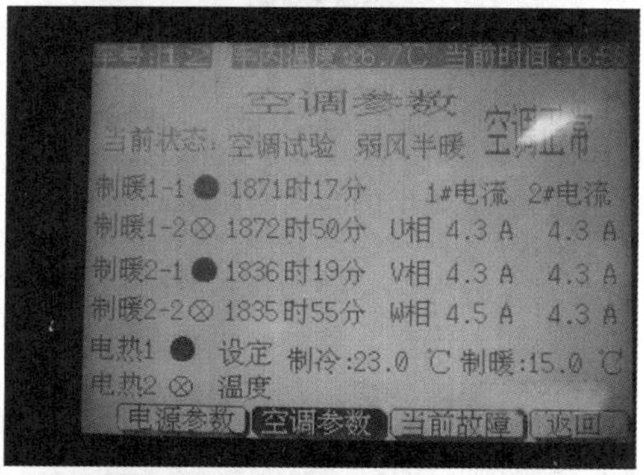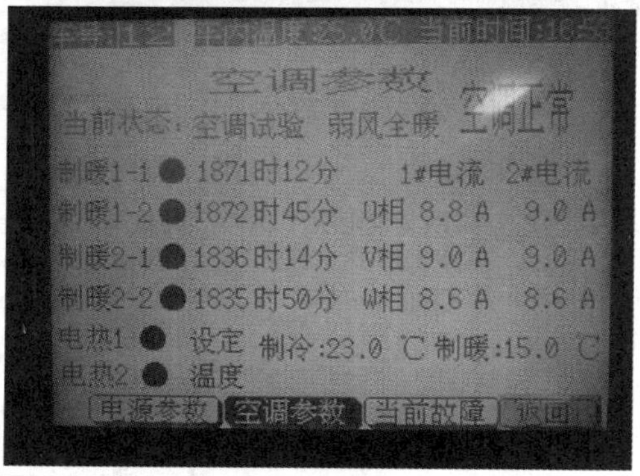
	（4）电热控制转换开关 SA5 置于“自动”位，合上客室电热控制断路器：Q15、Q16、Q25、Q26；通过触摸屏上的空调给予运行工况菜单和提示，选择“电热Ⅰ”“电热Ⅱ”工况。 ①空调机组弱风接触器 KM11、KM21 接触器吸合正常，无电磁噪声。 ②客室电热Ⅰ/客室电热Ⅱ/客室电热Ⅲ/客室电热Ⅳ接触器 KM8、KM9 吸合正常，无电磁噪声	

续上表

作业项目	作业内容及质量标准	图　　示
4. 应急供电试验	(1)通电检查充电模块、整流模块、直流转换模块输出电流电压正常。充电机输出电压为 DC (48±1)V。 (2)接通电池供电的轴报器、电子防滑器、应急灯、集便器、烟火报警器、播音设备(播音车)等设备，通过电源选择开关，切断主电源，检查各电器是否正常工作。 ①所有应急设备须全部能正常供电。 ②电池电压高于 48 V	 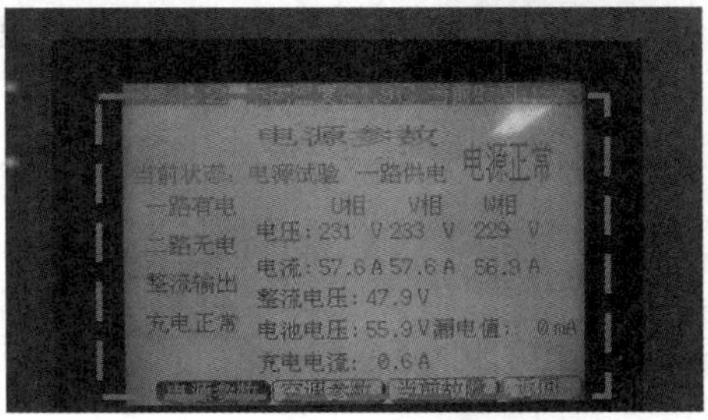
5. 带漏电保护的断路器功能试验	对于带漏电保护的断路器，按下各负载漏电断路器漏电测试按钮，断路器能够立即分闸	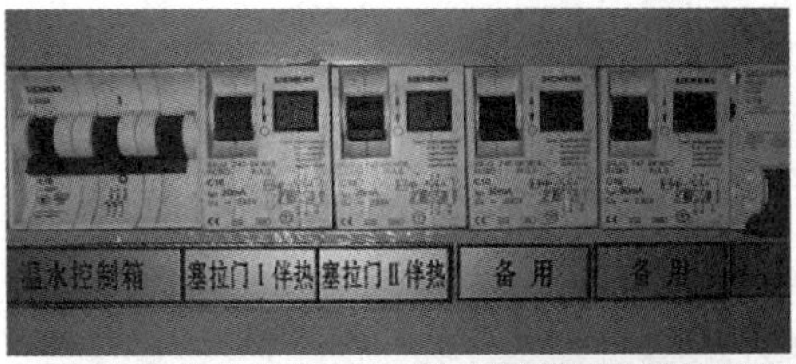 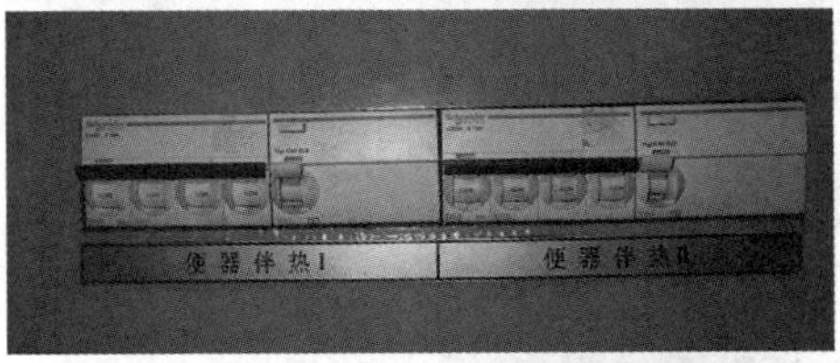 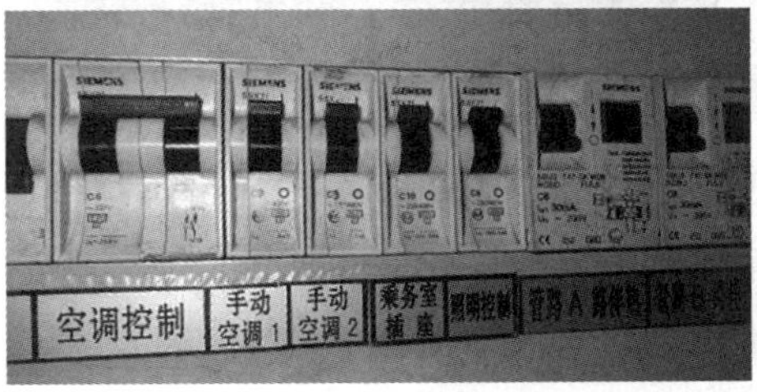
6. 粘贴标记	粘贴检修标记	
7. 收工	(1)关闭各检查门，锁闭综合控制柜门锁。 (2)清查工具、材料，进行场地清理。 (3)填写相关专项修记录簿。要求字迹工整，内容准确	

【结果评价】

作业记录卡见表 13-31。

表 13-31　作业记录卡

序号	作业内容	结果描述

各组展示任务结果,介绍作业完成情况。作业结果评价见表 13-32。

表 13-32　结果评价

姓名				组号		
评价项目	分值	得分	评价标准(每项考核点分 A、B、C、D 四个等级评价)			
			A(得分≥80%)	B(80%>得分≥70%)	C(70%>得分≥60%)	D(得分<60%)
出勤情况	10		全勤	迟到	早退	旷课
准备情况	10		充分	较充分	基本充分	不充分
团队合作	10		全员参与、分工合作明确	全员参与	一般	不能协调合作
学习态度	10		认真、积极	认真	一般	不参与学习
技能考核	50		熟练正确地操作	操作基本正确,较为熟练	操作不太熟练,错误不超过 10%	错误超过 10%
安全意识	10		安全	较安全	基本安全	存在风险
总评分数	100		优良(得分≥80)/中等(80>得分≥70)/合格(70>得分≥60)/不合格(得分<60)			

思考与练习

一、填空题

1. 客车运用中"库、站、乘"指的是__________、__________及车辆乘务组。

2. 客整所的"三线"指的是整备线、存车线和__________。

3. 单车故障检查基本方法是目视、__________、耳听、检测、试验及综合研判。

4. 踏面剥离的运用限度为:一处不超过________mm,两处每处均不超过________mm,剥离的长度应沿着车轮的圆周方向测量。

5. 车钩三态是指车钩__________、__________、__________三种状态。

6. 轴身打痕、碰伤、磨伤及弹伤深度,最高运行速度 160 km/h 列车,运用限度为__________。

7. 车上压力表指针压力差与标准压力表校对,限度为__________kPa。

8. 普速客车制动管风压为 500 kPa 时,制动缓解指示器显示__________。

9. 制动安定试验时,列车试验器减压__________kPa。

10. 绝缘特性试验是在较低电压下进行的,一般不会因累积效应而造成设备损害,也不会冒破坏的风险,所以又称__________试验。

二、选择题

1. 下列不属于客整所作业内容的有(　　)。

A. 客车辅修　　B. 客车整修　　C. 客车 A1 修　　D. 客车 A2 修

2. 下列说法不正确的是(　　)。

A. 日常检修上线车辆必须达到《运用客车出库质量标准》

B. 专项检修上线车辆必须达到《运用客车出库质量标准》

C. 临客整备上线车辆必须达到《运用客车出库质量标准》

D. 段修车辆必须达到《运用客车出库质量标准》

3. 客车踏面圆周磨耗的运用限度是不大于(　　)。

A. 5 mm　　B. 7 mm　　C. 8 mm　　D. 9 mm

4. 下列关于闸片的说法正确的是(　　)。

A. 闸片运用限度是指闸片各处的平均厚度

B. 同一轮对上闸片厚度必须相同

C. 闸片裂纹在摩擦面距边缘不能大于 30 mm

D. 客车闸片运用限度是 5 mm

5. 下列情况不需要进行制动机简略试验的是(　　)。

A. 更换机车或更换机车乘务组时　　B. 列车停留不超过 15 min 时

C. 机车改变司机室操纵时　　D. 列车软管有分离情况时

6. 下列关于列车漏泄试验说法正确的是(　　)。

A. 保压 5 min 内压力下降不得超过 30 kPa

B. 保压 3 min 内压力下降不得超过 20 kPa

C. 保压 2 min 内压力下降不得超过 15 kPa

D. 保压 1 min 内压力下降不得超过 10 kPa

7. 绝缘材料老化,它是(　　)。

A. 可逆的劣化　　B. 不可逆的劣化

C. 绝缘耐压性能降低、绝缘电阻不变　　D. 绝缘电阻降低、绝缘耐压性能不变

8. 手摇式兆欧表进行绝缘测量时,应用恒定转速(　　)转动摇柄。

A. 120 r/min　　B. 130 r/min　　C. 140 r/min　　D. 150 r/min

9. 车辆干线绝缘测量时,下列操作正确的是(　　)。

A. 采用双绞线进行线路连接

B. 断开电源后直接测量

C. 车辆 1 路供电、进行 2 路绝缘测试

D. 试验结束时手不能停,要先断开 L 线与被测设备之间的连接,再停止转动兆欧表

10. 制动缸缓解不良的主要原因是(　　)。

A. 缓解弹簧折断　　B. 活塞皮碗漏泄

C. 制动缸内漏风沟堵塞　　D. 制动缸漏泄

11. 紧急制动试验时,制动管减压(　　)前须起紧急制动作用。

A. 100 kPa　　B. 120 kPa　　C. 150 kPa　　D. 170 kPa

12. 制动机的试验顺序是(　　)。

A. 列车试验、单机试验、试验台试验　　B. 试验台试验、列车试验、单机试验

C. 单机试验、列车试验、试验台试验　　D. 试验台试验、单机试验、列车试验

13. 客车空调机组的电加热器温度开关，断开值是(　　)。

A. 165 ℃　　B. 139 ℃±5 ℃　　C. 70 ℃±5 ℃　　D. 40 ℃±1 ℃

14. 25G 型客车常用的是(　　)号车钩。

A. 1　　B. 13　　C. 2　　D. 15C

15. 列车机车与第一辆车的车钩、软管的摘解，无客列检作业时，由(　　)负责。

A. 机车乘务组　　B. 客列检人员　　C. 调车人员　　D. 车辆乘务员

16. 客车照明系统出库质量标准中要求(　　)无裂损、变形。

A. 灯带　　B. 灯罩　　C. 灯具　　D. 顶灯

17. 通信连接器(KTL39GX、KTL39DX)额定电流 15 A。检修测量绝缘时用(　　)级绝缘表检测线间、线与外壳间绝缘值不小于 20 MΩ；在连接器两端测量插头内同一根线的通路良好，线序正确。

A. 250 V　　B. 1 000 V　　C. 500 V　　D. 100 V

18. 碱性(铁镍或镉镍)蓄电池使用前，要做外观检查和电压测量。有破裂、漏液应挑出；电压低于(　　)/单只应注入少量电解液。

A. 0.5 V　　B. 0.2 V　　C. 1.0 V　　D. 0.8 V

19. 运用列车质量鉴定时，列车等级分四档，A 级列车为(　　)。

A. 700～799 分　　B. 800～899 分　　C. 600～699 分　　D. 900～1000 分

20. 统型空调控制柜全采暖自动控制：SA3 放采暖自动位，(　　)放弱风位置，SA1 放全暖位置。

A. SA2　　B. SA4　　C. SA3　　D. SA1

三、问答题

1. 简述客整所职责。
2. 简述轮缘高度超限的危害。
3. 简述电气设备绝缘产生缺陷的原因。
4. 简述列车干线绝缘测量操作流程。
5. 简述盘形制动转向架更换闸片作业流程。

项目十四　客 列 检

客列检是确保旅客列车安全运行的重要部门，承担始发、通过、终到旅客列车技术作业，以及对站折、通过旅客列车进行列车技术检查，排除危及行车安全故障等工作。

客列检职责由客列检现场检车员与 TVDS 动态检车员共同完成。客列检现场检车员主要承担接送、摘挂机车、制动机试验及故障处置等作业内容；TVDS 动态检车员主要承担客车车体底部、侧下部、车端连接装置、转向架、车体顶部(可选)等可视部位 TVDS 拍摄图像的动态检查作业内容，其作业方式是利用图像监控系统对 TVDS 拍摄的图像进行视图检测，把发现的故障通过故障推送终端预报给现场检车员进行确认、处置。

客列检设置在旅客列车到发较多的车站。原则上相邻客列检距离满足 500～800 km 要求。跨局客列检的设置及撤销由国铁集团机辆主管部门批准；铁路局管内客列检的设置，由铁路局批准并报国铁集团备案。客列检应设置值班室、待检室、待班室、食堂、浴室、洗手间、

工具和材料备品库等生产、生活设施，并配备列车尾部风压记录装置、列车预确报设备终端、便携式轴温检测仪、对讲机、电脑及办公网络、传真机、录音电话、照相机、TVDS故障推送终端及传输设备等。TVDS系统主要由探测站设备和动态检车中心设备两部分组成，通过铁路光纤网络连接，同时在国铁集团设置查询中心设备，在铁路局设置局级监控中心设备等。

客列检一般采用12 h或24 h轮班制，每班配备1名客列检检车工长、1名值班室值班员和多个现场检车组，每个现场检车组由2名现场检车员组成。检车工长负责现场生产组织和班组日常管理，组织对TVDS推送的故障进行现车确认，对客车底故障进行处置，对现车检车员作业情况进行抽查。值班室值班员是组织生产作业的指挥中枢，贯彻落实上级命令、通知，日常工作中与车站值班员、现场检车员须密切联系、协同动作，根据作业计划，接收、发布、收集列车作业信息，合理组织作业，掌握作业时间，保证旅客列车安全、正点。现场检车员负责对站停旅客列车按规定进行技术检查作业。

客列检作业基本流程如图14-1所示。

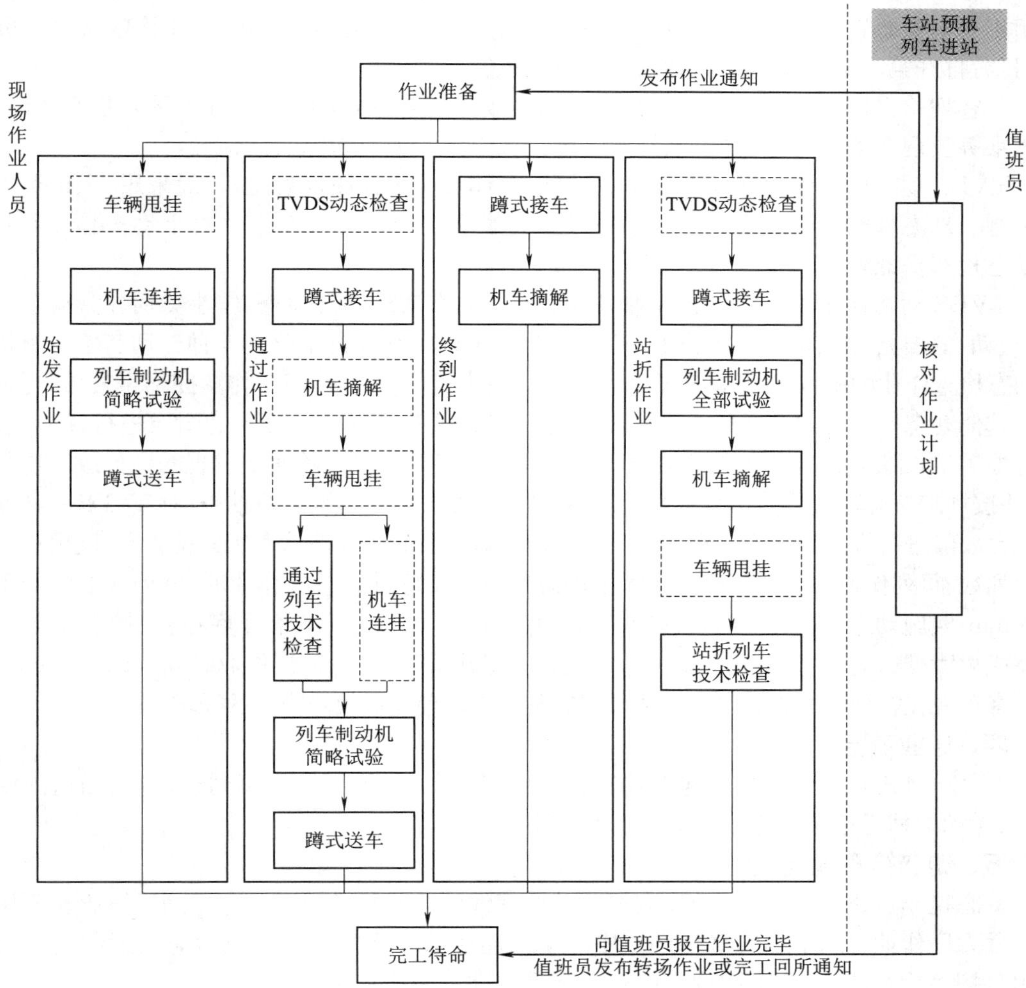

图14-1 客列检作业基本流程

人工检查是客列检传统的作业模式，客列检人员在列车进站时采取蹲式接车，停靠后采取检点锤敲击与手电照射相结合的目视检查方式，列车发车时在接车位置监控，实施蹲式送车。

一、接送车要求

1. 列车进站时，客列检检车员要提前准备，采用蹲式接车，对车轮踏面是否损伤做出判断，及时发现焦煳、呛鼻等异味车辆，观察车底走行部及悬吊件是否发生配件脱落、车下各箱盖是否开启等情况。

2. 列车出发时，客列检检车员要蹲式送车，观察折角塞门是否关闭，防护号志是否撤除等情况。

二、检查方式

列车停靠低站台时，一般采用两侧平行检查方式进行技术检查作业；停靠高站台时，采用非站台侧单侧跨轨检查方式进行技术检查作业。

三、作业要点

1. 客列检检车员摘解机车时，先关闭第一辆客车前端制动软管及总风软管折角塞门，后关闭机车制动软管及总风软管折角塞门；连挂机车后，先打开机车制动软管及总风软管折角塞门，后打开第一辆客车前端制动软管及总风软管折角塞门。

2. 客列检采用制动关门方式进行列车制动故障处置后，及时与车辆乘务员办理交接，待车辆乘务员现车确认完毕，并根据规定办理相关事项后方可撤除防护信号。

TVDS 动态检查作业在动态检车室实施，具体班制由铁路局确定，一般采用 12 h 或 24 h 轮班制。动态检车室每班配备 1 名动态检车工长和多个动态检车组。每个动态检车组由 1 名动态检车员兼任组长。

TVDS 动态检车中心对符合作业条件的旅客列车实施动态检查，作业类别分为动态直通作业、动态技检作业、动态站折作业、动态折返作业和动态本属作业共 5 种。动态检车组是实施动态检查作业的基本单元，动态检车组长除负责本组作业命令下达、作业完毕报告外，还须与本组其他动态检车员共同实施包车作业。每个动态检车员须对其分工的图像进行逐辆检查。动态检车工长除负责本班生产组织和日常管理外，还负责对动态检车员发现的疑似故障进行复核，并按规定对客车底故障信息进行处理，对动态检车员作业情况进行抽查，对 TVDS 设备或作业平台故障进行报修等工作。动态检车组的设置数量及每个动态检车组配备人数，应根据每班作业列数、每列作业时间合理确定。每组动态检车员实施动态直通作业时，整列作业时间不超过 5 min；实施动态技检作业时，整列作业时间不超过 6 min，并满足客车底在客列检所在站停车前完成故障推送的需求；实施动态折返作业和动态站折作业时，整列作业时间不超过 9 min，并满足客车底在客列检所在站停车前或外属客整所入库前完成故障推送的需求。

四、作业范围

TVDS 动态检查作业范围包括普速旅客列车客车底、特快货物班列客车底、回送图定客车底、无动力回送普速客车底、因故折返旅客列车客车底。

五、动态检查视线流程

动态检车员进行动态检查时，应按照部位视线流程视图作业，严禁“飞车”作业及不按视线流程无序作业，原则上，对底部图像中的车钩连接部采用“e”字检查法，对盘形制动转向架采用“弓”字检查法；对侧部图像中的转向架采用“凹”字检查法。

TVDS 作业组织基本流程如图 14-2 所示。

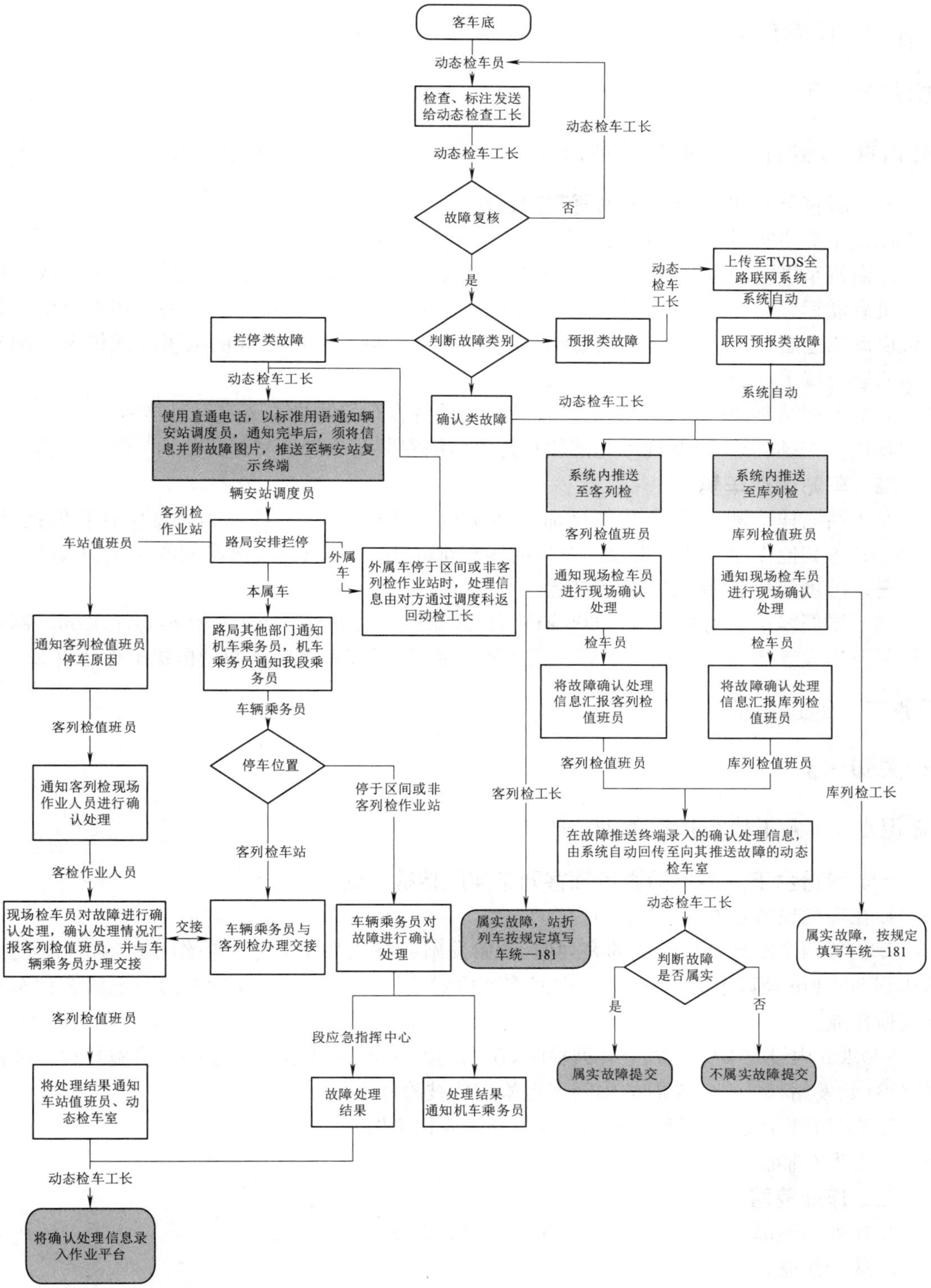

图 14-2　TVDS 作业组织基本流程

任务一 始发作业

【相关知识】

知识点 现场检车员始发作业内容

一、旅客列车机车与第一辆客车的连挂

1. 机车交路实行单班单司机值乘的，负责车钩的连挂。

2. 由机车供电的旅客列车连挂机车时，客列检人员与机车乘务员办理供电钥匙或供电柴油机启动钥匙交接手续，并进行签认，在确认电力机车降弓且收到机车供电钥匙或供电柴油机启动钥匙后，进行电气连接线连结，连结完毕与车辆乘务员办理供电钥匙或供电柴油机启动钥匙交接手续，并进行签认。

3. 负责连结制动软管、总风软管；软管连结后将客车的防尘堵链进行吊挂。

4. 负责“三捆绑”，以及列车尾部软管防尘堵的安装及软管的吊起。

二、车站摘挂车辆

在车站摘挂车辆时，负责将调度命令转交给车辆乘务员，负责车辆间总风软管的摘结、“三捆绑”等其他作业。装有密接式车钩的客车车辆摘挂时，负责过渡车钩的安装和拆卸。

三、按规定进行制动机简略试验

列车尾部客车制动主管达到 600 kPa 后，通知机车乘务员减压 100 kPa，保压 1 min，制动主管漏泄不大于 20 kPa。确认最后一辆车制动后，进行缓解并确认制动机缓解作用良好。

任务二 通过作业

【相关知识】

知识点 1 人工检查技检作业

一、对符合下列条件的通过旅客列车实施技检作业

1. 在客列检所在站换挂机车时。

2. 相邻两个实施技检作业的客列检（含始发站或终到站及实施技检作业的客列检）的距离达到 800 km 及以上时，安排一个中间客列检对站停时间 6 min 及以上的图定旅客列车实施技检作业。

800 km 内设有 2 个及以上客列检时，在相同条件下，优先安排距上一个实施技检作业的客列检（始发站）500 km 左右的中间客列检实施技检作业。

3. 临时开行的旅客列车站停时间在 8 min 及以上时。

4. 发生车辆临时摘挂时。

二、作业范围

1. 在列车尾部与车辆乘务员进行车辆技术状态交接。

2. 摘挂作业。

（1）旅客列车机车与第一辆客车的摘解。负责旅客列车机车与第一辆客车的车钩、制动软管、总风软管、电气连接线的摘解，摘解完毕，摘解后负责客车制动软管、总风软管防尘堵的安装及软管的吊起；单班单司机值乘时须同时负责机车制动软管、总风软管的吊起。

其中，遇有机车供电的旅客列车时，与机车乘务员办理供电钥匙或供电柴油机启动钥匙交接手续，并进行签认，在确认电力机车降弓且收到机车供电钥匙或供电柴油机启动钥匙后，方可进行摘解机车作业，摘解完毕将供电钥匙或供电柴油机启动钥匙交还机车乘务员。

(2)旅客列车机车与第一辆客车的连挂。机车交路实行单班单司机值乘的，负责车钩的连挂。由机车供电的旅客列车连挂机车时，客列检人员与机车乘务员办理供电钥匙或供电柴油机启动钥匙交接手续，并进行签认，在确认电力机车降弓且收到机车供电钥匙或供电柴油机启动钥匙后，进行电气连接线连结，连结完毕与车辆乘务员办理供电钥匙或供电柴油机启动钥匙交接手续，并进行签认。负责连结制动软管、总风软管；软管连结后将客车的防尘堵链进行吊挂。负责"三捆绑"及列车尾部软管防尘堵的安装及软管的吊起。

(3)在车站摘挂车辆时，负责将调度命令转交给车辆乘务员，负责车辆间总风软管的摘结，"三捆绑"等其他作业。装有密接式车钩的客车车辆摘挂时，负责过渡车钩的安装和拆卸。

3. 检查车钩、软管、风挡及各电气连接线的连接状态。

4. 检查车轮有无缺损、踏面剥离、擦伤及局部凹入超限情况。

5. 检查摇枕悬吊装置、基础制动装置、车下各箱体等配件有无折损、脱落、变形。

6. 检查车辆有无车体倾斜超限、弹簧压死、走行部零部件与车体顶抗磨碰。

7. 钢弹簧有无折损，空气弹簧有无破损、漏泄。

8. 处理 TVDS、THDS 和车辆乘务员预报的故障。

9. 按规定进行制动机简略试验。

知识点 2 人工检查技术作业

一、对符合下列条件的通过旅客列车实施技术作业

旅客列车在客列检所在站更换机车乘务组或图定站停时间超过 20 min，但未安排技检作业的，由客列检按实施技术作业。

二、作业范围

1. 进行接、送车作业。
2. 与车辆乘务员办理车辆技术状态交接。
3. 对车辆乘务员交接的故障及 5T 预报的故障进行处理。
4. 进行列车制动机简略试验。

知识点 3 动态技检作业

1. 客车底范围。对客列检实施技检作业和技术作业的客车底。

2. 动态检查图像。对两侧侧部和底部中间相机拍摄的图像进行检查。

3. 人机作业分工及安全质量责任。对实施动态技检作业的客车底，由动态检车员实施动态检查作业，由现场检车员实施客列检技术作业，动态检车室和客列检共同实施《铁路客车运用维修规程》规定的通过旅客列车技术检查作业，各自承担相应的安全质量责任。

4. 作业时间。单辆作业时间应在 60 s 左右；整列作业时间不超过 6 min，并满足客车底在客列检所在站停车前完成故障推送的需求。

知识点4　动态直通作业

1. 客车底范围。对客列检不作业的客车底(包括在客列检所在站不停车或绕行的客车底)。

2. 动态检查图像。动态直通作业对两侧侧部相机拍摄的图像进行检查。

3. 人机作业分工及安全质量责任。对实施动态直通作业的客车底,仅由动态检车员实施动态检查作业,仅对客车底存在的拦停类故障进行标注和直通报告,动态检车室承担相应的安全质量责任。

4. 作业时间。单辆作业时间应在30 s左右;整列作业时间不超过5 min。

任务三　站折作业

【相关知识】

知识点1　人工检查站折作业

1. 进行列车制动机全部试验、列车总风管漏泄试验及持续一定时间的保压试验。

2. 负责旅客列车机车与第一辆客车的车钩、制动软管、总风软管、电气连接线的摘解,摘解后负责客车制动软管、总风软管防尘堵的安装及软管的吊起;单班单司机值乘时要同时负责机车制动软管、总风软管的吊起。

其中,遇有机车供电的旅客列车时,与机车乘务员办理供电钥匙或供电柴油机启动钥匙交接手续,并进行签认,在确认电力机车降弓且收到机车供电钥匙或供电柴油机启动钥匙后,方可进行摘解机车作业。

3. 处理THDS、TVDS预报的故障;处理车辆乘务员交修的车统—181故障。

4. 按照对列车牵引可能造成故障的部位、装载旅客或货物可能造成故障的部位、运行途中异物击打可能造成故障的部位必须重点检查的原则,对列车进行重点检查。旅客列车停靠高站台时,可不对转向架和悬吊件等被站台遮挡部位进行检查,但须采用TVDS动态检查进行补充作业;对确因车辆结构限制(如双层客车)无法实施跨轨作业的,也须采用TVDS动态检查进行补充作业。

(1)检查车端连接处互钩差、"三捆绑"及各电气连接线及座、软管、风挡连接状态。

(2)检查车轮缺损,踏面剥离、擦伤及局部凹入。

(3)检查转向架、钩缓装置、制动装置、车下各箱体等配件丢失、脱落、裂损及异物撞击导致的变形等故障。

知识点2　动态站折作业

1. 客车底范围。对客列检实施站折作业的客车底。

2. 动态检查图像。对两侧侧部和底部左、中、右相机拍摄的图像进行检查。

3. 人机作业分工及安全质量责任。对实施动态站折作业的客车底,由动态检车员实施动态检查作业,由现场检车员按相关规定实施其他作业,动态检车室和客列检共同实施《铁路客车运用维修规程》规定的站折旅客列车技术检查作业,各自承担相应的安全质量责任。

4. 作业时间。单辆作业时间应在90 s左右;整列作业时间不超过9 min,并满足客车底在客列检所在站停车前完成故障推送的需求。

知识点3 动态折返作业

1. 客车底范围。对外属入库客车底。

2. 动态检查图像。对两侧侧部和底部左、中、右相机拍摄的图像进行检查；客车技术整备所安装TVDS车顶拍摄装置时，还需对两侧车顶相机拍摄的图像进行检查。

3. 人机作业分工及安全质量责任。对实施动态折返作业的客车底，由现场检车员对动态检车员无法检查的部分进行补充作业，动态检车室和库列检共同实施《铁路客车运用维修规程》规定的折返检修作业，各自承担相应的安全质量责任。具体办法由铁路局作出规定。

4. 作业时间。单辆作业时间应在90 s左右；整列作业时间不超过9 min，并满足外属客整所入库前完成故障推送的需求。

任务四 终到作业

【相关知识】

知识点1 人工检查

1. 负责旅客列车机车与第一辆客车的车钩、制动软管、总风软管、电气连接线的摘解，摘解后负责客车制动软管、总风软管防尘堵的安装及软管的吊起；单班单司机值乘时须同时负责机车制动软管、总风软管的吊起。

其中，遇有机车供电的旅客列车时，与机车乘务员办理供电钥匙或供电柴油机启动钥匙交接手续，并进行签认，在确认电力机车降弓且收到机车供电钥匙或供电柴油机启动钥匙后，方可进行摘解机车作业，摘解完毕将供电钥匙或供电柴油机启动钥匙交还机车乘务员。

2. 在车站摘挂车辆时，负责将调度命令转交给车辆乘务员，负责车辆间总风软管的摘结，“三捆绑”等其他作业。装有密接式车钩的客车车辆摘挂时，负责过渡车钩的安装和拆卸。

知识点2 动态本属作业

1. 客车底范围。对本属入库客车底。

2. 动态检查图像。对两侧侧部和底部左、中、右相机拍摄的图像进行检查；客车技术整备所安装TVDS车顶拍摄装置时，还需对两侧车顶相机拍摄的图像进行检查。

3. 人机作业分工及安全质量责任。对实施动态本属作业的客车底，须结合现场人工检查和TVDS动态检查，由现场检车员和动态检车员共同完成本属客车底的日常检修和重点检查。具体办法由铁路局作出规定。

4. 作业时间。由各铁路局自定，但要满足客车底在客整所入库前完成故障推送的需求。有的铁路局规定，单辆作业时间应在120 s左右，整列作业时间不超过12 min。

典型作业任务1 TVDS动态检车作业

【任务准备】

工作任务书见表14-1。

表 14-1　任务书

任务名称	TVDS 动态检车作业	参考学时	2
任务要求	以小组为单位按标准完成 TVDS 动态检车作业。每组 5～8 人，剖析任务内容，商定工作方案，明确成员分工，安全有序规范完成任务		
任务方案			
教师检查			

具体分工见表 14-2。

表 14-2　任务分工

<table>
<tr><td>班级</td><td></td><td>组号</td><td></td><td>指导老师</td><td></td></tr>
<tr><td>组长</td><td></td><td>序号</td><td colspan="3"></td></tr>
<tr><td colspan="2" rowspan="5">组员</td><td>姓名</td><td>组员排序</td><td>姓名</td><td>组员排序</td></tr>
<tr><td></td><td></td><td></td><td></td></tr>
<tr><td></td><td></td><td></td><td></td></tr>
<tr><td></td><td></td><td></td><td></td></tr>
<tr><td></td><td></td><td></td><td></td></tr>
<tr><td colspan="2">分工描述(按序号)</td><td colspan="4"></td></tr>
</table>

【任务实施】

一、劳动安全注意事项

1. 当班严禁离岗、串岗。
2. 台账真实准确，严禁弄虚作假。
3. 严格遵守段安全管理的相关规定。

二、工量具准备

蓝、黑色中性笔，录音电话，打印机，键盘，鼠标，分析终端硬件设施，护目镜。

三、作业步骤及质量标准

TVDS 动态检车作业流程见表 14-3。

表 14-3　TVDS 动态检车作业流程

作业项目	作业内容及质量标准	图　　示
1. 准备工作	(1)按规定统一着装，参加班前点名会，了解相关注意事项。参加点名会时，按规定穿戴好工作服，做到干净整齐，精神集中，认真听取工作安排。 (2)进行系统运行情况、分析终端硬件设施情况进行检查。检查网络状况良好，运用平台登录正常，图像显示正常，键盘、鼠标功能良好。	

续上表

作业项目	作业内容及质量标准	图　示
1. 准备工作	要求： ①要听从指挥、列队整齐、行动统一、组织有序、严禁喧哗、听从指挥、服从分配。 ②设备日检报告标准用语：“×号工位设备状态良好(或×号工位设备××故障)”。 ③未经允许，严禁使用 U 盘、移动硬盘、光盘等外置存储设备；严禁修改、删除工位机内置软件和数据。 ④台账填写须做到内容真实准确、字迹清晰明了，不得随意涂改、销毁。纸质台账填写一律用蓝、黑色中性笔，严禁使用其他颜色。发生错误或其他问题后在本行内划一横线表示取消，另外再顺延一行重新填写，不允许在原错误处涂改	
2. 列车作业	(1)准备。各工位做好准备，登录 TVDS 作业平台，进入动态检车界面。按照分段包车的方式设置检查工位。正确输入用户名和密码。 (2)接车。系统提示来车时，TVDS 动态检车小组组长通知其小组成员准备作业。接到 TVDS 动态检车组长分车后发出的“看车”命令后，动态检车员立即点击“接车”按钮，系统自动根据作业类别筛选出对应的图片，确认 TVDS 作业平台各模块图像显示正常，按照派工策略检查图像有无缺失或无图情况，确认自己工位的图像显示部位是否正确、齐全。 动态直通作业： ①确认本工位作业方式为动态直通作业，只显示列车两侧侧部的全部图像(即系统显示“侧部”或“左侧、右侧”)。图片显示异常时向工长报告“×号工位设备××故障”。 ②对侧部图像中的车钩连接部、转向架采用“凹”字检查法。 ③对发现的拦停故障马上向工长汇报确认。 动态技检作业： ①确认本工位作业方式为动态技检作业，显示列车两侧侧部的图像和底部中间相机拍摄的车钩及转向架图像(即系统显示“侧部”或“左侧、右侧”“底中”按钮)。图片显示异常时向工长报告“×号工位设备××故障”。 ②对侧部图像中的车钩连接部、转向架采用“凹”字检查法，从左到右，从上到下的次序进行检查。对底部图像中的车钩连接底部采用“e”字检查法，对底部转向架采用“弓”字检查法。 ③对发现的拦停故障马上向工长汇报确认。 动态站折作业： ①确认本工位作业方式为动态站折作业，显示列车两侧侧部的全部图像和底部左、中、右相机拍摄的图像进行检查(即系统显示“侧部”或“左侧、右侧”“底左”“底中”“底右”按钮)。图片显示异常时向工长报告“×号工位设备××故障”。	  

续上表

<table>
<tr><th>作业项目</th><th>作业内容及质量标准</th><th>图　　示</th></tr>
<tr>
<td>2. 列车作业</td>
<td>②对侧部图像中的车钩连接部、转向架采用“凹”字检查法。图像中的车钩连接底部采用“e”字检查法，对底左、底中、底右的底部转向架采用“弓”字检查法，对车辆中间部分的侧部和底部采用“凹”字或“弓”字检查法。
③对两侧侧部和底中相机拍摄的车钩连接部位进行放大检查，重点检查：车钩连接状态、钩圆销安装状态、折角塞门开闭状态。
④对发现的拦停故障马上向工长汇报确认。
⑤实施动态站折作业的动态检车员每人每列作业不得超过 7 辆，每列作业时长按 9～12 min 控制。
动态折返作业：
①确认本工位作业方式为动态折返作业，显示列车两侧侧部的全部图像和底部左、中、右相机拍摄的图像(客整所入口 TVDS 增设客车顶部拍摄功能的，还须包括两侧顶部相机拍摄的图像)进行检查(即系统显示“侧部”或“左侧、右侧”“底左”“底中”“底右”按钮)。图片显示异常时向工长报告“×号工位设备××故障”。
②对侧部图像中的车钩连接部、转向架采用“凹”字检查法。图像中的车钩连接底部采用“e”字检查法，对底左、底中、底右的底部转向架采用“弓”字检查法，对车辆中间部分的侧部和底部采用“凹”字或“弓”字检查法。
③对发现的拦停故障马上向工长汇报确认。
④折返旅客列车在折返客整所内进行车辆摘挂或编组调整后，动态检车室须使用客整所出口 TVDS 对编组变化部位车辆间车钩连接状态、“三捆绑”状态、电气连接器连接状态进行复查。
⑤对折返站所在线路和折返客整所入口均有 TVDS 探测站的，首选客整所入口 TVDS 实施动态折返作业。
⑥实施动态折返作业的动态检车员每人每列作业不得超过 7 辆，每列作业时长按 9～12 min 控制。
动态本属作业：
①确认本工位作业方式为动态本属作业，显示列车两侧侧部的全部图像和底部左、中、右相机拍摄的图像(客整所入口 TVDS 增设客车顶部拍摄功能的，还须包括两侧顶部相机拍摄的图像)进行检查(即系统显示“侧部”或“左侧、右侧”“底左”“底中”“底右”按钮)。图片显示异常时向工长报告“×号工位设备××故障”。
②对侧部图像中的车钩连接部、转向架采用“凹”字检查法。图像中的车钩连接底部采用“e”字检查法，对底左、底中、底右的底部转向架采用“弓”字检查法，对车辆中间部分的侧部和底部采用“凹”字或“弓”字检查法。</td>
<td>
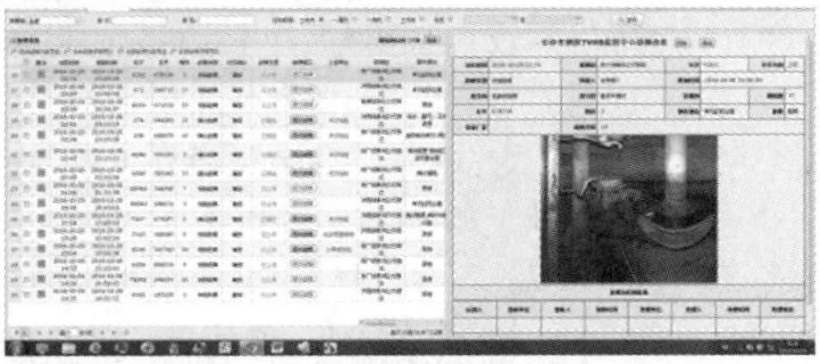
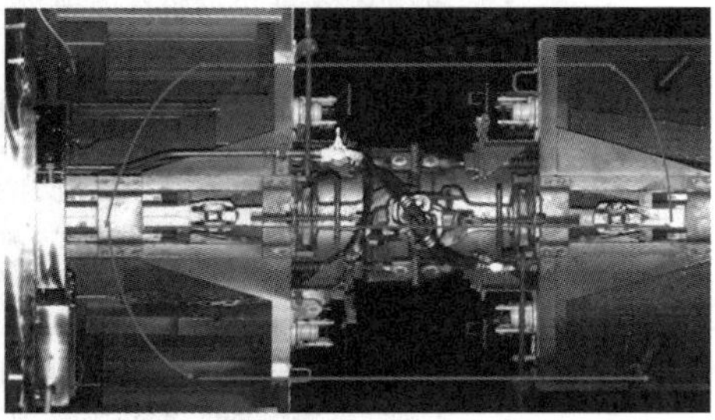
车钩连接部底部图像“e”字检查法

转向架底部图像“弓”字检查法

转向架侧部图像“凹”字检查法</td>
</tr>
</table>

续上表

作业项目	作业内容及质量标准	图　　示
2. 列车作业	③对发现的拦停故障马上向工长汇报确认。 客整所出入口作业： ①客整所入口 TVDS。 普速旅客列车已实施动态折返作业或动态本属作业，通过客整所入口 TVDS 时不再安排动态折返作业或动态本属作业；未实施动态折返作业或动态本属作业，通过客整所入口 TVDS 时须安排动态折返作业或动态本属作业。 ②客整所出口 TVDS。 对 TVDS 设备两侧侧部相机拍摄的图像进行检查，主要检查车下裙板、箱门是否开放，车下各部是否带有危及行车安全的异物。 (3)技术检查。点击“接车”后，TVDS 动态检车员应按照职责分工和检查的范围对图片进行逐辆逐图检查分析（采用“凹”“弓”“e”等检查法）。检车过程中发现图片不清楚的现象立即通知动态检车组长，并进行手工调整。 (4)判断故障。动态检车员通过对规定图像检查发现的各类车辆故障、夹带异物等不正常情况，经动态检车工长确认的，均为客车底故障，分为拦停类故障、确认类故障和预报类故障。作业中发现疑似故障必须放大检查，判断不准的故障要向动态检车组长请示汇报。放大检查仍不能确认疑似故障时，也可呼唤相邻的工位复检，但必须保持各工位作业同步，检查时间同步。 (5)提交故障。TVDS 动态检车员发现疑似故障后，须在作业平台上予以标注，并发送给动态检车工长进行复核，确认后标出故障部位，选录正确的故障名称，自动将故障图片和列车车次、编挂位置、车号、故障名称、故障提交人、故障发现时刻等信息提交到动态检车工长确认。对拦停类故障，本着“先报告后提交”的原则办理，即立即口头报告动态检车工长，再进行提交。 (6)作业完毕。作业完毕后，须用标准用语报告动态检车组长，将系统返回作业状态，准备下列车的作业。TVDS 动态检车员作业完毕报告动态检车组长的标准用语“×号作业完毕”。一列车全部作业完毕后，动态检车组长还须用路电将作业完毕的列车信息用标准用语“××客列检值班室，××列车动态检车室已作业完毕”通知相关客列检，同时将作业情况标注在当天的“作业记录”上。 要求： ①对同一辆车、同一故障在同一分析工位的多幅图片上出现时，只须提交一次。 ②对同一故障在同一辆车的不同分析工位出现时，各工位动态分析人员要全数提交。	

续上表

作业项目	作业内容及质量标准	图　示
2. 列车作业	③动态检查视线流程执行“客车 TVDS 检查方法及顺序”要求。动态检查范围和质量标准执行“客车 TVDS 检查范围和质量标准”要求。 ④动态检查时间：动态直通作业时间每辆应在 3 s 左右、整列不超过 5 min；动态技检作业时间每辆应在 60 s 左右、整列不超过 6 min，并满足客车底在客列检所在站停车前完成故障推送的需求；动态本属作业时间每辆应在 90 s 左右、整列不超过 9 min，并满足客车底在客列检所在站停车前或外属客整所入库前或本属客整所入库前完成故障推送的需求。 ⑤遇有 TVDS 系统因故障造成图像不清晰、丢图、窜图、曝光或故障停机时，应及时报告动态检车工长。 ⑥故障分类。 a. 拦停类故障：各类动态检查作业发现的有人扒车、车下箱门或裙板开放、车下悬吊件离开母体且有脱落风险、带有危及行车安全的异物，以及危及行车安全的其他车辆故障。遇有下列情况时，按前方站停车进行直通报告。 (a)集便装置污物箱吸污口护盖开放。 (b)发电车注油口盖未关闭。 (c)车下箱门开放未侵限。 (d)车下配件由多颗螺栓固定，丢失或折断一颗螺栓。 b. 确认类故障：车钩、软管、风挡及各电气连接线的连接状态存在的故障；摇枕悬吊装置、基础制动装置、车下各箱体等配件折损、脱落及变形故障；弹簧压死、走行部零部件与车体顶抗磨碰故障；钢弹簧折损、空气弹簧破损及变形故障；需要现场检车员确认的其他车辆故障。 c. 预报类故障：除拦停类故障、确认类故障之外的客车底故障，如制动盘或转向架内有较小的塑料袋、单元制动缸防尘套破损或窜出、闸瓦钎环丢失、油压减振器漏油等。 ⑦台账填写须做到内容真实准确、字迹清晰明了，不得随意涂改、销毁。纸质台账填写一律用蓝、黑色中性笔，严禁使用其他颜色。发生错误或其他问题后在本行内划一横线表示取消，另外再顺延一行重新填写，不允许在原错误处涂改。 ⑧每个动态检车组由 1 名动态检车员兼任组长，动态检车组长除负责本组作业命令下达、作业完毕报告外，还须与本组其他动态检车员共同实施包车作业。 作业过程中不能出现以下情况： a. 在系统正常使用情况下，动态分析人员漏检。	

续上表

作业项目	作业内容及质量标准	图　　示
2. 列车作业	b. 在系统正常使用情况下，对发现拦停故障未及时向动态检车工长报告。 c. 在系统正常使用情况下，如有部分图片模糊不清或车辆部位显示不全造成无法准确判断故障时，动态检车员未进行报告。 d. TVDS设备出现丢图、窜图、曝光或停机等故障造成无法正常进行动态检查作业时，动态检车员未及时报告动态检车工长	
3. 完工整理	(1)退出TVDS作业平台，整理设备、清洁工作环境。 (2)清洁键盘、鼠标、计算机显示器和工作台等，须逐项当面交接	

【结果评价】

作业记录卡见表14-4。

表14-4　作业记录卡

序号	作业内容	结果描述

各组展示任务结果，介绍作业完成情况。作业结果评价见表14-5。

表14-5　结果评价

姓名			组号			
评价项目	分值	得分	评价标准(每项考核点分A、B、C、D四个等级评价)			
			A(得分≥80%)	B(80%>得分≥70%)	C(70%>得分≥60%)	D(得分<60%)
出勤情况	10		全勤	迟到	早退	旷课
准备情况	10		充分	较充分	基本充分	不充分
团队合作	10		全员参与、分工合作明确	全员参与	一般	不能协调合作
学习态度	10		认真、积极	认真	一般	不参与学习
技能考核	50		熟练正确地操作	操作基本正确，较为熟练	操作不太熟练，错误不超过10%	错误超过10%
安全意识	10		安全	较安全	基本安全	存在风险
总评分数	100		优良(得分≥80)/中等(80>得分≥70)/合格(70>得分≥60)/不合格(得分<60)			

【拓展知识】

拓展知识点1　TVDS预报及处置要求

动态检车员发现疑似故障时，在作业平台上予以标注，并发送给动态检车工长进行复核。动态检车工长确认动态检车员误标时，将该故障设定为误标故障，并通知动态检车员；确认没有误标时，将该故障设定为客车底故障，并进行故障分类，根据故障分类进行直通报告、推送或上传，推送或上传的故障信息包括：列车车次、机后位置、故障车号、故障部位、故障名称、故障图片、动态检车室名称、TVDS探测站名称及探测时间等。

一、拦停类故障进行直通报告

1. TVDS动态检车员发现拦停类故障后，应遵循"能停站内，不停区间"的原则进行直通报告。动态检车工长须对故障情况进行仔细核对，遇有集便装置污物箱吸污口护盖开放、发电车注油口盖未关闭、车下箱门开放未侵限、车下配件由多颗螺栓固定发生丢失或折断一颗螺栓等情况时，按前方站停车进行直通报告。

2. 动态检车工长使用直通电话，以标准用语通知车辆运行安全监测站（以下简称辆安站）值班员：×××车辆段×××动态检车室于××日××时××分发现××次列车机后××位客车，车号为×××××，存在××故障，请立即（或前方站）停车。通知完毕后，动态检车工长须将以上信息并附故障图片，推送至辆安站复示终端。

3. 接到动态检车工长的报告后，辆安站值班员要立即转报列车调度员，列车调度员要立即安排停车检查，机车乘务员将停车原因转告车辆乘务员。

4. 列车停于区间或非客列检作业站时由车辆乘务员进行确认处理，完毕后通知机车乘务员；停于客列检作业站时由客列检进行确认处理，完毕后通知车站，并由车辆乘务员通知机车乘务员。车辆乘务员与客列检须按规定办理交接。

5. 经车辆乘务员确认处理的，由车辆乘务员将确认处理信息（故障是否属实、属实故障的处理措施）经本属车辆段通知实施直通报告的动态检车室；经客列检确认处理的，由客列检检车员经所属客列检值班员转告动态检车室。动态检车工长负责将确认处理信息录入作业平台。

原则上，从列车停车时分算起，客车底所属车辆段或TVDS所在地客列检须在2 h内向动态检车室反馈确认处理信息。

二、确认类故障进行推送

1. 动态检车工长将确认类故障推送至TVDS所在地客列检或库列检值班室的故障推送终端。

2. 客列检、库列检值班员在故障推送终端查询到故障信息后，通知现场检车员进行确认处理。TVDS所在地客列检、库列检现场检车员须对确认类故障进行现车确认处理。

3. 现场检车员须将确认处理信息向对其预报的值班员进行反馈，值班员须在故障推送终端录入确认处理信息。原则上，从故障推送终端收到故障信息的时分算起，动态技检作业须在2 h内、动态站折作业须在4 h内、动态折返作业须在6 h内、动态本属作业须在12 h内完成确认处理信息录入。

4. 值班员在故障推送终端录入的确认处理信息，由系统自动回传至向其推送故障的动态检车室。动态检车工长获悉确认处理信息后，对属实的故障进行属实故障提交，对不属实故障进行不属实故障提交，由TVDS全路联网系统在配属局和国铁集团实现数据落地、分别存储，存储时间不少于12个月。

三、预报类故障进行上传

动态检车工长将预报类故障上传至TVDS全路联网系统。由TVDS全路联网系统将客车底途经TVDS动态检车室提交且属实的拦停类故障、确认类故障和上传的预报类故障进行自动整合，生成联网预报故障，推送至相应的站折客列检、折返库列检和本属库列检值班室的故障推送终端。

拓展知识点2 客列检防护信号设置及确认规定

一、基本原则

旅客列车由于摘挂机车、停站和技检时间较短，客列检检车员在车站到发线上进行车辆技术作业时，在到发线作业时只用红色信号旗(灯)防护，可以不设脱轨器。

防护信号设置在列车两端客车外端部的车体上，其中，机次防护信号设置位置：列车停靠站台时，在机后一位客车非站台侧设置；不停靠站台时，在机后一位客车运行方向左侧设置。尾部防护信号设置位置：列车停靠站台时，在尾部一位客车站台侧设置；不停靠站台时，在尾部一位客车运行方向左侧设置。

二、设置规定

1.列车终到后仅进行本务机车摘解作业，而无其他作业时，只在机次插设，机车摘解作业结束后，撤除机次防护信号；机车移开后，不再插设机次防护信号。

2.除上述作业外，进行其他作业时，执行对插对撤制度。开始作业前，在尾部和机次同时插设；全部作业结束后，在尾部和机次同时撤除。

全部作业结束前，进行机车摘挂作业时：机车摘解作业结束后，撤除机次防护信号，机车移开后，再次插设机次防护信号；进行机车连挂作业时，撤除机次防护信号，机车连挂作业结束后，再次插设机次防护信号。

3.列车换向时，以列车出发方向为准，设置红色信号旗(灯)。

列车在车站换向时，先执行列车终到后本务机车摘解作业的防护信号设置规定。机车移开后，再以列车出发方向为准，按照对插对撤制度设置红色信号旗(灯)；开始作业前，在尾部和机次同时插设；全部作业结束后，在尾部和机次同时撤除。

三、确认规定

1.客列检在车站对列车实施车辆技术作业或应急处置时，客列检人员应在作业结束且车辆防护信号撤除后，经客列检值班员转报车站值班员。

列车由车站负责发车时，发车人员仅确认尾部防护信号已撤除，不确认机次防护信号。

2.客列检检车员发现并处理的车辆故障，需要车辆乘务员进行现车确认的，由客列检检车员或值班员通知车辆乘务员，在车辆乘务员确认完毕上车前，客列检检车员不得撤除防护信号；无需车辆乘务员进行现车确认的，可在开车后由客列检值班员通过电话将故障信息告知车辆乘务员。

思考与练习

一、填空题

1.客列检职责由客列检__________与__________共同完成。

2. 列车停靠低站台时，客列检现场检车员一般采用＿＿＿＿＿检查方式进行技术检查作业。

3. TVDS动态检车作业类别分为＿＿＿＿＿、＿＿＿＿＿、＿＿＿＿＿、＿＿＿＿＿和＿＿＿＿＿共五种。

4.“三捆绑”是指对＿＿＿＿＿＿、＿＿＿＿＿＿及＿＿＿＿＿＿加装开口销。

二、选择题

1. 客列检现场检车员接车送车均采用(　　)式。

A. 立　　B. 蹲　　C. 俯　　D. 卧

2. 每个现场检车组由(　　)名现场检车员组成。

A. 1　　B. 2　　C. 3　　D. 4

3. 客列检检车员摘解机车时，先关闭第(　　)辆客车前端制动软管及总风软管折角塞门。

A. 一　　B. 二　　C. 三　　D. 四

4. 动态检车员进行动态检查时，原则上对侧部图像中的转向架采用(　　)字检查法。

A. e　　B. 弓　　C. 凹　　D. A

三、问答题

1. 简述通过旅客列车客列检人工检查作业、TVDS动态检查作业的作业内容。

2. 简述客列检对通过旅客列车实施的技检作业和技术作业的区别。

3. 简述TVDS动态检查作业类别及作业时间规定。

4. 简述TVDS拦停类故障种类和处置规定。

5. 简述TVDS的作用。

项目十五　车辆乘务组

旅客列车车辆乘务组是客车运用维修“库、站、乘”的组成单元，是确保旅客列车运行安全的最后防线，是车辆专业对外展示自身形象的窗口。车辆段在设置车辆乘务组时，一般根据值乘列车组数和管理实际，单独成立乘务车间或与库列检合并成立库乘车间、运用车间。

旅客列车车辆乘务工作原则上实行包乘制。车辆包乘组由车辆乘务长和车辆乘务员、发电车乘务员(编组中带发电车时)组成，统称为车辆乘务人员。

一、车辆乘务员主要职责

1. 负责列车运行状态的动态监控、设备故障的应急处置和职责范围内的技术检查作业。

2. 负责尾部标志灯摘挂及保养，按规定做好机车摘挂以及软管、电气连接线的摘结、制动机试验工作。

3. 负责与客列检进行技术状态交接。

4. 负责KLW主机与机车CIR(机车综合无线通信设备)连接、解除状态确认。KLW装置无法正常使用时，按规定与司机核对列车尾部风压和组织制动机简略试验。

5. 负责旅客列车冬季外属折返停留期间客车防冻，包括排水、打温等相关工作。

6. 运行途中，接受司机指挥。运行途中发生被迫停车时，按规定做好防护、防溜工作。

7. 做好三乘检查工作，对客运人员使用车辆设备、设施情况进行指导。

8. 跨局旅客列车在外局要接受当地铁路局的领导，服从命令，听从指挥。

9. 车辆乘务长负责组织领导包乘组全体人员做好车辆乘务工作，并负责与列车其他工作人员沟通协调。

10. 发生事故和意外情况需要汇报时，车辆乘务人员凭臂章拍发铁路电报。

二、发电车乘务员主要职责

1. 熟悉发电车内各设备性能、结构，并进行正确操作，安全、合理、均衡地向列车供电。

2. 认真对发电车柴油发电机组及附属装置、车内相关设备设施进行维护、保养，使发电车始终处于良好状态。

3. 及时发现、正确判断、果断处理各类故障。

4. 认真遵守各项规章制度，服从命令，听从指挥。

5. 坚守工作岗位，认真执行技术作业标准。

旅客列车应设置车辆备品室，用于放置行车备品、应急配件及工具、随车材料、技术资料、台账等。DC 600 V供电制式的旅客列车，还要放置DC 600 V/DC 110 V便携式电源，并根据情况放置DC 600 V/AC 380 V移动式电源。

车辆乘务员值乘期间，需随身携带手电筒、检点锤、扳手、钳子、螺丝刀、作业记录仪、无线调度手持终端（无线对讲设备、GSM-R手持终端）等工具、设备。无线调度手持终端和检点锤。

任务一　车辆乘务一次往返作业

车辆包乘组自本属客整所出乘签到起，至值乘担当车底返回本属客整所入库退乘签到为止，完成一次往返作业。根据作业图表，执行旅客列车车辆乘务员一次往返作业标准。

一次往返作业流程如图15-1所示。

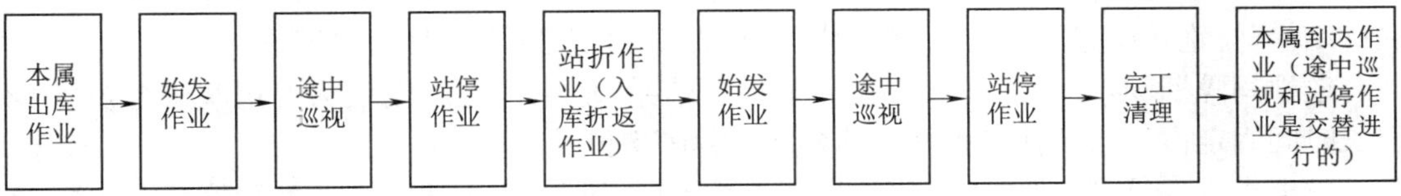

图15-1　一次往返作业流程

【相关知识】

知识点1　本属出库作业标准

包乘组集体到值班室报到，接受酒精测试，听取命令指示，在列车出库前按技术作业过程对列车干线绝缘、DC 110 V母线电压、车下各箱门锁闭情况、发电车油量、水位、机油油位及柴油发电机组运行状态进行检查，对车下油箱管系各阀状态进行确认，对火灾报警器报警功能进行试验，核对并签认“旅客列车技术状态交接簿”（车统—181）、“三乘检查记录”等故障的处理情况。

知识点2　始发作业标准

在列车始发前，根据以下实际情况进行机车连挂及有关作业：

1. 机车是单班单司机值乘且无客列检作业时，负责机车与第一辆客车的连挂。

2. 在非客列检作业站，负责机车与车辆软管的连结、列车尾部软管防尘堵的安装及吊起；由机车供电列车还负责与司机办理供电钥匙或供电柴油机启动钥匙交接手续，连结电气连接线。

3. 在客列检作业站，列车由机车供电时，与客列检人员、司机办理供电钥匙或供电柴油机启动钥匙交接手续。

4. 负责确认机车、车辆连挂状态。

5. 向司机递交客列尾 ID 信息联络卡。

6. 负责尾部标志灯的设置，建立客列尾连接。

7. 在客列检作业站参加、在非客列检作业站组织列车制动机简略试验。

8. 发电车供电的空调客车应在列车始发前 1 h，机车供电的空调客车应在列车始发前 50 min完成机车连挂和供电，对车厢进行预冷、预热。

9. 发电车乘务员应保证各机组运转工时差不超过 100 h，按车辆乘务员的申请供电后应确认机组工作负荷，根据负荷变化调整单、双机供电方案，通知车辆乘务员做好配合。

知识点 3　途中巡视标准

车辆乘务员值乘中每 3 h 左右按作业图表对全列车厢进行一次巡视，巡视重点是列车运行状态、电气系统工作状态及“两炉一灶”。进行巡视时，要身感车辆异振、耳听车辆异响、鼻闻车内异味、眼观车内异状，在两端通过台和小走廊处要进行短暂停留，重点检查。

空调列车始发后的第一次巡视、接班后的第一次巡视及终到前最后一次巡视，车辆乘务员须打开控制柜，对电源柜主接线排处，主接触器进出线接线处，主空气开关进出线接线处温升状态等进行检查。DC 600 V 供电列车始发后的第一次巡视及终到前的最后一次巡视，车辆乘务员须到播音室使用试漏灯对全列 DC 110 V 系统正、负极对地绝缘进行测试，并将测试结果（灯泡钨丝是否发红）、测试时间、测试人等信息在乘务日志中记录。

巡视间隔期间，车辆乘务员应在固定地点值乘，值乘位置原则上为首尾车乘务员室（不得长时间固定占用），编挂工程师车的要在工程师室值乘。

发电车乘务员应在监控室值乘，离开监控室时，不得超过 10 min。每间隔 30～60 min，进入发电车机房、冷却间进行一次巡视检查，每间隔 1 h 填写一次发电车运用记录。

知识点 4　站停作业标准

1. 车辆乘务员下车瞭望，观察车辆有无冒烟、倾斜等异状，对途中巡视时发现的重点故障进行确认、处理；在客列检作业站，列车尾部下车与客列检人员办理车辆技术状态交接。

2. 在机车换挂站、列车换向站，一是确认解除客列尾连接；二是在非客列检作业站，列车由机车供电时，与司机办理供电钥匙或供电柴油机启动钥匙交接手续，摘解电气连接线；三是机车按单班单司机值乘时，负责机车与第一辆客车的摘解；四是按始发作业要求进行机车连挂及有关作业。

3. 在列车换向站负责列车尾部标志灯的摘挂。

4. 发电车乘务员途中换班原则上应在停站时办理交接，接班乘务员负责对站台侧发电车电力连接器的连接状态及温升、柴油机排烟烟色异常情况等进行重点检查，非高站台车站还须对下油箱剩余油量进行确认。

知识点 5 站折作业标准

1. 无客列检作业的站折列车，利用本务机车按照列车制动机全部试验的减压标准（分别减压 50 kPa、170 kPa）进行制动机试验，对尾部最后一辆客车的制动、缓解状态进行确认。

减压 50 kPa 时须发生制动作用，保压 1 min 不得自然缓解。充风缓解时，须在 1 min 内缓解完毕。

减压 170 kPa 时全列车制动机不得发生紧急制动作用，保压 1 min 列车制动主管漏泄不大于 20 kPa。

2. 摘解尾部标志灯，确认解除客列尾连接。

3. 按站停作业要求进行机车摘解及有关作业。

4. 在非客列检作业站，按照因列车牵引、超员超载、异物击打等可能造成故障的部位必须重点检查的原则，按客列检对通过列车技术检查范围进行作业，对途中出现异常的车辆进行重点检查，处理 TVDS、THDS 预报的故障（含热轴故障）。

5. 在客列检作业站，到客列检值班室进行签到，接受酒精测试，办理车统—181 故障交接。

6. 发电车供电旅客列车终到下客完毕后，车辆乘务员进行卸载，发电车乘务员停机后立即切断电源。

知识点 6 入库折返作业标准

1. 摘解尾部标志灯，确认解除客列尾连接。

2. 按站停作业要求进行机车摘解及有关作业。

3. 发电车供电旅客列车终到下客完毕后，车辆乘务员进行卸载，发电车乘务员停机后立即切断电源。

4. 随车入库到库列检值班室进行签到，接受酒精测试，办理车统—181 故障交接。

5. 车底出库前，到值班室报到，接受酒精测试，按本属出库作业范围对列车进行技术检查，并核对车统—181 故障处理情况，随车出库。

知识点 7 本属到达作业标准

1. 摘解尾部标志灯，确认解除客列尾连接。

2. 按站停作业要求进行机车摘解及有关作业。

3. 发电车供电旅客列车终到下客完毕后，车辆乘务员进行卸载，发电车乘务员停机后立即切断电源。

4. 车辆包乘组随车入库并向值班员汇报列车运行状态，接受酒精测试，交接车统—181，重点故障要将途中发现及处置情况向库列检工长当面交接。办理退乘。

任务二 运行途中应急故障处置

列车运行途中车辆发生故障和遇有行车问题时，包乘组要及时上报信息、排查处理故障、做好应急处置。车辆段按规定启动应急指挥系统，指挥包乘组对故障进行高效处置。

【相关知识】

知识点 1　信息上报

列车在运行途中意外停车、未正点开车、运行故障等行车问题时，车辆乘务员应立即了解情况、上报信息；发生车辆故障时，应立即进行排查及处理。

1. 车辆乘务员第一时间将掌握的信息上报至车辆段调度。

2. 车辆段调度接到车辆乘务员所报行车信息后，按规定上报铁路局车辆调度。

3. 车辆段调度接到铁路局调度所传行车信息后，立即向车辆乘务员了解情况。涉及外段行车信息时，立即向配属段了解情况。将了解到的情况及时向铁路局车辆调度反馈。

4. 列车恢复正常运行或故障处理完毕后，车辆段调度及时将有关情况整理后上报铁路局车辆调度。

知识点 2　制动主管压力达不到定压应急处置

进行列车制动机试验或列车运行途中，当机车乘务员反映列车尾部制动主管压力达不到定压时，由车辆乘务员（有客列检作业的车站由客列检检车员）按以下程序进行处置：

1. 经确认，发现尾部一位客车制动主管压力表压力达到定压时，可判明 KLW 主机故障或机车 CIR 故障，按规定人工核对风压或更换 KLW 主机。

2. 经确认，当首尾客车制动主管压力表压力均达不到定压时，检查机次一位客车前端制动软管状态及该软管与机车制动软管连接状态。发现故障时，进行应急处置；未发现故障时，向机车乘务员了解机车供风情况。

（1）当机车乘务员反映因机车供风故障或风压输出调整不当造成制动主管压力达不到定压时，由机车乘务员负责处置。

（2）当机车乘务员反映机车供风正常时，通知机车乘务员向制动主管持续充风，按照先车下、后车上的原则，对制动主管主支管路进行故障查找。

制动主管系漏泄、堵塞等无法处理时，可将本辆前后折角塞门关闭，使用备用胶管进行跨接；双管供风列车也可使用鸳鸯接头、变径接头利用总风管路代替制动管路的方式进行处理，此时需注意除了对故障车辆进行关门排风外，故障车辆之后的车辆还需进行“双改单”操作，按规定进行限速。无法处置时，甩车处理。

检查发现两辆客车制动主管压力表压力相差较大时，将靠近机车连挂端客车（以下简称前车）的后端制动主管折角塞门及靠近列车尾部客车（以下简称后车）前端制动主管折角塞门关闭，摘解两辆客车之间的制动软管。缓慢开启前车后端折角塞门。当前车制动软管出风量较大时，可确定后车制动主管堵塞，当前车制动软管出风量较小时，可判明前车制动主管堵塞。确定故障车辆后，进行故障处置。关闭前车后端制动主管折角塞门，连结前后车辆间的制动软管。将前车后端及后车前端制动主管折角塞门开启。

知识点 3　制动保压位泄漏超标应急处置

当列车在制动保压位漏泄超标（每分钟漏泄超过 20 kPa）时，车辆乘务员（在客列检作业站由客列检检车员）按以下程序进行处置：

1. 通知机车乘务员向制动主管充风，当尾部一位客车制动主管压力表压力达到定压后稳定1 min。若列车编组中有“双改单”客车或全列“双改单”时，通知列车长将带有集便装置的厕所门锁闭。当尾部一位客车制动主管压力表压力达到定压后稳定 5 min。

2. 检查机次一位客车前端制动软管状态及该软管与机车制动软管连接状态。

(1)发现漏泄时，进行故障处置。按规定进行列车制动机简略试验。

(2)未发现漏泄时，通知机车乘务员充风至定压后，减压 100 kPa 并置于制动保压位。关闭机次一位客车前端制动主管折角塞门。检查任一客车制动主管压力表每分钟漏泄量。

①当任一客车制动主管压力表显示漏泄不超标时，通知机车乘务员车辆正常，由机车乘务员确认机车制动主管漏泄量。

当机车乘务员反映机车制动主管压力表显示漏泄超标时，由机车乘务员进行故障处置。接到机车乘务员故障处置完毕的通知后，开启机次一位客车前端制动主管折角塞门，按规定进行列车制动机简略试验。

当机车乘务员反映机车制动主管压力表显示漏泄不超标时，开启机次一位客车前端制动主管折角塞门，按规定进行列车制动机简略试验。

②当任一客车制动主管压力表显示漏泄超标时，通知机车乘务员充风至定压。关闭机次一位客车前端制动主管折角塞门，检查机次一位客车制动主管压力表压力。

漏泄量超标时，按照“制动主管压力达不到定压”处置方案进行处置；漏泄量不超标时，开启机次一位客车前端制动主管折角塞门，通知机车乘务员充风至定压后，采用分段查找的方式排查车列故障。

3. 列车制动机简略试验合格后，应急处置结束。

知识点 4　意外紧急制动故障应急处置

当列车发生意外紧急制动时，车辆乘务员（在客列检作业站由客列检检车员）按以下程序进行处置：

1. 向机车乘务员了解情况。当机车乘务员反映误按 CIR 辅助排风按钮时，按规定进行列车制动机简略试验；当机车乘务员反映没有误按 CIR 辅助排风按钮时，询问机车乘务员列车发生意外紧急制动时，机车制动器操纵手柄处于运转位还是常用制动位。

(1)当机车乘务员反映操纵手柄在运转位发生意外紧急制动时，通知列车长对全列紧急制动阀状态进行检查，由列车长将紧急制动阀状态（如破封使用还需将使用原因）通知车辆乘务员。

①接到有人使用紧急制动阀的通知后，将使用情况通知机车乘务员。恢复紧急制动阀。

②接到无人使用紧急制动阀的通知后，通知机车乘务员充风至定压。在尾部一位客车检查制动主管压力表压力值。若能够充风至定压，持续充风稳定 2 min。按规定进行列车制动机简略试验。若持续充风仍无法充风至定压，参照“制动主管压力达不到定压”进行处置。

(2)当机车乘务员反映机车在常用制动位发生意外紧急制动时，通知机车乘务员持续充风至定压。在尾部一位客车检查制动主管压力表压力值。

①若持续充风仍无法充风至定压，按照“制动主管压力达不到定压”进行处置。

②若能够充风至定压，在稳定 2 min 后，通知机车乘务员减压 100 kPa 并置于制动保压位。若列车编组中有“双改单”客车或全列“双改单”时，通知列车长将带有集便装置的厕所锁

闭。当尾部一位客车制动主管压力表压力达到定压后稳定 5 min。通知机车乘务员减压 100 kPa并置于制动保压位。

2. 若列车未发生紧急制动，按规定进行列车制动机简略试验。若列车发生紧急制动，按照先排查机车再排查车列的原则进行故障判断。

关闭机次一位客车前端制动主管折角塞门，通知机车乘务员充风至定压后减压 100 kPa。

(1)若机车发生紧急制动，由机车乘务员进行故障处置。

接到机车乘务员处置完毕的通知后，开启机次一位客车前端制动主管折角塞门，按规定进行列车制动机简略试验。

(2)若机车未发生紧急制动，开启机次一位客车前端制动主管折角塞门，对车列故障进行分段查找。

3. 列车制动机简略试验合格后，应急处置结束。

知识点 5　制动机不缓解故障应急处置

当列车发生制动机不缓解（含运行途中接到客车抱闸故障预报、列车制动机试验发生全列不缓解及机车乘务员反映牵引不动）时，由车辆乘务员（有客列检作业的车站由客列检检车员）按以下程序进行处置：

1. 列车运行途中因地面预报客车抱闸而停车时，对预报客车及前后相邻各 1 辆客车进行检查。

(1)发现制动盘或闸瓦过热变色、冒烟、异味等抱闸迹象时，确定故障客车后，检查该车人力制动机拉链及拉杆状态。发现人力制动机拉链处于拉紧状态或虽处于松弛状态但拉杆被卡住时，进行故障处置。无论人力制动机是否存在故障，均要通知机车乘务员充风至定压。检查全车闸片（瓦）状态。

①处于缓解状态时，确认车轮、闸片（瓦）、制动夹钳及内外侧杠杆、闸瓦托等配件状态良好后，按规定进行列车制动机简略试验。

②处于制动状态时，进行关门排风处理后，开启缓解阀。再次检查全车闸片（瓦）状态。处于缓解状态时，确认车轮、闸片（瓦）、制动夹钳及内外侧杠杆、闸瓦托等配件状态良好后，按规定进行列车制动机简略试验。处于制动状态时，对 ST1-600 型闸调器、制动夹钳及内外侧杠杆、制动杠杆等基础制动装置存在的卡滞、抗劲故障进行处置。确认全车闸片（瓦）处于缓解状态后，按规定进行列车制动机简略试验。

(2)未发现制动盘或闸瓦过热变色、冒烟、异味等抱闸迹象时，通知机车乘务员充风至定压后减压 100 kPa，确认预报客车及前后相邻各 1 辆客车制动、缓解状态后通知机车乘务员。

2. 列车制动机试验发生全列不缓解时，检查尾部一位客车制动主管压力表压力。

(1)达到定压时，通知机车乘务员减压 170 kPa。按此方法反复实施缓解、制动，直至全列缓解正常。按规定进行列车制动机简略试验。

(2)达不到定压时，按照“制动主管压力达不到定压”处置方案进行处置。按规定进行列车制动机简略试验。

3. 在霜冻、雨雪季节，装用电子防滑器的列车途中调速发生意外停车后，由机车乘务员进行制动机简略试验。试验良好时无需排查车列故障；列车漏泄量超标时，通知车辆乘务员，按照“制动保压位泄漏超标”处置方案进行处置。

4. 列车制动机简略试验合格后，应急处置结束。

知识点6 客列尾连接不上及司机反馈查询不到风压时应急处置

1. 列车在始发站、机车换挂站，CIR 设备与客车列尾装置主机连续 3 次不能建立连接时，司机应及时报告车站值班员并通知车辆乘务员，车站值班员报告列车调度员。列车按规定发车，车辆乘务员与司机核对尾部风压。列车出发后，司机择机重新进行与客车列尾装置主机的连接，建立连接关系成功后，恢复客车列尾装置正常使用，并及时通知车辆乘务员不再人工核对风压。

2. 列车运行至个别地段，CIR 设备与客车列尾装置主机短暂中断连接时，司机如需确认尾部风压，应通知车辆乘务员在尾部核对风压；连接恢复后，司机恢复客车列尾装置正常使用，并及时通知车辆乘务员不再人工核对风压。

3. 客车列尾装置主机故障修复后，车辆乘务员及时通知司机重新建立客车列尾装置连接，恢复客车列尾装置正常使用；客车列尾装置主机故障无法修复时，车辆乘务员可将机次客车列尾装置主机更换至尾部车辆（利用站停时间进行更换），并通知司机解除故障列尾主机的通信连接后重新建立客车列尾装置连接，恢复客车列尾装置正常使用。CIR 设备故障影响客车列尾装置使用时，列车维持运行至前方具备机车换挂条件的车站更换机车。

知识点7 DC 600 V 客车供电系统故障应急处置

供电系统故障主要包括全列触摸屏黑屏、全列单路或两路供电失败等故障。

一、全列触摸屏黑屏

机次请求客车 Q18 闭合后或列车正常供电后，全列客车触摸屏黑屏时，车辆乘务员在另一辆带有供电请求装置的客车闭合 Q18 或逐辆闭合 Q19，当触摸屏显示正常时，应急故障处置结束；当全列客车仍然黑屏时，确认 DC 110 V 母线电压低于 92 V 后，使用 DC 600 V/DC 110 V 便携式电源进行应急处置。

二、全列单路或两路供电失败

全列客车单路或两路供电失败时，车辆乘务员可联系司机问明供电情况（电压、电流显示值及接地保护情况），根据供电情况按以下方法进行应急处置。

1. 司机反映因机车原因供电失败或车辆乘务员反映全列逆变器均无法正常工作时，由司机进行应急处置或申请更换机车。

2. 司机反映机车 DC 600 V 供电装置单路或两路有电压无电流时，检查机次一位客车与机车间的两路 DC 600 V 动力连接线连接状态，发现错插、插接不良等异常情况时，在办理断电手续完毕后，重新正确连接 DC 600 V 动力连接线。通知司机重新供电。重新供电后：

①当机次请求客车单路或两路供电失败时，车辆乘务员确认本车 Q1、Q2 处于闭合状态后，若本车供电成功，则供电作业结束；若仍然供电失败，由司机进行应急处置或申请更换机车。

②当机次请求客车两路供电成功时，供电作业结束。

3. 司机反映机车单路或两路发生接地保护时，车辆乘务员在机次请求客车断开 Q18，将本车 SA1 置于停止位，闭合 Q19。通知司机重新供电。

知识点8 车窗玻璃破损处置规定

车辆乘务员接到客车门窗玻璃破损信息或巡视发现门窗玻璃破损，要确认破损玻璃有无脱落风险。若破损玻璃位于交会侧(含折角运行后)，且存在脱落风险的，在前方站停车处理。对暂无脱落风险的，列车员要注意观察变化情况，有异常时及时通知车辆乘务员确认。

对需要在前方站停车处理的，车辆乘务员按以下规范用语向司机报告："××次司机，机后×位运行方向×侧车窗玻璃破损，请求在前方站停车处理。"对不需要停车处理的，由车辆乘务员按以下规范用语向司机报告："××次司机，机后×位运行方向×侧车窗玻璃破损，观察运行。"

司机接到通知后要按规定上报至列车调度员，列车调度员安排列车在前方车站侧线停车，并安排破损车窗侧停靠站台。仅为外层玻璃破损时，车辆乘务员负责将破损玻璃全部清除；内外层玻璃均破损时，车辆乘务员要清除内外层破损玻璃，并采取木板封堵等安全措施。前方停靠站为低站台时，车站要提供稳固的登高工具，并协助处理。处理结束后，车辆乘务员要及时报告司机。

列车终到后，车辆乘务员要在站折开行前，对途中未经处理的破损玻璃进行清除；入库客车底由客整所更换处理。

知识点 9　空调失效处置规定

车辆乘务员巡视发现列车空调故障或接到车辆空调故障信息后，立即赶到故障车辆，查找原因、积极修复，并向车辆段调度汇报故障信息，车辆段应组织技术人员远程协助随车辆乘务员尽快修复。

旅客列车全列空调失效超过 20 min 不能恢复时，列车长应及时与司机、车辆乘务员沟通，视车内温度和旅客舒适度做出开窗的决定，并通知司机转报列车调度员。因供电原因无法满载运行时，车辆乘务员要核减负载，维持运行。

单辆客车空调失效时，车辆乘务员应在车辆段技术人员远程指导下积极进行故障诊断和抢修，空调设备恢复正常工作、车内温度达标后，应关闭车窗。确认故障无法修复时，联系列车长采取疏导部分旅客到邻车或其他车厢；本车要开窗通风、加强供水。

【拓展知识】

拓展知识点 1　作业图表

车辆乘务作业图表根据一次往返作业标准和运行图文件、电报分车次编制。名称是××次列车车辆乘务作业图表，表头是列车车型信息、编制单位及执行时间。正表分为基础信息、作业要求、说明事项、编制依据四部分。

1. 基础信息：包括列车各作业站及运行时刻信息，无线调度通信设备使用频率信息和高低站台、客列检设置、司机班制等关联信息。

2. 作业要求：包括值乘方案、作业类别、作业位置、巡视起始时间或地点等信息。

3. 说明事项：对基础信息及作业要求中所使用的作业标示及含义，车体运行交路、运行线路、运行标尺以及途中更换包乘组、交接班时间等进行说明。

4. 编制依据：主要包括一次往返作业标准、其他乘务作业相关规定、运行图文件及相关电报。

车辆乘务作业图表如图 15-2 所示。

××××次列车车辆乘务作业图表																		
25G型DC 600 V机车直供电						编制单位：××铁路局××车辆段							执行时间：××年××月××日					
A站—B站 ××××次									站名	B站—A站××××次								
通信频点	值乘方案 C		关联信息	作业位置	作业类别	运行时刻				运行时刻			作业类别	作业位置	关联信息	值乘方案 C		通信频点
	1	2				停	到	开		到	开	停				1	2	
				首、尾	出			10:30	××客整所	16:30			入					
A站GSM-R(4频457.700，f4频率5频Ⅲ457.700）			高、检	首、尾	始、【巡】			12:21	A站（客列检）	15:29			终	首、尾	高、检			A站GSM-R(4频457.700，f4频率5频Ⅲ457.700）
4频457.700（f4频率5频Ⅲ457.700）			低		瞭、巡	5	15:23	15:28	××站	12:40	12:45	5	瞭、【巡】		低			4频457.700（f4频率5频Ⅲ457.700）
			低、司	尾	技、瞭	6	16:14	16:20	××站	11:58	12:00	2	技、瞭、巡	尾	低、司			
			低		瞭、【巡】	3	17:31	17:34	××站	11:06	11:09	3	瞭		低			
			低	首、尾	折		19:01		B站		9:39		始、【巡】	首、尾	低			

说明事项	
	出：表示出库作业　始：表示始发作业　瞭：表示下车瞭望　换：表示更换机车作业　转：表示列车转向作业　巡：表示车内巡视作业开始
	交：表示与客列检交接　折：表示站折作业　终：表示终到作业　司：表示更换机车乘务组　单：表示机车是单班单司机　检：表示设有客列检的车站
	高：表示高站台　低：表示低站台　首：表示机次一位车辆　尾：表示尾部一位车辆　工：表示工程师车　技：表示技术停车站
	C：表示车辆乘务员　F：表示发电车乘务员　入：表示入库作业　【巡】：表示开柜巡检
	车体运行交路：××××　列车运行线路：经由××线　速度标尺：120 km/h
	旅客列车进入属地局后，要服从属地局的管理、指挥。在车站时，车辆乘务人员应按车站值班员（列车调度员）的指挥进行工作。旅客列车在区间的有关行车作业，车辆乘务员应按司机的指挥进行。在无线列调区段双方通信应使用车机联控频率，在GSM-R区段优先使用无线对讲设备450电台，GSM-R手持终端作为备用，450电台日常守候频点在4频道457.700 MHz。列车从始发后第一次巡视时间开始，后续直至终到前最后一次巡视，每2 h巡视车厢一次（可结合开柜巡检），并在相关消防台账登记。
编制依据	××通知
	制订：××　审核：××　审批：××　××车辆段

图15-2 车辆乘务作业图表示例

拓展知识点 2　车辆乘务人员作业规范

车辆乘务人员必须注重仪容仪表，规范作业。

1. 由铁路局对车辆乘务人员的仪容仪表作出规定，各段要统一配置车辆乘务人员服装、乘务箱及随身工具袋(包)。

2. 车辆乘务人员在值乘中要统一着装且保持整洁，言行举止要文明礼貌，当班车辆乘务人员应在左臂规范佩戴臂章。臂章样式如图 15-3 所示。

（a）车辆乘务员　（b）发电车乘务员　（c）车辆乘务长

图 15-3　车辆乘务人员臂章样式

3. 值乘中自觉遵守劳动纪律和作业纪律，对旅客提出的问题要热情解答，作业或维修工作应尽量减少对旅客的干扰。

4. 要加强专业间协调沟通，有礼有节地开展工作，杜绝简单粗暴和推诿扯皮的做法；跨局旅客列车在外局要接受当地铁路局的领导，服从命令，顾全大局，听从指挥。

5. 接受上级检查时，车辆乘务长要使用标准用语进行汇报，内容包括车辆包乘组组成、列车编组情况、列车运行情况等；车辆乘务人员应积极配合，接受指示，对检查发现的问题要虚心接受、主动整改。

拓展知识点 3　车辆乘务人员作业安全

1. 车辆包乘组出乘接车、退乘及途中换乘作业时应整队出发，同出同归。横越线路时要做到“一站、二看、三确认、四通过”。严禁在轨枕头和线路中心行走。

2. 车辆乘务员应做到列车开动前上车，停稳后下车，严禁飞乘飞降。列车未停稳前，不得打开车门；下车时要注意地面落脚处有无障碍物、坑洼，要注意积冰、积雪、积水和汽、风、水井，防止滑倒和跌伤。列车运行中禁止打开车门处理车体外部故障。

3. 机车供电列车进行电力连接线摘结作业前，车辆乘务员要确认司机交出供电钥匙，电力机车还要确认受电弓降下后，方可进行摘结作业。

4. 车辆乘务人员途中检查车辆时，应掌握停留时间和上车地点。在电气化区段作业时，要保证随身携带的物品与接触网的距离符合安全规定；在无法确认车体上方接触网无电和无法保证作业期间接触网可靠接地时，严禁登顶作业。

确需到车辆车顶处理故障时，车辆乘务员必须通知司机或车站人员(列车调度员)。得到供电人员接触网已断电的通知，并确认接触网挂有接地杆后，方可登顶作业。

5. 空调客车供电系统检修作业、发电车检修、使用外接电源供电等需要禁止发电车启机向外供电时，申请人要在发电车供、断电登记簿上签字登记，由发电车乘务员在控制柜面板上悬挂“禁止供电”红色警告牌，并签字确认。作业结束后，由申请人在发电车供、断电登记簿上签字销记，发电车乘务员摘除警告牌后签字确认。接到供电申请需启机供电前，发电车乘务员查看发电车供、断电登记簿上是否有供电防护登记，若有供电防护登记，禁止向列车供电。

6. 列车运行途中，凡发生断路器自动分闸、熔断体熔断时，首先确认该支路无短路或绝缘故障后，方可复位或更换。

7. 打开非旅客乘降的车门作业时，负责做好监护，防止旅客乘降，作业完毕及时将车门锁闭良好；开启机次载客车辆前端车门或尾部载客车辆后端车门时，应同时将客室通往开启车门的走廊端门使用钥匙锁闭，防止旅客通过。

典型工作任务 1　车辆抱闸应急处置

【任务准备】

工作任务书见表 15-1。

表 15-1　任务书

任务名称	车辆抱闸应急处置	参考学时	2
任务要求	以小组为单位按标准完成车辆抱闸应急处置。每组 5～8 人，剖析任务内容，商定工作方案，明确成员分工，安全有序规范完成任务		
任务方案			
教师检查			

具体分工见表 15-2。

表 15-2　任务分工

班级		组号		指导老师	
组长		序号			
组员		姓名	组员排序	姓名	组员排序
分工描述(按序号)					

【任务实施】

一、劳动安全注意事项

1. 联系机车司机确认当前列车运行线别，处于高铁、客运专线时须联系司机提出邻线限速申请。

2. 使用无线对讲设备或 GSM-R 手持终端通知司机下车检查确认，司机回复(高铁、客运专线须接到司机“邻线已限速，可以下车”的口头调度命令)后方准下车。

3. 在列车尾部站台侧插设防护信号。

二、工量具准备

信号旗(灯)、对讲机、乘务随身工具包等。

三、作业步骤及质量标准

旅客列车运行途中发生车辆抱闸应急处置流程见表 15-3。

表 15-3 旅客列车运行途中发生车辆抱闸应急处置流程

作业项目	作业内容及质量标准	图　示
1. 信息汇报	(1)故障确认。 (2)列车在运行途中发生非正常停车或被拦停后，值乘车辆乘务员立即按规定使用无线列调通信设备询问司机停车原因(车辆乘务员使用 457.700 MHz 频率呼叫司机，二次呼叫司机无应答时使用列车运行区段行车频道频率呼叫司机)，记录停车时间。了解到抱闸停车原因后，及时向段应急指挥中心汇报情况。 (3)迅速就位通知休班乘务员到达故障车辆。 ①停于非客列检作业站且有预报抱闸车辆确切位置时，其中一人按就近原则赶至列尾插设防护信号，另一人赶至故障车辆；无预报抱闸车辆确切位置时，按就近原则分别赶至机次和列尾。 ②停于区间时，有预报抱闸车辆确切位置的，两人迅速赶至故障车辆；无预报抱闸车辆确切位置时，按就近原则分别赶至机次和列尾	
2. 安全防护	(1)区间防护设置 ①联系机车司机确认当前列车运行线别，处于高铁、客运专线时须联系司机提出邻线限速申请。 ②使用无线对讲设备或 GSM-R 手持终端通知司机下车检查确认，司机回复(高铁、客运专线须接到司机“邻线已限速，可以下车”的口头调度命令)后方准下车	
	(2)在站防护设置 在列车尾部站台侧插设防护信号	
3. 应急处置	(1)预报列车有抱闸迹象且有预报抱闸车辆确切位置 ①预报列车有抱闸迹象且有预报抱闸车辆确切位置时的处置：车辆乘务员用无线列调通信设备通知司机充风缓解，检查车辆制动装置及车轮状态，检查抱闸车辆人力制动机状态。检查人力制动机是否拧紧或反向拧紧现象，盘形制动客车检查单元制动缸、制动盘、闸片及车轮状态，踏面制动客车检查闸瓦与车轮状态。 a. 盘形制动客车制动盘面及散热筋有发红、发蓝、发热现象，闸片有发热焚化，踏面有擦伤，单元制动缸活塞杆卡死等情况，则判断为客车存在抱闸迹象。 b. 踏面制动客车存在车轮踏面及闸瓦有发红、发蓝、发热，闸瓦有异常磨损、烧融，车轮踏面擦伤等情况，则判断为客车存在抱闸迹象。 ②在车辆缓解状态下检查抱闸车辆车轮踏面，若车轮踏面有擦伤，应使用第四种检查器测量踏面擦伤深度，当擦伤深度不超过 1.5 mm 时，可一次运行到终点站处理；当深度大于 1.5 mm时，及时报告机车乘务员，请求甩车处理。	

续上表

作业项目	作业内容及质量标准	图　示
3. 应急处置	③车辆乘务员须及时将检查情况向段应急指挥中心汇报。 ④车辆乘务员根据故障情况对抱闸车辆进行应急处置。 a. 如为客车人力制动机拧紧（或反向拧紧），将人力制动机松开，车下确认人力制动机已松开且无反向拧紧（同时通知列车员对人力制动机进行监控，防止旅客操作，开车后须将人力制动机施封）。 b. 非人力制动机拧紧故障。 (a)客车整车抱闸的，直接关闭抱闸车辆的截断塞门，打开工作风缸及副风缸的排水塞门，将工作风缸及副风缸余风排尽后（用手检查确认无风排出），同时拉起该车缓解阀。随后检查确认每块闸片均离开制动盘，如有单元制动缸活塞杆不回缩情况，需使用管钳转动活塞杆，使之回缩。120 km/h 速度等级旅客列车及编组小于 8 辆的 140 km/h、160 km/h 速度等级旅客列车组中客车故障彻底处理完毕后，须按规定填写“旅客列车制动关门限速证明书”交机车司机申请限速。 (b)120 km/h 速度等级旅客列车及编组小于 8 辆的 140 km/h、160 km/h 速度等级旅客列车组中客车为单个或同一轴两单元制动缸故障的，车辆乘务员将故障单元制动缸停用（需确保闸片离开制动盘）并封堵进风管路。故障处理需紧急迅速、不得因故障处理导致故障结果升级，否则按第(a)条办理。 (c)故障处理完毕后，车辆乘务员需通知机车司机充风至定压后减压 170 kPa，确认抱闸车辆制动、缓解状态符合要求（关门车后不得存在制动缸出闸现象；单元制动缸停用车辆，停用单元制动缸不得抱闸，其他单元制动缸制动、缓解正常）。 ⑤无法确认车辆抱闸时，车辆乘务员使用无线列调通信设备要求司机对列车充风并保持缓解状态，确认列车充风缓解后，车辆乘务员需检查全列其他车辆制动装置状态，查找抱闸车辆，确认全列车辆均无抱闸迹象时撤除防护信号后上车并通知司机开车，发现存在抱闸车辆时，按第④条进行处理	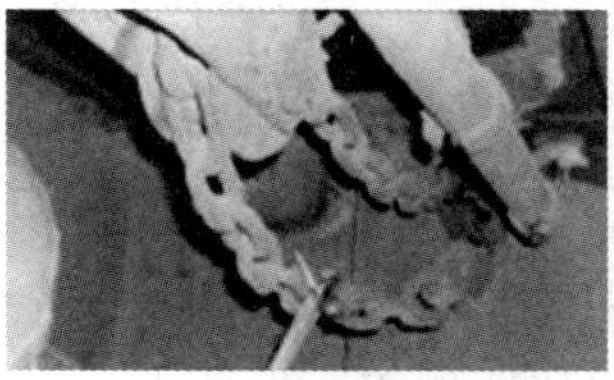
	(2)预报列车有抱闸迹象未预报抱闸车辆确切位置 预报列车有抱闸迹象但没有预报抱闸车辆确切位置时的处置：车辆乘务员用无线列调通信设备通知司机充风缓解，首尾车辆乘务员从列车两端相向向列车中部（单人值乘时应从列车尾部向前部逐辆进行检查）逐辆对全列车辆制动装置进行检查。重点确认人力制动机是否拧紧（或反向拧紧），盘形制动客车制动盘与闸片、踏面制动客闸瓦及车轮踏面是否抱死，发现抱闸车辆时按(1)中第④条进行处理	
	(3)THDS 预报车辆疑似抱闸 车辆乘务员对预报疑似抱闸的车辆的闸瓦或踏面清扫器及车辆状态进行检查，并对疑似抱闸车辆所有轴箱（轴温传感器周围 1 cm 范围内轴箱相应部位）、轮对踏面进行点温检查，并通过列车制动机简略试验确认本辆客车的制动、缓解状态。 ①车辆乘务员确认客车制动、缓解状态良好的撤除防护信号，上车锁闭车门并通知司机，开车后对该车辆进行重点监控。 ②经检查确认预报车辆抱闸的，按(1)中第④条进行处理	

续上表

作业项目	作业内容及质量标准	图　示
4. 撤除防护	车辆故障处置完毕，收齐工具材料、撤除防护信号，上车后锁闭车门并通知司机	
5. 运行监控	(1)列车开车后，值乘车辆乘务员需在制动关门车上值乘半小时，重点监控车辆运行状态，发现异常情况时，要立即通知机车乘务员停车并检查处理。 (2)车辆乘务员巡检时，需对抱闸车辆运行状态进行重点监控；列车运行至前方停车站对抱闸车辆进行重点检查确认。 (3)折返站入库检修时，车辆乘务员应填写车统—181交修处理。在站折返时，有客列检作业的车站预报客列检处理；无客列检作业的车站，对限速列车，段调度要提前联系所在地车辆段做好故障预报，请求协助处理，确保返程时全列制动机作用良好，取消限速要求	

【结果评价】

作业记录卡见表15-4。

表15-4　作业记录卡

序号	作业内容	结果描述

各组展示任务结果，介绍作业完成情况。作业结果评价见表15-5。

表15-5　结果评价

姓名			组号			
评价项目	分值	得分	评价标准（每项考核点分A、B、C、D四个等级评价）			
			A(得分≥80%)	B(80%>得分≥70%)	C(70%>得分≥60%)	D(得分<60%)
出勤情况	10		全勤	迟到	早退	旷课
准备情况	10		充分	较充分	基本充分	不充分
团队合作	10		全员参与、分工合作明确	全员参与	一般	不能协调合作
学习态度	10		认真、积极	认真	一般	不参与学习
技能考核	50		熟练正确地操作	操作基本正确，较为熟练	操作不太熟练，错误不超过10%	错误超过10%
安全意识	10		安全	较安全	基本安全	存在风险
总评分数	100		优良(得分≥80)/中等(80>得分≥70)/合格(70>得分≥60)/不合格(得分<60)			

典型工作任务 2　列车供风双管改单管

【任务准备】

工作任务书见表 15-6。

表 15-6　任务书

任务名称	列车供风双管改单管	参考学时	2
任务要求	以小组为单位按标准完成列车供风双管改单管。每组 5～8 人，剖析任务内容，商定工作方案，明确成员分工，安全有序规范完成任务		
任务方案			
教师检查			

具体分工见表 15-7。

表 15-7　任务分工

<table>
<tr><td>班级</td><td></td><td>组号</td><td></td><td>指导老师</td><td></td></tr>
<tr><td>组长</td><td></td><td>序号</td><td colspan="3"></td></tr>
<tr><td colspan="2" rowspan="5">组员</td><td>姓名</td><td>组员排序</td><td>姓名</td><td>组员排序</td></tr>
<tr><td></td><td></td><td></td><td></td></tr>
<tr><td></td><td></td><td></td><td></td></tr>
<tr><td></td><td></td><td></td><td></td></tr>
<tr><td></td><td></td><td></td><td></td></tr>
<tr><td colspan="2">分工描述(按序号)</td><td colspan="4"></td></tr>
</table>

【任务实施】

一、劳动安全注意事项

1. 联系机车司机确认当前列车运行线别，处于高铁、客运专线时须联系司机提出邻线限速申请(车辆乘务员使用 457.700 MHz 频率呼叫司机，二次呼叫司机无应答时使用列车运行区段行车频道频率呼叫司机)。

2. 使用无线对讲设备或 GSM-R 手持终端通知司机下车检查确认，司机回复(高铁、客运专线须接到司机“邻线已限速，可以下车”的口头调度命令)后方准下车。

3. 在站防护信号插设在列车尾部站台侧。

4. 区间无需插设防护信号。

二、工量具准备

信号旗(灯)、对讲机、钢丝钳、乘务员随身工具包、开口销。

三、作业步骤及质量标准

以 25G/K/T 型旅客为例，供风双管改单管作业流程见表 15-8。

表 15-8　25G/K/T 型旅客列车供风双管改单管作业流程

作业项目	作业步骤及质量标准	图　示
1. 信息汇报	(1)了解基本情况 值乘车辆乘务员接到双改单调度命令后，记录信息来源的准确时间、信息内容并向段应急指挥中心汇报。 (2)迅速就位 通知休班乘务员到达规定位置(原则上，机后为车电乘务员，尾部为检车乘务员)	
2. 安全防护	(1)联系司机 ①联系机车司机确认当前列车运行线别，处于高铁、客运专线时须联系司机提出邻线限速申请(车辆乘务员使用457.700 MHz 频率呼叫司机，二次呼叫司机无应答时使用列车运行区段行车频道频率呼叫司机)。 ②使用无线对讲设备或 GSM-R 手持终端通知司机下车检查确认，司机回复(高铁、客运专线须接到司机“邻线已限速，可以下车”的口头调度命令)后方准下车。 (2)防护设置 ①在站防护信号插设在列车尾部站台侧。 ②区间无需插设防护信号	
3. 双改单作业	(1)作业准备 ①到达双改单作业站，机次位乘务员关闭机次一位车辆前端总风管折角塞门，并通知司机后进行双改单作业。 ②通知司机双改单期间保持制动主管充风状态，以减少双改单后的充风时间	
	(2)双管供风 25T 型客车 气路控制箱内各球阀位置：上方分别是 1、2 号球阀，下方左侧分别是 3、4 号球阀，下方右侧分别是 5、6 号球阀。(注：球阀手把顺时转 90°为关闭，逆时针转 90°为开通) ①双管供风时各球阀开关状态：开 1、2 号球阀，关 3、4 号球阀，关 5、6 号球阀。 ②双管改单管供风时各球阀开关状态：关 1、2 号球阀，开 3、4 号球阀，关 5、6 号球阀。 ③双管改单管且关门车时各球阀开关状态：关 1、2 号球阀，关 3、4 号球阀，开 5、6 号球阀。双改单且关门车状态下，为防止集便器抽真空造成制动主管风压突降，必须断开本关门车的集便器电源，停用关门车集便器	
	(3)双管供风 25K 型(25G 型非转换控制箱)客车 ①双管供风时各塞门开关状态：开总风管与总风缸之间塞门，关副风缸与总风缸之间塞门，关制动主管与总风缸之间塞门。双管状态下，制动主管和副风缸通往所有总风缸(总风缸 1、总风缸 2、总风缸 3 等)的塞门必须关闭。 ②双管改单管供风时各塞门开关状态：关总风管与总风缸之间塞门，开副风缸与总风缸之间塞门，关制动主管与总风缸之间塞门。双改单状态下，副风缸通往所有总风缸(总风缸 1、总风缸 2、总风缸 3 等)的塞门必须打开，否则空簧、塞拉门、集便器无风。	

续上表

作业项目	作业步骤及质量标准	图　示
3.双改单作业	③双管改单管且关门车时各塞门开关状态：关总风管与总风缸之间塞门，关副风缸与总风缸之间塞门，开制动主管与总风缸之间塞门。双改单且关门车状态下，已打开制动主管通往所有总风缸（总风缸1、总风缸2、总风缸3等）的塞门，为防止集便器抽真空造成制动主管风压突降，必须断开本关门车的集便器电源，停用关门车集便器	
	（4）双管供风25G型（气路转换制箱）客车 ①气路转换制箱内各阀位置：上方为塞门标识为“副风缸”（副风缸通往总风缸）；中部为塞门标识为“总风管”（总风管通往总风缸）；下方为塞门标识为“制动主管”（制动主管通往总风缸）。 ②双管供风时各塞门开关状态：关“副风缸”塞门，开“总风管”塞门，关“制动主管”塞门。 ③双管改单管供风时各塞门开关状态：开“副风缸”塞门，关“总风管”塞门，关“制动主管”塞门。 ④双管改单管且关门车时各塞门开关状态：关“副风缸”塞门，关“总风管”塞门，开“制动主管”塞门。双改单且关门车状态下，为防止集便器抽真空造成列车管风压突降，必须断开本关门车的集便器电源，停用关门车集便器	
	（5）双管供风25G型（气路控制箱）客车 气路控制箱内各球阀位置：上方是3号球阀，中间是2号球阀，下方是1号球阀。（注：球阀手把顺时针转90°为关闭，逆时针转90°为开通） ①双管供风时各塞门开关状态：关1、3号球阀，开2号球阀。 ②双管改单管供风时各塞门开关状态：关1、2号球阀，开3号球阀。 ③双管改单管且关门车时各塞门开关状态：关2、3号球阀，开1号球阀。双改单且关门车状态下，为防止集便器抽真空造成制动主管风压突降，必须断开本关门车的集便器电源，停用关门车集便器	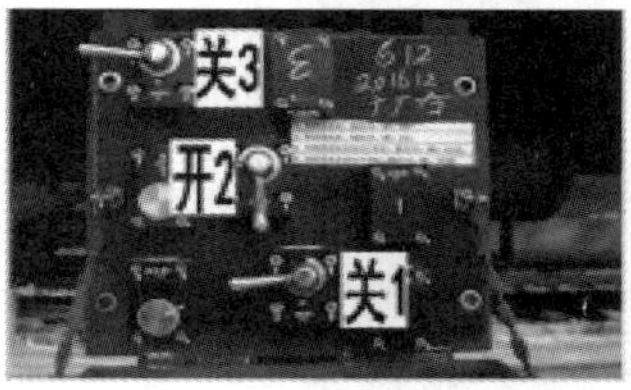
4.停用集便装置	通知列车长，停站办理旅客乘降期间（含区间停车时），组织列车员锁闭全列厕所停用集便器	
5.制动机试验	通知司机进行制动机简略试验，确认列车制动机试验良好（双管改单管后制动主管充风时间不少于5 min再减压）	
6.撤除防护	收齐工具材料、撤除防护信号，上车后锁闭车门，通知司机车辆故障处置完毕	

【结果评价】

作业记录卡见表15-9。

表15-9　作业记录卡

序号	作业内容	结果描述

各组展示任务结果，介绍作业完成情况。作业结果评价见表15-10。

表15-10　结果评价

姓名				组号		
评价项目	分值	得分	评价标准(每项考核点分A、B、C、D四个等级评价)			
			A(得分≥80%)	B(80%>得分≥70%)	C(70%>得分≥60%)	D(得分<60%)
出勤情况	10		全勤	迟到	早退	旷课
准备情况	10		充分	较充分	基本充分	不充分
团队合作	10		全员参与、分工合作明确	全员参与	一般	不能协调合作
学习态度	10		认真、积极	认真	一般	不参与学习
技能考核	50		熟练正确地操作	操作基本正确，较为熟练	操作不太熟练，错误不超过10%	错误超过10%
安全意识	10		安全	较安全	基本安全	存在风险
总评分数	100		优良(得分≥80)/中等(80>得分≥70)/合格(70>得分≥60)/不合格(得分<60)			

思考与练习

一、填空题

1. 旅客列车车辆乘务人员包括__________，__________，__________。

2. 一次往返作业自________________起，至__________________________________止。

二、选择题

1. 旅客列车车辆乘务工作原则上实行(　　)。

A. 轮乘制　　B. 包乘制　　C. 值乘制　　D. 乘务制

2. 车辆乘务员值乘中每(　　)左右按作业图表对全列车厢进行一次巡视。

A. 1 h　　B. 2 h　　C. 3 h　　D. 4 h

3. 发电车乘务员应在监控室值乘，离开监控室时，不得超过(　　)。

A. 5 min　　B. 10 min　　C. 15 min　　D. 20 min

三、问答题

1. 简述车辆乘务员负责连挂机车的情形。

2. 简述车辆乘务员组织列车制动机简略试验的情形。

3. 从作业标准角度，简述发电车乘务员和车辆乘务员之间的区别。

4. 简述作业图表包含的信息，列出您认为的重点信息并说明原因。

5. 假如您是一名正在值乘中的车辆乘务员，若列车突然在区间停车，请结合您的岗位提出处置建议。

项目十六 动力集中型动车组运用维修

CR200J 型动车组是“复兴号”电力动车组系列中速度最低一级的产品，也是第一款“复兴号”动力集中型电力动车组。该型动车组融合了传统普速列车和新型高速列车的部分优点，最高运营速度为 160 km/h，能在既有电气化铁路上开行，可开行长途列车、短途列车和城际列车。

CR200J 型动车组动力车与和谐型电力机车技术平台一致，拖车与 25T 客车技术平台一致，其运用维修规定多数可引用和谐型电力机车与 25T 客车相关规定。国铁动车组实行配属管理。一般情况下，按列统一配属在客车车辆段(或机辆段)。

任务一 编组和运行

【相关知识】

知识点 1 动车组编组

CR200J 型动车组两端为动力车，或一端为动力车、另一端为控制车，中间为拖车。两端均设有司机室。按编组型式分为短编组和长编组。短编组和长编组动车组实行统一编号管理，以号域进行区分，编号包含动车组整列代号及车组号。长编组动车组调整编组而导致车组号不一致时，以组中设有机械师室的拖车(餐座合造车)车组号为准。

一、短编组动车组

短编组动车组动力采用单端推拉方式，即动力车可在编组最前进行牵引运行，也可在编组尾端进行推行运行。最大编组为 1 动 8 拖。整列编组由 1 节带司机室的动力车，7 节拖车和 1 节带司机室的拖车(即控制车)组成。短编组动车组不得减编。如图 16-1 所示为短编组动车组。

图 16-1 短编组动车组

短编组动车组可重联运行，可采用动力车与控制车连挂、控制车与控制车连挂两种方式。原则上应采用控制车与控制车的连挂方式，确需采用动力车与控制车的连挂方式时，应确认动车组技术条件。不允许采用动力车与动力车(编组两端均为控制车，动力车夹在编组中间）的连挂方式。重联操作必须在重联端进行。如图 16-2 所示为重联动车组。

短编重联或重联解编时，由车辆检修人员（在站时，由随车机械师）负责摘挂引导、开闭机构的手动操作及带电气装置的 105 型车钩（10 号电钩）摘挂状态检查，配合司机进行相关试验；司机负责操纵动车组，以及开闭机构开启/闭合等车内操作。解编操作时，主控动车组必须一次移动 5 m 以上方可停车。

图 16-2　重联动车组

二、长编组动车组

长编组动车组采用双端牵引方式。最大编组为 2 动 18 拖。整列编组由 18 节拖车与 2 辆首尾相对的带司机室的动力车组成，动力车分列编组的前后两端，不设带有驾驶室的拖车。长编组动车组可根据客流、开行时间等因素，自由变化列车的编组长短（范围为 9 节至 18 节），但变化编组长短的作业须在生产厂完成，且须录入国铁集团的数据库方可上线运营。且减编时不得减编设有机械师室的拖车（餐座合造车）。也可根据运输需要在出厂前进行混合编组。诸如单独的餐车、一（二）等座[软（硬）座]车、一（二）等卧[软（硬）卧]车乃至行李车均可编入编组运行。除列车首尾均为动力车以外，其编组形式实质上与中国铁路传统的机辆式运营的旅客列车编组无区别。

长编组动车组由于编组长度已接近站台允许设计长度，故不允许重联运行。如图 16-3 所示为长编组动车组。

图 16-3　长编组动车组

【拓展知识】

拓展知识点　动车组编号

动车组编号包含整列代号及车组号。整列总代号为“CR200J”，称为“CR200J 型动车组”，为区分具体编组中动力车制造企业，在整列总代号“CR200J”后增加 1 位阿拉伯数字，“CR200J1”表示动力车由中车株洲电力机车有限公司制造，“CR200J2”表示动力车由中车大同电力机车有限公司制造，“CR200J3”表示动力车由中车大连机车车辆有限公司制造。

长编、短编整列编号为“CR200JX-车组号”，短编重联整列编号为“CR200JX-车组号＋CR200JX-车组号”。当重联的两组短编动力车制造企业相同时，整列编号为“CR200JX-车组号＋车组号”。

车组号由 4 位阿拉伯数字组成，以车组号号段区分长、短编及拖车制造企业，国铁短编动车组号段为 1001～4999，长编为 5001～8999；地方、自备短编动车组号段为 0101～0499，长编为 0501～0899；预留 9001～9999 用于检测、试验等动车组；长编动车组调整编组而导致车组号不一致时，以组中设有机械师室的拖车（餐座合造车）车组号为准。

知识点 2　动车组运行

值乘动车组运行任务的机辆乘务人员需要工作资质。

持有国家铁路局颁发的 J7、J8、J9 类铁路机车车辆驾驶证的司机，经岗前培训考试合格后方可上岗担任动车组司机。

随车机械师必须具备客车检车员上岗资质，2 年以上车辆乘务员或库列检、客列检工作经验。上岗前由所属铁路局负责培训并颁发上岗证。

一、列车运行

1. 动车组跨局司机乘务交路由国铁集团确定，属地铁路局负责进出段（所）、异地站（点）存放等相关工作。动车组在车站存放时，钥匙交接比照动力分散型动车组车站存放相关规定执行。

2. 正常情况下，司机应在列车运行方向最前端司机室操纵，非操纵端司机室门、窗及各操纵开关、手柄均应置于断开或锁闭位。关闭非操纵端司机室 CIR 电源。

3. 动车组运行时动力车均升单弓。过分相时，采用自动过分相模式。短编重联或长编组动车组上线运行前，由相关铁路局校核工作受电弓间距与运行交路上接触网分相布置匹配情况。满足运行条件的，可不安排上线运行试验确认。

4. 动力车、拖车、控制车因故发生甩挂时，在复编后对 LonWorks、WTB、PIS、TCDS、6A 等网络工作状态进行确认，具体办法由铁路局负责制定。

5. 动车组禁止加挂各型机车、车辆（无动力调车时的调车机车、救援机车，无动力回送时的牵引机车及回送过渡车除外），禁止编入其他列车。

6. 动车组安装过渡车钩运行时，限速 120 km/h 运行，尽可能避免实施紧急制动。发生紧急制动后，司机应通知随车机械师，经随车机械师检查过渡车钩状态，可继续运行时通知司机开车。

二、调车作业

1. 动车组调车作业时，应采用自走行方式。因动力车发生故障导致动车组无法自走行或对动力车、拖车（控制车）进行非整列调车作业时，执行机车、客车调车作业规定。

2. 采用自走行方式调车作业时，司机应在运行方向的前端操作，前方进路的确认由司机负责；必须在后端操作时，应指派胜任人员站在动车组运行方向的前端指挥，发现危及行车或人身安全时，应立即使用紧急停车按钮（紧急制动装置）或通知司机停车。

3. 库内调车作业时，短编组动车组的动力车、控制车，需在带电气装置的 105 型车钩（10 号电钩）上加装过渡车钩，由车辆检修人员负责拆装；长编组动车组的动力车可直接连挂。

三、停留停放

1. 动车组无动力停留时，施加停放制动。在 4‰及以下坡道无动力停留时，停放制动正常的，可不采取其他防溜措施；短编组动车组停放制动失效及长编组动车组1辆动力车停放制动失效时，拖车（控制车）人力制动机拧紧辆数不少于3辆；长编组动车组2辆动力车停放制动全部失效时，拖车（控制车）人力制动机拧紧辆数不少于6辆。在4‰以上、12‰及以下坡道无动力停留时，无论停放制动是否有效，均须拧紧全列拖车、控制车人力制动机。在超过12‰以上坡道无动力停留时，除采取施加停放制动和拧紧全列拖车、控制车人力制动机的措施外，还要使用铁鞋进行防溜。

2. 使用铁鞋防溜时，短编组动车组设置4个铁鞋，长编和重联动车组设置8个铁鞋。铁鞋设置在下坡侧，鞋尖须朝上坡方向并紧贴车轮踏面，鞋底与钢轨平行。长编和重联动车组在运行方向第一辆拖车前一转向架和最后一辆拖车后一转向架各车轮均须设置；短编动车组在运行方向第一辆拖车前一转向架的前一轮对和最后一辆拖车后一转向架的后一轮对各车轮均须设置。

3. 停放制动由司机负责施加；拧紧拖车、控制车人力制动机时，由司机通知随车机械师组织列车工作人员共同完成，并按照“谁拧紧、谁松开”的原则，于列车开车前恢复人力制动机。设置及撤除铁鞋时，由司机负责通知随车机械师实施。

4. 动车组库内无动力停放时，司机须施加停放制动；在4‰及以下坡道无动力停留时，停放制动正常的，可不采取其他防溜措施；停放制动失效及在4‰以上坡道停放时的防溜办法，由铁路局制定。

四、回送

1. 动车组成组回送，采用有动力方式运行时，按普速旅客列车交路安排；采用无动力方式运行时，按客运机车交路接运，不得附挂货物列车回送。短编重联或长编动车组采用有动力方式回送前，由回送申请单位（铁路局申请时，由供电部门）校核工作受电弓间距与回送交路上接触网分相布置匹配情况。

2. 动车组成组回送时，须安排司机及随车机械师值乘。

3. 动力车有动力回送时，可采用动力车加动力车、动力车加控制车、动力车加机车编组方式；动力车无动力回送时，比照机车回送办理。拖车、控制车回送时，比照客车回送办理。

4. 无动力方式成组回送时，短编动车组的动力车、控制车，需在带电气装置的105型车钩（10号电钩）上加装过渡钩，由回送申请单位负责；长编动车组的动力车可直接与机车连挂。

5. 控制车单独回送或拖车、控制车成组回送时，除将控制车带电气装置的105型车钩（10号电钩）加装过渡钩外，还需将拖车（控制车）与机车连挂端的密接钩更换为托梁钩，由回送申请单位负责。

6. 动车组成组回送或动力车、控制车、拖车回送时，回送申请单位应提出限速、回送方式（有动力、无动力）、比照客车或机车回送、可否折角运行等注意事项。

7. 无动力回送或机车救援动车组，在站进行简略试验时，由司机通知随车机械师；随车机械师应通过制动/缓解指示器，确认尾部一位动力车或控制车制动缓解作用良好；列车出发前、停车站进站前和出站后，随车机械师应与司机核对列车尾部风压。

【拓展知识】

拓展知识点　动车组试运行

1. 遇有下列情况时，铁路局须组织动车组按标记速度进行试运行：

（1）动车组新造出厂或D5、D6修后，试运行里程不少于500 km。

(2)动车组 D3、D4 修修竣后,试运行里程不少于 300 km。

(3)动车组临修更换动力车轮对、主变压器、牵引电机后或封存启用,试运行里程由配属铁路局确定。

2. 动车组试运行前须在库内进行整列调试、列车制动系统全部试验及空气制动简略试验。出库前由司机在操纵端负责实施列车制动系统电空制动简略试验。办理试运行时,由配属车辆段(机辆段)负责请令。动车组新造出厂前或 D5、D6 修后,由拖车(控制车)主机厂进行整列调试,执行"动集动车组列车调试大纲",在车辆段库内实施的整列调试大纲,由铁路局组织制定,动车组甩、换挂后,整列调试正常的,可不进行试运行,但动力车因更换轮对驱动装置发生甩挂情况除外。

任务二 动车组运用维修

动车组运用维修工作在客整所内实施,内容包括 D1 修、D2 修、季节整修。

【相关知识】

知识点 1 客整所配套设施

在配属动车组前,铁路局应根据国铁集团有关车辆运用维修场所启用要求,对拟配属动车组的客整所组织安全评估。新建客整所运用检修设备设施应符合《铁路动车组设备设计规范》《铁路客车车辆设备设计规范》《铁路机务设备设计规范》等规定。既有客整所改扩建时,应按照经济、高效、必须和充分利用既有的原则,合理确定作业范围和设备设施配置标准。

配属动车组的客整所应配备以下设备设施,确保满足动车组运用维修需要。

1. 动车组出入库、走行、整备、临修、调试及车底停留等线路需设置接触网。

2. 检测棚原则上应设置在入库径路咽喉处。检测棚配备轮对、走行部、受电弓等动态检测设备,应满足动力车、拖车不同轮径的检测需要。入库径路应设置自动上砂设备,具备条件时,宜在入库径路设置通过式洗车机。

3. 整备线应设整备库(棚),原则上,长度应满足 1 列长编组动车组或 2 列短编组动车组共线整备需求。整备库(棚)前应设置接触网分段绝缘器、隔离开关,整备线两列位之间应设置接触网分段绝缘器和接地装置。

4. 整备线应设置轨道桥、贯通式检查地沟、立体作业平台、安全联锁监控系统、DC 600 V 和 AC 380 V 地面电源、真空卸污系统等设备设施,动力车整备台位设除尘设备。

5. 应设置不落轮旋库和临修库,宜并列布置。库内配备不落轮车床、电动落轮机、起重设备(10 t 天车)等。旋轮线长度宜满足整列动车组通过式作业需要,设置困难时应满足短编组通过式作业需要。不落轮车床宜按双轴配置。不落轮车床和电动落轮机均应满足动力车和拖车需要。

6. 应配备动集动车组 D2 及以下修程所需高低压电气检测、制动检测、微机网络检测、顶轮检测、探伤等设备,配备机务专业检修、整备管理信息系统。

7. 应设置调试线并配置调试设备,满足整列调试需求。应配备安全防范系统,包括周界报警和库内安检设备等。配备电务车载设备(含通信)检修测试相应设备。

8. 存车线应设置固定上水、吸污设备。

9. 应设置整备、检修及合署办公等生产房屋，设置作业人员休息、洗浴、用餐等生活房屋。

10. 应设置司机间休室、待乘室、派班室及指导组办公室；需设置机务运用车间（车队）时，应配套设置候班楼，配备司机自动叫班等配套设备。派班室应配备调度传输、电子显示屏、出退勤、测酒以及运行数据分析等设备，配备机务运用安全管理系统；房屋及设备设施配置应符合《铁路房屋建筑设计标准》《铁路机车运用管理规则》《机务行车安全管理规则》《铁路行车公寓管理办法》等规定。

知识点 2　动车组维修管理要求

1. 动车组修程分为 D1、D2、D3、D4、D5、D6 修。其中 D1、D2 修属于运用维修，D3～D6 属于定期检修。

2. 实施 D1、D2 修时不解编，按列成组实施。确因临修需要解编，应在修复后尽快恢复原编组。动力车及控制车机务设备由机务检修人员负责，拖车及控制车（不含机务设备）由车辆检修人员负责。实施 D3～D6 修时，动力车由机车检修单位负责实施，拖车、控制车由客车检修单位负责实施。长、短编动车组均应按列成组制定检修计划。

3. 动车组应采用固定编组方式，按新造出厂编组成组使用、成组检备，确有特殊情况未按新造出厂编组成组使用时，须经国铁集团机辆部批准，配属铁路局应采取相关措施，保证动力车、控制车、拖车走行公里基本一致，确保成组实施 D1～D6 修。

4. 动车组检备率原则上分别按客整所配属的长编、短编车组数量的 15%确定，其中检修率 11%，备用率 4%。路网性热备车组由国铁集团统一安排。

5. 动车组定期检修和运用维修工作实行专业管理，动力车及控制车机务设备由机务专业负责，拖车和控制车（不含机务设备）由车辆专业负责；列车运行监控装置（LKJ）、ATP（设有 ATP 时）、机车信号设备、机车综合无线通信设备（CIR）及附属装置检修运用工作由电务专业负责。

6. 动力车沿用电力机车走行公里计数方式，拖车及控制车沿用客车走行公里计数方式。按照走行公里为主、时间周期为辅的原则，制定 D2～D6 修计划时，若动力车与拖车、控制车走行公里不一致，则以新造出厂编组中拖车最大走行公里为准。

7. 动车组运用维修工作按动车所模式实行一体化作业管理，车辆、机务、电务、客运人员合署办公，车站人员根据需要合署办公；由车辆专业牵头统一编制检修运用计划，作业人员比照动车所配置；库内作业时，由客整所统一下达作业计划，一体化作业人员须服从客整所的统一指挥。

8. 季节整修动力车和控制车机务设备按机车要求执行。拖车、控制车（不含机务设备）执行《铁路客车运用维修规程》有关客车整修、鉴定要求。

9. 司机、列车员（长）、乘警（长）、随车机械师无线对讲设备、GSM-R 手机的配备及使用，按动车组列车规定执行。

10. 客车管理信息系统（KMIS）须对动车组按列实施车号及运用维修生产组织管理，并对拖车、控制车配属及检修运用等实施管理；机务管理信息系统须对动力车配属、检修运用等实施管理。运用动车组每次本属入库时，自动下载车载数据后，按专业分工实施数据管理；无法自动下载或数据下载不完整时，按分工由各专业手动下载。

11. 动车组短编重联或重联解编，无动力回送或故障救援摘挂机车时，由负责引导的人员根据《技规(普速铁路部分)》有关手信号显示规定，向司机显示信号，无需插设车辆防护信号。

12. 动力车和控制车的 LKJ 数据换装按动力分散型动车组相关规定执行。

13. 动车组库内接触网供断电管理及登顶、地沟作业等涉及劳动人身安全的规定，由动车组停留地所在铁路局制定。

14. 添(登)乘动车组司机室时，按《添(登)乘动车组司机室管理办法》执行；添乘拖车时，按《铁路客车运用维修规程》有关规定执行。

知识点 3 动车组 D1 修

一、基本要求

1. 原则上，动车组每运行不超过(4 000+400)km，应在本属客整所实施 D1 修。实施 D1 修时，应将吸污、上水、保洁、客运整备作业纳入一体化作业管理。动车组外属入库时，原则上仅进行故障交接处理及吸污、上水、保洁、客运整备作业。

2. 动车组每次本属出库时，须符合《动集动车组出库质量标准》。

3. 动车组 D1 修的库内作业时间，一般情况下，在客整所所在地车站图定到开时间间隔不少于 6 h。

二、作业模式

实施 D1 修时，可采用“无电-有电”作业模式，也可采用“有电-无电-有电”作业模式。

1. 无电作业模式

(1)车辆检修人员在 25T 型客车作业范围基础上，控制车增加开闭机构、自动过分相装置及其组件、刮雨器水箱、站台感应器、排障器、扫石器、带电气装置的 105 型车钩(10 号电钩)，105A 型(15 号)车钩缓冲装置等状态检查；拖车增加旅客信息系统(PIS)状态检查；拖车和控制车均增加外风挡，站台补偿器及导流罩等状态检查。

取消车顶 FM 天线、Wi-Fi 天线状态检查，纳入 D2 修专项检修项目，结合登顶检查实施。拖车及控制车(不含机务设备)出库质量标准中，取消机械师室 DC 600 V 干线在线绝缘监测装置 CF 卡检查。

(2)机务检修人员在电力机车作业范围基础上，动力车增加开闭机构，导流罩，自动过分相装置及其组件，站台感应器，带电气装置的 105 型车钩(10 号电钩)等状态检查。

(3)电务检修人员在电力机车作业范围基础上，动力车和控制车增加机车信号设备、ATP(设有 ATP 时含轨道电路接收线圈、BTM 天线、速度传感器)等状态检查。通信设备检修按照属地铁路局动车组通信车载设备检修标准及方法执行。

2. 有电作业模式

(1)车辆检修人员在 25T 型客车作业范围基础上，通过机械师室显示屏确认全列 DC 600 V 和全列 DC 110 V 绝缘状态，取消 25T 型客车车列绝缘测试方式。

(2)机务检修人员在电力机车作业范围基础上，通过两端司机室显示屏确认全列 DC 600 V 绝缘状态、安全环路状态。

(3)车辆检修人员、机务检修人员相互配合进行列车制动系统全部试验和塞拉门集控试验：

①进行列车制动系统全部试验时，须在两端司机室分别实施。机务检修人员确认具备

条件后，通知车辆检修人员。车辆检修人员呼叫机务检修人员进行充、排风操作。列车制动系统全部试验时，规定的“感度（制动）试验”和“感度（缓解）试验”中，由车辆、机务检修人员分别通过制动缓解指示器、机械师室显示屏、司机室显示屏确认列车制动、缓解状态，且保持一致，但换端试验时可不通过制动缓解指示器进行现车状态确认；进行其他试验项点时，除附件明确规定的确认方式外，可根据具体情况，通过司机室显示屏、机械师室显示屏、TCDS地面专家系统进行确认，不再通过制动缓解指示器进行确认，具体方式由配属铁路局予以明确。

②进行列车塞拉门集控试验时，由机务检修人员分别在两端司机室，根据车辆检修人员的要求进行集控操作，车辆检修人员负责对全列塞拉门、站台补偿器进行逐门检查确认。

(4)电务检修人员在电力机车作业范围基础上，在两端司机室进行上下行信号转换发码试验，ATP(设有ATP时)系统上电自检试验，ATP模式转换试验。通信设备检修按照属地铁路局动车组通信车载设备检修标准及方法执行。

(5)完成D1修的动车组在库内进行短编重联或重联解编后，在出发列车操纵端实施制动系统站折试验。

三、作业内容

作业内容包括车外和车内设施检查以及制动机试验。其中车外设施检查采用无电作业模式，分为地面检查和地沟检查静态作业。车内设施检查采用无电作业和有电作业模式。

1. 车外地面检查

确认安全后，检查全列车车外空调机组各盖板护板，空调排水管，风挡装置，人力制动机装置及风堵链，通信控制、重联、DC 110 V各部位，DC 600 V电力连接器各部位，折角塞门及软管，外风挡、塞拉门及外操作锁，外部显示器，污物箱及导筒检查，牵引梁，车体外侧及走行部件，轴箱及轴箱弹簧，速度传感器外观，轴温报警器，接地装置，轴箱定位转臂及节点，构架及高度调整阀，空气弹簧装置，抗蛇行油压减振器及安装座，轴端接地装置，转向架加速度传感器、车体加速度传感器、压力传感器、外温传感器，裙板、车体玻璃及玻璃胶条，逆变器箱，充电器、单向逆变器箱，电空制动机箱，气路控制箱，缓解显示器，蓄电池箱，电伴热注水口等设施外观状态。检查全列车体倾斜不过限。

2. 车外地沟检查

确认安全后，检查全列车密接式钩缓装置，补助管，车底板及各梁，电力连接器后部安装线盒及线槽过线检查孔，制动盘及轮轴，制动夹钳单元，高压金属软管，定位转臂及转臂节点，差压阀，空气弹簧，横向挡，牵引拉杆，横向油压减振器，中心销座及螺栓，各管系活结，防滑排风阀，接地线，集便箱，车底各管路，500 L总风缸及其管系活结、逆止节流阀，分线盒，塞拉门塞门，蓄电池箱，车下裙板内部，以及各风缸、气路控制箱、电空制动机箱、组合式集尘器、截断塞门、缓解阀，各管路，缓解显示器，压力传感器，充电机箱，逆变器、充电机，管路配线槽、过渡连接处各部位等设施。检查司机室电池箱外观状态。

3. 全列制动机试验

车外设施检查结束，进行全列制动机试验，包括制动主管保压试验、总风管保压试验、制动试验、缓解试验、制动感度试验、缓解感度试验、安定保压试验。

4. 车内无电检查

确认安全后，检查全列车塞拉门基础件，顶灯和摄像头，厕所内部设备，洗脸间设施，过道设施顶灯、广播喇叭、回风网，垃圾箱及洁具柜，电动拉门，灭火装置，显示屏，缓解阀，车厢内烟火报警器探头、监控摄像头，车厢内部，客室顶板、墙板、地板、窗户、窗帘及空调风道，座椅，电动内端门，电茶炉，乘务间门及内部设施，照明配电柜内、外部，电气综合控制柜外部，压力表、紧急制动阀，通过台禁烟、儿童购票限高标识，人力制动机，车端折棚风挡，手动拉门，各储物柜，单门冷藏柜、卧式冰箱，展示柜、水池、置物柜、广告牌及插座，广播间内设施及门，机械师室内设施及门，无障碍车“紧急呼叫开关”，残疾人卫生间设施等外观状态。

5. 车内有电作业

确认安全后，进行全列车有电检查。车内开启塞拉门隔离锁，在有电有气状态下，操作门内电控操作开关，进行防挤压功能测试，高站台补偿器功能测试，5 km/h 速度试验，隔离锁试验，紧急解锁检查，联网功能试验。进行综合控制柜检修，包括 VCU，各接触器，各传感器，PLC，触摸屏、DC 600 V 绝缘监测装置，检修灯，指示灯、各继电器等设备状态检查，进行Ⅰ路、Ⅱ路供电试验，自动供电试验，模拟漏电试验，PLC 本车各部功能测试，检查触摸屏参数、全列监控，处理综合控制柜故障。进行全列空调设备运行情况检查，视频监控主机工作状态检查，轴温报警系统动态检查，照明系统检查，电开水器动态，电动内端门，信息显示屏、厕显动态检查，全车交流插座检查，电加热器动态检查，温水箱动态检查，客车 SOS 系统动态检查，进行 PIS 系统动态调试检查，吧台、广告牌、电子价目表、自助餐厅吧台展示柜动态检查，微波炉动态检查，电冰箱检查，行车安全监控系统动态检查，DC 110 V 蓄电池及箱动态检查，防滑器主机检修。进行 KAX1 行车安全车厢主机带电试验，车下电源空载试验，厕所集便器试验。

冬天还要使用兆欧表测试塞拉门、集便器电伴热绝缘检查，进行电暖风试验。

四、试验

动车组出库前，由司机在操纵端负责实施列车制动系统电空制动简略试验。通过司机室显示屏确认尾部一辆动力车(控制车)制动、缓解作用正常。

拖车、控制车、动力车因故解编后，应在复编前，由车辆检修人员对拖车、控制车进行单车绝缘测试和制动系统单车试验；由机务检修人员对动力车进行单车绝缘测试，对动力车、控制车进行制动系统单机试验。

典型工作任务 1　无电作业车端装置检查

【任务准备】

工作任务书见表 16-1。

表 16-1　任务书

任务名称	无电作业车端装置检查	参考学时	2
任务要求	以小组为单位按标准完成无电作业车端装置检查。每组 5～8 人，剖析任务内容，商定工作方案，明确成员分工，安全有序规范完成任务		
任务方案			
教师检查			

具体分工见表 16-2。

表 16-2　任务分工

班级		组号		指导老师	
组长		序号			
组员		姓名	组员排序	姓名	组员排序
分工描述(按序号)					

【任务实施】

一、劳动安全注意事项

1. 作业前必须穿戴好绝缘鞋、安全帽，作业过程中应注意尖锐角边可能造成绊倒、挤伤事故以及皮肤割伤。

2. 作业前，准备好作业工具、材料、携带台账记录本。

3. 作业者确认动车组已施加停放制动、车列防溜已设置。作业前必须确认防护号志已设置。

4. 作业中，工具材料不得落地及抛掷，并按要求定置摆放；作业结束后，应做到工完、料尽、场地清，严禁任何工具、材料遗留在作业现场或动车组上。

二、工量具准备

对讲机(具备录音摄像功能)、检点锤、手电筒、三角钥匙、四角钥匙、内六方扳手、车统—15(作业卡)、记录笔、塞尺、卷尺、钢直尺等。

三、作业步骤及质量标准

无电作业车端装置检查作业内容及标准见表 16-3。

表 16-3　无电作业车端装置检查作业内容及标准

作业项目	作业内容及质量标准	图　示
1. 安全确认	(1)作业前必须确认接触网停电、动车组施加停放制动，安全号志、作业牌已插设，严禁无号志作业，防止作业中发生接触网供电、动车组移动等意外情况的发生。 (2)检修作业人员身穿工作服，佩戴安全帽、绝缘鞋。 (3)检修作业人员领取作业计划，准备作业工具材料	

续上表

作业项目	作业内容及质量标准	图　示
2. 风挡装置检查	(1)使用手电筒自上而下照射,目视检查阻尼装置状态良好,弹簧无折断,阻尼安装座螺栓紧固,磨耗板齐全、无窜出、缺损,铆钉无松动、丢失。 (2)折棚框无变形,密封胶条完整、无窜出、无老化,棚布无破损。 (3)拉索、拉索母紧固,开口销齐全无折损,拉索弹簧无折断,安装座紧固、状态良好。拉索弹簧横穿杆紧固。 (4)检查定检标记,涂打清晰,不过期	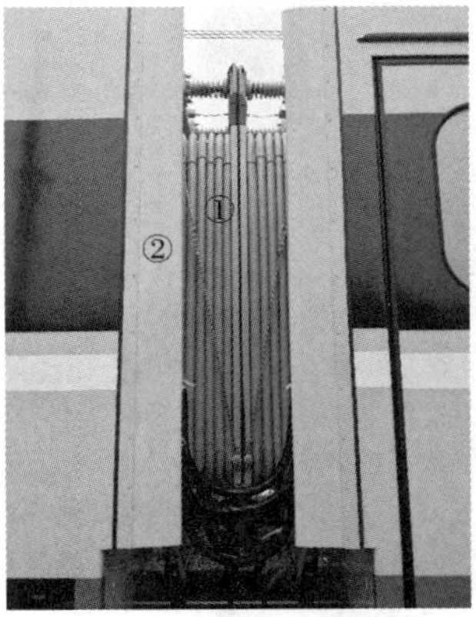 ①—折棚风挡;②—外风挡
3. 人力制动机装置及风堵链检查	(1)目视人力制动机外观无掉漆,螺栓紧固无松动,柔性钢缆外胶皮管良好无破损。 (2)风堵链安装螺栓无松动,风堵良好无丢失折损,风堵链无断裂。 (3)制动软管防尘堵链长度(853±20)mm,总风软管防尘堵链长度(685±20)mm	 
4. 检查通信控制、重联、DC 110 V、各部状态	目视检查各连接座外观状态。 (1)各连接器座标记清晰、正确,配件齐全、无损伤。 (2)各连接器各部安装螺栓、螺母、弹簧垫、平垫片齐全,无缺失,压接紧固密封胶垫无缺失。 (3)各连接器上部左右两个定位销无缺失、松动、变形。 (4)防雨盖无裂损,弹簧作用良好。 (5)各连接器摇臂、防开装置作用良好。 (6)检查各线身无裂损,连接器头与线身无脱出(线身长度大于 1 200 mm)	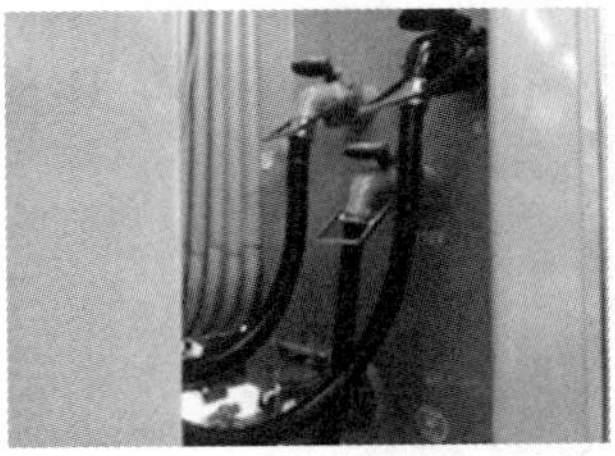

续上表

作业项目	作业内容及质量标准	图　　示
5. DC 600 V电力连接器各部位状态检查	(1)DC 600 V电力连接器标记清晰，正确。 (2)连接器配件齐全，无损伤、锈蚀。 (3)DC 600 V电力连接器固定螺栓、螺母、弹簧垫、平垫片齐全，无缺失，压接紧固(防松标记不错位)。 (4)DC 600 V电力连接器与固定底座间密封良好，密封胶垫无缺失。 (5)防雨盖无裂损，防开装置配件齐全锁闭良好，摇臂及压杆等不锈钢件不变形；摇臂各连接处平垫片及开口销齐全。 (6)线身无裂损，波纹套无破损，定检不过期(长度为1 600～1 700 mm)。 ①检修时须检查连接器闭合状态以及与连接线的连接情况。两车间电力连接线挂入后，使用尼龙扎带捆扎。 ②连接器与固定底座间密封不严易造成绝缘故障。 (7)目视检查连接器端面，防尘堵齐全	 
6. 折角塞门及软管检查	(1)检查制动管、总风管折角塞门无松动，无漏风。开口销齐全，无折损、窜皮，手把无变形。 (2)检查制动管、总风管软管连接器良好，无漏风。软管无松动，无漏风，管体无裂损、鼓泡	
7. 外风挡检查	外风挡状态良好，无破损，安装座螺栓无丢失，无松动	

续上表

作业项目	作业内容及质量标准	图　示
8. 检查车体倾斜	车体倾斜不过限(车体倾斜不大于 50 mm)	
要求	(1)必指项目:手指风挡,通信、重联、110 V 连接线、600 V 电力连接线,车体倾斜。 (2)必呼项目:如检查正常,口呼"风挡良好";如发现折角塞门松动(600 V 电力连接线破损),口呼"折角塞门松动(600 V 电力连接线破损)",并及时处理故障	

作业记录卡见表 16-4。

表 16-4　作业记录卡

序号	作业内容	结果描述

各组展示任务结果,介绍作业完成情况。作业结果评价见表 16-5。

表 16-5　结果评价

姓名			组号			
评价项目	分值	得分	评价标准(每项考核点分 A、B、C、D 四个等级评价)			
			A(得分≥80%)	B(80%>得分≥70%)	C(70%>得分≥60%)	D(得分<60%)
出勤情况	10		全勤	迟到	早退	旷课
准备情况	10		充分	较充分	基本充分	不充分
团队合作	10		全员参与、分工合作明确	全员参与	一般	不能协调合作
学习态度	10		认真、积极	认真	一般	不参与学习

续上表

评价项目	分值	得分	评价标准（每项考核点分 A、B、C、D 四个等级评价）			
			A（得分≥80%）	B（80%＞得分≥70%）	C（70%＞得分≥60%）	D（得分＜60%）
技能考核	50		熟练正确地操作	操作基本正确，较为熟练	操作不太熟练，错误不超过 10%	错误超过 10%
安全意识	10		安全	较安全	基本安全	存在风险
总评分数	100		优良（得分≥80）/中等（80＞得分≥70）/合格（70＞得分≥60）/不合格（得分＜60）			

典型工作任务 2　无电作业车内上部设施检查

【任务准备】

工作任务书见表 16-6。

表 16-6　任务书

任务名称	无电作业车内上部设施检查	参考学时	2
任务要求	以小组为单位按标准完成无电作业车内上部设施检查。每组 5～8 人，剖析任务内容，商定工作方案，明确成员分工，安全有序规范完成任务		
任务方案			
教师检查			

具体分工见表 16-7。

表 16-7　任务分工

班级		组号		指导老师	
组长		序号			
组员		姓名	组员排序	姓名	组员排序
分工描述（按序号）					

【任务实施】

一、劳动安全注意事项

1. 作业者在作业前必须穿戴好绝缘鞋、安全帽，作业过程中应注意尖锐角边可能造成绊倒、挤伤事故以及皮肤割伤。

2. 作业前，准备好作业工具、材料、携带台账记录本。

3. 作业者确认动车组已施加停放制动、车列防溜已设置。在无电作业前必须确认接触网已断电、受电弓处于降弓的位置、接地杆已挂，作业期间禁止投入主控，防护号志已设置。

4. 作业中，工具材料不得落地及抛掷，并按要求定置摆放；作业结束后，应做到工完、料尽、场地清，严禁任何工具、材料遗留在作业现场或动车组上。

5. 严禁客车检车员当班饮酒。

6. 作业人员严禁无证操作需要持证操作的设备设施。

二、工量具准备

三角钥匙、四角钥匙、内六方扳手、手电筒、对讲机(具备录音摄像功能)、点温计、便携式电工仪表(万用表、兆欧表、钳形电流表)、笔记本电脑(安装 TCDS、车下电源、PIS、行车安全监控、绝缘分析下载、制动风压拓展监控下载分析软件)、U 盘、移动硬盘。

三、作业步骤及质量标准

无电作业车内上部设施检查作业内容及标准见表 16-8。

表 16-8　无电作业车内上部设施检查作业内容及标准

作业项目	作业内容及质量标准	图　　示
1. 安全确认	(1)作业前必须确认接触网停电、动车组施加停放制动，安全号志、作业牌已插设，严禁无号志作业，防止作业中发生接触网供电、动车组移动等意外情况的发生。 (2)检修作业人员身穿工作服，佩戴安全帽、绝缘鞋。 (3)检修作业人员领取作业计划，准备作业工具材料	
2. 检查塞拉门基础件	(1)检查内外门板平整无变形、损伤；玻璃安装牢固。门框胶条齐全无松脱裂损，门边胶条无撕裂、破损。内扣手安装紧固，无锈蚀破损。门板扶手安装螺丝齐全、牢固、无松动，作用良好，缺失、破损、有裂纹(肉眼可见的划痕)时更新。 (2)塞拉门运行机构盖板、控制机构立罩应外观平整，安装牢固	 ①—门板；②—门边胶条；③—立罩机构。
3. 检查塞拉门翻板	(1)翻板外观状态良好，无损坏。 (2)打开翻板锁，检查翻板开关状态良好，翻板锁锁盒、墙板锁安装牢固、作用良好。 (3)检查翻板转轴转动灵活无卡滞。 (4)检查翻板液压杆无漏油、损坏。 (5)塞拉门下导轨无锈蚀、杂物、积水，安装无松动、变形。导向尼龙滚轮齐全、无松脱、配件无丢失，转动良好无卡滞。 (6)对塞拉门各机构按规定定期清扫给油	 ①—翻板锁及墙板锁；②—转轴及液压杆。

续上表

作业项目	作业内容及质量标准	图　示
4.检查塞拉门处电暖风（日常外观检查）	（1）检查电暖风出风口无变形、无堵塞、紧固。 （2）检查内部有无异物，清楚内部杂物	 
5.检查顶灯和摄像头	检查顶灯外观状态良好，无裂损。 摄像头外罩无裂损，安装牢固。顶板锁闭良好、无下沉	 ①—顶灯；②—摄像头。
6.检查厕所外观	厕所门板外观无破损变形。门把手、门锁功能正常。标识无缺失。“有人/无人”标识外观无裂损	

续上表

作业项目	作业内容及质量标准	图　　示
7. 检查厕所内部设备	(1)烟火报警器外观无破损,安装牢固。 (2)照明灯具外观状态良好,无裂损。 (3)顶板外观良好,安装牢固。 (4)卫生间水龙头安装牢固无松动,试验按钮出水正常,出水口滤网无缺失。洗手盆外观良好,下水口无损坏、堵塞。标识无缺失。 (5)卫生纸盒外观状态良好,无裂损。 (6)照面镜外观良好,无裂损,锁具作用良好。 (7)衣帽钩无缺失、损坏、松动。 (8)各标识外观良好,无破损、无缺失。 (9)垃圾箱锁闭良好,无损坏。 (10)集便器控制按钮外观良好,无裂损	 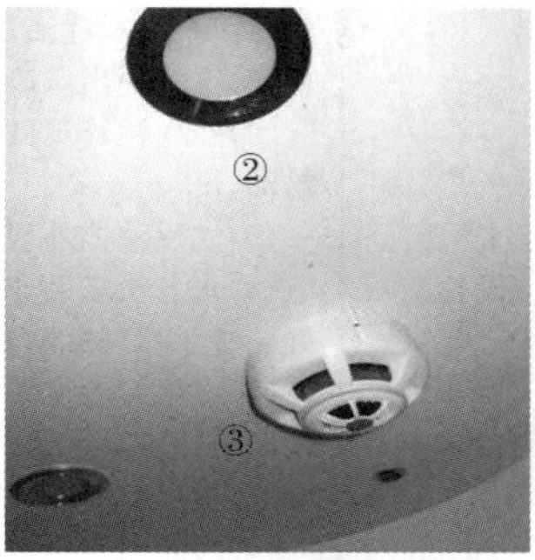  ①—衣帽钩;②—顶灯;③—烟火报警器;④—水龙头。
8. 检查电暖风出风口	(1)电暖风护罩安装紧固无松动。 (2)废排出风口,网框安装紧固无松动、脱出	

续上表

作业项目	作业内容及质量标准	图　　示
9. 检查洗脸间设施	(1)洗脸间衣帽钩无变形、破损，作用良好；无损坏，安装螺钉无松动、脱出、缺失；扶手安装牢固。 (2)洗脸间照明灯具照明状态良好，无灭灯或照明不良现象，灯罩干净、清洁。 (3)洗脸间出风口安装牢固，无变形，无异物。 (4)照面镜外观良好，无裂损；检查门三角锁锁闭正常，无松动、反位。 (5)洗手液器外观良好、安装牢固。 (6)水龙头安装牢固无松动，出水正常，出水口滤网无缺失。洗手盆外观良好，下水口无损坏、堵塞。 (7)卫生间内垃圾箱安装良好，无损坏；立罩板外观良好，无破损。 (8)纸巾盒、置物架安装牢固，外观良好。 (9)洗脸间内顶板外观良好，安装牢固。 (10)卫生间内各标识外观良好，无破损、无缺失。 (11)温水箱、插座各部良好，无松动、无缺失	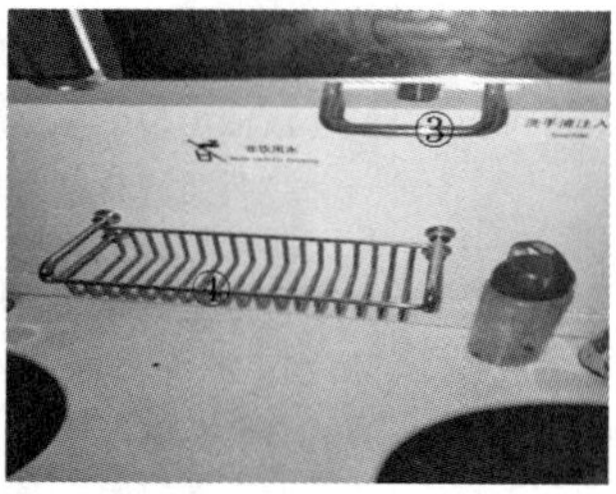①—镜面；②—扶手；③—洗手液器；④—置物架；⑤—水龙头。
10. 检查过道设施顶灯、广播喇叭、回风网	(1)检查顶灯安装牢固，无变形、无缺失。 (2)广播喇叭表面清洁无异物，安装牢固。 (3)二位端回风网检查空调机组滤网无堵塞、脱落、变形，清洁，无破损。回风网框良好无散架。锁具或插销安装到位，作用良好	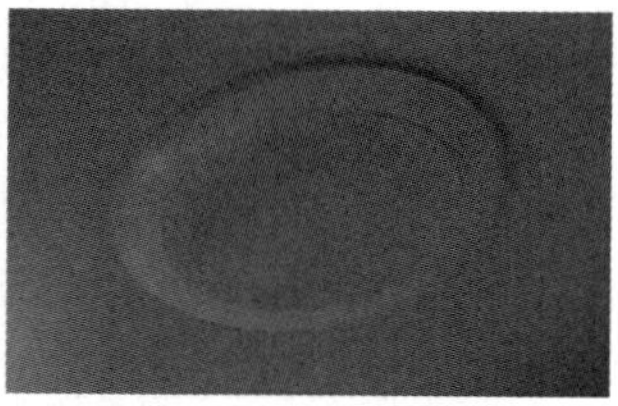

续上表

作业项目	作业内容及质量标准	图　　示
11. 检查垃圾箱及洁具柜	(1)垃圾箱外观无破损、变形,标识粘贴良好无脱落,垃圾箱盖门开启灵活无卡滞,垃圾箱门锁状态良好。垃圾箱通风端、网框安装牢靠。 (2)洁具柜柜门良好,锁具状态良好。标识无缺失。 (3)垃圾箱漏斗、间壁防护板齐全,无变形、松脱,与间壁板固定良好无缝隙,防护功能良好	 垃圾箱  洁具柜
12. 检查电动拉门	(1)门板无变形,安装牢固无松动。 (2)门玻璃良好无裂纹,贴膜无破损,密封胶条无缺失、断裂。 (3)门锁作用良好,内外防撞钢板安装牢固,无丢失;门把手、隔离锁安装牢固,作用良好	
13. 检查灭火装置	(1)灭火器型号正确,压力指示正常,插销、铅封无缺失、无破封,定检不过期。喷嘴及手柄状态良好。 (2)灭火器数量及类型(1 具 2 L 水型和 1 具 2 L 干粉)配置正确,压力指针应在绿区,不允许出现欠压(红区)或超压(指针允许误差±4%)。 (3)灭火器标识清晰,无缺失。 (4)灭火器座安装牢固,无松动	

续上表

作业项目	作业内容及质量标准	图　　示
14. 检查显示屏	信息显示屏状态良好，安装牢固，外观无破损	
15. 检查缓解阀	位置位于 11 号座位下方，安装紧固，缓解阀盖无缺失。 注：其中控制车位于 9 号座位下方，餐吧车位于 10 号座位下方	 在座位下会有缓解阀标识
16. 检查车厢内烟火报警器探头、监控摄像头	(1)探测器外观无破损，安装牢固，校验标签齐全，定期校验不过期。 (2)保护罩安装牢固。 (3)“严禁触动”封签未破封。 (4)摄像头安装牢固，安装螺丝不得缺失。摄像头外罩无裂损。 (5)①号位看一位端烟火探头及摄像头②号位看二位端烟火探头及摄像头	 烟感报警器  摄像头
17. 检查车厢内部	(1)车内照明灯具及配件齐全、安装牢固。灯罩无破损、脏污，无裂损、变形，裂纹不超过 50 mm，否则更换，裂纹未超过 50 mm 灯罩内外涂抹 704 胶处理。 (2)广播喇叭外观无变形、破损，安装牢靠。 (3)行李架安装牢固，无变形、无破损。 (4)各座位标识清晰，粘贴牢靠，位置准确。 (5)衣帽钩安装牢固，配件齐全，作用良好；衣帽钩内消声垫无缺失。	

续上表

作业项目	作业内容及质量标准	图　　示
17. 检查车厢内部	(6)紧急破窗锤一共两把，安全锤外观状态良好，安装牢固，铅封未破封。 (7)墙板上插座，面板安装牢固，不松动。面板无变形、破裂，插孔无烧损痕迹。电压及功率标识清晰，准确。 (8)电暖气罩安装牢靠，表面无凹陷，各安装螺丝齐全紧固	 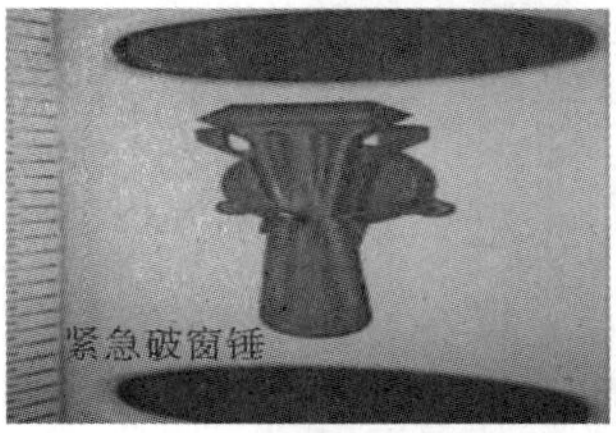 
18. 检查客室顶板、墙板、地板、窗户、窗帘及空调风道	(1)顶板无破损、裂纹、变形、脱漆，安装牢固，无松动，无渗水。 (2)墙板无松动、无裂损、鼓泡、变形。 (3)地板布平整，无破损、鼓包现象，无积水。 (4)检查空调风道可视部位，风道无变形、脱落、翘起。各部密封严密，安装牢固。 (5)窗户玻璃及密封胶条无裂纹破损，车窗锁作用良好。 (6)侧窗窗帘外观状态良好，无褶皱、无破损，上下拉动无卡滞，作用良好	 

续上表

作业项目	作业内容及质量标准	图　示
19. 检查座椅	(1)座椅靠背外观状态良好，无破损，靠背收放动作时无异响、脚控复位操作时能同步收起。座椅坐垫外观状态良好，无破损。 (2)扶手紧固无松动，按钮外观良好、功能正常，扶手上盖板、前端装饰板无松动、裂痕。 (3)挂物钩减振垫无丢失；检查书报袋无破损。 (4)座椅后插座，面板安装牢固，无松动。面板无变形、破裂，插孔无烧损痕迹。电压及功率标识清晰，准确。 (5)一等座叠桌板无变形、松动或破损，防擦垫和防撞垫无丢失、破损，折叠桌板灵活无卡滞。脚踏作用良好无卡滞，自动收回功能正常。脚踏外观无变形、破损，踩踏无异响，零部件无缺失，翻转灵活。 (6)二等座椅小桌板无松动，小桌板平行无晃动，锁扣无裂痕损坏，支架无变形，调节螺栓紧固无缺失。同排座椅茶桌板高度一致。小桌板无裂纹、鼓包、破损；小桌板与支架固定穿销无窜出	  
20. 检查电动内端门	(1)门板无变形，安装牢固无松动。 (2)门玻璃良好无裂纹，贴膜无破损，密封胶条无缺失、断裂。 (3)门锁作用良好，内外防撞钢板安装牢固，无丢失；门把手，隔离锁安装牢固，作用良好	

续上表

作业项目	作业内容及质量标准	图　示
21. 检查电热开水器外观	(1)电热开水器外观状态良好,配件齐全,标识清晰。 (2)电热开水器外观接水面板安装紧固,指示灯齐全,接水按钮安装牢固,出水口无堵塞,按压灵活。 (3)各锁具锁闭状态良好	
22. 检查乘务间门及内部设施	(1)乘务门板外观无破损变形。 (2)门把手、门锁功能正常	

作业记录卡见表 16-9。

表 16-9　作业记录卡

序号	作业内容	结果描述

各组展示任务结果,介绍作业完成情况。作业结果评价见表 16-10。

表 16-10　结果评价

姓名				组号		
评价项目	分值	得分	评价标准(每项考核点分 A、B、C、D 四个等级评价)			
			A(得分≥80%)	B(80%>得分≥70%)	C(70%>得分≥60%)	D(得分<60%)
出勤情况	10		全勤	迟到	早退	旷课
准备情况	10		充分	较充分	基本充分	不充分
团队合作	10		全员参与、分工合作明确	全员参与	一般	不能协调合作
学习态度	10		认真、积极	认真	一般	不参与学习

续上表

评价项目	分值	得分	评价标准(每项考核点分 A、B、C、D 四个等级评价)			
			A(得分≥80％)	B(80％>得分≥70％)	C(70％>得分≥60％)	D(得分<60％)
技能考核	50		熟练正确地操作	操作基本正确，较为熟练	操作不太熟练，错误不超过 10％	错误超过 10％
安全意识	10		安全	较安全	基本安全	存在风险
总评分数	100		优良(得分≥80)/中等(80>得分≥70)/合格(70>得分≥60)/不合格(得分<60)			

知识点 4　动车组 D2 修

一、基本要求

1. 动车组 D2 修按照不解编检修和减少过度检修的原则实施。

2. 拖车、控制车(不含机务设备)和动力车、控制车机务设备进行 D2 修时，实施专项项目检修。

3. 铁路局根据动车组运用实际，对 D2 修中的专项检修项目和时间周期进行调整时，须报国铁集团机辆部备案。

3. D2 修中取消密接钩、重联状态的带电气装置 105 型车钩(10 号电钩)、DC 600 V 供电请求和车端电气连接装置专项检修项目，除自动过分相装置外的其他专项检修项目，其检修周期由铁路局根据实际进行调整确定。

4. 实施 D2 修时，拖车及控制车(不含机务设备)按客车 A1 修项目的检修内容，执行 25T 型客车检修标准。按客车 A1 修实施的项目中，取消拖车、控制车制动机单车试验；主动润滑 104 型空气分配阀可不分解检修；对电子防滑器接线盒实施不开盖检查，取消速度传感器与齿轮顶径向间隙测量。

二、作业内容

作业内容包括拖车登顶技术检查、轮对检查和测量专项作业、车端阻尼装置专项检查、密接式车钩半年分钩检查专项作业、制动系统月度排水除尘作业、转向架月度检查和测量专项作业、安全环路专项试验、综合控制柜检查、电热开水器技术检查、列车网络技术检查、蓄电池及蓄电池箱技术检查等。

典型工作任务 3　密接式车钩分钩检查

【任务准备】

工作任务书见表 16-11。

表 16-11　任务书

任务名称	密接式车钩分钩检查	参考学时	2
任务要求	以小组为单位按标准完成密接式车钩分钩检查。每组 5～8 人，剖析任务内容，商定工作方案，明确成员分工，安全有序规范完成任务		
任务方案			
教师检查			

具体分工见表 16-12。

表 16-12 任务分工

<table>
<tr><td>班级</td><td></td><td>组号</td><td></td><td>指导老师</td><td></td></tr>
<tr><td>组长</td><td></td><td>序号</td><td colspan="3"></td></tr>
<tr><td colspan="2" rowspan="5">组员</td><td>姓名</td><td>组员排序</td><td>姓名</td><td>组员排序</td></tr>
<tr><td></td><td></td><td></td><td></td></tr>
<tr><td></td><td></td><td></td><td></td></tr>
<tr><td></td><td></td><td></td><td></td></tr>
<tr><td></td><td></td><td></td><td></td></tr>
<tr><td colspan="2">分工描述(按序号)</td><td colspan="4"></td></tr>
</table>

【任务实施】

一、劳动安全注意事项

1. 作业时要衣帽整齐、端正。
2. 熟悉整备库内环境、线路、设备以及调车作业、车辆取送等情况。
3. 由专人负责插撤防护信号,按规定进行登记。
4. 作业前须保证车辆防溜措施到位。
5. 安全牌防护到位。
6. 在有地沟的线路分钩时,须使用跳板,并与钢轨搭接良好,宽窄合适。
7. 配件轻拿轻放,禁止野蛮作业。

二、工量具准备

风动扳手、各型重型套筒(55、46、30、24)、呆扳手 24、250 mm 活动扳手、扭力扳手(300～1 000 N)、检点锤、手电筒、1.5 磅手锤、ϕ20×500 mm 撬棍、钩舌螺母专用紧固扳手、老虎钳、钢刷、毛刷、棉布、煤油、二硫化钼锂基脂、钩高尺。

三、作业步骤及质量标准

密接式车钩分钩检查作业步骤及标准见表 16-13。

表 16-13 密接式车钩分钩检查作业步骤及标准

作业项目	作业内容及质量标准	图　　示
1. 作业前准备	(1)作业前,穿戴劳保用品,接受专项修任务,检查工具材料、防护号志。 (2)确认脱轨器插设后,设置防护号志。 (3)确认车辆防溜措施。确认本车及邻车两端最外侧车轮安放止轮器	

续上表

作业项目	作业内容及质量标准	图　示
2. 清理	(1)清理车钩缓冲装置表面尘土杂物。 (2)用棉布(钢刷或毛刷)清理凸锥、钩腔、钩舌外表面、解钩风缸外表面等表面尘土杂物	
3. 外观检查	(1)用手电筒检查凸锥表面无可见裂纹，橡胶垫齐全无老化、龟裂；钩舌无裂纹、螺母无松动及垫片齐全；钩舌转动灵活。钩体凸锥、凹锥的连挂配合面应无深度2 mm以上的局部磨耗	
	(2)拉动解构手柄，检查解钩风缸及钩舌的动作。发现卡滞等现象时，须查清原因并处理；解钩风缸无裂纹	
	(3)检查缓冲器法兰盘、安装座和钩尾销3处的紧固件无松动，垫圈和开口销状态正常。 检查缓冲器法兰盘处8个M30连接螺栓无松动，开口销无折断丢失，开口销需穿在螺母槽内。M30连接螺栓松动时，用扭力扳手紧固，紧固扭矩为600～700 N·m	
	(4)检查安装座4个M38安装螺栓无松动，开口销无折断丢失，开口销需穿在螺母槽内。 M38连接螺栓松动时，用扭力扳手紧固，紧固扭矩为800～900 N·m。检查钩高调整螺母无松动，钩体外表面无裂纹、损伤等，支架水平面内无弯曲，安装座外表面无裂纹	

续上表

作业项目	作业内容及质量标准	图　示
3. 外观检查	(5)检查钩尾销紧固螺母无松动、垫片及弹垫圈齐全；支撑弹簧盒无异样及螺栓齐全，钩高调整螺母无松动，配件齐全。水平复原弹簧盒组成配件齐全，安装正确，作用良好，无裂纹、弯曲、松动、丢失、腐蚀	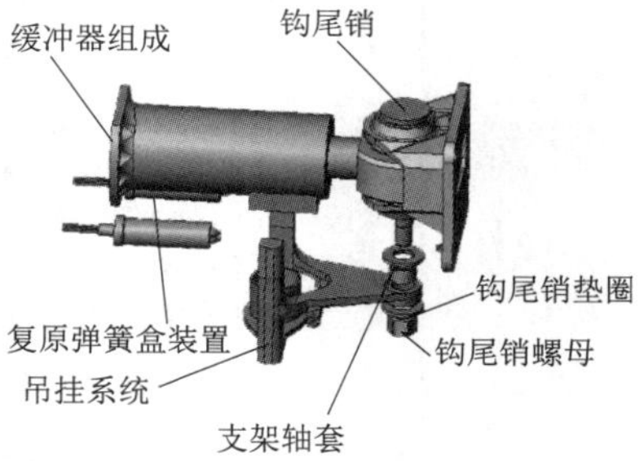
	(6)检查缓冲器无裂纹，内半筒相对外壳后端面伸出量不得超过 35 mm。从外表面观察到有弹性胶泥溢出滴落时，应立即更换	
4. 分解、清洗及检查钩舌	(1)用钩舌螺母专用紧固扳手拆卸螺母、垫圈，拆除解钩手柄与解钩风缸连接销，从钩舌内取出解钩手柄。 (2)在钩舌回转槽中逆时针转动钩舌至取出钩舌。 (3)用蘸有煤油的棉布清洗钩腔及钩舌回转槽和钩舌，清洗后检查钩舌外表面，有裂纹时须更换。钩腔、钩舌无磨耗、缺损	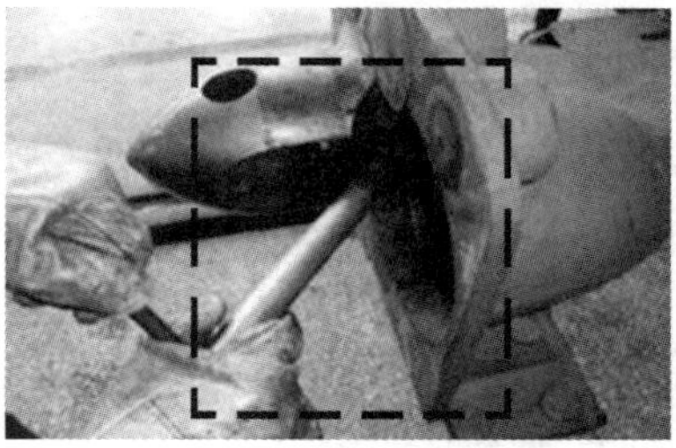
5. 清洗组装	(1)在钩舌回转槽内壁、钩舌上下面涂干性润滑剂或润滑脂。 (2)将钩舌顺时针转动装入钩体钩舌回转槽，解钩手柄插入钩舌，用钩舌螺母专用紧固扳手安装垫圈和螺母并紧固。摆正解钩风缸位置，用轴销将解钩手柄与风缸活塞杆固定	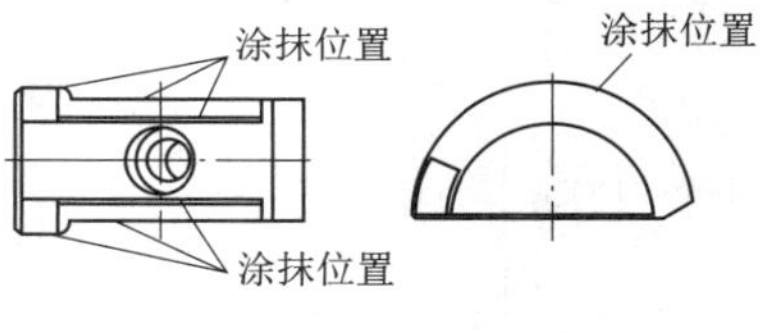
6. 落成验收	(1)将解钩手柄拉动至车钩全开位后释放，进行开锁试验 2 次，须符合下列要求： ①解钩手柄、钩舌和解钩风缸动作须灵活、无卡滞。 ②每次释放解钩手柄后，钩舌都能灵活复原至连挂位	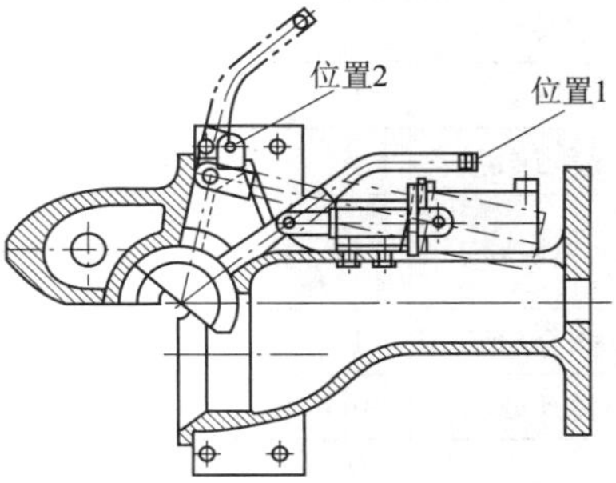

续上表

<table>
<tr><th>作业项目</th><th>作业内容及质量标准</th><th>图　　示</th></tr>
<tr><td></td><td>(2)测量钩头凸锥体距轨面高度为(880±30)mm。
(3)钩高超限时利用支持弹簧盒进行调整，调整范围向上 54 mm(加上调整垫圈)，向下 40 mm(撤去调整垫圈)。根据调整垫圈厚度每增加/减少 1 mm，钩体凸锥顶点处的车钩高度增加/减少 4.5 mm。</td><td>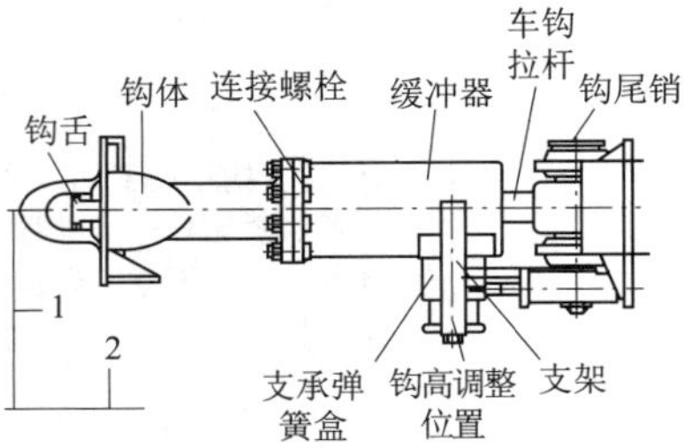
1—车钩高度；2—轨面。</td></tr>
<tr><td>7. 收工</td><td>(1)清查工具、材料，进行场地清理。做到工完、料净、场地清。撤除防护号志。
(2)填写台账。字迹工整，内容准确</td><td></td></tr>
</table>

作业记录卡见表 16-14。

表 16-14　作业记录卡

序号	作业内容	结果描述

各组展示任务结果，介绍作业完成情况。作业结果评价见表 16-15。

表 16-15　结果评价

<table>
<tr><td colspan="2">姓名</td><td colspan="2"></td><td>组号</td><td colspan="2"></td></tr>
<tr><td rowspan="2">评价项目</td><td rowspan="2">分值</td><td rowspan="2">得分</td><td colspan="4">评价标准(每项考核点分 A、B、C、D 四个等级评价)</td></tr>
<tr><td>A(得分≥80%)</td><td>B(80%>得分≥70%)</td><td>C(70%>得分≥60%)</td><td>D(得分<60%)</td></tr>
<tr><td>出勤情况</td><td>10</td><td></td><td>全勤</td><td>迟到</td><td>早退</td><td>旷课</td></tr>
<tr><td>准备情况</td><td>10</td><td></td><td>充分</td><td>较充分</td><td>基本充分</td><td>不充分</td></tr>
<tr><td>团队合作</td><td>10</td><td></td><td>全员参与、分工合作明确</td><td>全员参与</td><td>一般</td><td>不能协调合作</td></tr>
<tr><td>学习态度</td><td>10</td><td></td><td>认真、积极</td><td>认真</td><td>一般</td><td>不参与学习</td></tr>
<tr><td>技能考核</td><td>50</td><td></td><td>熟练正确地操作</td><td>操作基本正确，较为熟练</td><td>操作不太熟练，错误不超过 10%</td><td>错误超过 10%</td></tr>
<tr><td>安全意识</td><td>10</td><td></td><td>安全</td><td>较安全</td><td>基本安全</td><td>存在风险</td></tr>
<tr><td>总评分数</td><td>100</td><td></td><td colspan="4">优良(得分≥80)/中等(80>得分≥70)/合格(70>得分≥60)/不合格(得分<60)</td></tr>
</table>

任务三　乘务作业

司机和随车机械师乘务作业执行《技规（普速铁路部分）》和《技规（高速铁路部分）》涉及普速旅客列车司机和车辆乘务员的规定。

两名随车机械师分工协作乘务作业。

知识点 1　在站作业

1. 动车组停车时，司机按机车停车位置标对标，开车时按动力分散型动车组列车方式发车。安排动车组列车运行交路时，由铁路局机务、客运部门分别核对机车停车标位置及站台长度。

2. 动车组沿途客列检不实施人工作业，但负责拖车、控制车 TVDS 预报故障确认处理。途经 TVDS 动态检查作业执行普速旅客列车有关规定，动态检车室须将动车组列车纳入作业图表。

3. 客列检人员在本站对 TVDS 预报的故障进行确认处理或按随车机械师要求负责处理制动故障时，由客列检值班员在客列检人员开始作业前、作业结束后通知车站值班员（列车调度员），客列检人员无需设置车辆防护信号；客列检人员通知随车机械师对故障处理情况进行确认时，须在随车机械师确认完毕上车后，向客列检值班员报告作业结束。

4. 动车组始发前、换端后、更换司机时，司机通过车载信息监控装置确认受电弓状态，随车机械师确认拖车、控制车供电状态。

5. 动车组始发前、列车停留超过 20 min、改变司机室操纵、更换司机时，须在操纵端实施电空制动简略试验，由司机通过司机室显示屏确认尾部一辆动力车（控制车）制动、缓解作用正常。

6. 遇有以下情况时，应实施列车制动系统站折试验：

（1）动车组外属终到后过夜时，在到达列车的操纵端实施，由下班司机负责。

（2）在站进行短编重联或重联解编后，在出发列车操纵端实施，由接班司机负责。

7. 实施列车制动系统站折试验前，由随车机械师通知司机；由司机通过司机室显示屏确认尾部一辆动力车（控制车）制动、缓解作用正常。

8. 动车组车门的开启、关闭由司机负责。动车组到达始发站后，应将车门保持关闭状态，司机根据列车长的通知开门。在办客站，按照动力分散型动车组作业模式关闭车门。

知识点 2　途中作业

1. 司机同端换乘时，站停时间 6 min。途中换端操纵时，短编站停时间 15 min，长编或重联站停时间 20 min。

2. 动车组运行途中，当班随车机械师对列车（含动力车及控制车机务设备）进行巡视，按规定进行故障处置，巡视间隔期间在机械师室值乘。随车机械师巡视作业标准中，取消拖车（控制车）控制柜开柜检查。

3. 动车组在站办理旅客乘降时，随车机械师要密切关注集控塞拉门开关门信息，接到列车工作人员有关车门故障信息后，要立即进行处理。

4. 列车制动系统试验中发现制动故障后，随车机械师自行处理遇有困难时，在设有客列检的车站，应通知客列检负责处理。

5. 随车机械师在区间或车站下车确认处理故障时，无须设置车辆防护信号，下车前使用无线对讲设备或 GSM-R 手机通知司机；故障处理完毕上车后，及时通知司机。

6. 随车机械师不再执行车辆乘务员作业内容中的本务机车摘挂作业、尾灯摘挂作业、尾部软管及总风管吊起作业，以及 KLW 连接解除、递交“客列尾 ID 联络卡”等涉及旅客列车尾部安全防护装置的相关作业。

7. 担当动车组列车的车辆段（机辆段），随车配备各铁路局动车调度和客列检值班室联系电话表。

8. 动车组在车站、段（所）技术作业时分和出、退勤等辅助工作时分，应根据所在地设备情况、技术作业程序、乘务制度及乘务班制等进行实地查定，纳入铁路局列车运行图技术资料进行公布。

如图 16-4 所示为随车机械师一次往返作业流程及作业内容。

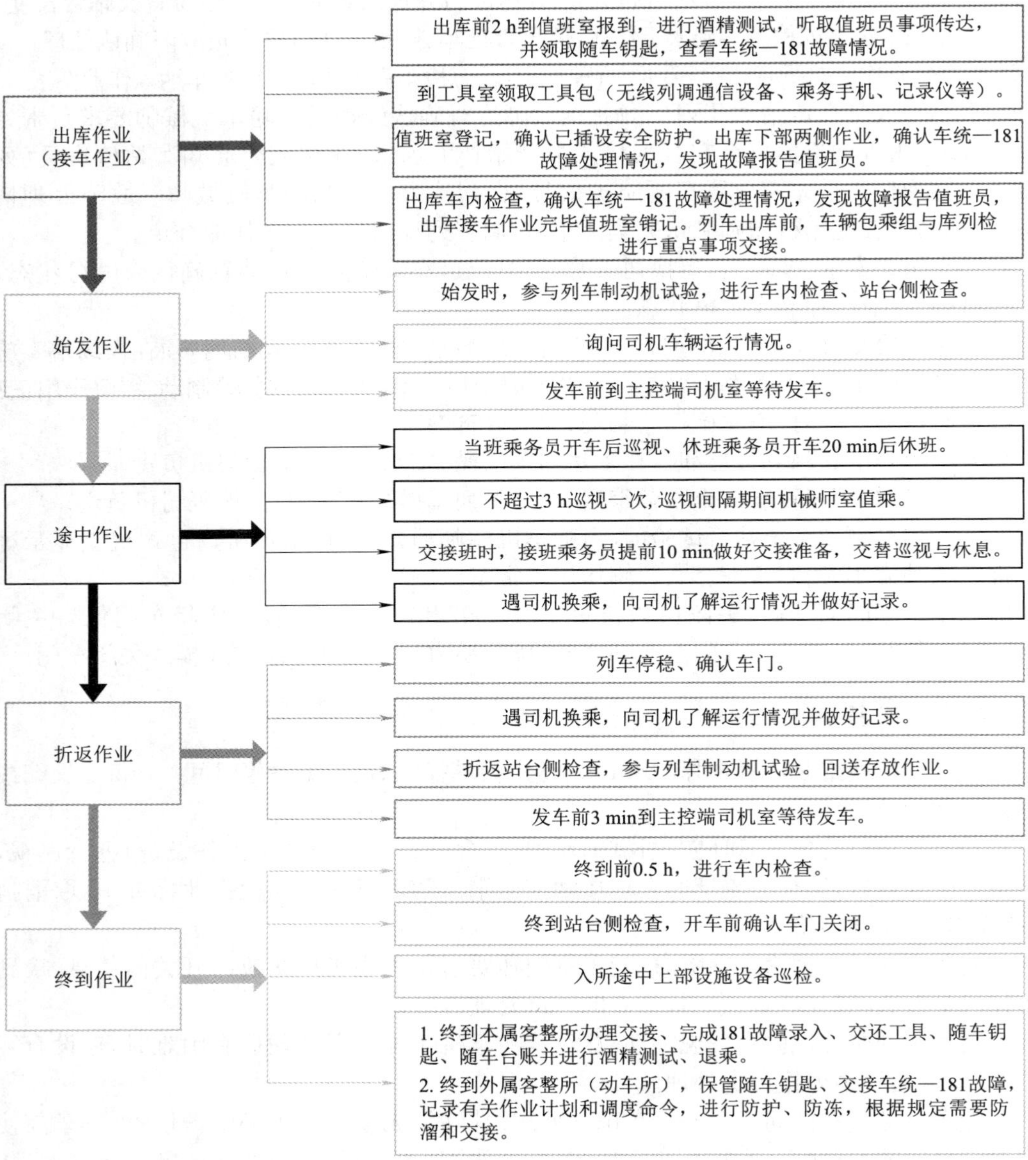

图 16-4　随车机械师一次往返作业流程及作业内容

知识点3 动车组系统报警处置

动车组设有车门、轴温、制动、火警等安全环路。当拖车车门未关闭时，列车牵引封锁，司机显示单元报警；当拖车轴温超过 90 ℃报警时，列车自动实施惩罚制动直至停车，司机显示单元报警；当拖车发生严重制动报警时，列车自动实施惩罚制动直至停车，司机显示单元报警；当拖车火灾报警时，司机操纵台产生声光报警。

动车组运行途中，司机发现安全环路报警时，会立即通知随车机械师检查确认及故障处理。随车机械师所属车辆段 TCDS 地面值班人员，发现安全环路报警时，也会立即与随车机械师联控。

1. 当安全环路对拖车、控制车发生车辆不缓解（严重异常制动、严重缓解不良或严重自然制动）报警时，动车组将自动引发常用制动停车。随车机械师接到车辆不缓解的通知后，使用通信设备与司机联控，下车通知司机充风至定压，减压 170 kPa，然后充风至定压，报警消除时，上车后通知司机开车；报警仍然未消除时，按照客车抱闸确认方式进行检查，确定为抱闸的，按规定关门排风处理，确定为缓解慢或误报时，上车后对报警车辆实施旁路隔离，通知司机开车。动车组开车后，随车机械师须对制动安全环路隔离车辆进行重点监控，发现异响、异振等异常情况时，通知司机立即采用常用制动停车，随车机械师下车处理。

2. 当 TCDS 对拖车、控制车发生车辆不缓解（严重异常制动或严重缓解不良或严重自然制动）报警时，动车组不自动引发常用制动停车。随车机械师发现或接到 TCDS 地面值班人员报警信息后，通知司机实施一次不少于 100 kPa 的制动、缓解操作。若报警消除，通知司机继续正常运行；若报警仍不消除，通知司机立即停车。随车机械师确认列车不能继续运行时，按规定请求救援。

3. 动车组运行途中，当拖车、控制车轴箱绝对温度达到 90 ℃时，安全环路将自动引发常用制动停车。随车机械师接到司机通知或在机械师室发现拖车、控制车报警信息后，除不执行热轴甩车规定外，其他均按普速旅客列车热轴处理规定进行处置。确认列车不能继续运行时，请求救援并启用热备动车组；确认为误报时，随车机械师对误报车辆实施旁路隔离后，通知司机开车。

4. 动车组运行途中，当拖车、控制车发生烟火报警时，安全环路只报警不控车。发生烟火报警时，司机立即降速至 120 km/h 以下，并通知随车机械师。随车机械师接到烟火报警时，应立即赶往报警车辆进行确认，并立即通知列车长组织列车员就近确认；确认为火情时，执行普速旅客列车规定进行处置。动车组发生烟火报警后确认为误报的，随车机械师对误报车辆实施复位或隔离操作后，通知司机取消限速。

5. 当塞拉门发生无法关闭或车门开放报警时，安全环路将自动封锁牵引。随车机械师接到塞拉门故障报警的通知后，要立即赶往故障车辆进行确认处理，确认为塞拉门故障误报或经临时处理能够手动开关门时，应对故障车门实施隔离，并通知列车长。

知识点4 动车组行车设备故障及处置

一、故障处置

1. 动车组运行中出现故障时，司机应按车载信息监控装置的提示，按规定及时处理；需要随车机械师处理时，司机应通知随车机械师。经处置确认无法正常运行时，司机应按车载信息监控装置的提示和随车机械师的要求，选择维持运行或停车等方式。

2. 操纵端动力车（控制车机务设备）故障处置由司机负责；非操纵端动力车及拖车、控制车故障处置由随车机械师负责，随车机械师无法处理动力车及控制车机务设备故障时，通知司机请求救援。

3. 司机登顶处理操纵端动力车受电弓故障时，由随车机械师负责协助；随车机械师登顶处理非操纵端动力车受电弓故障时，由司机负责协助。挂接地杆时，操纵端由司机负责，非操纵端由随车机械师负责。

4. 在客列检所在站，客列检值班室接到协助处理除制动系统之外其他故障的通知后，须立即组织客列检人员协助随车机械师进行处理。

5. 动车组因故障非正常运行或停车时，由司机立即向车站值班员（列车调度员）报告，并通知随车机械师；随车机械师立即向故障发生地所在铁路局动车调度员报告，发生地所在铁路局动车调度员立即向国铁集团动车调度员报告。

6. 随车机械师自行处置及客列检协助处理故障时，由所属车辆段进行应急指挥。客列检人员负责处理制动故障时，由客列检所属车辆段负责指挥，随车机械师须服从指挥。

7. 动车组因故障在区间停车超过 20 min、站内停车超过 30 min，仍无法判明故障原因或虽判明故障原因但无法处置时，司机、随车机械师要相互提醒，由司机报告车站值班员（列车调度员）请求救援，并明确救援方式。请求救援后，取消救援时，由司机向车站值班员（列车调度员）申请。

8. 请求救援后，随车机械师须立即向发生地所在铁路局动车调度员报告，发生地所在铁路局动车调度员立即启动应急指挥系统，并接入动车组担当铁路局动车调度员，国铁集团动车调度员根据需要接入。司机、随车机械师应严格服从发生地所在铁路局调度员的指挥，按要求做好救援准备。

二、动车组救援

1. 动车组优先采用机车救援方式。司机负责动力车（控制车）开闭机构的车内操作，需要车下操作时，由随车机械师负责。随车机械师负责被救动车组的软管摘结和过渡车钩装卸，被救动车组需要供电时，还要负责 DC 600 V 动力连接器摘结，连结时实施可靠捆绑。救援机车的摘挂（含引导）由救援机车司机负责。

2. 随车机械师进行过渡车钩装卸时，在设有客列检的车站，由客列检人员协助，在无客列检的车站由车站人员（调度集中区段车站除外）协助，在区间及调度集中区段车站由被救援司机协助。

3. 动车组在区间被迫停车后须返回后方站时，在动车组运行方向前端操作。

三、故障统计及调查

1. 动车组以列车为单元进行故障统计，司机与随车机械师要发挥机辆融合优势，全力做好配合，在保证安全的前提下，确保运输秩序。

2. 动力车按机车调查处理规定执行；拖车、控制车按客车调查处理规定执行。

思考与练习

一、填空题

1. 长编动车组调整编组而导致车组号不一致时，以组中________车组号为准。

2. 短编动车组可重联运行，可采用________、________两种方式。

3. 无动力回送或机车救援动车组，在站进行简略试验时，随车机械师应通过________，确认尾部一位动力车或控制车制动缓解作用良好。

4. 动车组修程分为D1、D2、D3、D4、D5、D6修。其中D1、D2修属于________，D3～D6属于________。

5. ________对动车组按列实施车号及运用维修生产组织管理，并对拖车、控制车配属及检修运用等实施管理。

6. 动车组实施D1修时，可采用________作业模式，也可采用________作业模式。

7. 动车组D1修作业内容包括________和________以及________。

8. 动车组沿途客列检不实施________，但负责拖车、控制车TVDS预报故障确认处理。

9. 动车组始发前、换端后、更换司机时，司机通过车载信息监控装置确认受电弓状态，随车机械师确认拖车、控制车________状态。

10. 动车组在站办理旅客乘降时，随车机械师要密切关注________信息。

二、选择题

1. CR200J型动车组动力车与和谐型电力机车技术平台一致，拖车与(　　)客车技术平台一致。

A. 25K　　B. 25T　　C. 25C　　D. 25Z

2. 随车机械师须具备客车检车员上岗资质，(　　)以上车辆乘务员或库列检、客列检工作经验。

A. 0.5年　　B. 1年　　C. 1.5年　　D. 2年

3. 使用铁鞋防溜时，短编动车组设置(　　)个铁鞋，长编和重联动车组设置(　　)个铁鞋。

A. 2，4　　B. 4，8　　C. 4，6　　D. 6，8

4. 动车组实施D2修时，拖车及控制车(不含机务设备)按客车(　　)修项目的检修内容，执行25T型客车检修标准。

A. A1　　B. A2　　C. A3　　D. A4

5. 动车组运行途中，当拖车、控制车发生(　　)报警时，安全环路只报警不控车。

A. 车门　　B. 轴温　　C. 制动　　D. 烟火

三、问答题

1. 动车组如何编组？

2. 动车组调车作业及停放如何进行？

3. 动车组回送有哪些规定?
4. 动车组维修管理要求有哪些?
5. 动车组运用维修D1修要求有哪些?
6. 动车组运用维修D1修内容有哪些?
7. 动车组运用维修D1修要求有哪些?
8. 动车组运用维修D2修内容有哪些?
9. 动车组在站作业对随车机械师的要求有哪些?
10. 动车组机辆乘务作业对随车机械师的要求有哪些?
11. 动车组出现行车设备故障,随车机械师如何处置?
12. 动车组系统安全环路报警后,随车机械师如何处置?

模块四　铁路货车运用维修

【知识导图】

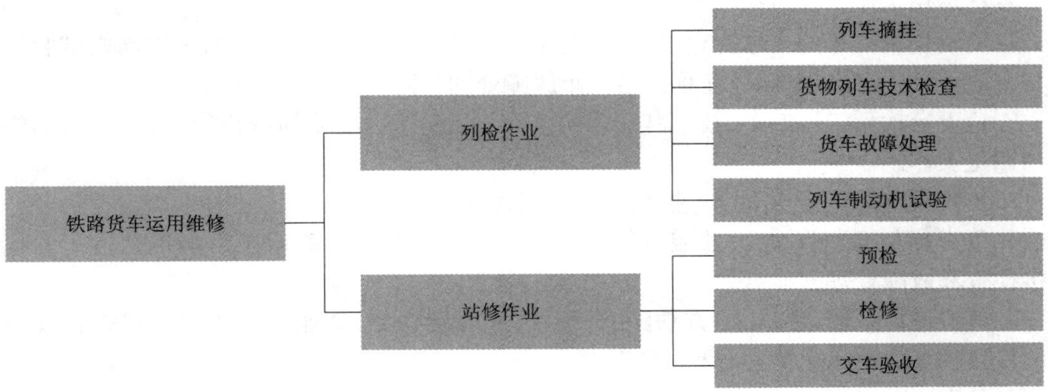

【学习目标】

知识目标

1. 熟悉铁路货车运用的工作内容。
2. 货车运用作业场分类、设置及劳动组织。
3. 熟悉列车技术检查作业流程及质量标准。
4. 熟悉列检作业场作业流程及质量标准。
5. 熟悉站修作业场修车作业流程及质量标准。

能力目标

1. 具备按照流程和标准进行货物列车技术检查的能力。
2. 具备按照流程和标准进行铁路货车单车技术检查的能力。
3. 具备按照流程和标准判别及应急处置铁路货车故障的能力。
4. 具备按照流程和标准检修铁路货车主要零部件故障的能力。
5. 具备按照流程和标准进行列车制动机试验的能力。
6. 具备按照流程和标准进行临修货车修理的能力。

素质目标

1. 具有较强的安全生产意识。
2. 具有遵章守纪的工作习惯。
3. 具有标准化作业的工作素养。
4. 具有严格执行工作流程的规范意识。
5. 具有爱护设备、工具及备品的思想品质。
6. 具有严谨细致、精益求精的铁路工匠精神。
7. 具有团队沟通和协作的意识。
8. 具有自我学习和开拓创新的意识。
9. 具有发现问题和解决问题的能力。

铁路货车通行全国，除特种车辆和专用车列外，原则上实行无固定配属管理。货车运用工作由国铁集团统一领导，统一技术标准要求，并执行国家有关技术规范和技术政策。在造修源头质量保证基础上，货车运用安全实行区段负责制，质量实行追溯负责制。

货车运用工作主要包括以下工作内容：

1. 负责货物列车的技术检查、列车自动制动机性能试验（以下简称列车制动机试验）、铁路货车故障处置和修理（以下简称铁路货车故障处理）等。

2. 负责定检到（过）期车、技术状态不良车（含沿途发生故障的铁路货车）及事故车的摘修和回送工作。

3. 负责铁路货车运行安全监控系统的运用管理。

4. 负责翻车机翻前卸后、散装货物解冻库（以下简称解冻库）解冻后的铁路货车的技术交接检查和故障处理。

5. 负责进出厂矿、港口、地方铁路、合资铁路、专用铁路、企业专用线和工程临管线等单位的铁路货车的技术交接检查和故障处理。

6. 负责国际联运货物列车的技术交接。

7. 负责往返循环开行的快速货物班列、局管内固定编组开行的货物快运列车等整备作业。

8. 负责铁路货车运用技术质量的分析、评价和管理，组织开展货物列车技术质量监控；负责铁路货车设计、新造、检修和主要配件的质量监督与反馈。

9. 负责爱护铁路货车工作，组织爱车工作宣传并指导、监督和检查铁路货车的使用，制止损坏铁路货车的行为，负责损坏铁路货车的索赔和管理。

10. 按规定负责重点物资及超限货物列车、路用列车和机械冷藏车的技术作业及车辆乘务等工作。

11. 按规定协助进行铁路货车新车型、新技术、新型配件运用考验的相关工作。

12. 参加相关铁路交通事故的调查和事故救援，协助铁路货车交通事故的处理和管理，负责铁路货车行车设备故障的调查、处理和管理。

13. 国铁集团规定的其他有关工作。

货车运用维修工作由货车运用作业场和站修作业场承担。

货车运用作业场按规定的检查范围和质量标准，对货物列车或铁路货车进行技术作业，承担相应的安全保证责任，保证铁路货车相应部位在正常运用条件下，安全到达下一个负责检查该部位的货车运用作业场。货车运用作业场主要由列检作业场、动态检查作业场、技术交接作业场、整备作业场等组成，其技术管理执行《铁路货车运用维修规程》。

货车站修作业场是铁路货车辅修及摘车临修的工作场地，承担快速处理铁路货车故障、维护运用铁路货车技术性能的任务，站修作业场的技术管理执行《铁路货车站修规程》。

项目十七　列检作业

货物列车技术作业（简称货车列检作业）的工作场所为列检作业场，主要负责货物列车的日常检查和维修。货车列检作业主要包括货物列车技术检查、列车制动机试验、铁路货车故障处理等。

列检作业场对货物列车的技术作业，按作业性质分为到达作业、始发作业、中转作业、通过作业。

1. 到达作业：指对列检作业场所在车站到达列车进行的作业。到达作业一列作业标准流程如图 17-1 所示。

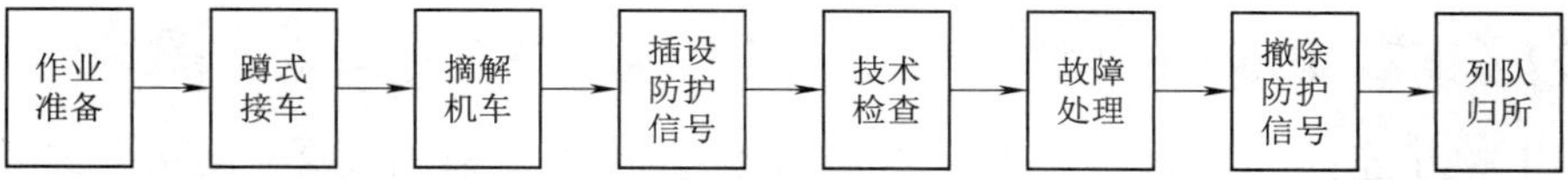

图 17-1　到达作业一列作业标准流程

2. 始发作业：指对列检作业场所在车站始发列车进行的作业。始发作业一列作业标准流程如图 17-2 所示。

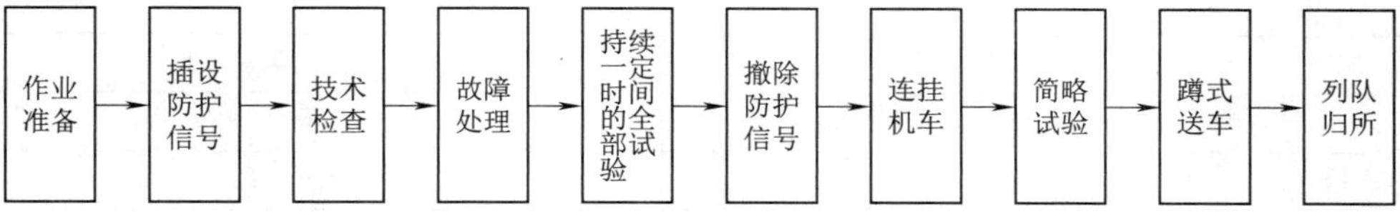

图 17-2　始发作业一列作业标准流程

3. 中转作业：指列检作业场在车站对中转列车进行的列车技术作业，中转列车分为有调中转列车（进行部分改编作业）和无调中转列车（不进行改编作业）。

其中，无调中转作业一列作业标准如图 17-3 所示，有调中转作业一列作业标准流程如图 17-4所示。

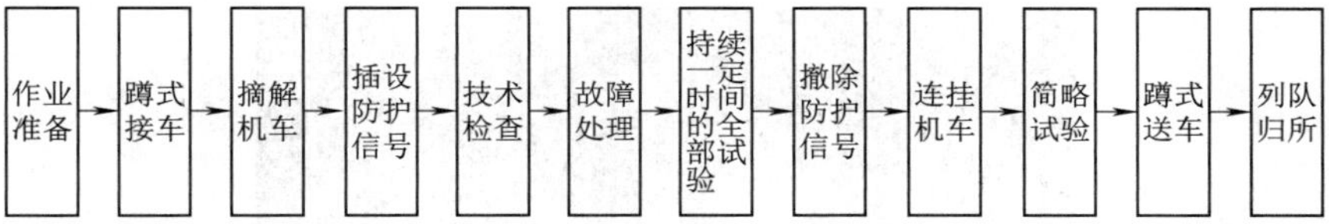

图 17-3　无调中转作业一列作业标准流程

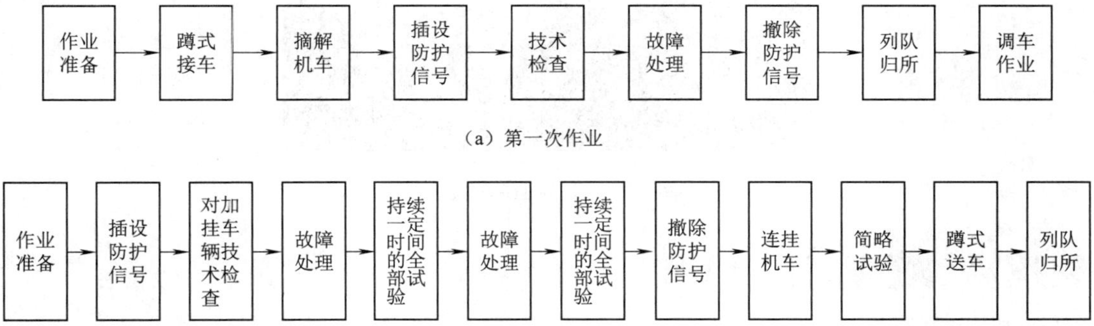

（a）第一次作业

（b）第二次作业

图 17-4　有调中转作业一列作业标准流程

4. 通过作业：指列检作业场对不停车通过列车或在本站只进行更换机车乘务员、换挂机车的无调中转列车，利用 TFDS 等货车安全防范系统进行的列车技术作业。

任务一　列车摘挂

【相关知识】

知识点1　车钩高度差的规定

列车中相互连挂的车钩中心水平线的高度差叫作车钩高度差（互钩差），不得超过75 mm。这个高度差是由车钩中心水平线至轨面的距离，运用限度规定为最高890 mm和最低815 mm之差而定出的。货车车钩高及互钩差的运用限度见表17-1。

表17-1　货车车钩高及互钩差的运用限度

单位：mm

<table>
<tr><th colspan="3">名　称</th><th>限　度</th></tr>
<tr><td colspan="3">两连接车钩中心水平线高度之差</td><td>≤75</td></tr>
<tr><td rowspan="3">货车车钩中心线高度</td><td colspan="2">最高</td><td>≤890</td></tr>
<tr><td rowspan="2">最低</td><td>空车</td><td>≥835</td></tr>
<tr><td>重车</td><td>≥815</td></tr>
</table>

若车钩高度差超过规定（图17-5），当列车运行至道岔或路基松软地段时，车辆上下振动，尤其在陡坡线路上，容易发生脱钩而造成列车分离。车钩高度差较大时，还使车钩钩舌牵引接触面减小，产生过大的弯矩，容易发生断钩事故。

图17-5　车钩互钩差超限

知识点2　货物列车摘挂分工

1. 机车摘解

货物列车机车与第一辆车的摘解，车钩摘解、软管摘解，由列检人员负责。无列检作业的货物列车，车钩、软管摘解，由机车乘务员（单班单司机值乘的由车辆乘务员负责）负责，货物列车无车辆乘务员的由车站人员负责。

2. 机车连挂

货物列车机车与第一辆车的连挂，车钩连挂、软管连结，由机车乘务员负责。单班单司机值乘的，由列检人员负责；无列检作业的列车，由车站人员（有车辆乘务员的货物列车由车辆乘务员负责）负责。

3. 车辆摘解

货物列车中车辆与车辆的摘解，属于调车作业，其车钩摘解、软管摘解，均由调车作业人员负责。

4. 车辆连挂

货物列车中车辆与车辆的连挂，属于调车作业，其车钩连挂，由调车作业人员负责。软管连结，有列检作业的由列检人员负责；无列检作业的，由调车作业人员负责。

5. 列尾连挂

挂有列尾装置的货物列车，列尾装置尾部主机的安装与摘解，由车务人员负责。列尾装置主机软管与车辆制动软管的连结，有列检作业的，由列检人员负责；无列检作业的，由车务人员负责。

综上所述，在货物列车摘挂过程中，进行现场列检作业的列车，车辆制动软管的连结、机车与第一辆车的车钩摘解和制动软管摘解、单班单司机值乘的列车机车与第一辆车的连挂，均由现场检车员负责。

典型工作任务 1　机车摘解

【任务准备】

工作任务书见表 17-2。

表 17-2　任务书

任务名称	机车摘解	参考学时	2
任务要求	以小组为单位按标准完成机车摘解。每组 5～8 人，剖析任务内容，商定工作方案，明确成员分工，安全有序规范完成任务		
任务方案			
教师检查			

具体分工见表 17-3。

表 17-3　任务分工

班级		组号		指导老师	
组长		序号			
组员		姓名	组员排序	姓名	组员排序
分工描述(按序号)					

【任务实施】

一、劳动安全注意事项

1. 作业前后，应按规定设置、撤除安全防护信号。

2. 必须按规定穿戴好工作服、安全帽等防护用品，禁止穿拖鞋、凉鞋、高跟鞋作业。

3. 转线作业时不得钻车，穿越股道时必须执行“一站、二看、三确认、四通过”和“眼看、手指、口呼”制度。

4. 作业中不得侵入临线，做好人身伤害事故防护。

5. 不得带风摘解软管，需先关闭折角塞门。

二、工量具准备

手电筒、对讲机、防护红旗（灯）、脱轨器钥匙、检点锤、钢丝钳等，设备作用正常，电量充足。

三、作业步骤及质量标准

机车摘解作业流程如图 17-6 所示。

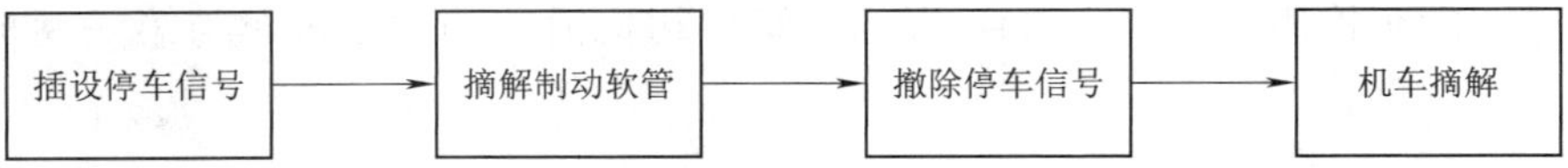

图 17-6　机车摘解流程

1. 插设停车信号

机后第一位检车员确认列车处于制动状态后，将停车信号插设在机后一位车辆前端列车运行方向左侧车体上。昼间红旗，夜间频闪红灯；防护红旗必须充分展开，颜色鲜艳，红灯明亮，插设牢固。

2. 摘解制动软管

机后第一位检车员先关闭第一辆车前端折角塞门，再关闭机车后端折角塞门。摘解机车与第一辆车的制动软管（图 17-7），将机后 1 位车辆车钩防跳插销摘除，先确认机车、车辆制动软管摘除后，再提车辆车钩的钩提杆，使车钩处于开锁位，如图 17-8 所示。

图 17-7　摘解制动软管

图 17-8　提开车钩钩提杆

3. 撤除停车信号

提开车钩的钩提杆后，将机后第一辆车运行方向左侧车体上插设的安全防护信号（昼间红旗、夜间红灯)撤除。

4. 机车摘除

机后第一位检车员向本务司机显示机车前行信号,单臂持检点锤顺列车方向,由后向前摆动(夜间检车灯),指挥司机前行,目视机车越过脱轨器。

【结果评价】

作业记录卡见表 17-4。

表 17-4 作业记录卡

序号	作业内容	结果描述

各组展示任务结果,介绍作业完成情况。作业结果评价见表 17-5。

表 17-5 结果评价

姓名				组号		
评价项目	分值	得分	评价标准(每项考核点分 A、B、C、D 四个等级评价)			
			A(得分≥80%)	B(80%>得分≥70%)	C(70%>得分≥60%)	D(得分<60%)
出勤情况	10		全勤	迟到	早退	旷课
准备情况	10		充分	较充分	基本充分	不充分
团队合作	10		全员参与、分工合作明确	全员参与	一般	不能协调合作
学习态度	10		认真、积极	认真	一般	不参与学习
技能考核	50		熟练正确地操作	操作基本正确,较为熟练	操作不太熟练,错误不超过 10%	错误超过 10%
安全意识	10		安全	较安全	基本安全	存在风险
总评分数	100		优良(得分≥80)/中等(80>得分≥70)/合格(70>得分≥60)/不合格(得分<60)			

典型工作任务 2 机车连挂

【任务准备】

工作任务书见表 17-6。

表 17-6 任务书

任务名称	机车连挂	参考学时	2
任务要求	以小组为单位按标准完成机车连挂。每组 5~8 人,剖析任务内容,商定工作方案,明确成员分工,安全有序规范完成任务		
任务方案			
教师检查			

具体分工见表 17-7。

表 17-7 任务分工

班级		组号		指导老师	
组长		序号			
组员		姓名	组员排序	姓名	组员排序
分工描述(按序号)					

【任务实施】

一、劳动安全注意事项

1. 作业前后，应按规定设置、撤除安全防护信号。

2. 必须按规定穿戴好工作服、安全帽等防护用品，禁止穿拖鞋、凉鞋、高跟鞋作业。

3. 转线作业时不得钻车，穿越股道时必须执行“一站、二看、三确认、四通过”和“眼看、手指、口呼”制度。

4. 作业中不得侵入临线，做好人身伤害事故防护。

5. 不得带风连结软管，需先关闭折角塞门。

二、工量具准备

手电筒、对讲机、防护红旗(灯)、脱轨器钥匙、检点锤、钢丝钳等，设备作用正常，电量充足。

三、作业步骤及质量标准

机车连挂作业流程如图 17-9 所示。

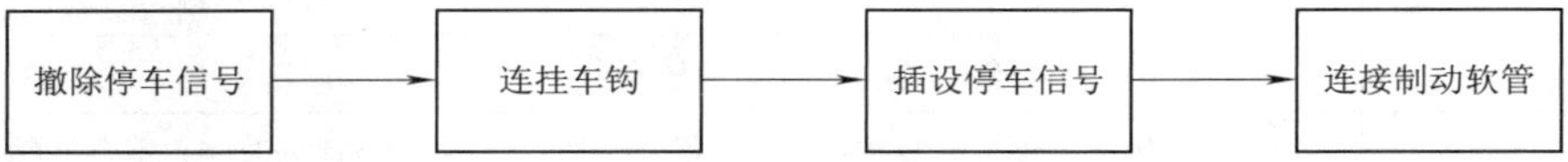

图 17-9 机车连挂流程

1. 撤除停车信号

由列车尾部检车员发出安全防护撤除信号(转动信号，如图 17-10 所示)，依次逐段传递至首部检车员，首部检车员接到信号后，依次逐段向尾部检车员传递确认信号。安全防护信号对通后，两端检车员撤除两端停车信号。转动信号用检查锤(检车灯)由上部向车列方向作圆形转动。

2. 连挂车钩

机车乘务员(单班单司机值乘的由现场检车员指挥)指挥机车与车辆进行车钩连挂，首部检车员到达机后第一位车辆指定作业位置后，确认机车连挂好，并向列检值班员汇报，标准用语“××道机车挂好”。

3. 插设停车信号

在机后一位车辆前端列车发出方向左侧车体上插设防护信号，昼间红旗，夜间频闪红灯。防护红旗必须充分展开、颜色鲜艳，红灯必须明亮、插设牢固。

4. 连接制动软管

连接机车与车辆间制动软管（图 17-11），要求连接状态良好；开启机车与车辆折角塞门，开启到位；有车钩防跳插销的，确认车钩防跳插销插设良好。

图 17-10 安全防护撤除信号

图 17-11 连接制动软管

【结果评价】

作业记录卡见表 17-8。

表 17-8 作业记录卡

序号	作业内容	结果描述

各组展示任务结果，介绍作业完成情况。作业结果评价见表 17-9。

表 17-9 结果评价

姓名			组号			
评价项目	分值	得分	评价标准（每项考核点分 A、B、C、D 四个等级评价）			
			A（得分≥80%）	B（80%>得分≥70%）	C（70%>得分≥60%）	D（得分<60%）
出勤情况	10		全勤	迟到	早退	旷课
准备情况	10		充分	较充分	基本充分	不充分
团队合作	10		全员参与、分工合作明确	全员参与	一般	不能协调合作
学习态度	10		认真、积极	认真	一般	不参与学习
技能考核	50		熟练正确地操作	操作基本正确，较为熟练	操作不太熟练，错误不超过 10%	错误超过 10%
安全意识	10		安全	较安全	基本安全	存在风险
总评分数	100		优良（得分≥80）/中等（80>得分≥70）/合格（70>得分≥60）/不合格（得分<60）			

【拓展知识】

拓展知识点　调车作业中车辆摘挂

在铁路运输生产中，除列车运行以外，机车、车辆或机车带动调车车列在站线或其他线路上（包括专用线和区间正线）一切有目的的移动都属于调车，车辆摘挂作业是中间站调车的主要形式，其主要操作人员为连接员，摘挂作业中主要进行摘接风管、调整钩位。

摘车时应停妥，采取好防溜措施。再摘解制动软管，提钩摘车。制动软管摘解的经验做法“一关前、二关后、三摘管、四提钩”，即先关闭靠近机车方向的折角塞门，再关闭另一端的折角塞门，然后从下往上提起制动软管的连接处，使得两软管连接处接近直角，即可分开制动软管，最后提起钩提杆使车钩至开锁位。摘开机车与车辆连接的制动软管要先关闭车辆的折角塞门，再关闭机车的折角塞门。

挂车时，连接员确认列车车列停妥，得到调车长同意，并使用无线调车灯显设备发出“紧急停车”指令后，方可进入车挡，抓牢钩提杆向上提起至开锁位置，单脚进入道心，向外扳动钩舌，直到车钩处于全开位置。当车钩连挂妥当后，再连接软管，软管连结好后要确认接头连结稳妥，方可打开折角塞门，以免通风后软管跳开伤人。

铁路调车列车摘挂作业程序如图 17-12 所示。

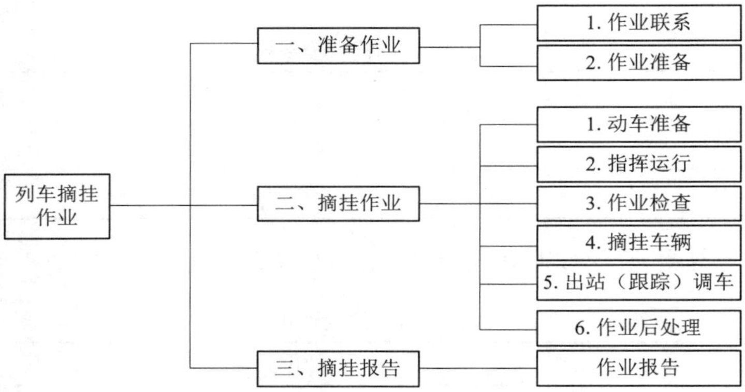

图 17-12　铁路调车列车摘挂作业程序

任务二　货物列车技术检查

【相关知识】

知识点 1　列车技术检查

一、作业方式

货物列车技术检查作业方式分为动态检查、人工检查、人机分工检查等。

1. 动态检查

动态检车员利用铁路货车运行安全监控系统进行的列车不停车技术检查，负责内容是动态检车员按规定的检查范围和质量标准，检查铁路货车运行安全监控系统可探测、可视的铁路货车配件。

2. 人工检查

检车员在列检作业场作业线路上进行的列车停车技术检查，负责内容是检车员按规定的检查范围和质量标准、作业过程和位置检查铁路货车配件的可视部位。

3. 人机分工检查

按动态检查、人工检查负责的检查内容和质量标准分工进行的列车技术检查。

二、货物列车技术检查作业要求

1. 到达作业

到达作业实行人机分工检查或人工检查作业方式。

列检作业场接入列车进路安装有 TFDS 的，车辆技术检查实行人机分工作业，对铁路货车执行“人机分工 TFDS 动态检查范围和质量标准”和“到达列车人机分工人工检查范围和质量标准”；列检作业场接入列车进路未安装 TFDS 或 TFDS 无法正常进行动态检查的，车辆技术检查实行人工检查作业方式，对铁路货车按“人机分工 TFDS 动态检查范围和质量标准”和“到达列车人机分工人工检查范围和质量标准”范围执行。

2. 始发作业

始发作业车辆技术检查实行人工检查作业方式，对铁路货车执行“始发列车检查范围和质量标准”。

3. 中转作业

中转作业实行人机分工检查或人工检查作业方式。

列检作业场接入列车进路安装有 TFDS 的，车辆技术检查实行人机分工作业，对铁路货车执行“人机分工 TFDS 动态检查范围和质量标准”和“中转列车人机分工人工检查范围和质量标准”；列检作业场接入列车进路未安装 TFDS 或 TFDS 无法正常进行动态检查的，车辆技术检查实行人工检查作业方式，对铁路货车执行“始发列车检查范围和质量标准”；对加挂的铁路货车，实行人工检查方式，执行“始发列车检查范围和质量标准”。

4. 通过作业

通过作业利用 TFDS 进行作业，实行动态检查方式，对铁路货车执行“通过作业 TFDS 动态检查范围和质量标准”，发现符合拦停的车辆故障按拦停程序办理。

非列检作业场所在站始发列车无列检作业场的车站编组始发列车，应在途经第一个列检作业场进行列检作业，执行中转作业有关规定。对铁路局无列检作业场的车站编组始发的列车，在本铁路局未途经列检作业场时，始发铁路局需通知接入铁路局安排途经第一个列检作业场进行列检作业，并在相关文件中明确作业地点。

不同类型的货物列车技术作业所执行的检查范围和质量标准见表 17-10。

表 17-10 货物列车检查范围和质量标准

序号	列车检查范围和质量标准	作业类型	作业方式
1	始发列车检查范围和质量标准	始发作业 加挂的铁路货车(中转作业) 采用人工检查方式的中转作业	人工检查

续上表

<table>
<tr><th>序号</th><th>列车检查范围和质量标准</th><th>作业类型</th><th colspan="2">作业方式</th></tr>
<tr><td>2</td><td>通过作业 TFDS 动态检查范围和质量标准</td><td>通过作业</td><td colspan="2">动态检查</td></tr>
<tr><td>3</td><td>到达列车人机分工人工检查范围和质量标准</td><td rowspan="2">到达作业</td><td>人机分工检查（人工检查部分）</td><td rowspan="2">人工检查</td></tr>
<tr><td rowspan="2">4</td><td>人机分工 TFDS 动态检查范围和质量标准</td><td>人机分工检查（动态检查部分）</td></tr>
<tr><td>人机分工 TFDS 动态检查范围和质量标准</td><td rowspan="2">采用人机分工检查方式的中转作业</td><td colspan="2">人机分工检查（动态检查部分）</td></tr>
<tr><td>5</td><td>中转列车人机分工人工检查范围和质量标准</td><td colspan="2">人机分工检查（人工检查部分）</td></tr>
</table>

知识点 2　单车技术检查

列检作业场按到达、中转和始发列车的作业性质，对一辆铁路货车进行单车技术检查作业的主要内容和程序应按以下原则进行（以 C_{70} 型敞车为例）：以铁路货车纵向中心线为界，实行分面检查作业分工，其他铁路货车一辆作业过程按各铁路局组织制定的标准执行。

一、中转列车作业人机分工人工检查

1. 一辆作业过程采取“一跨、一俯、三探”分面检查方法，如图 17-13 所示。

一跨：制动软管所在侧端转向架外端跨轨检查。

一俯：底架中部车下悬挂配件俯身顺车检查。

三探：制动软管所在侧端转向架内端及另一转向架内、外端探身检查。

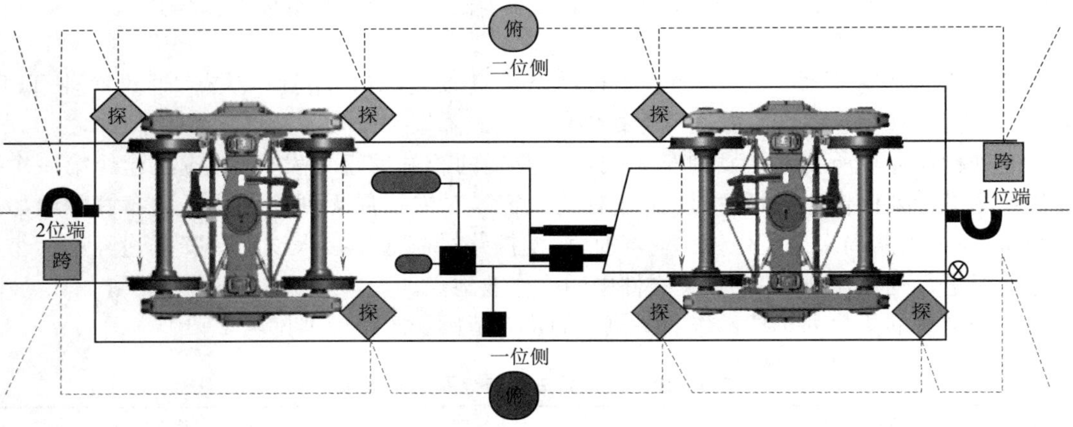

图 17-13　“一跨、一俯、三探”分面检查方法平面

2. 一辆作业过程检查易混淆部位界限划分规定：

（1）车钩连接状态、首尾车钩三态作用、钩提杆及链、车钩防跳插销及吊链、下锁销组成，均由钩提杆所在侧检车员负责；车钩高度、两连接车钩高度差，两侧检车员负责；车钩上部、

冲击座纵向中心线处破损，由非提钩杆所在侧检车员负责。

(2)钩体底面(下锁销孔)、钩锁锁腿、车钩托梁、车钩支撑座、车钩支撑座含油尼龙磨耗板、钩尾销及安全吊架螺栓、制动软管吊链，均由跨轨检查的检车员负责。

(3)转向架旁承、心盘、摇枕、内侧枕簧(不含减振弹簧)、制动梁体及支柱夹扣螺栓、交叉杆、横跨梁及安全链(索)、空重车调整阀，均由跨轨检查的检车员负责。

(4)转向架内外侧以轮缘顶点划分。

(5)制动缸连通管漏泄由负责制动机试验的检车员负责。

(6)转向架内、外端固定及游动杠杆、上拉杆、固定杠杆支点及座、固定杠杆支点链蹄环及圆销、开口销(拉铆销套)，均由所在侧检车员负责。

二、始发、到达作业人工检查

1. 一辆作业过程采取“两跨、一俯、两探”分面包转向架检查方法，如图 17-14 所示。

两跨：制动软管所在侧端的转向架外、内端跨轨检查。

一俯：底架中部车下悬挂配件俯身顺车检查。

两探：另一转向架内、外端探身检查。

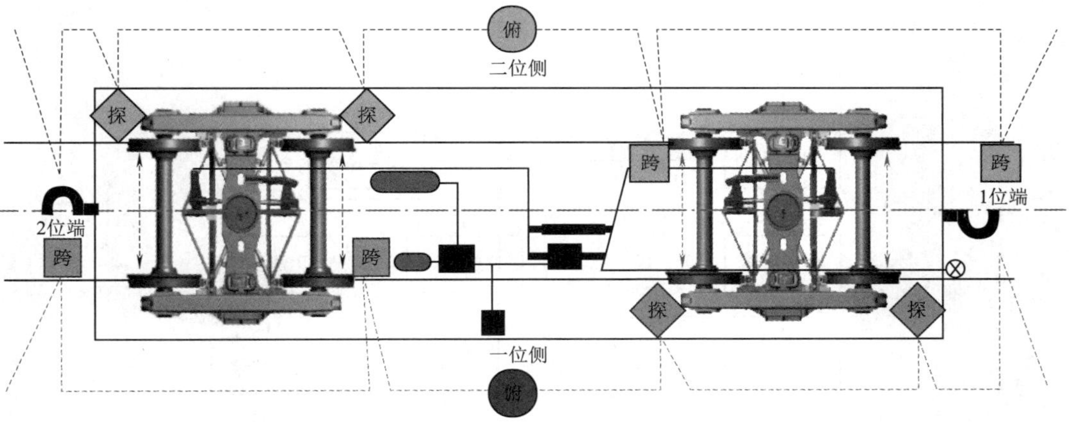

图 17-14 “两跨、一俯、两探”分面检查方法平面

2. 一辆作业过程检查界限容易混淆处所界限划分规定

(1)车钩连接状态、首尾车钩三态作用、钩提杆及链、车钩防跳插销及吊链、下锁销组成，均由钩提杆所在侧检车员负责；车钩高度、两连接车钩高度差，由两侧检车员负责；车钩上部、冲击座纵向中心线处破损，由非提钩杆所在侧检车员负责。

(2)钩体底面(下锁销孔)、钩锁锁腿、车钩托梁、车钩支撑座、车钩支撑座含油尼龙磨耗板、钩尾销及安全吊架螺栓、制动软管吊链，均由跨轨检查的检车员负责。

(3)转向架旁承、心盘、摇枕、内侧枕簧(不含减振弹簧)、制动梁体及支柱夹扣螺栓、交叉杆、横跨梁及安全链(索)、空重车调整阀，均由跨轨检查的检车员负责。

(4)转向架内外侧以轮缘顶点划分。

(5)制动缸连通管漏泄由负责制动机试验的检车员负责。

(6)转向架内、外端固定及游动杠杆、上拉杆、固定杠杆支点及座、固定杠杆支点链蹄环及圆销、开口销(拉铆销套)，均由所在侧检车员负责。

知识点3　货车运行故障动态图像检测作业

动态检查作业利用TFDS进行技术检查，应按照“直通优先、先开优先”的原则安排检查顺序，每列车的动态检查作业由1个动态检车组完成。

一、通过作业TFDS动态检查一列作业流程

接到TFDS来车提示后，TFDS动态检车组长组织动态检车组进行作业，TFDS动态检车员根据分车情况按规定的鼠标轨迹检查引导视线流程浏览图片，动态检查作业发现“通过作业TFDS动态检查范围和质量标准”范围内的故障和其他危及行车安全的故障，按照“先报告后提交”的原则，向铁路局红外线调度员进行预报拦停，办理拦停手续。TFDS动态检车员向组长报告后再加载正确的故障。TFDS动态检车组长收集故障反馈信息，并确认上传。当发现图片、设备异常无法恢复时，动态检车组长向运用车间、段调度科汇报，通知动态监测设备车间。通过作业TFDS动态检查一列作业流程如图17-15所示。

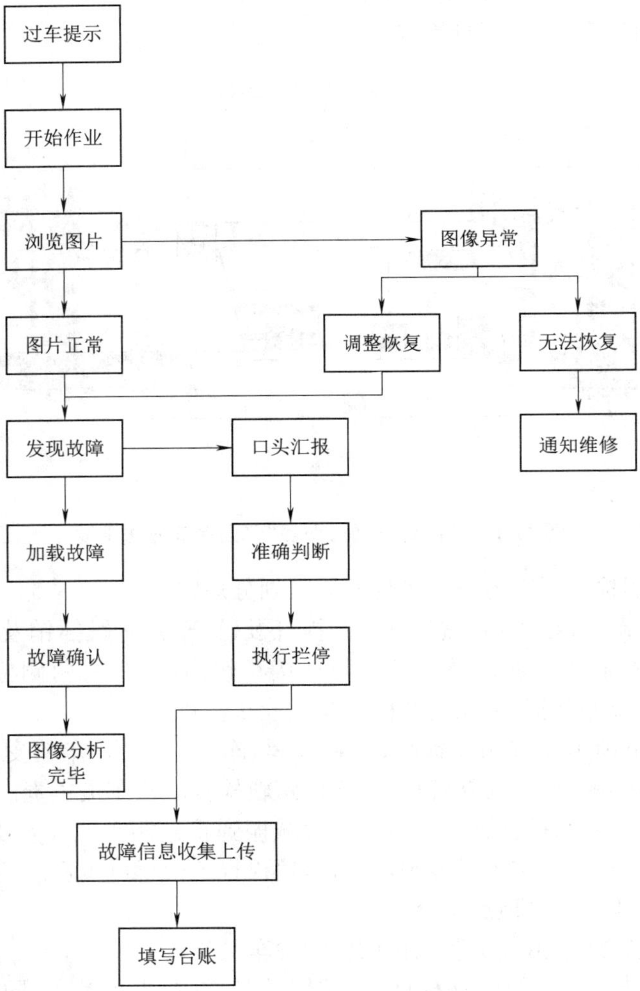

图17-15　通过作业TFDS动态检查一列作业流程

二、通过作业故障拦停范围

1. 立即拦停类（危及行车安全，要立即停车检查、处置）

（1）制动梁折断、脱落。

（2）下拉杆脱落，圆销、开口销丢失。

（3）制动梁支柱圆销、开口销丢失。

（4）交叉杆折断。

（5）折角塞门关闭。

（6）制动缸、各风缸脱落。

（7）重车地板破损影响行车安全。

（8）搭载异物危及行车安全。

（9）轴承冒烟等其他危及行车安全的铁路货车故障。

2. 前方站拦停类（违反行车组织规则，或存在安全隐患，但可继续运行至前方站检查、处置）

（1）关门车违编。

（2）通过台有铁风挡的旧型客车与16、17号车钩直接连挂。

（3）客车与除平车、平车—集装箱共用车以外的货车混编连挂时，与货车有人力制动装置端连挂；客车与平车、平集共用车人力制动装置端连挂时，平车、平集共用车的人力制动装置处于工作状态。

（4）闲杂人员爬乘。

三、通过作业拦停故障预报程序

列检作业场动态检查作业，发现“通过作业 TFDS 动态检查范围和质量标准”范围内的故障和其他危及行车安全的故障，按照“先报告后提交”的原则，向铁路局红外线调度员进行预报拦停，办理拦停手续。

1. TFDS 动态检车员立即口头报告动态检车组长，由动态检车组长快速判断确认后，立即将需要拦停的车次、故障铁路货车编挂位置和车种车型车号、故障等情况通知铁路局红外线调度员。

2. 铁路局红外线调度员立即通知列车调度员立即安排就地停车，同时填写“铁路货车运行安全监控系统拦停通知卡”，送列车调度员签字确认。

3. 列车调度员接到拦停列车的信息后，立即安排列车就地停车。

4. 机车乘务员接到就地停车的口头通知后，立即停车。列车在区间停车时，由车辆乘务员负责确认，无车辆乘务员的由机车乘务员负责确认，按照拦停信息确定故障铁路货车编组位置，并确认能否继续安全运行到车站，可以继续运行的，及时报告车站值班员并转报列车调度员，根据口头指示，运行到前方车站或退行至后方车站；不能继续运行的，铁路局启动应急处置预案。列车在有列检作业场的车站停车时，由车辆段调度员通知列检作业场确认、处理；无列检作业场的，由车站安排将该故障铁路货车从列车中摘下，车辆段调度员通知列检作业场确认、处理。

5. 列检人员将预报拦停的故障确认、处理结果反馈给列检值班员，列检值班员报车辆段调度员和动态检车组长，动态检车组长将故障处理方式、处理人、处理时间等内容，自故障发生时刻起 24 h 内录入 TFDS，车辆段调度员报铁路局红外线调度员和车辆调度员。

四、到达、中转作业人机分工检查故障预报处理程序

对到达、中转作业的列车，动态检车组长将每列预报确认的故障信息复核后通知列检值班员。列检值班员以辆为单位向现场预报，检车员确认、处理后，将结果报告列检值班员，列检值班员核对、汇总后反馈给动态检车组长，动态检车组长确认故障处理方式、处理人、处理时间等内容，并录入 TFDS。

知识点 4　货物列车检查范围和质量标准

货物列车的检查范围和质量标准分为五类，包括始发列车检查范围和质量标准、人机分工 TFDS 动态检查范围和质量标准、中转列车人机分工人工检查范围和质量标准、到达列车人机分工人工检查范围和质量标准、通过作业 TFDS 动态检查范围和质量标准。

一、始发列车检查范围和质量标准

1. 车轮轮缘垂直磨耗、内侧缺损不超限，踏面无碾堆，踏面擦伤、剥离、局部凹下、缺损、圆周磨耗不超限，轮缘厚度、轮辋厚度不超限；辐板孔边缘径向无裂纹，周向裂纹不超限；轮辋无破损。

2. 滚动轴承无甩油，外圈、轴箱无破损，轴端螺栓无松动、脱出、丢失，前盖无丢失；承载鞍无破损、错位，转 K2 型转向架承载鞍顶面无金属辗出；侧架导框、副构架导框纵向与滚动轴承外圈无接触；轴箱橡胶垫无错位，轴箱橡胶垫中间橡胶与上、下层板无错位；轴箱橡胶弹簧、轴箱纵向弹性垫无错位；轴承挡键无丢失，螺母无松动、丢失。

3. 摇枕、侧架、一体式构架、副构架无折断；副构架与连接杆连接用螺母及开口销无丢失；上心盘铆钉无折断，下心盘螺栓无折断，螺母、开口销无丢失，心盘无脱出；侧架立柱磨耗板、斜楔及主摩擦板无破损、窜出、丢失，侧架立柱磨耗板折头螺栓、铆钉无折断、丢失，摇枕斜楔摩擦面磨耗板无窜出；摇枕斜面磨耗板折头螺栓无丢失；旁承体无破损、丢失，双作用弹性旁承上旁承与下旁承尼龙磨耗板无间隙、旁承滚子或旁承尼龙支承板与上旁承磨耗板不得接触，间隙旁承间隙不超限；交叉支撑装置盖板及交叉杆体无折断、变形，扣板螺栓、铆钉无丢失，安全索无丢失，交叉杆端部螺栓无松动、脱出、丢失；轴箱、摇枕及减振弹簧无折断、窜出、丢失；转向架弹簧托板、折头螺栓无折断，螺母及开口销无丢失。

4. 钩体无破损，牵引杆、钩尾框无折断；钩舌销及开口销无折断、丢失；钩锁锁腿无折断，下锁销组成配件无丢失、脱落；钩提杆座无裂损，螺母无丢失；钩提杆及复位弹簧无折断、丢失，钩提杆链松余量符合规定；两连接车钩中心水平线高度之差（以下简称互钩差）不超限，车列首尾端部车钩钩舌 S 面无裂损、三态作用试验良好；从板无折断、丢失，从板座、缓冲器、冲击座无破损，从板座及冲击座铆钉无折断、丢失；安全托板、钩尾框托板、钩尾销托梁螺母、开口销无丢失；钩尾销插托无错位，螺母无松动、丢失；钩尾销及安全吊螺母无松动、丢失，13 号、13A 型钩尾框安全吊螺栓开口销无丢失，13B 型钩尾框钩尾销螺栓开口销无丢失；车钩托梁无折断，螺栓、螺母无丢失；钩体支撑座、钩尾框托板、钩尾销托梁、从板、缓冲器箱体含油尼龙磨耗板无窜出；钩体支撑座止挡铁及螺母、铆钉无丢失；车钩防跳插销及吊链无丢失、插设良好。

5. 制动缸活塞制动、缓解作用良好，集成制动装置制动缸活塞行程指示器显示制动、缓解位置正确；制动缸、副风缸、加速缓解风缸、容积风缸、降压风缸缸体无裂损、脱落、丢失，吊架无折断、脱落，吊架螺母无丢失；集成制动装置制动缸连接软管无破损、脱落、丢失，制动缸

安装座拉铆销套环无丢失，制动缸推杆及β型插销无丢失，制动缸活塞行程指示器、标志牌无丢失；制动阀中间体吊架螺母无丢失，制动阀防盗罩无脱落；制动主管、支管、连接管无折断，卡子及螺母、法兰螺母无丢失；空重车自动调整装置限压阀、调整阀、传感阀无破损、丢失，横跨梁无折断、螺母及开口销无丢失；制动软管、远心集尘器及组合式集尘器、缓解阀无破损、丢失，制动软管连接状态良好，制动软管吊链无丢失、挂钩与制动软管无脱出，制动软管堵及吊链无丢失；缓解阀拉杆、空重车调整杆无折断、脱落、丢失，吊架无裂损、脱落，手动空重车位调整正确；缓解阀拉杆开口销无折断、丢失；折角塞门、直端塞门手把无关闭(列尾端未挂列尾装置的除外)，折角塞门、直端塞门、截断塞门无破损，塞门手把无丢失，折角塞门、直端塞门卡子无丢失；闸瓦间隙自动调整器(以下简称闸调器)无破损、闸调器螺杆连接螺母防松垫圈及开口销无丢失，集成制动装置闸调器控制杆螺母及锁紧螺母无松动、丢失；脱轨自动制动装置调节杆无折断，拉环无脱落，拉环与车轴无接触，拉环圆销无丢失，拉环无丢失、塞门手把无关闭(始发、中转作业故障时现场可不处理)。

6. 制动梁梁体、支柱无折断，支柱夹扣螺母无丢失，闸瓦托铆钉无丢失；制动梁吊无裂损，圆销及开口销无折断、丢失，转 K3 型转向架制动梁端头与闸瓦托组装开口销无折断、丢失；制动梁安全链无脱落；制动梁安装位置正确、无脱落；闸瓦及闸瓦插销无折断、丢失，闸瓦磨耗不超限、无辗出金属镶嵌物，闸瓦插销安装位置正确，闸瓦插销环无丢失；基础制动装置的各拉杆、杠杆、圆销及开口销无折断、丢失，固定杠杆支点座、固定杠杆支点、固定杠杆支点链蹄环、制动缸后杠杆支点及圆销、开口销无折断、丢失，拉铆销套环无丢失，拉杆、杠杆吊架无折断、脱落，制动缸后杠杆支点组装螺母无丢失；固定杠杆支点座拉铆钉无丢失；下拉杆安全吊或索无脱落、丢失，下拉杆下垂不超限。

7. 人力制动机拉杆、拉杆链、轴链无折断、脱落，吊架无脱落、螺母无丢失，导向杆无卡滞，拉铆销套无丢失，附加杠杆、拉杆及圆销、开口销无丢失，附加杠杆座无脱落、丢失，轴链拉杆与车轴无接触；折叠式人力制动机轴折页无折断，圆销及开口销无丢失，托架无折断；集成制动装置手制动杠杆及销轴无丢失。

8. 中梁、侧梁、端梁、枕梁、横梁及牵引梁无折断，侧梁下垂、车体倾斜或外胀不超限；铁路货车车号自动识别标签无丢失。

9. 防火板无脱落、丢失；侧柱、角柱无裂损，敞车上端梁、上侧梁无折断；车门、端板、渡板折页及座无折断，圆销无丢失；底开门转轴开口销无折断、丢失；车门滑动轨道无折断，车门滑轮无脱出轨道，车门、车窗无脱落、丢失；墙板、门板、地板、浴盆板破损或腐蚀穿孔不超限；车门锁闭装置配件无破损、丢失；绳栓无折断、柱插无破损；脚蹬、车梯扶手、集装箱锁头、门挡及车端护栏无破损、折断、丢失，脚蹬、车梯扶手弯曲不超出车辆限界；罐车卡带无折断，紧固螺母及锁紧螺母无松动，圆销及开口销无丢失；罐体及阀无漏泄，人孔盖及安全阀无丢失，下卸式排油管、加热管及盖无脱落，罐体上部走板、防护栏无脱落、窜出。

10. 空车定检不过期(回送检修车除外)。

二、人机分工 TFDS 动态检查范围和质量标准

1. 车轮踏面、轮辋无缺损。

2. 滚动轴承无甩油，外圈、轴箱无破损，前盖、轴端螺栓无丢失；承载鞍无错位、挡边无折断；轴箱橡胶垫中间橡胶与上、下层板无错位；轴箱橡胶弹簧、轴箱纵向弹性垫无错位；轴承挡键无丢失、螺母无松动、丢失。

3.摇枕、侧架、一体式构架、副构架无折断；下心盘螺栓无折断，螺母及开口销无丢失；心盘无脱出；交叉支撑装置盖板及交叉杆体无折断、明显变形，扣板螺栓、铆钉无丢失，安全索无丢失，交叉杆端部螺栓无丢失；轴箱、摇枕弹簧无折断、窜出、丢失；转向架弹簧托板、折头螺栓无折断、螺母及开口销无丢失。

4.钩体、牵引杆、钩尾框无折断；钩舌销无折断、丢失，钩舌销开口销无丢失；钩锁锁腿无折断，下锁销组成配件无丢失、脱落；钩提杆及复位弹簧无折断、丢失；从板无折断、丢失，从板座、缓冲器无破损；安全托板、钩尾框托板、钩尾销托梁螺母、开口销无丢失；钩尾销插托无错位，螺母无松动、丢失；钩尾销及安全吊螺母无松动、丢失，13号、13A型钩尾框安全吊螺栓开口销无丢失，13B型钩尾框钩尾销螺栓开口销无丢失；车钩托梁无折断，螺栓、螺母无丢失；钩体支撑座、钩尾框托板、钩尾销托梁、从板、缓冲器箱体含油尼龙磨耗板无窜出；钩体支撑座止挡铁及螺母或铆钉无丢失；车钩防跳插销及吊链无丢失，车钩防跳插销插设良好（到达作业故障时现场可不处理）。

5.制动缸、副风缸、加速缓解风缸、容积风缸、降压风缸无脱落、丢失，吊架无脱落；制动阀防盗罩无脱落；制动主管、支管、连接管无折断，卡子及螺母、法兰螺母无丢失；空重车自动调整装置限压阀、调整阀无丢失，横跨梁无折断，螺母及开口销无丢失；制动软管、远心集尘器及组合式集尘器、缓解阀无丢失，制动软管连接状态良好，制动软管吊链无丢失、挂钩与制动软管无脱出，制动软管堵及吊链无丢失；缓解阀拉杆、空重车调整杆无折断、脱落、丢失；缓解阀拉杆开口销无折断、丢失，吊架无脱落；折角塞门、直端塞门手把无关闭（列尾端未挂列尾装置的除外），截断塞门手把无关闭，折角塞门、直端塞门手把及卡子无丢失；闸调器无破损、闸调器螺杆连接螺母防松垫圈及开口销无丢失；脱轨自动制动装置拉环无脱落，拉环无丢失、塞门手把无关闭（中转作业故障时现场可不处理）；集成制动装置闸调器控制杆螺母及锁紧螺母无丢失，制动缸连接软管无脱落，制动缸安装拉铆销套环无丢失。

6.制动梁梁体、支柱无折断，支柱夹扣螺母无丢失，闸瓦托下铆钉无丢失，制动梁、制动梁安全链无脱落；闸瓦无折断、丢失，磨耗不超限，闸瓦插销安装位置正确，闸瓦插销环无丢失；基础制动装置的各拉杆、杠杆、圆销及开口销无折断、丢失，固定杠杆支点座、固定杠杆支点、固定杠杆支点链蹄环、制动缸后杠杆支点及圆销、开口销无折断、丢失，拉铆销套无丢失，拉杆、杠杆吊架无折断、脱落，制动缸后杠杆支点组装螺母无丢失；固定杠杆支点座拉铆钉无丢失；下拉杆安全吊或索无脱落、丢失。

7.人力制动机拉杆、拉杆链、轴链无折断、脱落，吊架无脱落，导向杆无卡滞，拉铆销套无丢失，附加杠杆、拉杆及圆销、开口销无丢失，轴链拉杆与车轴无接触，折叠式人力制动机轴无脱落；集成制动装置手制动杠杆及销轴无丢失。

8.横梁无折断；铁路货车车号自动识别标签无丢失。

9.防火板无脱落、丢失；端板或渡板无脱落、丢失；地板、浴盆板无破损，罐车下卸式排油管、加热管及盖无脱落。

TFDS具备车体检查功能时还应检查：车门滑动轨道无折断，车门滑轮无脱出轨道；车门及车窗无脱落、丢失；车门折页及座无折断，圆销无丢失；车门锁闭装置配件无破损、丢失；墙板、门板无破损；罐车卡带无折断；脚蹬、车梯扶手及车端护栏无折断、丢失。

三、中转列车人机分工人工检查范围和质量标准

1.车轮轮缘垂直磨耗、内侧缺损不超限；踏面无辗堆，踏面擦伤、剥离、局部凹下、缺损、

圆周磨耗不超限；轮缘厚度、轮辋厚度不超限；辐板孔边缘径向无裂纹，周向裂纹不超限；轮辋无破损。

2. 滚动轴承外圈、承载鞍无破损，轴端螺栓无松动、脱出，转 K2 型转向架承载鞍顶面无金属辗出；侧架导框、副构架导框纵向与滚动轴承外圈无接触，交叉杆端部螺栓无松动、脱出。

3. 装有弹簧托板转向架摇枕、上心盘铆钉无折断；副构架与连接杆连接用螺母及开口销无丢失；侧架立柱磨耗板、斜楔及主摩擦板无破损、窜出、丢失，侧架立柱磨耗板折头螺栓、铆钉无折断、丢失，摇枕斜楔摩擦面磨耗板无窜出；摇枕斜面磨耗板折头螺栓无丢失；旁承体无破损、丢失，双作用弹性旁承上旁承与下旁承尼龙磨耗板无间隙、旁承滚子或旁承尼龙支承板与上旁承磨耗板不得接触，间隙旁承间隙不超限；装有弹簧托板转向架内侧摇枕弹簧、减振弹簧无折断、窜出、丢失。

4. 钩体无破损；钩提杆座无裂损，螺母无丢失，钩提杆链松余量符合规定；互钩差不超限；冲击座无破损，从板座及冲击座铆钉无折断、丢失；车列首尾端部车钩钩舌 S 面无裂损、三态作用试验良好。

5. 制动缸活塞制动、缓解作用良好；集成制动装置制动缸活塞行程指示器显示制动、缓解位置正确；副风缸、加速缓解风缸、容积风缸、降压风缸缸体无裂损，吊架无折断、螺母无丢失；制动缸吊架无折断、螺母无丢失；集成制动装置制动缸连接软管无破损，制动缸推杆及 β 型插销无丢失，制动缸活塞行程指示器、标志牌无丢失；制动阀中间体吊架螺母无丢失；制动主管卡子及螺母、法兰螺母无丢失；空重车自动调整装置限压阀、调整阀、传感阀无破损；制动软管、远心集尘器及组合式集尘器、缓解阀无破损，缓解阀拉杆、空重车调整杆吊架无裂损，手动空重车位调整正确；折角塞门、直端塞门、截断塞门无破损；脱轨自动制动装置调节杆无折断，拉环与车轴无接触，拉环圆销无丢失。

6. 制动梁闸瓦托铆钉无丢失；制动梁吊无裂损，圆销及开口销无折断、丢失，转 K3 型转向架制动梁端头与闸瓦托组装开口销无折断、丢失；制动梁安装位置正确；闸瓦上部无折断，闸瓦插销无折断、丢失，闸瓦磨耗不超限、无辗出金属镶嵌物；基础制动装置的固定杠杆支点座、固定杠杆支点、固定杠杆支点链蹄环、上拉杆、制动缸后杠杆支点及圆销、开口销无折断、丢失，拉铆销套环无丢失。

7. 人力制动机附加杠杆座及圆销、开口销无丢失；折叠式人力制动机轴折页无折断，圆销及开口销无丢失，托架无折断。

8. 中梁、侧梁、端梁、枕梁及牵引梁无折断；侧梁下垂、车体倾斜或外胀不超限。

9. 侧柱、角柱无裂损，敞车上端梁、上侧梁无折断；端板、渡板折页及座无折断，圆销无丢失；底开门转轴开口销无折断、丢失；墙板、门板破损或腐蚀穿孔不超限；绳栓无折断、柱插无破损；脚蹬、车梯扶手、集装箱锁头、门挡及车端护栏无破损、折断、丢失，脚蹬、车梯扶手弯曲不超出车辆限界；罐车卡带紧固螺母及锁紧螺母无松动，圆销及开口销无丢失；罐体及阀无漏泄，人孔盖及安全阀无丢失，罐体上部走板、防护栏无脱落、窜出。

TFDS 不具备车体检查功能时还应检查：车门滑动轨道无折断，车门滑轮无脱出轨道；车门及车窗无脱落、丢失；车门折页及座无折断，圆销无丢失；车门锁闭装置配件无破损、丢失，罐车卡带无折断。

10. 空车定检不过期(回送检修车除外)。

11. 对铁路货车运行安全监控系统预报的故障进行确认和处置。

四、到达列车人机分工人工检查范围和质量标准

1. 车轮轮缘垂直磨耗、内侧缺损不超限；踏面无辗堆，踏面擦伤、剥离、局部凹下、缺损、圆周磨耗不超限；轮缘厚度、轮辋厚度不超限；辐板孔边缘径向无裂纹，周向裂纹不超限；轮辋无破损。

2. 钩提杆座无裂损；侧柱、角柱无裂损，敞车上端梁、上侧梁无折断；端板、渡板折页及座无折断，圆销无丢失；底开门转轴开口销无折断、丢失；墙板、门板破损或腐蚀穿孔不超限；绳栓无折断、柱插无破损；脚蹬、车梯扶手、集装箱锁头、门挡及车端护栏无破损、折断、丢失，脚蹬、车梯扶手弯曲不超出车辆限界；罐车卡带无折断，紧固螺母及锁紧螺母无松动，圆销及开口销无丢失；罐体及阀无漏泄，人孔盖及安全阀无丢失，罐体上部走板、防护栏无脱落、窜出；车门滑动轨道无折断，车门滑轮无脱出轨道；车门及车窗无脱落、丢失；车门折页及座无折断，圆销无丢失；车门锁闭装置配件无破损、丢失。

3. 空车定检不过期（回送检修车除外）。

4. 对铁路货车运行安全监控系统预报的故障进行确认和处置。

五、通过作业 TFDS 动态检查范围和质量标准

1. 滚动轴承轴箱无破损；轴承前盖、轴端螺栓无丢失；承载鞍无错位。

2. 摇枕、侧架、一体式构架、副构架无折断；心盘无脱出；交叉支撑装置盖板及交叉杆体无折断，交叉杆端部螺栓无丢失；轴箱、摇枕弹簧无丢失。

3. 钩尾框无折断；钩提杆无脱落；钩尾销插托无错位，螺母无丢失；钩尾销安全吊螺栓、螺母无丢失；车钩托梁无折断；安全托板、钩尾框托板、钩尾销托梁无脱落。

4. 折角塞门、直端塞门手把无关闭（列尾端未挂列尾装置的除外）。

5. 制动缸、副风缸、加速缓解风缸、容积风缸、降压风缸、缓解阀拉杆、脱轨自动制动装置拉环无脱落。

6. 制动梁、上拉杆、下拉杆无折断、脱落；制动梁支柱圆销、开口销、拉铆销套环无丢失；下拉杆圆销、开口销无丢失。

7. 人力制动机轴链、折叠式人力制动机轴无脱落。

8. 车门、端板、渡板无脱落；重车地板、浴盆板破损故障不影响行车安全。

典型工作任务 1　货车单车技术检查

【任务准备】

工作任务书见表 17-11。

表 17-11　任务书

任务名称	货车单车技术检查	参考学时	2
任务要求	以小组为单位按照“两跨、一俯、两探”分面检查方法对 C_{70} 型敞车进行单车技术检查，每组 2 人，平行作业，明确 2 人分工范围，安全规范完成任务		
任务方案			
教师检查			

具体分工见表 17-12。

表 17-12 任务分工

班级		组号		指导老师	
组长		序号			
组员		姓名	组员排序	姓名	组员排序
分工描述(按序号)					

【任务实施】

一、劳动安全注意事项

1. 列检作业在开始和结束前，要严格执行插、撤安全防护信号的传递办法，严禁在无安全防护的情况下进行车辆检查和故障处理，严禁在列车运行中处理车辆故障，严禁在未设安全防护的列车(车列)中进行一切作业。

2. 上线作业前必须严格按规定穿戴好防护用品，佩戴臂章。禁止穿短裤、拖鞋、凉鞋、高跟鞋，禁止戴妨碍视觉、听觉的色镜、帽子等。

3. 转线作业横越线路和道口时，注意瞭望机车、车辆，严格执行“一站、二看、三确认、四通过”和“眼看、手指、口呼”制度，严禁抢道、抓车、跳车、钻车。

4. 作业中不得侵入临线，做好人身伤害事故防护。

5. 在电气化区段，车辆上方的接触网设备未停电并办理安全防护措施前，禁止任何人员攀登车顶或车辆装载的货物上，以及在棚车、敞车的人力制动踏板台上进行作业。

6. 检车员禁止携带手机等电子声讯设备进入现场，包括手机、平板电脑、电子书浏览器、音乐播放器等可用于通信或视听娱乐的电子设备。

二、工量具准备

手电筒、对讲机、防护红旗(红灯)、脱轨器钥匙、检点锤、量具、检测样板等，设备作用正常，电量充足。

三、作业步骤及质量标准

1. 单车技术检查作业路线图

以铁路货车纵向中心线为界，2 人平行作业，实行分面检查作业分工，采取“两跨、一俯、两探”分面包转向架检查方法。单车技术检查作业路线如图 17-16 所示。

2. 平行作业检车员责任划分

(1)车钩连接状态、首尾车钩三态作用、钩提杆及链，均由钩提杆所在侧检车员负责；车钩高度、两连接车钩高度差，两侧检车员负责；车钩上部、冲击座纵向中心线处破损，由非提钩杆所在侧检车员负责。

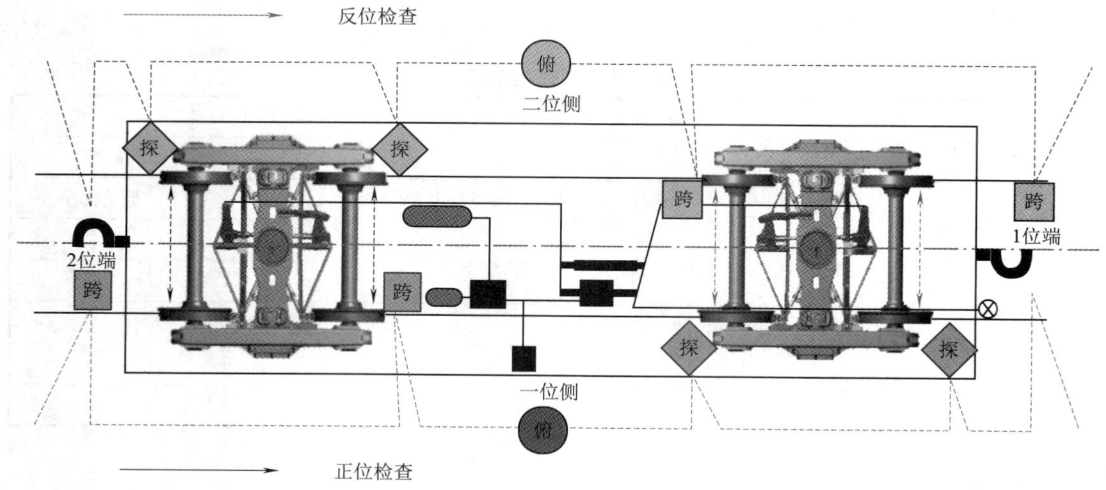

图 17-16　单车技术检查作业路线

(2)钩体底面(下锁销孔)、钩锁锁腿、车钩托梁钩尾销及安全吊架螺栓、均由跨轨检查的检车员负责。

(3)转向架旁承、心盘、摇枕、内侧枕簧(不含减振弹簧)、制动梁体及支柱夹扣螺栓、交叉杆、横跨梁及安全链(索)、空重车调整阀,均由跨轨检查的检车员负责。

(4)转向架内外侧以轮缘顶点划分。

(5)车辆后端制动软管的连接及相邻制动软管垫圈状态的确认由负责该车制动机试验的检车员负责。

(6)制动系统漏泄及关门车故障鉴定、处置,由负责该车制动机试验的检车员负责。

(7)转向架内、外端固定及游动杠杆、上拉杆、固定杠杆支点及座、圆销、开口销(拉铆销套),均由所在侧检车员负责,偏向一位侧时,由一位侧检车员负责,偏向二位侧时,由二位侧检车员负责。

(8)车号自动识别标签以车体横向中心线为界,由所在侧跨转向架检车员负责。

(9)跨轨检查人员负责检查所在侧中梁及整个中梁底部,对侧检查人员负责检查所在侧中梁侧面及翼板上平面。

2 人平行作业责任划分如图 17-17 所示。

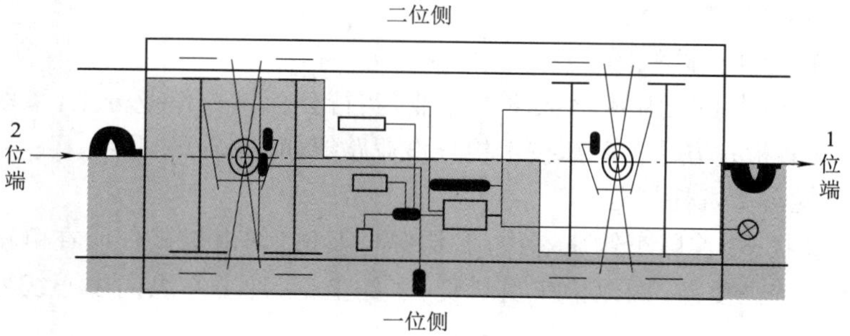

图 17-17　2 人平行作业责任划分

3. 作业流程图

按照作业线路图，以 C_{70} 型敞车的正位检查为例(由 2 位端经一位侧向 1 位端进行技术检查)，另一侧及反位检查比照执行。单车技术检查作业流程如图 17-18 所示。

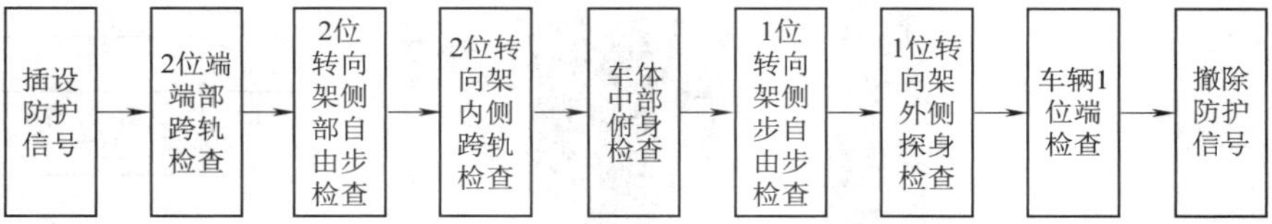

图 17-18 单车技术检查作业流程

4. 作业程序、检查范围及标准

单车技术检查作业程序及质量标准见表 17-13。

表 17-13 单车技术检查作业程序及质量标准

作业步骤	作业项目	作业内容及质量标准
1	插设防护信号	将停车信号插设在车列第一位车辆前端来车方向左侧车体上。昼间红旗，夜间频闪红灯，防护红旗必须充分展开，颜色鲜艳，红灯明亮，插设牢固 
2	2 位端端部跨轨检查	(1)两脚跨轨看车端。左脚跨入钢轨，检查车辆前端部 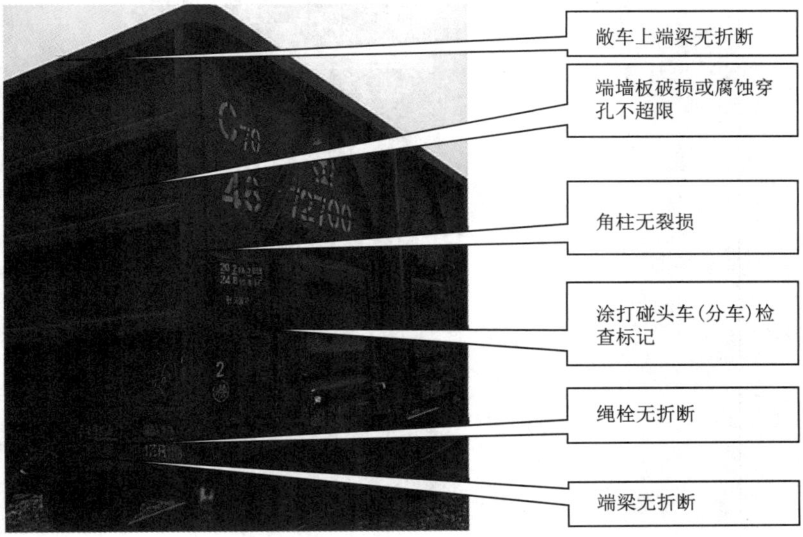

续上表

<table>
<tr><th>作业步骤</th><th>作业项目</th><th>作业内容及质量标准</th></tr>
<tr><td rowspan="2">2</td><td rowspan="2">2 位端端部
跨轨检查</td><td>(2)检查车钩侧面
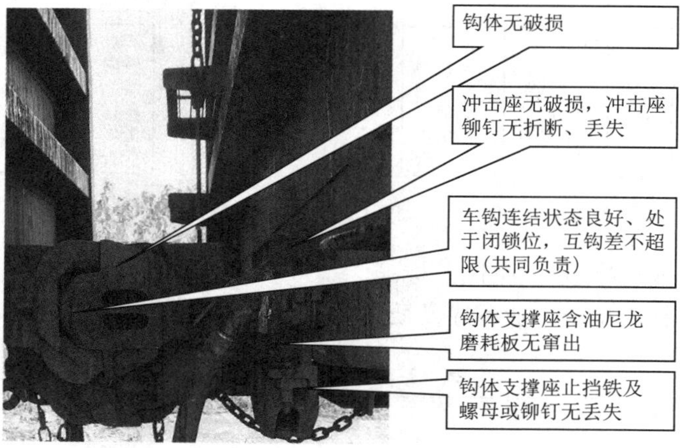
</td></tr>
<tr><td>(3)检查制动软管。
①车列端部制动软管。

</td></tr>
</table>

续上表

<table>
<tr><th>作业步骤</th><th>作业项目</th><th>作业内容及质量标准</th></tr>
<tr><td rowspan="3">2</td><td rowspan="3">2 位端端部跨轨检查</td><td>②车列中部制动软管。需对制动软管连接状态进行锤敲检查
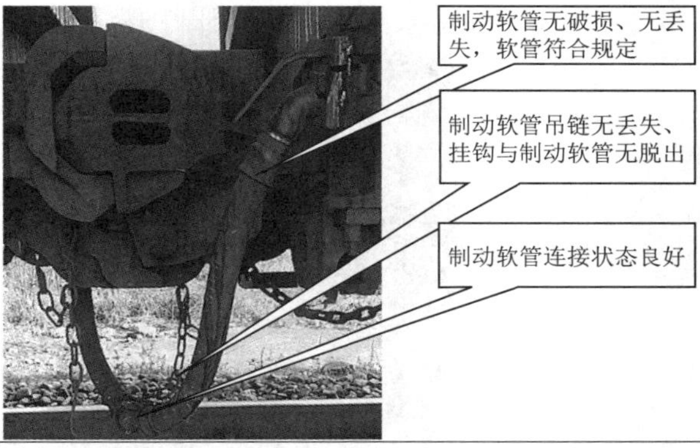
</td></tr>
<tr><td>(4)检查折角塞门
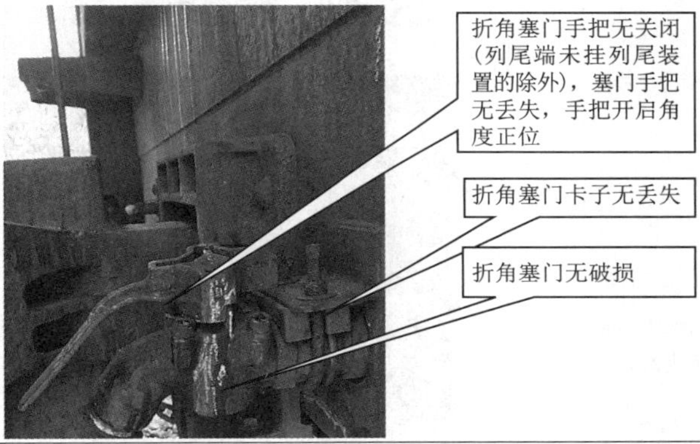
</td></tr>
<tr><td>(5)检查 17 型车钩钩缓
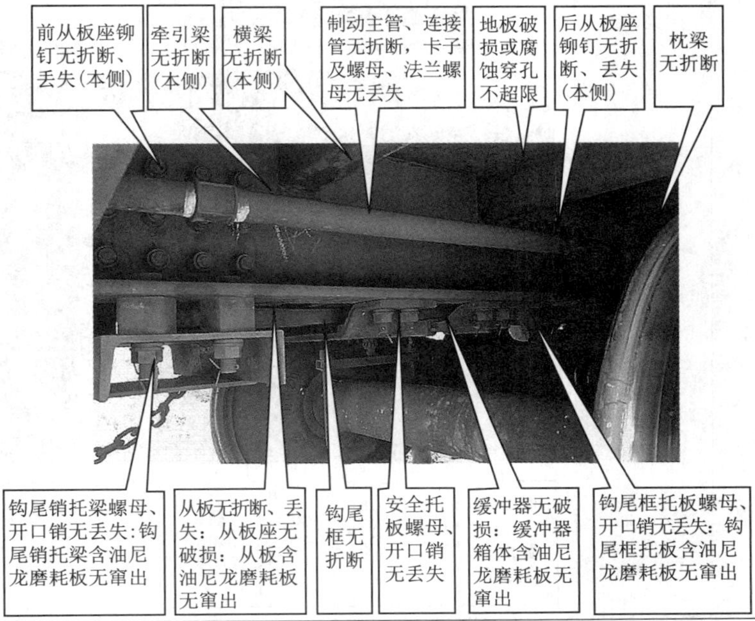
</td></tr>
</table>

续上表

<table>
<tr><th>作业步骤</th><th>作业项目</th><th>作业内容及质量标准</th></tr>
<tr><td>2</td><td>2位端端部
跨轨检查</td><td>(6)检查2位端转向架内部。
①旁承、摇枕、枕簧。
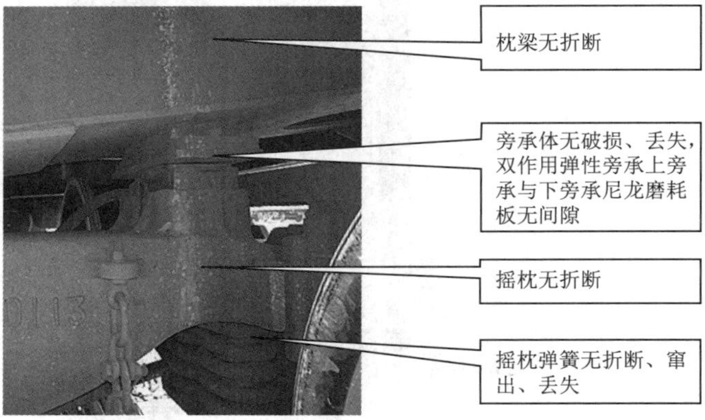

②心盘。
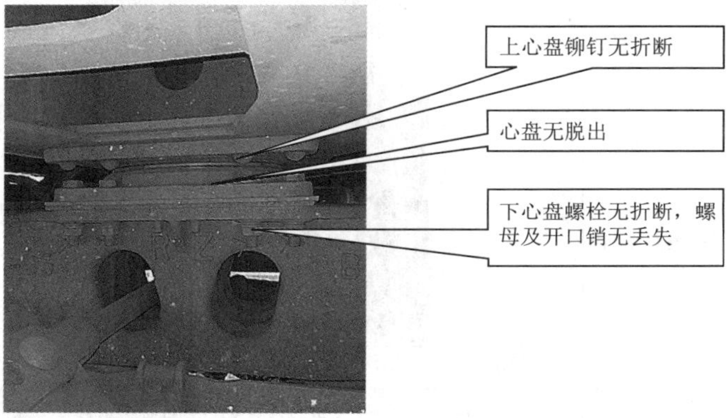

③转向架外侧制动梁及基础制动装置(K2、K5、K6型转向架制动梁及基础制动装置)。
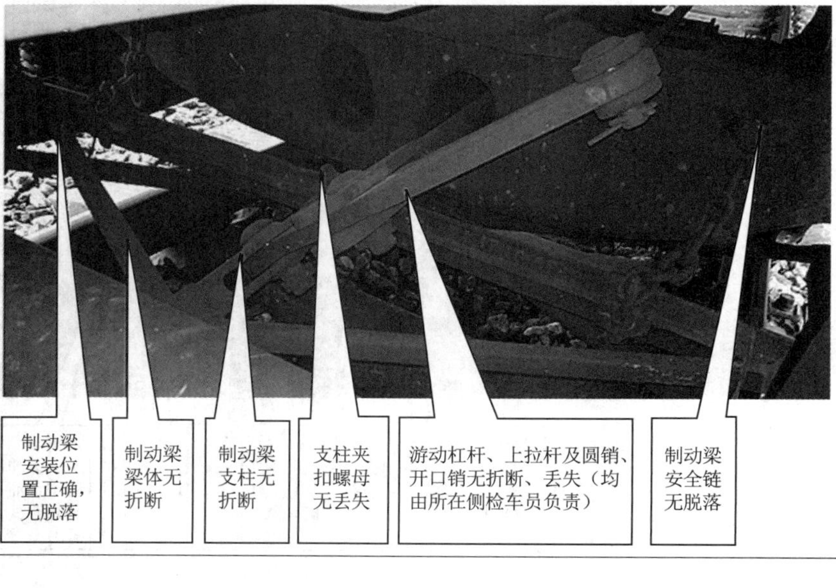
</td></tr>
</table>

续上表

<table>
<tr><th>作业步骤</th><th>作业项目</th><th>作业内容及质量标准</th></tr>
<tr><td>2</td><td>2 位端端部跨轨检查</td><td>

④转向架外侧底部(K2、K6 型转向架)。

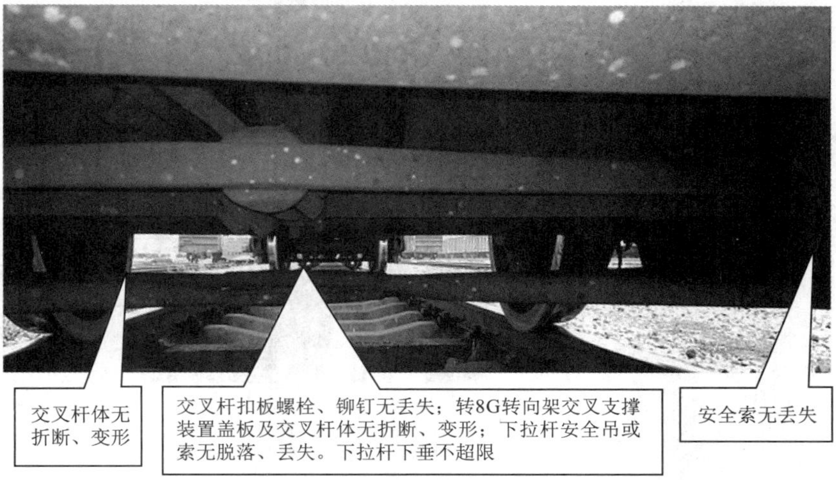

⑤脱轨自动制动装置。

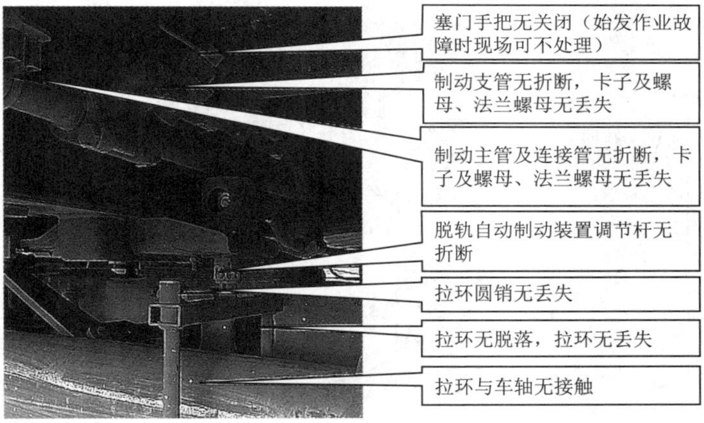

⑥顺位一位车轮、轴承

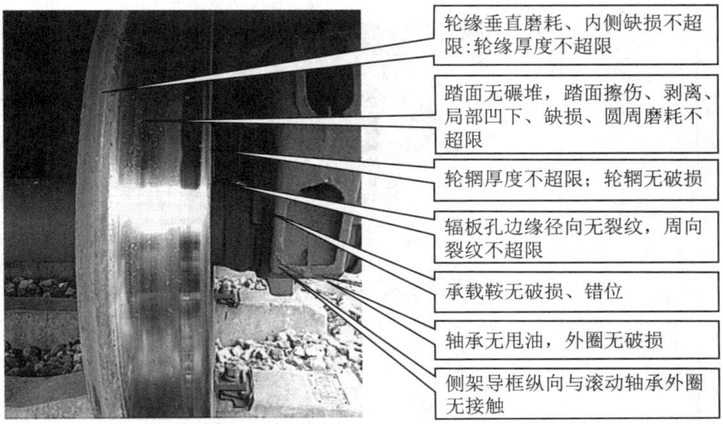

</td></tr>
</table>

续上表

<table>
<tr><th>作业步骤</th><th>作业项目</th><th>作业内容及质量标准</th></tr>
<tr><td rowspan="2">3</td><td rowspan="2">2 位端转向架侧部自由步检查</td><td>(1)检查车体侧面

</td></tr>
<tr><td>(2)检查 2 位端转向架侧面。
①顺位一位轴承、挡键(K6 型转向架)。
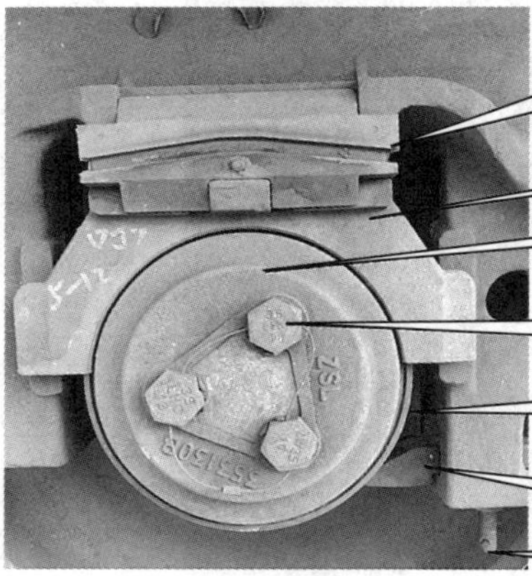

②顺位一位车轮、闸瓦、交叉杆端头(K2、K6 型转向架)。
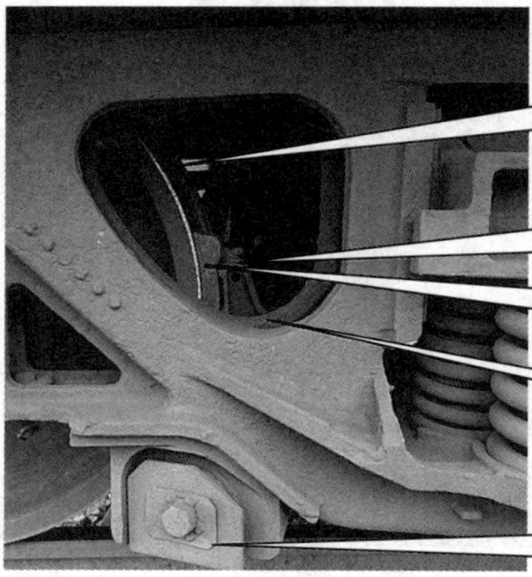
</td></tr>
</table>

续上表

<table>
<tr><th>作业步骤</th><th>作业项目</th><th>作业内容及质量标准</th></tr>
<tr><td>3</td><td>2 位端转向架侧部自由步检查</td><td>

③顺位一位侧侧架立柱部分(K2、K6 型转向架)。

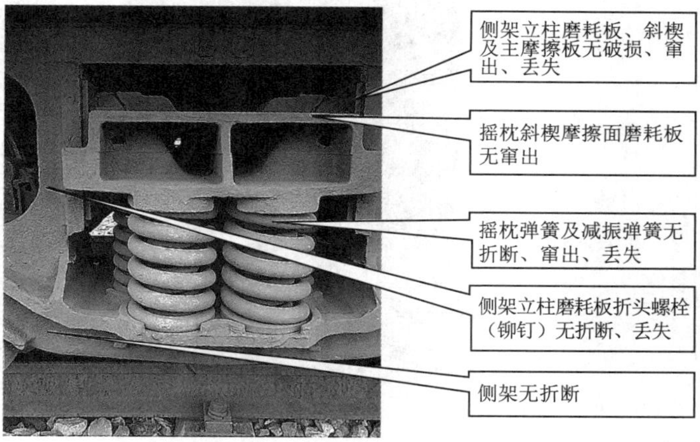

④顺位二位侧车轮、闸瓦、交叉杆端头(K2、K6 型转向架)。

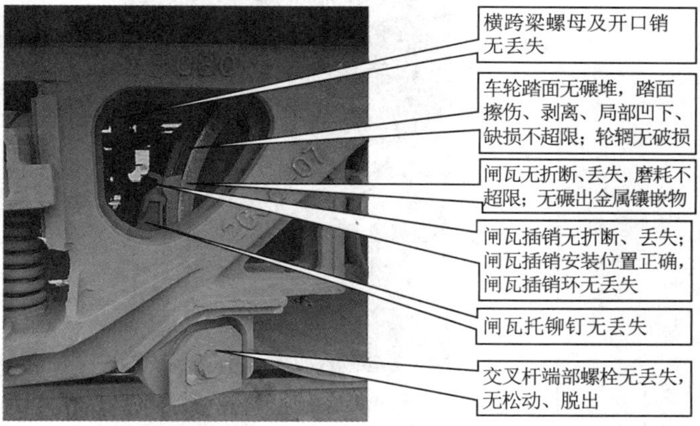

⑤顺位二位侧轴承、挡键(K6 型转向架)。

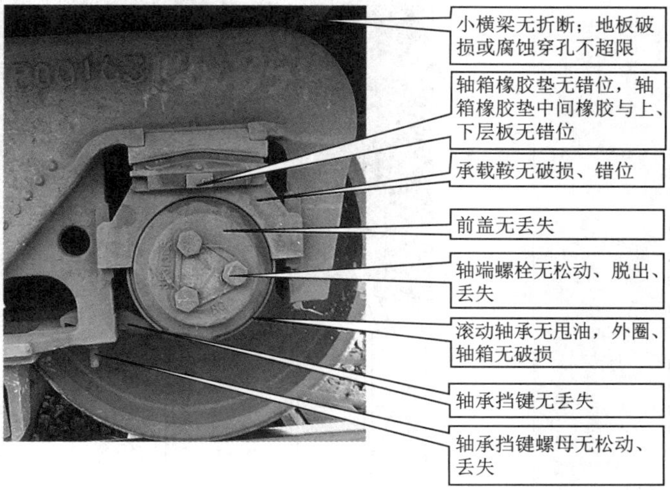

</td></tr>
</table>

续上表

作业步骤	作业项目	作业内容及质量标准
4	2位端转向架内侧跨轨检查	(1)检查顺位二位侧车轮、轴承 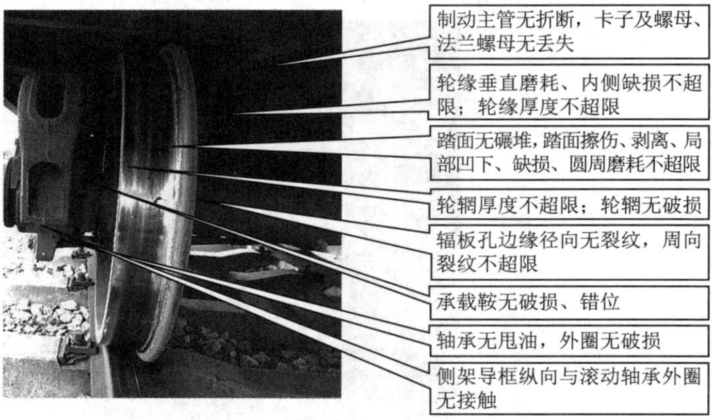
		(2)检查旁承 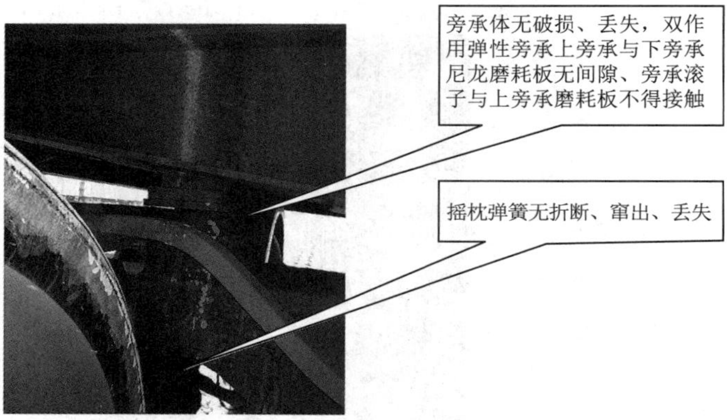
		(3)检查心盘、横跨梁 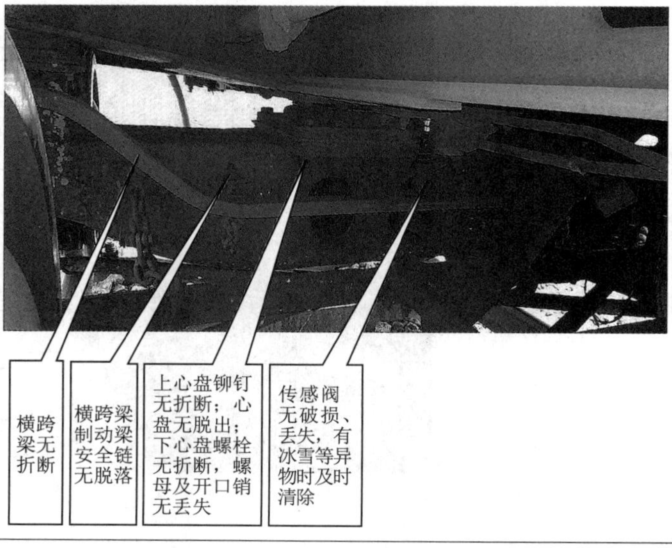

续上表

<table>
<tr><th>作业步骤</th><th>作业项目</th><th>作业内容及质量标准</th></tr>
<tr><td rowspan="3">4</td><td rowspan="3">2 位端转向架内侧跨轨检查</td><td>(4)检查 2 位端转向架内侧制动梁及基础制动装置(K2、K5、K6 型转向架)

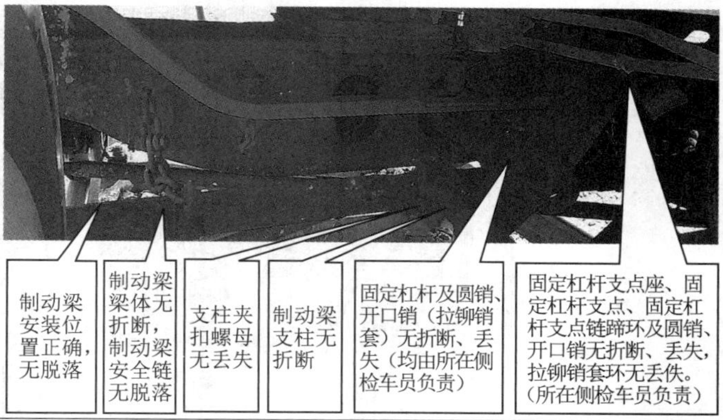
</td></tr>
<tr><td>(5)检查 2 位端转向架内侧底部。
与“2 位端转向架外侧底部”检查部位及质量标准一致</td></tr>
<tr><td>(6)检查 2 位端转向架防脱阀

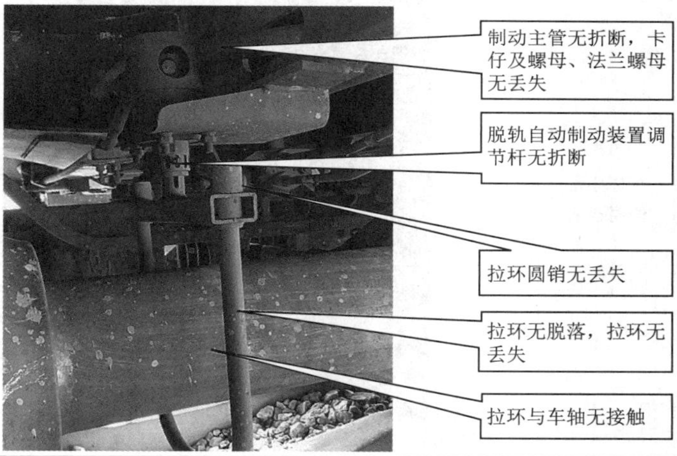
</td></tr>
<tr><td>5</td><td>车体中部俯身检查</td><td>(1)检查车底架下部。
①主管、支管及各风缸。

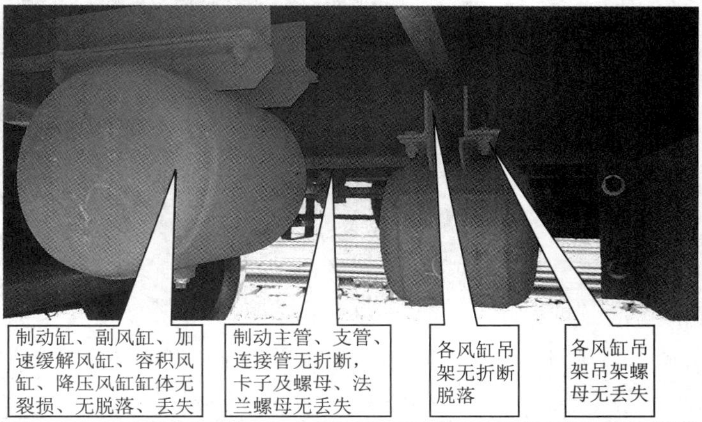
</td></tr>
</table>

续上表

作业步骤	作业项目	作业内容及质量标准
5	车体中部俯身检查	②空气自动制动阀。  ③截断塞门。 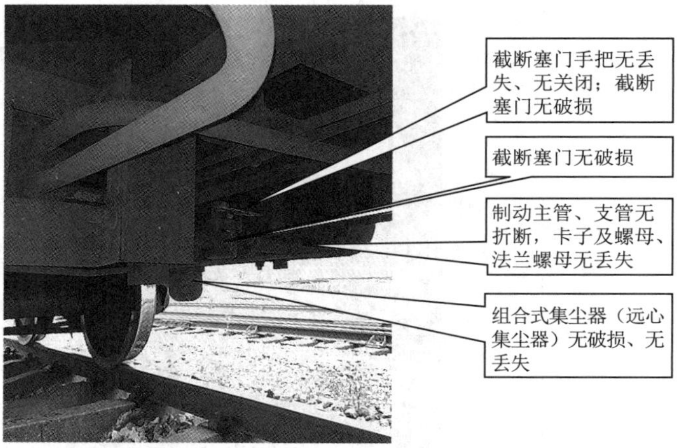 ④制动缸后杠杆。 

续上表

<table>
<tr><th>作业步骤</th><th>作业项目</th><th>作业内容及质量标准</th></tr>
<tr><td>5</td><td>车体中部俯身检查</td><td>

⑤基础制动装置。

⑥人力制动机。

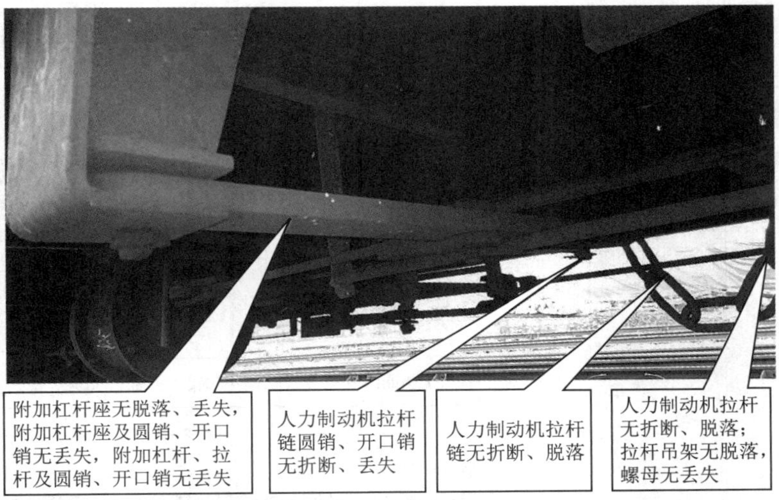

⑦闸调器。

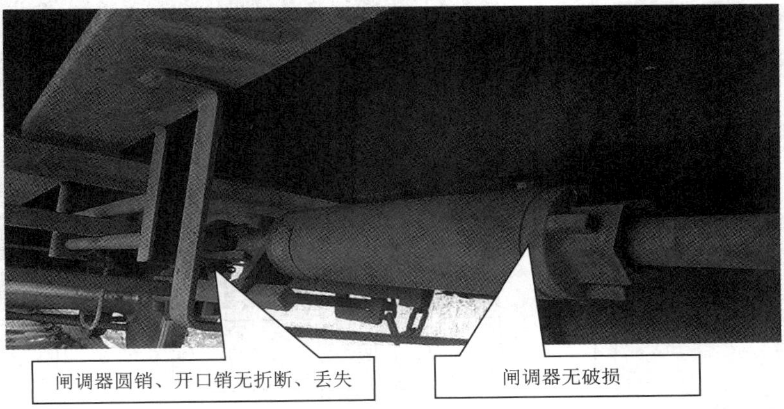

</td></tr>
</table>

续上表

<table>
<tr><th>作业步骤</th><th>作业项目</th><th>作业内容及质量标准</th></tr>
<tr><td rowspan="2">5</td><td rowspan="2">车体中部俯身检查</td><td>⑧车号自动识别标签。
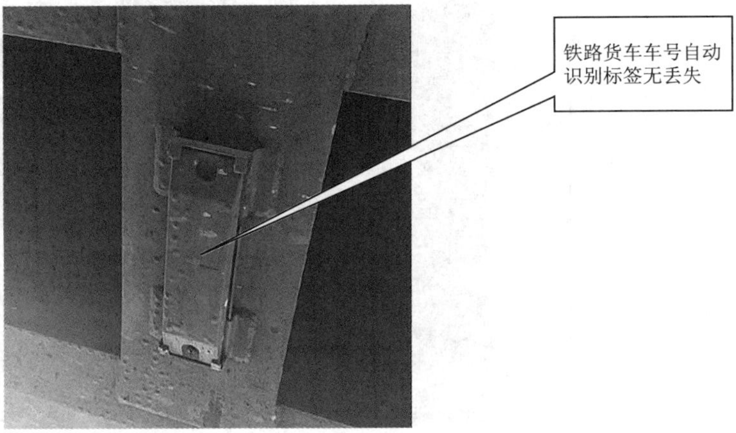

⑨中梁、横梁、地板
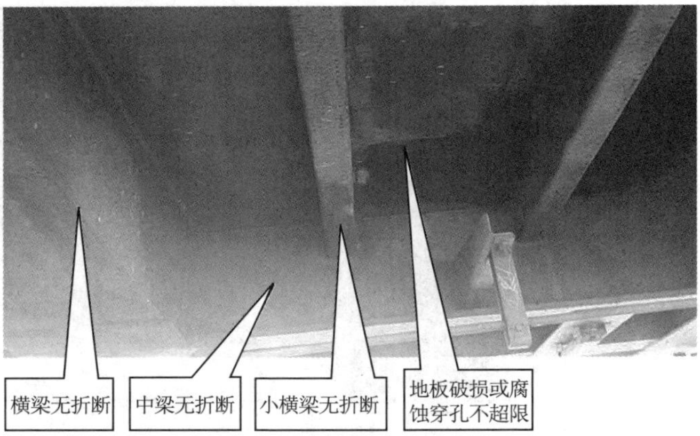
</td></tr>
<tr><td>(2)检查车体中部
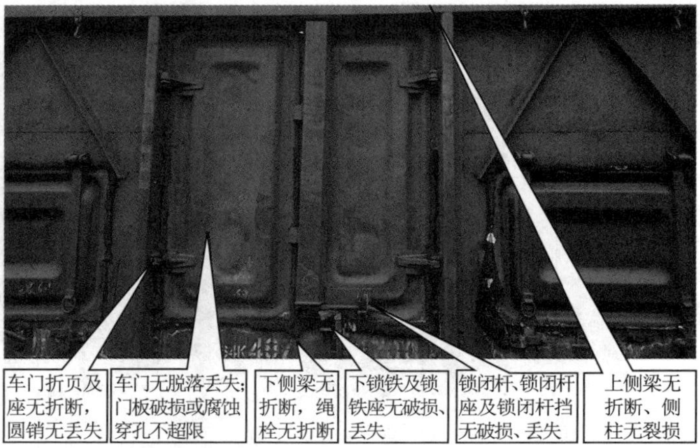
</td></tr>
</table>

续上表

作业步骤	作业项目	作业内容及质量标准
6	1位端转向架内侧探身检查	(1)检查基础制动装置(K2、K5、K6型转向架)  固定杠杆支点座、固定杠杆支点、固定杠杆支点链蹄环及圆销、开口销无折断、丢失，拉铆销套环无丢失。(所在侧检车员负责) 固定杠杆、中拉杆及圆销、开口销（拉铆销套）无折断、丢失（均由所在侧检车员负责）
		(2)检查顺位三位车轮、轴承。 与"顺位二位轮对、轴承"检查部位及质量标准一致
7	1位端转向架侧部自由步检查	(1)检查顺位三位轴承、挡键。 与"2位端转向架侧部自由步检查——检查2位端转向架侧面——顺位二位轴承、挡键"检查部位及质量标准一致
		(2)检查顺位三位车轮、闸瓦、交叉杆端头。 与"2位端转向架侧部自由步检查——检查2位端转向架侧面——顺位二位车轮、闸瓦、交叉杆端头"检查部位及质量标准一致
		(3)检查顺位二位侧架立柱部分。 与"2位端转向架侧部自由步检查——检查2位端转向架侧面——顺位一位侧架立柱部分"检查部位及质量标准一致
		(4)顺位四位车轮、闸瓦、交叉杆端头。 与"2位端转向架侧部自由步检查——检查2位端转向架侧面——顺位一位车轮、闸瓦、交叉杆端头"检查部位及质量标准一致
		(5)顺位四位轴承、挡键。 与"2位端转向架侧部自由步检查——检查2位端转向架侧面——顺位一位轴承、挡键"检查部位及质量标准一致
8	1位端转向架外侧探身检查	(1)顺位四位车轮、轴承。 与"顺位一位轮对、轴承"检查部位及质量标准一致

续上表

<table>
<tr><th>作业步骤</th><th>作业项目</th><th>作业内容及质量标准</th></tr>
<tr><td>8</td><td>1 位端转向架外侧探身检查</td><td>(2)人力制动机、牵引梁
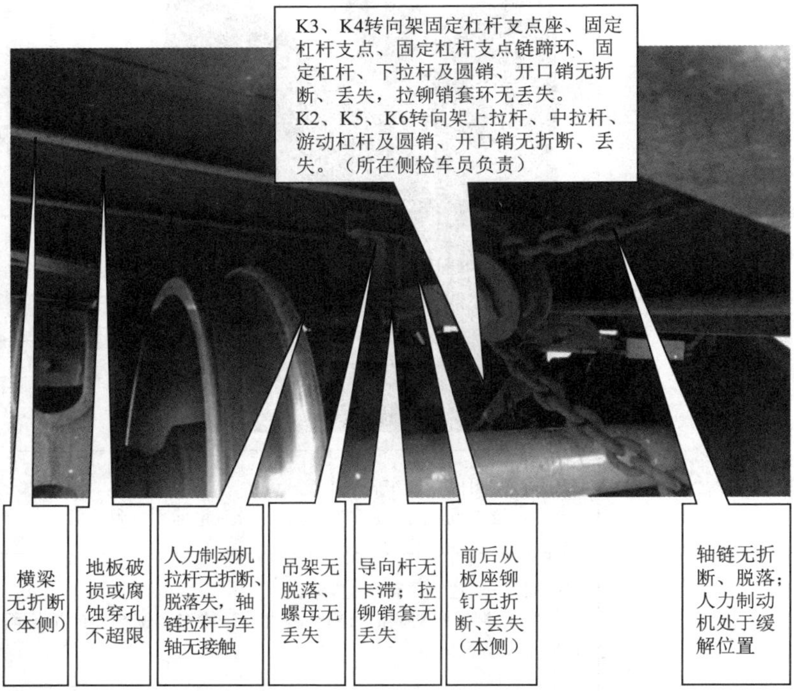
</td></tr>
<tr><td rowspan="2">9</td><td rowspan="2">车辆 1 位端检查</td><td>(1)检查脚蹬、扶梯

</td></tr>
<tr><td>(2)检查车体 1 位端。
与“车体 2 位端”检查部位及质量标准一致</td></tr>
</table>

续上表

<table>
<tr><th>作业步骤</th><th>作业项目</th><th>作业内容及质量标准</th></tr>
<tr><td rowspan="2">9</td><td rowspan="2">车辆 1 位端检查</td><td>(3)检查人力制动机(NSW 型人力制动机)
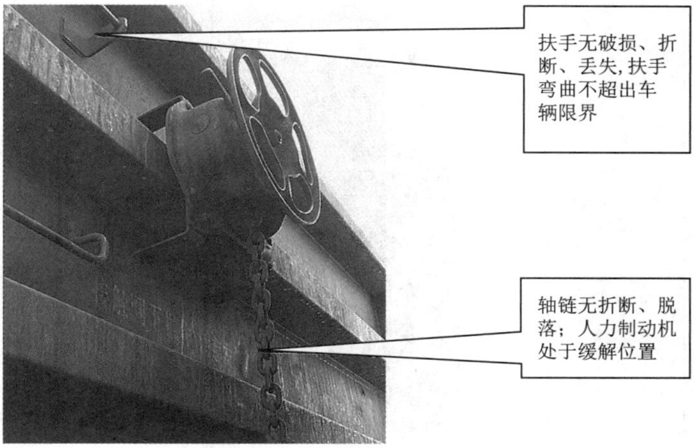
</td></tr>
<tr><td>(4)检查钩提杆、车钩连接(17 型车钩)

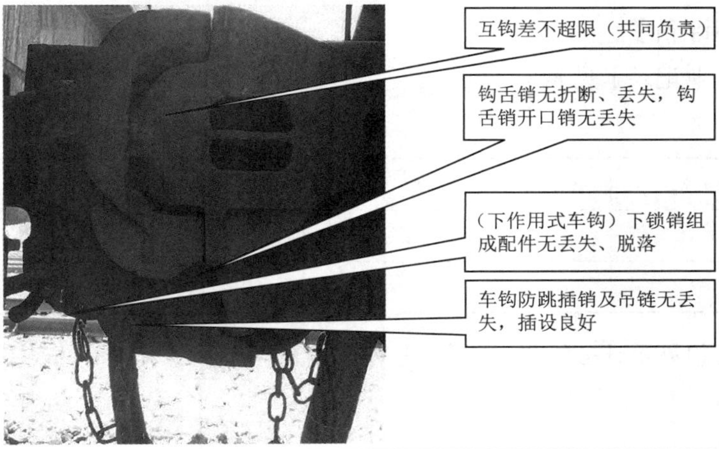
</td></tr>
</table>

续上表

作业步骤	作业项目	作业内容及质量标准
9	车辆1位端检查	(5)首尾车钩三态检查 
10	撤除防护信号	作业完后，撤除安全防护红旗 

【结果评价】

作业记录卡见表17-14。

表17-14　作业记录卡

序号	作业内容	结果描述

各组展示任务结果，介绍作业完成情况。作业结果评价见表17-15。

表 17-15 结果评价

姓名			组号			
评价项目	分值	得分	评价标准(每项考核点分 A、B、C、D 四个等级评价)			
			A(得分≥80%)	B(80%>得分≥70%)	C(70%>得分≥60%)	D(得分<60%)
出勤情况	10		全勤	迟到	早退	旷课
准备情况	10		充分	较充分	基本充分	不充分
团队合作	10		全员参与、分工合作明确	全员参与	一般	不能协调合作
学习态度	10		认真、积极	认真	一般	不参与学习
技能考核	50		熟练正确地操作	操作基本正确,较为熟练	操作不太熟练,错误不超过 10%	错误超过 10%
安全意识	10		安全	较安全	基本安全	存在风险
总评分数	100		优良(得分≥80)/中等(80>得分≥70)/合格(70>得分≥60)/不合格(得分<60)			

典型工作任务 2　TFDS 动态检查

【任务准备】

工作任务书见表 17-16。

表 17-16 任务书

任务名称	TFDS 动态检查	参考学时	2
任务要求	以小组为单位进行 TFDS 动态检查作业,6~8 人一组,明确组内人员分工,选择 1 位组员为动态检查组长,动态检查执行“通过列车 TFDS 检查范围和质量标准”,安全有序规范完成任务		
任务方案			
教师检查			

具体分工见表 17-17。

表 17-17 任务分工

班级		组号		指导老师	
组长		序号			
组员		姓名	组员排序	姓名	组员排序
分工描述(按序号)					

【任务实施】

一、劳动安全注意事项

1. 作业前充分休息好，保证工作时精力充沛，思想集中。

2. 禁止携带手机等电子声讯设备进入现场，包括移动电话、GSM-R 手持机、平板电脑、电子书浏览器、音乐播放器等可用于通信或视听娱乐的电子设备。

二、工量具准备

TFDS 系统终端工位机若干，网络通畅、设备良好。

三、作业步骤及质量标准

1. TFDS 动态检查一列作业流程

接到 TFDS 来车提示后，TFDS 动态检车组长组织动态检车组进行作业，TFDS 动态检车员根据分车情况按规定的鼠标轨迹检查引导视线流程浏览图片，动态检查作业发现故障，TFDS 动态检车员向组长报告后再加载正确的故障。最后，TFDS 动态检车组长收集故障反馈信息，并确认上传。每列车的作业由 1 个动态检车组完成，TFDS 动态检查时间原则上按 10 min(50 辆/列)的标准掌握。TFDS 动态检查一列作业流程如图 17-19 所示。

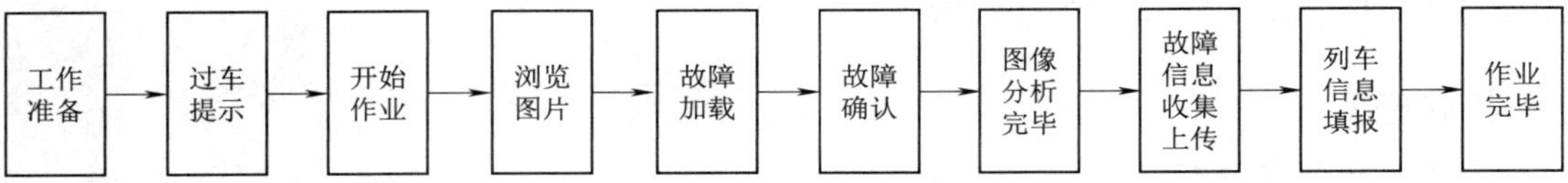

图 17-19　TFDS 动态检查一列作业流程

2. 作业程序、检查范围及标准

TFDS 动态检查一列作业程序及质量标准见表 17-18。

表 17-18　TFDS 动态检查一列作业程序及质量标准

作业步骤	作业项目	作业内容及质量标准
1	工作准备	(1)TFDS 动态检车员统一着装、佩戴规定标志，在 TFDS 动态检车组长带领下，进入动态检车室，将个人物品定置存放，手机集中存放
		(2)检查系统网络连接显示正常，系统工作日期时间正常
		(3)检查电脑设备工作状态：设备清洁，运行正常，键盘各键使用正常，鼠标灵活，显示器显示清晰，状态良好
		(4)登录系统。TFDS 动态检车组长和 TFDS 动态检车员根据各自的用户名和口令登录 TFDS 集中作业平台 

续上表

<table>
<tr><th>作业步骤</th><th>作业项目</th><th>作业内容及质量标准</th></tr>
<tr><td rowspan="3">2</td><td rowspan="3">过车提示</td><td>(1)TFDS 动态检车组长实时查询列车运行图监控软件，及时准确掌握作业列车开行计划</td></tr>
<tr><td>(2)TFDS 动态检车组长在 TFDS 集中作业平台“TF 工长管理”菜单下的“列车信息”栏，确定作业列车，双击后可修改“车次”“编组类型”信息

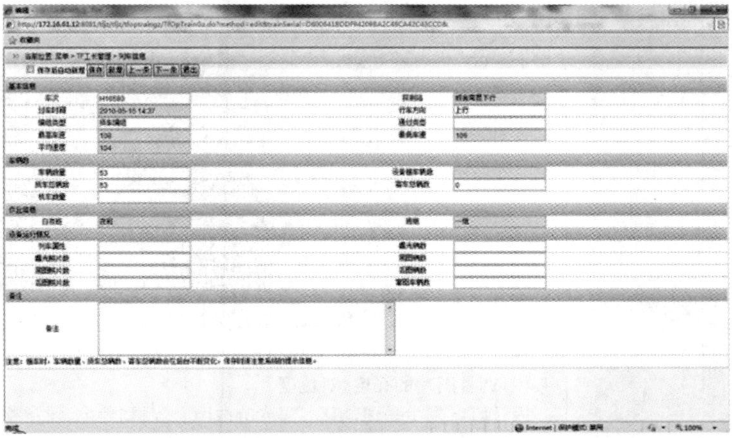
</td></tr>
<tr><td>(3)TFDS 动态检车组长在 TFDS 集中作业平台“TF 工长管理”菜单下的“智能分车”栏选定作业列车，并划分作业组别</td></tr>
<tr><td rowspan="2">3</td><td rowspan="2">开始作业</td><td>(1)TFDS 动态检车组长下达“××组，××方向接车，×××××次××辆，开始作业”口令，各工位 TFDS 动态检车员立即用普通话回复“××工位明白”，并立即开始作业</td></tr>
<tr><td>(2)TFDS 动态检车员在 TFDS 集中作业平台界面左侧看图模块菜单下，点击检车作业，打开 TFDS 动态检车界面，左键单击 TFDS 动态检车界面右下角“选择”按钮，弹出“过车详细信息”列表界面，鼠标左键双击检查的车次，确认图像正常后，依次逐辆按照鼠标引导视线法进行图片分析检查

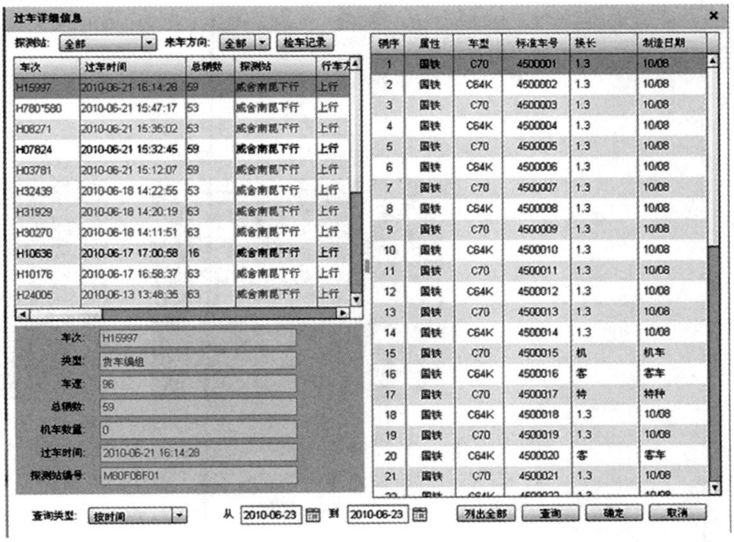

</td></tr>
</table>

续上表

<table>
<tr><th>作业步骤</th><th>作业项目</th><th>作业内容及质量标准</th></tr>
<tr><td rowspan="2">4</td><td rowspan="2">浏览图片</td><td>确认显示图片清晰、拼接完整无异常，TFDS 动态检车员点击“后一幅”，依次按照前台侧架、后台侧架、前台制动梁摇枕、后台制动梁摇枕、中间部 1、中间部 2、中间部 3、中间部其他、车钩钩缓、互钩差、中间部侧部 1、中间部侧部 2、中间部侧部 3、中间部侧部其他、车体侧面 1、车体侧面 2、车体侧面 3、车体侧面其他逐辆进行图片分析检查。
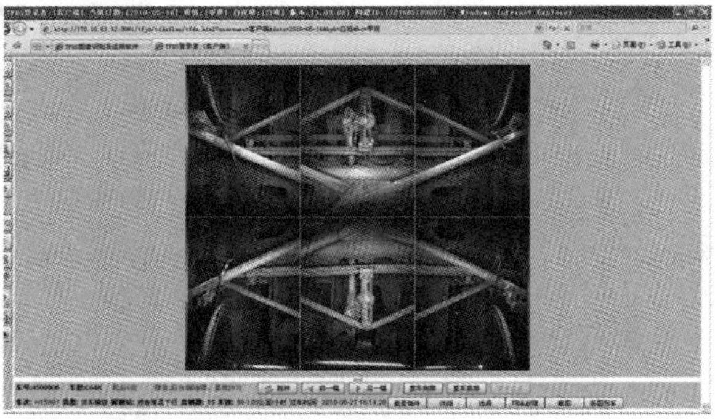
在浏览图片的过程中，发现图片不清晰影响分析时，单击客户端主界面左边的图像调整工具栏，调整图片的亮度、对比度。
因 TFDS 发生丢图、窜图、曝光等故障及停机、停电、设备检修等无法正常进行动态检查时，TFDS 动态检车员须立即通知 TFDS 动态检车组长。
TFDS 图片浏览方法及流程如下：
(1)检查前台侧架、后台侧架。采用“凹”字检查法。

视线流程：地板—侧架—承载鞍—轴承—车轮—交叉支撑装置—侧架—地板—侧架—摇枕—枕簧—侧架—枕簧—摇枕—侧架—地板—侧架—交叉支撑装置—车轮—轴承—承载鞍—侧架—地板。
安全风险点：该处易发生轴端螺栓丢失、交叉杆端部螺栓丢失、闸瓦插销丢失、搭载异物等故障</td></tr>
<tr><td>(2)检查前台制动梁、后台制动梁。采用“Z、8”字检查法。
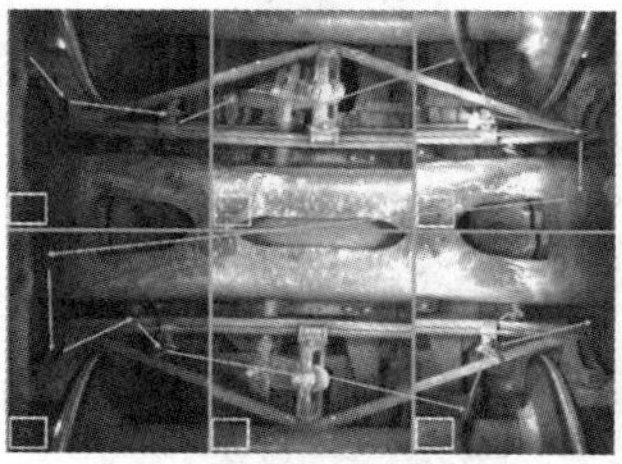 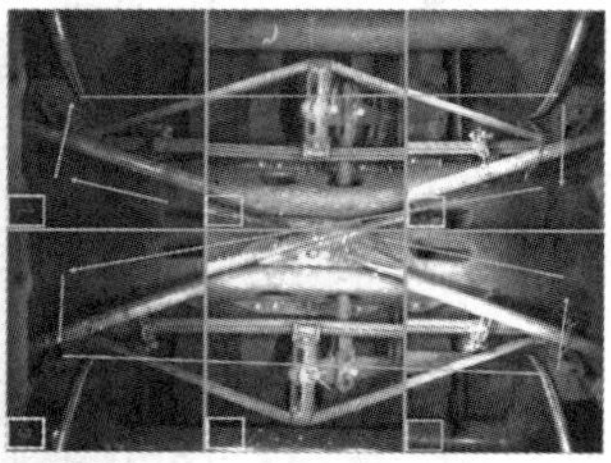
视线流程：交叉杆—枕簧—闸瓦—车轮—制动梁端轴—固定支点—制动梁支柱—制动梁支柱夹扣—下心盘—制动梁梁体—交叉杆扣板螺栓—车轮—闸瓦—制动梁端轴—交叉杆—枕簧—摇枕—枕簧—交叉杆—闸瓦—车轮—制动梁端轴—上拉杆—制动梁支柱及圆销—制动梁支柱夹扣—下心盘—制动梁梁体—交叉杆扣板螺栓—车轮—闸瓦—制动梁端轴—枕簧—交叉杆。</td></tr>
</table>

续上表

作业步骤	作业项目	作业内容及质量标准
4	浏览图片	安全风险点：该处易发生闸瓦插销丢失、闸瓦脱落、交叉杆折断、拉环脱落、枕簧丢失、从板座破损、心盘错位等故障
		(3)检查中间部 1。采用“三”字检查法。  视线流程：车轮—车体地板—地板—车号自动识别标签—制动缸前杠杆及托架—闸调器—车轮—地板—人力制动机拉杆—附加杠杆及托架—制动缸—地板
		(4)检查中间部 2。采用“三”字检查法。 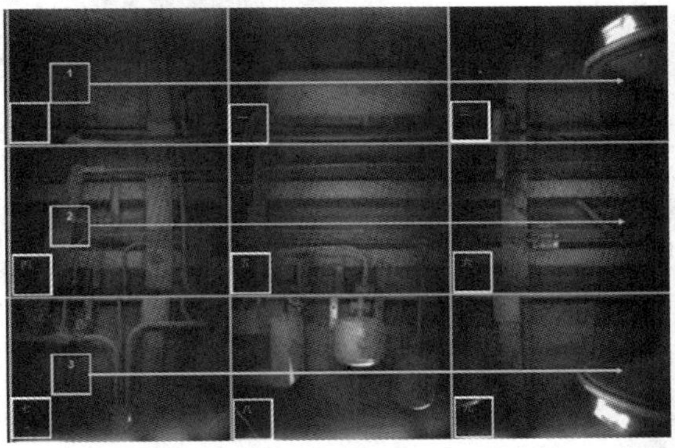 视线流程：地板—连接管—副风缸—车轮—地板—制动缸后杠杆—上拉杆—截断塞门及远芯集尘器—地板—连接管—控制阀—加速缓解风缸—风缸—车轮
		(5)检查中间部 3。采用“三”字检查法。  视线流程：地板—大横梁—车轮—标签—脱轨自动制动装置拉环及塞门—地板—车轮

续上表

作业步骤	作业项目	作业内容及质量标准
4	浏览图片	（6）检查中间部其他。采用“三”字检查法。 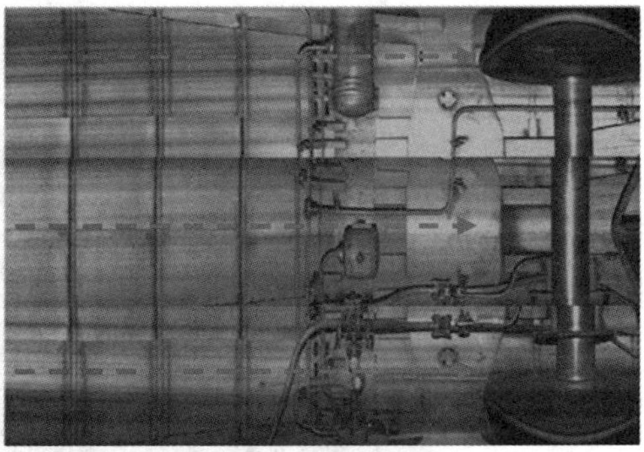 视线流程：风缸—车轮—风缸—脱轨自动制动装置拉环及塞门—截断塞门—主阀—车轮。 安全风险点：中间部易发生风缸脱落、截断塞门手把关闭、闸调器破损、地板破损等故障
		（7）检查车钩缓冲部。采用“e”字检查法。 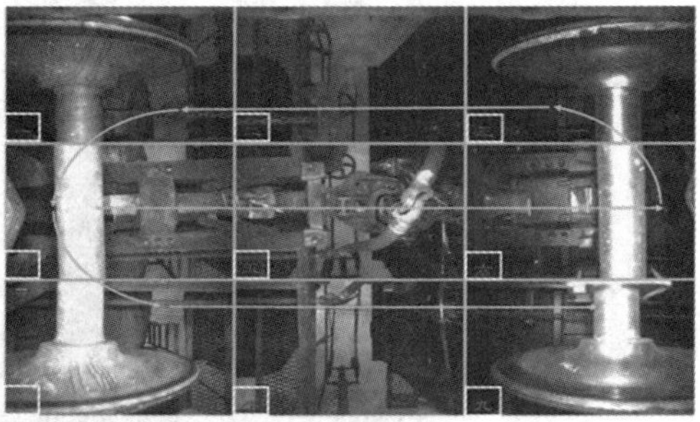 视线流程：从板座—缓冲器—钩尾框—钩尾框托板—牵引梁—从板—钩尾销—钩托梁—钩体—钩锁—钩舌销—制动软管—钩托梁—钩托梁—钩尾销—从板—牵引梁—钩尾框托板—钩尾框—缓冲器—从板座—车轮—车体地板—折角塞门—端梁—人力制动机轴链—人力制动机拉杆—车体地板—车轮—车轮—车体地板—折角塞门—端梁—人力制动机轴链—人力制动机拉杆—地板—脱轨自动制动装置—车轮。 安全风险点：该处易发生拉环脱落、从板座破损、从板折断、折角塞门（直端塞门）关闭、钩提杆折断、截断塞门手把关闭、车钩托梁折断、钩舌销折断等故障
		（8）检查互钩差。采用“V”字检查法。  视线流程：端墙—车钩—风管—折角塞门—端墙。 安全风险点：该处易发生折角塞门手把关闭、互钩差过限、钩提杆折断等故障

续上表

作业步骤	作业项目	作业内容及质量标准
4	浏览图片	(9)检查中间部侧部 1。采用“一”字检查法。 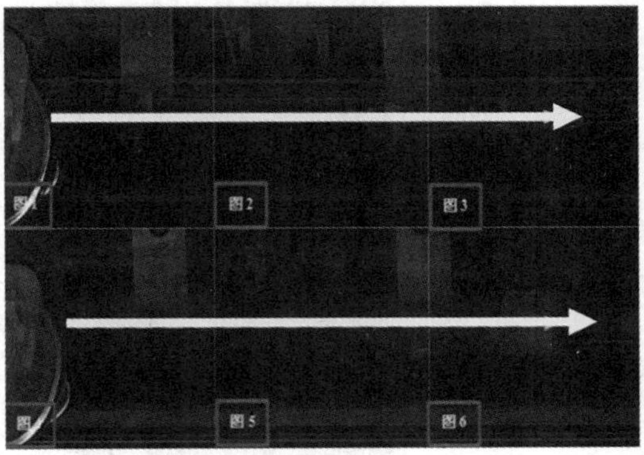 视线流程:上拉杆及吊架—制动缸前杠杆组成—闸调器及吊架—人力制动机拉杆及拉杆链—制动缸及吊架
		(10)检查中间部侧部 2。采用“一”字检查法。 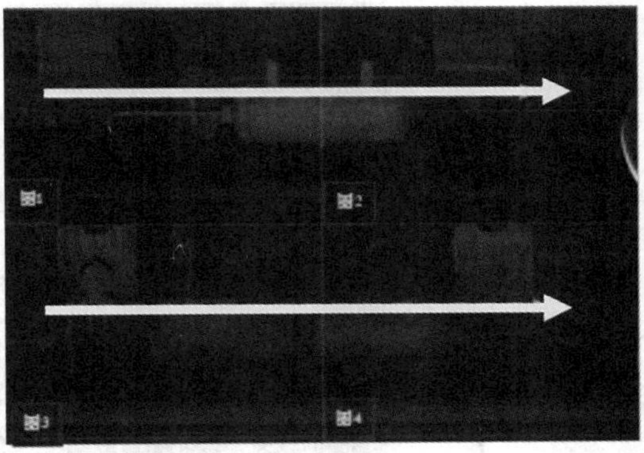 视线流程:缓解阀拉杆及吊架 1—副风缸及吊架—调整阀—缓解阀拉杆及吊架 2—120 阀防盗罩—加速缓解风缸、双室风缸及吊架
		(11)检查中间部侧部 3。采用“一”字检查法。 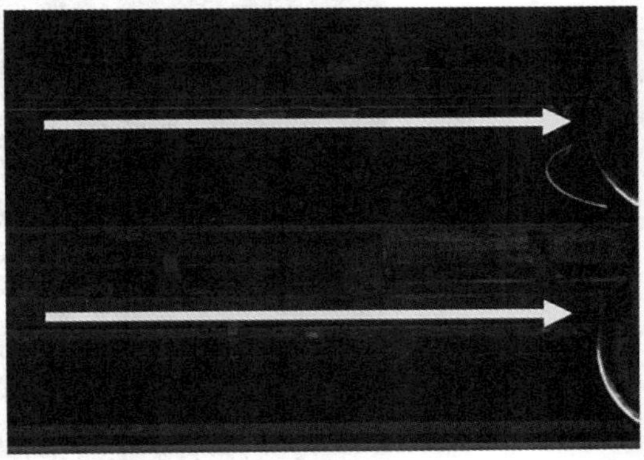 视线流程:风缸—车轮—车轮—风缸

续上表

<table>
<tr><th>作业步骤</th><th>作业项目</th><th>作业内容及质量标准</th></tr>
<tr><td rowspan="3">4</td><td rowspan="3">浏览图片</td><td>(12)检查中间部侧部其他。采用“一”字检查法。

视线流程:风缸—车轮—车轮—阀体</td></tr>
<tr><td>(13)检查车体侧面 1。采用“一”字检查法。
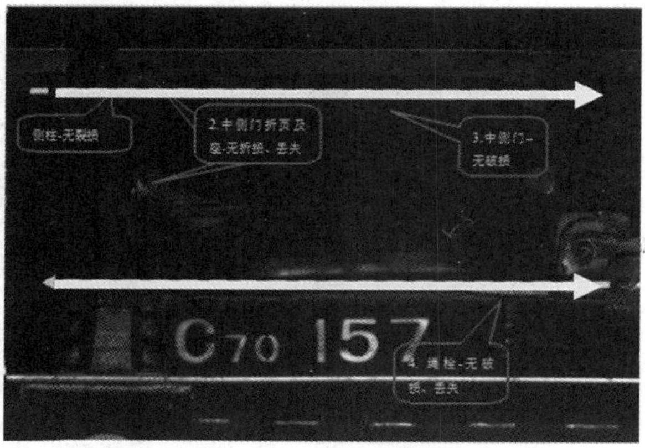

视线流程:侧墙—车门</td></tr>
<tr><td>(14)检查车体侧面 2。采用“一”字检查法。
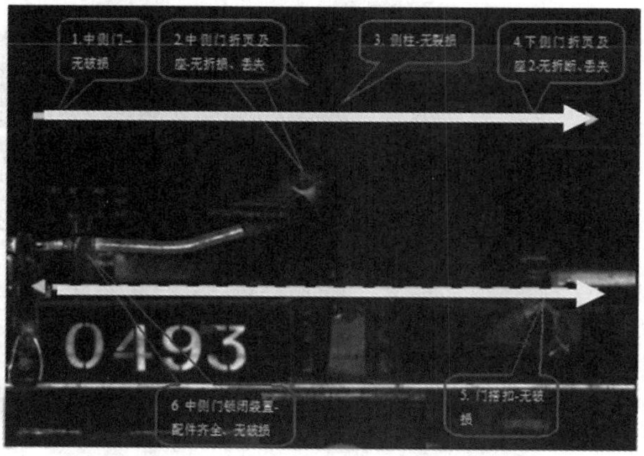

视线流程:侧墙—车门</td></tr>
</table>

续上表

作业步骤	作业项目	作业内容及质量标准
4	浏览图片	(15)检查车体侧面 3。采用“一”字检查法。 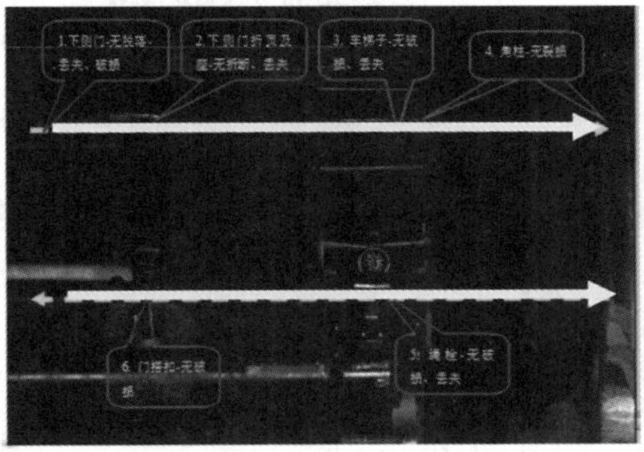 视线流程:侧墙—车门
		(16)检查车体侧面其他。采用“一”字检查法。 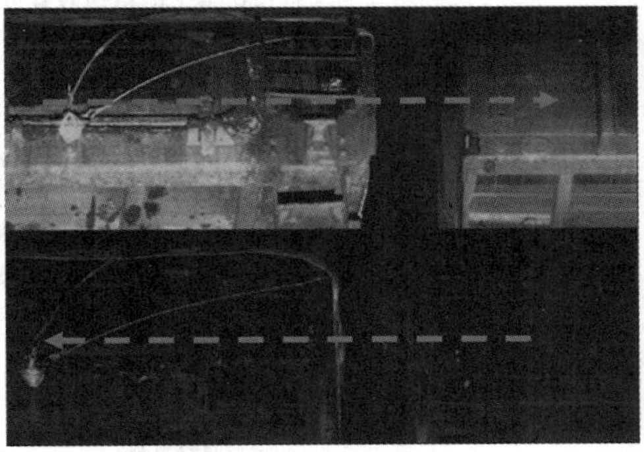 视线流程:侧墙—车门—车梯。 安全风险点:车体侧面易发生车门开放、车梯脱落、车门脱落等故障
5	故障加载	(1)检车作业浏览图片中发现车辆故障时,按住鼠标左键双击该图片,放大进行分析,确认故障后按住鼠标左键拖动,在故障部位处画上红框标注
		(2)TFDS 动态检车员在故障图片上右击鼠标,弹出“提交故障”对话框,在故障提交对话框中,正确选择故障部位、具体故障名称、严重程度,调节右下角“亮度”和“对比度”按钮,使显示图片清晰,点击“提交”按钮,将发现故障信息保存到系统故障数据库中 

续上表

作业步骤	作业项目	作业内容及质量标准
5	故障加载	(3)TFDS动态检车员发现系统故障库中无故障名称的故障时，要根据故障部位，选择“其他故障”，在“说明”栏中录入实际故障信息，点击“提交”按钮，将发现故障信息保存到系统故障数据库中
		(4)分析作业中，TFDS动态检车员发现符合TFDS重点预报及拦停范围内的故障时，立即口头通知TFDS动态检车组长“车次、机次位数、车号、故障部位及名称”，然后加载故障；TFDS动态检车组长接到故障信息后快速判断，确认后立即启动TFDS拦停故障应急处置预案
6	故障确认	(1)动态检车组长接到TFDS动态检车员故障预报后，在“TFDS集中作业平台”主界面下，点击菜单栏“TF工长管理”下的“故障确认上传”，选择“车次列表”进入TFDS动态检车员预报故障信息列表界面
		(2)TFDS动态检车组长在车次信息列表界面左侧的“车次列表”栏内，选择要确认上传预报故障车次，点击列表红色背景的“车辆故障、设备故障”链接，弹出“故障信息”反馈信息录入、上传界面 
		(3)TFDS动态检车组长在车辆故障确认上传界面下，核对该条故障信息的车次、车号、故障发现时间、故障发现班组、故障发现人等信息，认真仔细对故障图片进行确认，完成多条故障记录的确认 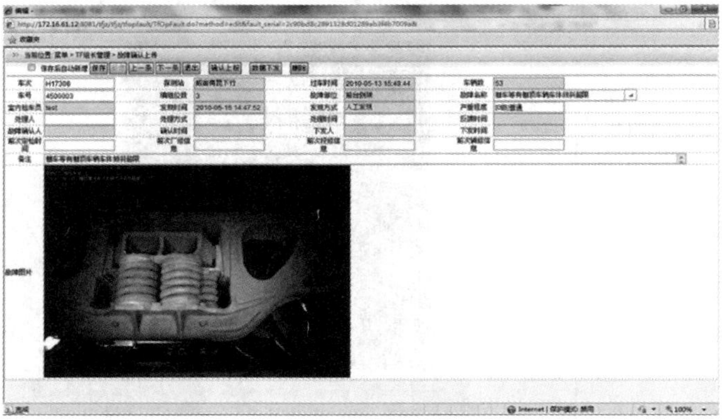

续上表

作业步骤	作业项目	作业内容及质量标准
6	故障确认	(4)经确认故障不属实的,动态检车组长在故障确认上传界面中单击“删除”按钮完成对误报故障的删除,并提示动态检车员对该部位进行二次复核检查;发现动态检车员提交故障名称错误,在“故障确认上传”界面下进行修改更正,点击“保存”,并提示动态检车员在后续作业中改正 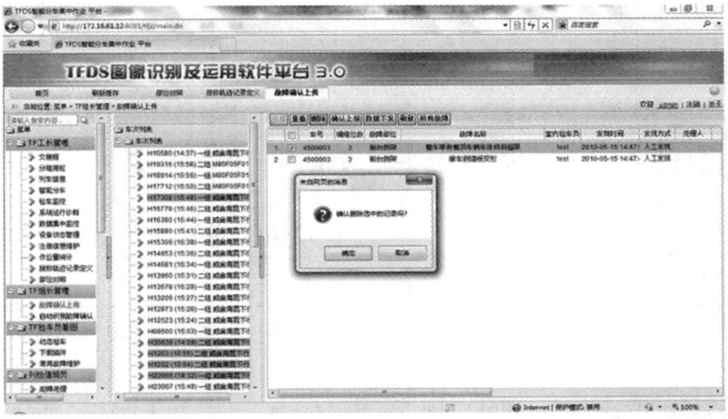
7	图像分析完毕	TFDS动态检车员作业完毕后向TFDS动态检车组长报告“××工位××次作业完毕”,TFDS动态检车组长收到整组TFDS动态检车员作业完毕的口令后,确认全部车辆作业完毕,回复“××组××次作业完毕”
8	故障信息预报	对不停车技术检查作业的列车,须将重点故障预报给配有故障专修组的动态检查作业场列检值班员,列检值班员确认列车有20 min及以上站停处理故障时间时,以辆为单位向现场预报,检车员确认、处理后,将结果报告列检值班员,列检值班员将故障处理方式、处理人、反馈状态等内容录入TFDS,TFDS动态组长对反馈信息确认上传,其他未预报的故障,TFDS动态检车组长直接在处理方式栏中填写故障跟踪后上传。 (1)TFDS动态检车组长确认完故障后,在故障确认上传页面,勾选需要预报的故障,点击“预报现场”按钮。 (2)电话通知相应作业场列检值班员,完成故障预报故障
9	故障信息收集上传	(1)TFDS动态检车组长接到列检值班员反馈故障确认信息后,在故障确认上传界面上,核对“反馈状态、定检信息、严重程度、处理方式、处理人”等信息后,对反馈状态为“无故障”的误报故障,点击“删除”按钮,删除该条故障信息;对反馈状态为“故障名称不符”的误提交故障按现场反馈修改故障名称后,点击“保存”按钮保存该条故障信息;对反馈状态为“故障相符”的属实故障,重复以上操作,完成多条故障记录的确认上传。确认反馈信息无误后,勾选所有故障,点击“确认上报”按钮完成故障信息上传
		(2)TFDS图像显示故障明显的,现场检车员反馈良好的,须电话通知其列检值班员通知现场检车工长进行复核
10	列车信息填报	(1)TFDS动态检车组长在“TFDS集中作业平台”主界面下,点击菜单栏“TF工长管理”下的“列车信息”进入所有探测列车信息列表界面
		(2)在“列车信息”界面下,选择需填报的列车车次,双击该车次或点击界面右上角的“查看”按钮,进入列车信息编辑界面,对列车信息进行编辑,对列车总辆数、通过类型等信息进行添加或修改,编辑完毕保存后退出界面
11	作业完毕	待本组各工位TFDS动态检车员报告作业完毕后,TFDS动态检车组长应将作业状态显示屏操作至“待检中”显示位置;监视作业列车预报情况,组织动态检车员进行质量互检、班中待检等活动

【结果评价】

作业记录卡见表 17-19。

表 17-19　作业记录卡

序号	作业内容	结果描述

各组展示任务结果，介绍作业完成情况。作业结果评价见表 17-20。

表 17-20　结果评价

姓名				组号		
评价项目	分值	得分	评价标准（每项考核点分 A、B、C、D 四个等级评价）			
			A(得分≥80%)	B(80%>得分≥70%)	C(70%>得分≥60%)	D(得分<60%)
出勤情况	10		全勤	迟到	早退	旷课
准备情况	10		充分	较充分	基本充分	不充分
团队合作	10		全员参与、分工合作明确	全员参与	一般	不能协调合作
学习态度	10		认真、积极	认真	一般	不参与学习
技能考核	50		熟练正确地操作	操作基本正确，较为熟练	操作不太熟练，错误不超过 10%	错误超过 10%
安全意识	10		安全	较安全	基本安全	存在风险
总评分数	100		优良(得分≥80)/中等(80>得分≥70)/合格(70>得分≥60)/不合格(得分<60)			

【拓展知识】

拓展知识点　TFDS 货车故障图像智能识别

随着货车车辆不断迎来提速重载，这对车辆运行安全构成严峻复杂的挑战，也使得传统 TFDS 检车作业量剧增，迫切需要智能分析手段来提高铁路故障识别准确率，提升动态检车员的工作效率。因此，TFDS 货车故障图像智能识别系统应运而生。基于图像比对原理的 TFDS 故障图像智能识别系统是把 TFDS 探测站采集到的车辆图片与标准车辆图片进行逐一比对，将过去人工发现故障转变成精准识别，最终在检车平台上显示报警框和报警信息以供人工确认。基于智能分析算法的 TFDS 故障图像智能识别系统，通过深度学习网络和大量数据样本，自动总结部件特征，自动寻找故障规律，并在实际使用中持续改善分析效果，实现从整体到局部、再到故障特征全量精细识别。

TFDS 检车从“肉眼看图”向“智能识别”转变后，TFDS 检车员仅需对系统提报故障是否属实进行甄别，相较于传统的 TFDS 检查作业模式，一趟货物列车的技术检查作业时长可减少 4～8 min，作业效率提升约 50%以上，大大提高了列车检修的智能化水平。

任务三 货车故障处置

【相关知识】

知识点 1 铁路货车故障处理分类及范围

列检作业场发现铁路货车故障时，应积极组织在列车队中进行处理；对影响行车安全且在列车队中无法施修或处理故障超过列车技检时间影响车站解体作业或正点发车时，应摘车送站修作业场临修。对有运用到时限要求的铁路货车，在确保安全的情况下可以运行到货物到达站，在无法保证安全的情况下应积极采取措施消除故障、减少停时。

一、故障处理分类

铁路货车故障处理种类分为：摘车临修、列车队较大故障修理（以下简称大件修）、列车队一般故障修理（以下简称小件修）、临时整修等。大件修、小件修按处理方式分为：更换、补装、调整、紧固、恢复、修复等。

二、摘车临修范围

1. 车轮轮缘垂直磨耗、内侧缺损超限；踏面辗堆、擦伤、剥离、局部凹下、缺损、圆周磨耗超限；轮缘厚度、轮辋厚度不符合规定；辐板孔裂纹超限等需更换轮轴的故障。

2. 滚动轴承故障；滚动轴承甩油，外圈、轴箱破损，轴端螺栓松动、脱出、丢失，前盖丢失；承载鞍破损，转 K2 型转向架承载鞍顶面金属辗出；侧架导框、副构架导框纵向与滚动轴承外圈接触；轴箱橡胶垫中间橡胶与上、下层板错位等需更换轮轴或分解修理的故障。

3. 摇枕、侧架、一体式构架、副构架折断；副构架与连接杆连接用螺母丢失；上心盘铆钉折断，下心盘螺栓折断，心盘脱出；侧架立柱磨耗板、斜楔及主摩擦板破损、窜出、丢失，侧架立柱磨耗板折头螺栓、铆钉折断、丢失，摇枕斜楔摩擦面磨耗板窜出；摇枕斜面磨耗板折头螺栓丢失；旁承体破损、丢失，双作用弹性旁承上旁承与下旁承尼龙磨耗板有间隙、旁承滚子或旁承尼龙支承板与上旁承磨耗板接触，间隙旁承间隙超限；交叉支撑装置盖板及交叉杆体变形、折断，扣板螺栓、铆钉丢失，交叉杆端部螺栓松动、脱出、丢失；轴箱弹簧折断、窜出或丢失，重车摇枕弹簧及减振弹簧折断、窜出或丢失；转向架弹簧托板、折头螺栓折断等需架车修理的故障。

4. 钩体破损，牵引杆、钩尾框折断；钩锁锁腿折断，下锁销组成配件丢失、脱落；钩提杆座裂损；钩提杆折断、丢失，钩提杆链松余量不符合规定；从板折断，从板座、缓冲器、冲击座破损；钩体支撑座、钩尾框托板、钩尾销托梁、从板、缓冲器箱体含油尼龙磨耗板窜出、丢失；钩体支撑座止挡铁铆钉丢失；列车队无法调整的车钩高度超限等需分解修理及更换的故障。

5. 制动缸活塞作用不良；集成制动装置制动缸活塞行程指示器显示制动、缓解位置不正确，标志牌丢失；副风缸、加速缓解风缸、容积风缸、降压风缸缸体裂损，吊架折断；制动缸脱落，吊架折断；制动阀作用不良、防盗罩脱落；制动主管、支管、连接管折断；空重车自动调整装置限压阀、调整阀、传感阀破损，横跨梁折断；缓解阀拉杆、空重车调整杆折断，吊架裂损；闸调器破损；脱轨自动制动装置调节杆折断，拉环脱落、丢失，拉环与车轴接触，塞门关闭等需分解修理、焊修及更换的故障。

6. 制动梁梁体、支柱裂损，支柱夹扣螺母、闸瓦托铆钉折断、丢失，制动梁吊裂损；制动梁安全链折断，制动梁脱落；基础制动装置各拉杆、杠杆、链蹄环折断或丢失，拉铆销套环丢失，拉杆、杠杆吊架裂损、脱落，固定杠杆支点座拉铆钉丢失等需要更换、补装、焊修及铆接的故障。

7. 人力制动机配件破损、脱落、丢失，附加杠杆、拉杆丢失，人力制动机轴链折断、拉铆销套丢失，集成制动装置手制动杠杆及销轴丢失等影响人力制动机使用的故障。

8. 中梁、侧梁、端梁、枕梁、横梁及牵引梁折断等需要焊修的故障，侧梁下垂、车体倾斜或外胀超限；铁路货车车号自动识别标签失效、丢失，防火板脱落、丢失。

9. 侧柱、端柱、角柱裂损，敞车上端梁、上侧梁折断；车门、车窗脱落或丢失，底开门关闭不良，棚车漏雨，车门、端板或渡板折页及座折断；车门滑动轨道折断，车门滑轮脱出轨道；墙板、门板、地板、浴盆板破损或腐蚀穿孔超限，车门锁闭装置配件破损或丢失；绳栓折断，柱插破损或丢失；脚蹬、车梯扶手、集装箱锁头、门挡及车端护栏破损、折断、丢失；罐车卡带折断，罐体及阀漏泄，人孔盖及安全阀丢失，下卸式排油管脱落，罐车上部车顶走板、防护栏配件脱落、窜出或丢失等需要焊修、补装及处理的故障。

10. 从板座及冲击座铆钉折断、丢失等其他需焊修、铆接的故障。

11. 发生铁路交通事故及有撞车、脱轨等痕迹需摘车鉴定的铁路货车；轴承遭遇水浸或火灾的铁路货车。

12. 铁路货车运行安全监控系统预警需摘修的铁路货车。

13. 其他危及行车安全且因结构在列车队中无法处理的铁路货车故障。

三、大件修范围

列检作业场发现铁路货车大件修故障，检车员应通知工长，由工长组织进行处置，使用专用工具、机具，按照相应的质量标准进行修理，处置后工长需对修理质量进行验收检查。大件修范围规定如下：

1. 更换、补装：钩舌、钩舌推铁、钩锁、下锁销组成、车钩托梁、空车摇枕弹簧及减振弹簧、制动阀、制动软管、折角塞门、直端塞门、截断塞门、组合式集尘器、远心集尘器、罐车卡带圆销等。

2. 调整：互钩差、脚蹬及车梯扶手弯曲、钩提杆链松余量等。

3. 恢复：承载鞍错位，摇枕弹簧及减振弹簧窜出，钩体支撑座、钩尾框托板、钩尾销托梁含油尼龙磨耗板窜出等。

4. 修复：制动主管、支管、连通管漏泄，下拉杆下垂超限、关门车等。

四、小件修范围

列检作业场发现铁路货车小件修故障，检车员自检、自修、自验，同段作业人员互控检查，按相应的质量标准进行修理。小件修范围规定如下：

1. 更换、补装：钩舌销、车钩防跳插销、钩体支撑座止挡铁、钩提杆复位弹簧、钩提杆链，闸瓦、闸瓦插销、闸瓦插销环，下拉杆安全索、交叉杆安全索，各风缸堵、各管系卡子及螺母，折角塞门卡子及螺母，闸调器螺杆连接螺母定位片，人力制动拉杆链环、螺栓、螺母、圆销、开口销，塞门手把、制动软管胶圈、轴承挡键等。

2. 紧固：螺栓、螺母等。

3. 恢复：闸瓦插销、下锁销组成不正位等。

4. 修复：制动梁安全链、人力制动机拉杆吊架脱落等。

五、临时整修

列检作业场发现需要摘车临修的故障，经鉴定不能安全运行至站修作业场的，应摘车送临时整修线路进行整修，整修后应按规定办理回送手续，并承担相应的回送安全责任。对列车队中因处理故障影响车站解体作业或正点发车的铁路货车，可摘车送临时整修线路进行修理。

六、其他

1. 列检作业场所在车站发现棚车漏雨、透光以及调车、装卸作业、停运列车等发生铁路货车配件损坏、丢失故障时，应及时通知列检作业场按规定处置。

2. 列检作业场进行人机分工或人工检查发现因货物超载、偏载、偏重、集重引起铁路货车技术状态异常的，列检值班员通知车站值班员，由车站通知货运部门进行现车确认和处理，处理后，车站值班员通知列检值班员，安排对上述铁路货车进行技术检查，符合铁路货车运用标准后方可挂运，双方应做好记录备查。

知识点 2　铁路货车故障修理标准

货车运用作业场对不摘车施修的铁路货车故障，按以下标准进行修理：

1. 圆销、螺栓或拉杆、杠杆上组装的圆开口销使用新品，双向劈开角度不小于 60°；钩尾销螺栓、钩尾销安全吊架螺栓、钩托梁螺栓、人力制动轴上、下端及制动轴链羊眼螺栓的圆开口销和下拉杆、中拉杆等扁开口销安装后劈开卷起。

2. 扁孔圆销长度允许在上下两个规格范围内调整，组装后扁孔圆销的窜动量 2～10 mm。

3. 斜向或竖向安装的圆销应由上向下装入，横向安装的圆销应以车体纵向中心线为准，由里(左)向外(右)装入(无安装空间者及有特殊要求的除外)；车轮附近的直立式杠杆圆销，由车轮侧由外向里装入；横向安装的圆销应在开口销与被连接件之间装平垫圈。

4. 各阀和风缸吊架安装螺栓应由上向下装入(无安装空间者除外)，在长圆孔侧加平垫圈；制动阀防盗罩螺栓紧固。各螺栓组装紧固后，螺杆上的螺纹露出螺母 1 扣以上，但不能超过 1 个螺母厚度(U 形管吊卡和风缸吊卡除外)。使用 4 个螺栓连接紧固的配件，对角进行紧固；处理螺母丢失的故障时，填补基本母紧固后加装备母(防松螺母及有弹簧垫圈者除外)。

5. 处理制动管故障时，管系螺纹处使用聚四氟乙烯薄膜缠绕或涂抹黑铅粉油，缠绕不得超过螺纹端部，连接处紧固后外露 1 扣以上的完整螺纹，旋入部分不得少于 4 扣；主管端接管(辅助管)长度为 250～400 mm；分解管系时，橡胶密封件更换新品，橡胶密封圈使用 E 型密封圈。

6. 橡胶密封圈、接头体、法兰体组装时，螺栓应均匀紧固，不得发生漏泄。

7. 更换折角塞门时，折角塞门体中心线与制动主管垂直中心夹角为 30°；更换制动软管时，软管连接器连接平面与车体中心夹角为 45°；有特殊要求的除外。

8. 更换远心集尘器或组合式集尘器时，集尘器体的安装箭头方向要符合安装要求；更换的集尘器下体在组装时胶垫正位，密封线向上，止尘伞位置正确，螺栓均匀紧固。更换的制动阀在组装时安装座胶垫正位，螺栓均匀紧固。

9. 更换闸瓦时，使用有生产资质厂家的良好闸瓦，且闸瓦型号及生产厂家代码标记清晰，禁止高、低摩合成闸瓦互换安装使用。闸瓦插销穿入闸瓦托与瓦背的插销孔内正位入底，闸瓦插销下部环孔需露出，并安装闸瓦插销环。

10. 更换钩舌及钩腔内部配件时，使用符合要求的配件，钩舌尾部及钩锁的工作面涂抹二硫化钼耐磨剂。

11. 更换和补装空重车自动调整装置横跨梁螺栓时，使用标准专用螺母，并安装圆开口销；安装后，螺栓垂向移动量不小于 3～5 mm，开口销插入螺母的槽口，双向劈开，调整垫圈数量不超过 3 个。

12. 更换折角塞门、直端塞门、截断塞门、制动阀、制动软管等空气制动配件时，装车前取下各通路防护件包装、密封防护物，并确认无异物进入通道。

13. 新安装配件不得与邻近的零部件、管系发生干涉。

14. 装用交叉支撑装置的转向架需要进行滚动轴承转动检查时，侧架顶升高度单侧不得超过 70 mm，同轴两侧均不得超过 100 mm。

15. 处理空气制动故障后，进行持续一定时间全部试验。

16. 其他故障处理执行《铁路货车站修规程》临修标准。

知识点 3　列检摘车与回送

一、运用生产单据及手册

货车运用作业场建立原始记录、表报，并按规定管理。作业量和铁路货车故障的数据明细、统计分析数据、铁路货车运用质量追溯及事故调查等信息应以相关信息系统存储的数据为准，定期备份、长期保存；各种纸质原始记录、表报留存备查，保存两年。

1. 车辆检修通知单（车统—23）

铁路货车因定期检修、临修、故障整修及其他原因等需要摘车时，与车站办理摘车手续的单据，是统计检修车的依据，同时也是判定摘修车禁止越出本站区运行的依据，如图 17-20 所示。

2. 检修车回送单（车统—26）

铁路货车检修车回送时，与车站办理回送手续的单据，是统计回送以及回送途中检修车的依据，同时也是判定摘修车允许在规定区段内运行的依据，如图 17-21 所示。

3. 车辆破损技术记录（车统—25）

发生铁路货车损坏时，与车站及造成车辆破损的责任单位办理相关手续的单据，如图 17-22所示。

4. 检修车辆竣工验收移交记录（车统—33 并车统—36）

铁路货车检修车修竣验收、监造合格后，与车站办理检修车修竣手续的单据，如图 17-23 所示。

车统—23

车辆检修通知单

No. XXXXXXXXXXXX

1. 填发日期 ________年______月______日______时______分
2. 编号 ______________ 送交 ________________________车站
3. 车次____________车辆停留在____________________场____________线
4. 车种车型__________车号__________轴数______标记载重________空重别______
5. 是否需要倒装______车站通知倒装完毕时间__________年____月____日____时____分
   重车装车车站________________到达车站________________货物品名________
6. 修程______检修车辆送往修理的单位名称________________________________
7. 主要故障情况____
____

8. 前次定检情况：厂修年月__________单位________检修周期________年
   段修年月__________单位________检修周期________年
   辅修年月日__________单位________检修周期________月
   临修年月日__________单位________空重别__________
9. 扣车单位______________车辆段______________________作业场（印章）
   ______班组__________检车员（签字）
10. 车站值班员（签字）________________________________
11. 车站值班员签字日期 ________年______月______日______时______分
12. 检修车进入检修线日期 ______年______月______日______时______分
13. 检修单位检查人员（签字）________________________________

说明：1. 本单据作为车辆检修扣留的原始依据，在发出车统—33 并车统 —36 前，是计算检修车的依据。
2. 第 1～9 项由车辆运用部门填写，第 10、11 项由车站填写，第 12、13 项由修理单位填写。
3. 本单据填发一式三份，车站签字后，一份交车站，一份交车辆修理单位，一份自存。

（规格：210mm×297mm）

图 17-20　车辆检修通知单

车统—26

检 修 车 回 送 单

No. XXXXXXXXXXXX

1. 填发日期 __________年________月________日________时________分
2. 编号________________________回送命令号______________________
3. 车种车型______车号________________轴数______________________
4. 回送公司_____及车站____
5. 到达公司_____及车站（工厂、车辆段检修车间、站修作业场所在站或倒装站名称）_____
   是否需要倒装_____车站通知倒装完毕时间________年____月____日____时_____分
   重车装车车站______________到达车站______________货物品名________
6. 车辆编挂位置等特殊要求____
7. 扣车回送修程（含临修）__________主要故障情况__________________
____

8. 前次定检情况：厂修年月________单位______检修周期_____年
   段修年月________单位______检修周期_____年
   辅修年月日_______单位______检修周期_____月
   临修年月日_______单位______
9. 填发单位________________车辆段______________作业场（印章）
   填发人员（签字）____________
10. 经由分界站名称______________办理回送的车站值班员(签字)________
11. 回送车挂运车次________日期 ________年____月____日____时___分
12. 检修车到达工厂、车辆段检修车间或站修作业场所在车站日期
   ________年______月______日______时______分
13. 检修车到达的车站值班员(签字)______________________________
14. 检修车进入检修线日期 ________年_____月_____日_____时_____分
15. 接到检修车的人员姓名(签字)______________________________

（规格：210mm×297mm）

装车的零部件清单

名　称	数　量

说明：1. 本单据为检修车向修理工厂、车辆段检修车间及站修作业场所在车站回送的依据。
2. 第 1～9 项由车辆运用部门填写，第 10、11 项由办理回送的车站填写，第 12、13 项由到达的车站填写，第 14、15 项由修理单位填写。
3. 本单据填发一式两份，交车站签字后，一份交车站随货运票据送至到达地点，一份自存。

图 17-21　检修车回送单

车统—25

车辆破损技术记录

1.编号____

2.车种车型____________车号______________________轴数________ 滚滑别________

3.产权所属______________________自备货车单位______________________________

4.发生日期________________年______月______日

5.发生地点__________车次________________车站（或）______________区间（或）

__________支线________________专用线______________________货场

6.管辖单位：__________局集团公司____________车辆段______________列检作业场

7.装载情况：货物品名____________载重______吨，复铅封车站__________________站

8.前次定检及临修情况：厂修年月__________单位________检修周期_____年

段修年月__________单位________检修周期_____年

辅修年月日__________单位________检修周期_____月

临修年月日__________单位________空重别__________

9.引起车辆破损的有关责任单位情况：责任单位（机关）名称______________________（印章）

责任单位负责人职务____________姓名____________或责任人姓名______________

10.损坏情况分类：责任部门分类____________________损坏原因分类______________

11.破损程度____

12.主要破损情况____

____

____

____

13.送往修理处所________________工厂（车辆段检修车间、站修作业场）施行_____修（检）

14.初步估计所需修复成本：估价成本______________元，实际成本________________元

15.参加破损程度鉴定人员情况：检车员姓名____________、____________、__________

车辆段领导：职务____________姓名__________、职务__________姓名__________

16.其他有关人员姓名：行车安全监察____________、______________、____________

车站站长__________________主任货运员__________________

17.检修回送单编号____________号 ____________站__________________车辆段

18.备注____

说明：1.本记录为掌握铁路货车破损情况而制定，并作为造成铁路货车破损的有关单位的付款依据。

2.本记录由车辆段编制四份，一份自存，一份给造成铁路货车破损的有关单位，一份附在为铁路货车破损所提出的账单后，一份作为回送厂、段检修的依据。

3.产权所属填写：国铁、自备，如为自备铁路货车应填写自备货车单位。

4.责任部门分类：路内运输、机务、工务、电务、工程、车辆、其他、责任不明；路外冶金、林业、煤炭、港口、化工、电力、其他、责任不明。

5.损坏原因分类：路内行车事故（在备注栏中注明车次，地点）、装卸车、其他、路外装卸车。

6.破损程度分类：报废、大破、中破、小破，并在主要破损情况中将构成的故障写明。

7.责任不明的应在备注栏中简要说明。

（规格：210mm×297mm）

图 17-22 车辆破损技术记录

车统—33 并车统—36

检修车辆竣工验收移交记录

______车辆段（单位名称） 第 号

以下___修程的车辆已检修竣工，并经国铁集团（铁路局）驻_____车辆段车辆验收室验收，确认技术状态合格，可交付使用。兹将下列检修竣工车辆由_______（单位名称）移交给______局_______站。

顺号	车种车型	车号	更改项目			加改项目			加价项目		减价项目		配属局段	指定到达局名及站名	备注
			临修重点整治												

本页小计： 本月累计：

车辆段（单位名称）代表盖章： 日期： 年 月 日

（产品验收专用章）

国铁集团（铁路局）驻 （单位名称）车辆验收室代表盖章： 日期： 年 月 日

接收人： 局 站代表盖章： 日期： 年 月 日 时 分

客货车配属局（段）代表盖章： 日期： 年 月 日

图 17-23 检修车辆竣工验收移交记录

5.铁路货车运行安全监控系统拦停通知卡

铁路货车运行安全监控系统拦停通知卡是红外线调度员与列车调度员办理铁路货车运行安全监控系统报警拦停手续的单据，如图 17-24 所示。

铁路货车运行安全监控系统拦停通知卡

填卡单位： 局集团公司监测站 编号：
日期： 年 月 日 时 分
概况：__________次列车，编组______辆，于_____时_____分，经过铁路货车运行安全监控系统探测站，预报机后____辆，运行方向_____侧第______位，车种车型______车号_______________，发现故障，已达拦停甩车标准，请将该车在__________站甩下。 信息来源：□TADS □TFDS □THDS □TPDS □TWDS
系统值班员签字： 列车调度员签字：
备注：

（规格：210mm×148.5mm）

图 17-24 铁路货车运行安全监控系统拦停通知卡

6. 列车技术检查记录簿(车统—14A、车统—14B)

列检作业场在列检作业中,实时记录作业信息的台账,是与车站办理列检作业技检时间等信息签认的依据,如图 17-25、图 17-26 所示。

车统—14A

列车技术检查记录簿

(到达、始发列车)

自____年____月____日

至____年____月____日

____________车辆段

____________运用车间

__________列检作业场

(规格:210m×297m)

当班日期:自___年___月___日___时___分 至___年___月___日___时___分

序号	作业组别	线路股道	接入/发出方向	列车作业性质	检查作业方式	车次	编组辆数	列车首号 车种车型	列车首号 车号	列车尾号 车种车型	列车尾号 车号	车站通知时间	实际接入/编完时间
1	2	3	4	5	6	7	8	9	10	11	12	13	14

说明:1. 本记录用于到达、始发铁路货物列车技术作业时使用。

2. 第 14 项:到达列车填写列车实际接入停车时间,始发列车填写车列实际编完时间。始发列车车站通知时车列已编完,第 13 项 = 第 14 项。

班次_____ 值班员_____、_____ 工长_____、_____

技术作业时间分析 技检开始时分	技术作业时间分析 技检结束时分	技术作业时间分析 技检时间	技术作业时间分析 挂机时分	技术作业时间分析 简略试验结束时分	列车制动机试验类别	关门车数原/处理后	列车发出时分 图定	列车发出时分 实际	列车晚点时分	列车晚点原因	车站值班员签字	备注
15	16	17	18	19	20	21	22	23	24	25	26	27
						/						
						/						
						/						
						/						
						/						
						/						
						/						
						/						
						/						
						/						
						/						
						/						
						/						
						/						
						/						
						/						
						/						

3. 第 17 项 = 第 16 项 - 第 15 项,第 18 项、19 项只在始发列车技术作业时填写。

4. 第 24 项 = 第 23 项 - 第 22 项。

图 17-25 列车技术检查记录簿(到达、始发列车)

车统—14B

列车技术检查记录簿

(中转列车)

自____年____月____日

至____年____月____日

____________车辆段

____________运用车间

__________列检作业场

(规格:210m×297m)

当班日期:自___年___月___日___时___分 至___年___月___日___时___分

序号	作业组别	线路股道	接入/发出方向	列车作业性质	检查作业方式	接入/发出车次	接入/发出辆数	甩下/加挂辆数	列车首号 车种车型	列车首号 车号	列车尾号 车种车型	列车尾号 车号	车站通知接入/发出时分	实际接入停车时分
1	2	3	4	5	6	7	8	9	10	11	12	13	14	15
			/			/	/	/					/	
			/			/	/	/					/	
			/			/	/	/					/	
			/			/	/	/					/	
			/			/	/	/					/	
			/			/	/	/					/	
			/			/	/	/					/	
			/			/	/	/					/	
			/			/	/	/					/	
			/			/	/	/					/	
			/			/	/	/					/	
			/			/	/	/					/	
			/			/	/	/					/	
			/			/	/	/					/	
			/			/	/	/					/	
			/			/	/	/					/	
			/			/	/	/					/	
			/			/	/	/					/	
			/			/	/	/					/	

说明:1. 本记录用于中转铁路货物列车技术作业时使用。

2. 第 7 项接入车次与发出车次为同一车次时,只填写接入车次。

班次_____ 值班员_____、_____ 工长_____、_____

技术作业时间分析 接入技检开始时分	技术作业时间分析 接入技检结束时分	技术作业时间分析 发出技检开始时分	技术作业时间分析 发出技检结束时分	技术作业时间分析 技检时间	技术作业时间分析 挂机时分	技术作业时间分析 简略试验结束时分	接入/发出列车制动机试验类别	关门车数原/处理后	列车发出时分 图定	列车发出时分 实际	列车晚点时分	列车晚点原因	车站值班员签字	备注
16	17	18	19	20	21	22	23	24	25	26	27	28	29	30
							/	/						
							/	/						
							/	/						
							/	/						
							/	/						
							/	/						
							/	/						
							/	/						
							/	/						
							/	/						
							/	/						
							/	/						
							/	/						
							/	/						
							/	/						
							/	/						
							/	/						
							/	/						
							/	/						

3. 第 20 项计算方法:无调中转列车 = 17 项 - 16 项,有调中转 = 17 项 - 16 项 + 19 项 - 18 项。

4. 第 27 项 = 第 26 项 - 第 25 项;第 30 项填写有调中转加挂铁路货车编挂位置等信息。

图 17-26 列车技术检查记录簿(中转列车)

7. 检车员工作记录手册(车统—15A)

检车员记录列检作业、发现和处理故障、铁路货车运行安全监控系统预报警确认及临时工作等信息的手册,是货车运用技术管理的基础信息源,如图 17-27 所示。

8. 发现处理铁路货车故障记录簿（车统—81A）

发现处理铁路货车故障记录簿是列检作业场在列检作业中记录发现、处理、跟踪铁路货车故障的管理台账。信息来源主要由“检车员工作记录手册”等提供。

车统—15A

检车员工作记录手册

自____年____月____日

至____年____月____日

____________车辆段

____________运用车间

____________作业场

________班________组

姓名______________

（规格：90m×130m）

当班日期：自____年____月____日____时____分 至____年____月____日____时____分

股道	车次	编组辆数	编挂位置	车种车型	车号	空重别	前次定检情况		
							厂修日期	段修日期	临修日期
							厂修单位	段修单位	临修单位
1	2	3	4	5	6	7	8	9	10
班工作记事栏									

主要故障情况	处理方式	备　注
11	12	13

图 17-27　检车员工作记录手册

二、摘车与回送管理

色票是记录铁路货车技术状、倒装要求、送往去向等信息、标识该车去向的票据。凡因车辆定检到期、过期或由于车辆发生故障和事故破损车等，需要摘车修理时，则可由列检作业场检车员填写色票，根据车辆故障性质或破损程度，指定送往有关检修地点施修。

1. 定检过期车不得装车。车站及时组织将定检过期空车或有摘车计划的铁路货车回送列检作业场，铁路货车配属或产权单位、铁路货车固定使用单位对定检过期空车及时向车站申请回送列检作业场。货运、工务、工程等单位发现定检过期空车时，应立即通知车站回送列检作业场，列检作业场负责按规定办理回送车辆工厂、车辆段施修。车辆部门将定检过期车车号推送至运输集成平台，货运部门从运输集成平台获取定检过期车车号。

2. 货车运用作业场负责办理检修车的摘车、回送手续，了解掌握摘车临修车辆修竣等情况；负责管辖范围内检修车的日常统计、分析和管理；根据车辆段调度员下达的检修车摘车计划，组织摘车工作。车辆段调度员应掌握管内过期车分布情况，对长期未摘的定检过期车，应纳入摘车计划，及时组织联系运输部门安排回送。

3. 摘修铁路货车时应填发“车辆检修通知单”。需回送的，应填发“检修车回送单”，同时撤除“车辆检修通知单”。对能够确定具体回送地点的，可直接填发“检修车回送单”办理回送。

检修地点在本站区且需倒装后修理的重车，应在“车辆检修通知单”注明“须倒装”，由车站负责办理倒装，在接到车站倒装完毕的通知后，应在“车辆检修通知单”上注明倒装完毕时间。对需越出本站区倒装的重车，车站应通知列检作业场填发“检修车回送单”，并注明“须倒装”；倒装完毕后，车站应通知列检作业场填发“检修车回送单”，将车辆回送检修地点所在车站。

检修地点在非本站区且需倒装修理的重车，在“车辆检修回送单”注明“须倒装”，由车站负责办理倒装，在接到车站倒装完毕的通知后，在“车辆检修回送单”上注明倒装完毕时间。

4. 列检作业场对本站区以外车站办理摘车、回送时，“车辆检修通知单”或“车辆检修回送单”的信息由该车站管辖区域的列检作业场负责录入 HMIS 运用子系统，并上传“铁路运输信息集成平台”。

5. 办理“车辆检修通知单”“检修车回送单”“检修车辆竣工验收移交记录”时，应通过有关信息系统与车站办理签认手续。遇网络、系统、设备故障等异常情况影响系统应用时，应根据故障情况采取应急处置措施，按照有关规定办理检修车的摘修、回送或竣工验收移交。

6. 摘留定检到、过期车，厂修、段修以月为准，辅修以日为准，辅修可错后 10 日，遇有高级修程和低级修程同时到期时，按高级修程办理。如确因特殊情况需提前摘车时，经国铁集团货车主管部门批准。

按运行里程和时间进行检修的铁路货车，应做到运行里程和时间自动统计，按达到条件的原则组织摘车。

7. 成组运行的铁路货车，因定期检修和发生临时故障要摘车修理时，应逐辆填发“车辆检修通知单”；修竣后，未施修的在“检修车辆竣工验收移交记录”的备注栏内上注明“撤销”字样。

8. 检车员发现预报信息与车体标记不一致、预报车定检标记难以辨识、预报车同车车号不一致、车体标记显示到(过)期而无预报的车辆等情况时，应先行办理摘车，报车辆段车辆调度，并逐级上报国铁集团货车主管部门。

三、列检摘车办理流程

1. 列检作业场值班员将列车中有关信息系统预报的定检到、过期车以及其他有摘车要求的铁路货车车种、车型、车号、修程、相关要求等及时通知检车员，检车员根据预报信息进行现场确认后，办理摘车或回送。无预报定检到、过期车信息系统时，检车员依据车体标记，经现场确认后，办理摘车或回送。检车员发现符合摘车临修范围需办理摘车的，经现场确认、鉴定后，办理摘车。

2. 检车员在办理摘车时，应将有关信息记录在“检车员工作记录手册”中，并用对讲机等通信手段及时将有关信息通知列检值班员；列检值班员接到通知后，应及时通过 HMIS 运用子系统录入生成“车辆检修通知单”或“检修车回送单”(图 17-28)并及时传输给车站。

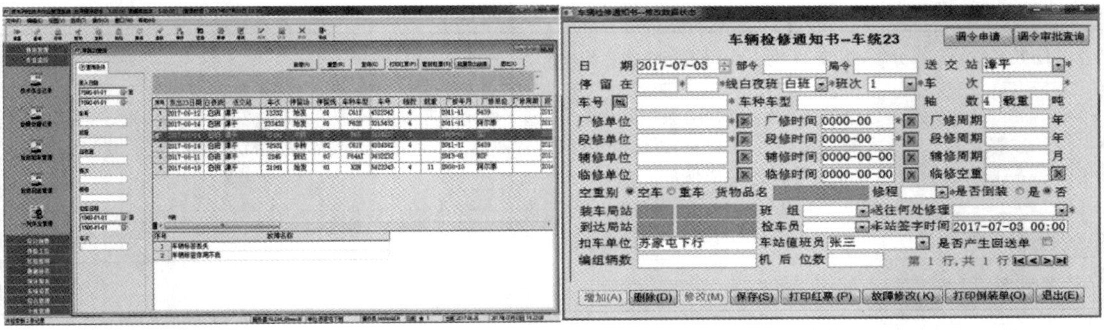

(a)　　　　　　　　　　　　　　　　(b)

图 17-28　HMIS 运用子系统摘车管理界面

3. 办理摘修厂、段修到、过期的铁路货车，列检值班员通过摘车信息系统申请铁路货车检修车调度命令，铁路货车检修车调度命令号作为“检修车回送单”中的回送命令号，请令内容与“车辆检修通知单”“检修车回送单”相关内容一致。接到请令未批准等停止摘车情况时，应终止办理摘送车。

4. 回送车到达指定车站的列检作业场后，列检值班员根据列车到达信息，与车站通知及接到的“检修车回送单”核对后，通知检车员对现车进行确认，确认后通过有关信息系统填写并生成“车辆检修通知单”，并及时传输给车站。

5. 列检值班员接到车站“车辆检修通知单”签认信息后，将车型、车号、修程等信息报告车辆段调度员，车辆段调度员及时将摘送车信息通知相应的工厂、车辆段检修车间、站修作业场等。

列检摘车办理流程如图 17-29 所示。

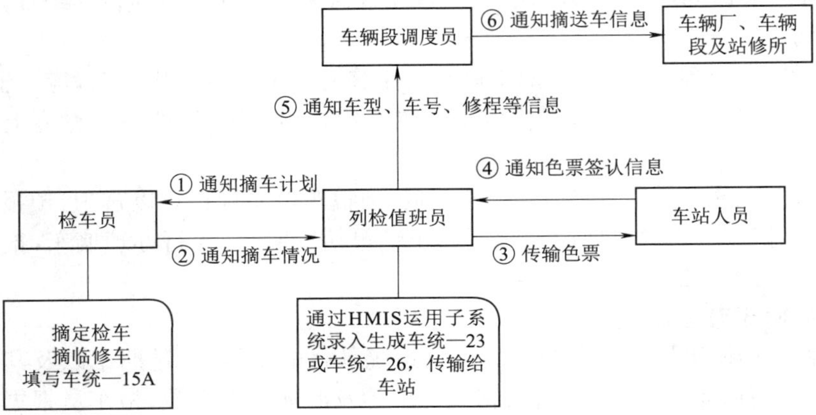

图 17-29　列检摘车办理流程

典型工作任务 1　分解、组装 17 型下作用式车钩钩头配件

【任务准备】

工作任务书见表 17-21。

表 17-21　任务书

任务名称	分解、组装 17 型下作用式车钩钩头配件	参考学时	2
任务要求	以小组为单位分解、组装铁路货车 17 型下作用式车钩钩头配件，每组 2 人，一人分解，一人组装；一人测量尺寸，一人记录数据，分工明确，作业质量应符合《铁路货车故障修理标准》和货车运用限度，安全有序规范完成任务		
任务方案			
教师检查			

具体分工见表 17-22。

表 17-22 任务分工

<table>
<tr><td>班级</td><td></td><td>组号</td><td></td><td>指导老师</td><td></td></tr>
<tr><td>组长</td><td></td><td>序号</td><td colspan="3"></td></tr>
<tr><td colspan="2" rowspan="5">组员</td><td>姓名</td><td>组员排序</td><td>姓名</td><td>组员排序</td></tr>
<tr><td></td><td></td><td></td><td></td></tr>
<tr><td></td><td></td><td></td><td></td></tr>
<tr><td></td><td></td><td></td><td></td></tr>
<tr><td></td><td></td><td></td><td></td></tr>
<tr><td colspan="2">分工描述(按序号)</td><td colspan="4"></td></tr>
</table>

【任务实施】

一、劳动安全注意事项

1. 作业在开始和结束前，要严格执行插、撤安全防护信号的传递办法，严禁在无安全防护的情况下进行车钩故障处理，严禁在列车运行中处理车钩故障。

2. 列车队技术检查作业时处理故障不再另设防护信号。

3. 拆装钩舌不得抛扔，防止配件脱落坠落伤人；其他配件放在稳妥处所，以防砸伤。

4. 拆除钩圆销开口销时，要避开脸部。

二、工量具准备

手锤、尖撬棍、劈销器、车钩检查样板尺、车钩高度测量尺、润滑剂、毛刷、良好车钩配件、钩圆销开口销、手电筒、防护红旗(红灯)、检点锤等。检查各种工具、配件齐全，作用良好。

三、作业步骤及质量标准

1. 分解、组装 17 型下作用式车钩钩头配件作业流程

在列检作业过程中发现 17 型下作用式车钩钩舌、钩锁铁、钩舌推铁故障，以及对 TFDS 预报的钩锁铁折断、钩舌推铁故障需更换时，需分解、组装车钩钩头配件。分解、组装 17 型下作用式车钩钩头配件作业流程如图 17-30 所示。

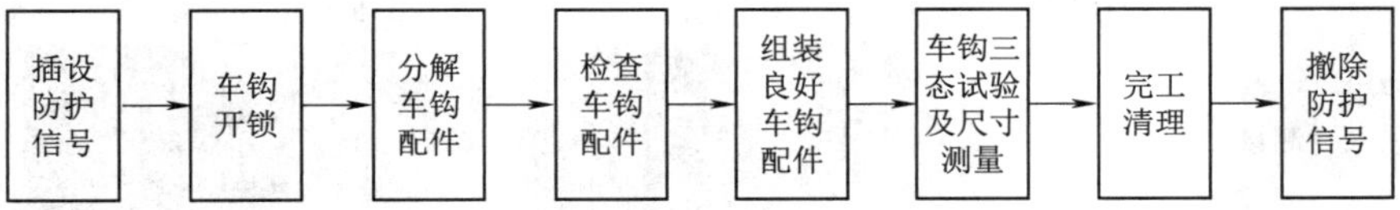

图 17-30 分解、组装 17 型下作用式车钩钩头配件作业流程

2. 作业程序及质量标准

分解、组装 17 型下作用式车钩钩头配件为大件修故障处理范围，作业时检车工长必须到位盯控作业安全，作业完毕后检查确认作业质量，确保车辆各部技术状态良好。作业程序及质量标准见表 17-23。

表 17-23　分解、组装 17 型下作用式车钩钩头配件作业程序及质量标准

作业步骤	作业项目	作业内容及质量标准
1	插设防护信号	将停车信号插设在车列第一位车辆前端来车方向左侧车体上。昼间红旗，夜间频闪红灯，防护红旗必须充分展开，颜色鲜艳，红灯明亮，插设牢固。 列车队技术检查作业时处理故障不再另设防护信号
2	车钩开锁	拔掉车钩防跳插销，提动钩提杆，使车钩至开锁位置
3	分解车钩配件	(1)用手锤和撬棍卸除钩舌销开口销，取下钩舌销放置到钢轨外侧。 (2)双手往开锁方向用力搬下钩舌，依次取出钩锁铁、下锁销组成、钩舌推铁，取出车钩配件时严禁抛掷，取出后置于钢轨外
4	检查车钩配件	(1)清扫：使用棉纱或其他清扫工具清扫钩腔及钩腔内配件。 (2)检查：目测钩腔内壁磨耗不过限，上、下钩耳无裂纹；检查钩舌 S 面、钩舌销孔无裂纹，钩舌销无折断，钩锁铁、下锁销组成配件齐全、作用良好；检查钩舌推铁型号符号合规定，无裂纹、弯曲变形。 (3)给油：在车钩钩腔磨耗面及配件磨耗面均匀涂抹润滑剂  
5	组装良好车钩配件	依次装入良好钩舌推铁、下锁销组成、钩锁铁，正确连接钩锁铁与下锁销，安装钩舌、插上钩舌销，安装钩舌销开口销，开口销双向劈开 60°～70° 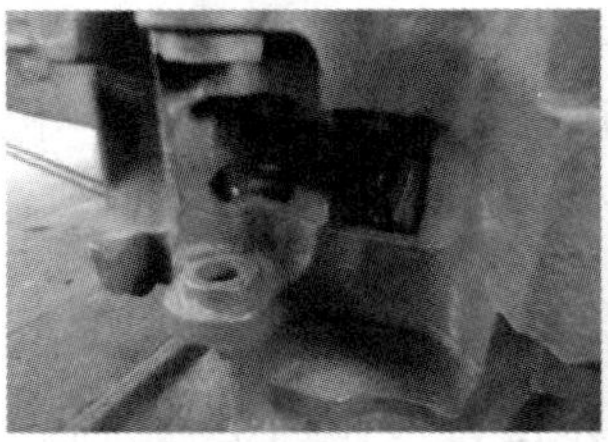 
6	车钩三态试验及尺寸测量	(1)组装后试验车钩三态作用良好、防跳作用良好。 (2)使用车钩样板检测车钩闭锁、全开位尺寸限度符合运用限度，闭锁位置≤100 mm；全开位置≥219 mm。 (3)用车钩高度测量尺测量车钩高度，最高≤890 mm，最低空车≥835 mm、重车≥815 mm  
7	完工清理	将工具材料送回工具材料箱，废旧车钩配件要回收集中存放，做到工完、料净、场地清
8	撤除防护信号	作业完后，撤除安全防护红旗。 列车队技术检查作业时需整列作业完毕再撤除防护信号

【结果评价】

作业记录卡见表17-24。

表17-24 作业记录卡

序号	作业内容	结果描述

各组展示任务结果，介绍作业完成情况。作业结果评价见表17-25。

表17-25 结果评价

姓名			组号			
评价项目	分值	得分	评价标准（每项考核点分 A、B、C、D 四个等级评价）			
			A(得分≥80%)	B(80%>得分≥70%)	C(70%>得分≥60%)	D(得分<60%)
出勤情况	10		全勤	迟到	早退	旷课
准备情况	10		充分	较充分	基本充分	不充分
团队合作	10		全员参与、分工合作明确	全员参与	一般	不能协调合作
学习态度	10		认真、积极	认真	一般	不参与学习
技能考核	50		熟练正确地操作	操作基本正确，较为熟练	操作不太熟练，错误不超过10%	错误超过10%
安全意识	10		安全	较安全	基本安全	存在风险
总评分数	100		优良(得分≥80)/中等(80>得分≥70)/合格(70>得分≥60)/不合格(得分<60)			

典型工作任务2 更换货车闸瓦

【任务准备】

工作任务书见表17-26。

表17-26 任务书

任务名称	更换货车闸瓦	参考学时	2
任务要求	以小组为单位更换货车闸瓦一侧全部闸瓦，每组2人，一人分解1位转向架闸瓦一侧、另一人分解2位转向架同侧闸瓦，分工明确，作业质量应符合《铁路货车故障修理标准》和货车运用限度，安全有序规范完成任务		
任务方案			
教师检查			

具体分工见表17-27。

表17-27　任务分工

班级		组号		指导老师	
组长		序号			
组员		姓名	组员排序	姓名	组员排序
分工描述(按序号)					

【任务实施】

一、劳动安全注意事项

1.作业在开始和结束前，要严格执行插、撤安全防护信号的传递办法，严禁在无安全防护的情况下进行故障处理。

2.列车队技术检查作业时处理故障不再另设防护信号。

3.作业前，应先关闭本车的截断塞门，排净副风缸余风。

4.装卸闸瓦时严禁手指伸入闸瓦与轮踏面间。

二、工量具准备

小撬杠、活动扳手、管子钳、良好闸瓦（各型）、闸瓦插销及环、防护红旗（红灯）、检点锤、木塞。检查各种工具、配件，配件齐全，作用良好。

三、作业步骤及质量标准

1.更换货车闸瓦作业流程

在列检作业过程中发现以及TFDS预报的闸瓦磨耗过限、缺损、掉块、熔粘、金属镶嵌物、丢失等故障时，需更换、补装闸瓦。更换货车闸瓦作业流程如图17-31所示。

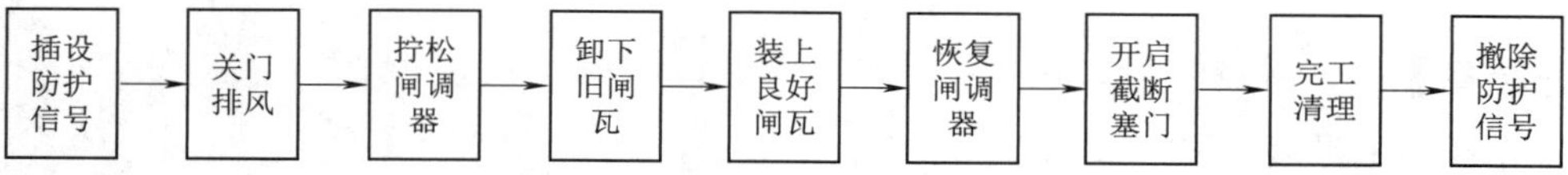

图17-31　更换货车闸瓦作业流程

2.作业程序及质量标准

更换货车闸瓦为小件修故障处理范围，作业时检车员自检、自修、自验，同段作业人员互控检查。作业程序及质量标准见表17-28。

表17-28　更换货车闸瓦作业程序及质量标准

作业步骤	作业项目	作业内容及质量标准
1	插设防护信号	将停车信号插设在车列第一位车辆前端来车方向左侧车体上。昼间红旗，夜间频闪红灯，防护红旗必须充分展开，颜色鲜艳，红灯明亮，插设牢固。 列车队技术检查作业时处理故障不再另设防护信号

续上表

作业步骤	作业项目	作业内容及质量标准
2	关门排风	(1)关闭更换闸瓦车辆的截断塞门，目视截断塞门芯刻线与车辆支管垂直。 (2)往外拉动缓解阀拉杆，使用木塞将缓解阀拉杆固定，将副风缸风压排净  
3	拧松闸调器	用手或扳手、管子钳等工具拧松闸调器外体 4～5 圈(使螺杆伸长)。 具体为： (1)ST2-250 型闸调器，检车员需用扳手进行松动调整。 (2)ST1-600 型闸调器，检车员需用手抓住外体手柄进行松动调整(面对调整部，顺时针为松)。 一般同侧换一块闸瓦可不用松闸调器、换两块转动不大于 2 圈、换三块转动不大于 4 圈，依此类推。 安全风险点：用扳手松闸调器时，扳手卡口须卡紧闸调器，防止滑脱伤人  
4	卸下旧闸瓦	依次卸下闸瓦插销环、闸瓦插销，用撬棍(专用工具)将闸瓦撬离车轮踏面，取出故障闸瓦。 注意事项： (1)闸瓦插销底部弯曲时，用扳手将其扳至接近于正常或标准状态，然后用手拔出。如仍不能拔出，则用检查锤头部用力向上撬打闸瓦插销头部或底部，直到拔出为止。拔出闸瓦插销，放在钢轨外侧。 (2)撬棍使用方法：用撬棍撬开闸瓦托，使闸瓦与踏面出现间隙，将撬棍伸入闸瓦与车轮踏面间，以踏面为支点向闸瓦托一侧用力撬开闸瓦  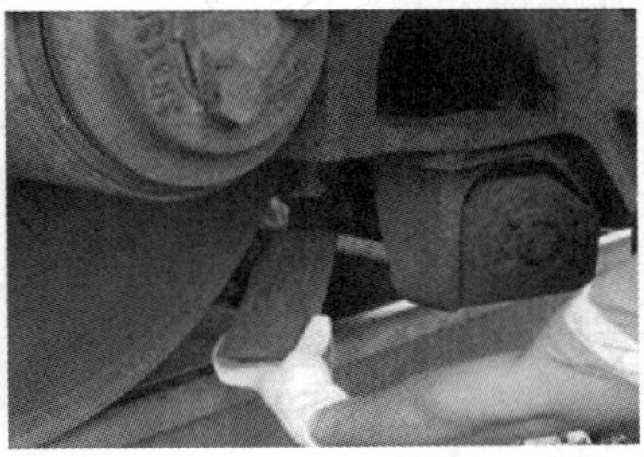

续上表

作业步骤	作业项目	作业内容及质量标准
5	装上 良好闸瓦	（1）安装闸瓦：用手托住闸瓦底部，从闸瓦托下部由下向上沿车轮踏面将闸瓦送上闸瓦托。（高、低摩合成闸瓦磨耗剩余厚度≥20 mm。同一制动梁两端闸瓦厚度差≤20 mm。） （2）安装闸瓦插销：抓住闸瓦插销上部，沿闸瓦托上部插销孔由上向下顺势插入闸瓦插销；闸瓦插销穿入闸瓦托与闸瓦的插销孔内正位、入底，闸瓦插销底部环眼孔需露出闸瓦托底部。用手将闸瓦向轮踏面方向移动，检查闸瓦插销与闸瓦是否插设正位。 （3）安装闸瓦插销环：将闸瓦插销环一端掰开 3～5 mm 间隙；将闸瓦插销环穿入闸瓦插销底部环眼孔，然后旋转，直到闸瓦插销环另一端重新闭合；拨动闸瓦插销环不脱落，目视闸瓦插销环距轨面不小于 25 mm。   安全风险点：安装闸瓦时，严禁手指伸入闸瓦与车轮踏面之间，否则易发生人身伤害
6	恢复闸调器	可手动或用活动扳手转动闸调器外体，将闸调器恢复行程
7	开启 截断塞门	撤下缓解阀拉杆的木塞后，打开截断塞门手把，确认截断塞门芯刻线与车辆支管平行
8	完工清理	（1）将工具材料送回工具材料箱，废旧闸瓦及配件要回收集中存放，做到工完、料净、场地清。 （2）列检现场对 TFDS 预报的闸瓦故障处理完毕后，及时向列检值班员（TFDS 组长）反馈故障处理信息
9	撤除 防护信号	作业完后，撤除安全防护红旗。 列车队技术检查作业时需整列作业完毕再撤除防护信号

【结果评价】

作业记录卡见表 17-29。

表 17-29　作业记录卡

序号	作业内容	结果描述

各组展示任务结果，介绍作业完成情况。作业结果评价见表 17-30。

表 17-30 结果评价

姓名				组号		
评价项目	分值	得分	评价标准(每项考核点分 A、B、C、D 四个等级评价)			
			A(得分≥80%)	B(80%>得分≥70%)	C(70%>得分≥60%)	D(得分<60%)
出勤情况	10		全勤	迟到	早退	旷课
准备情况	10		充分	较充分	基本充分	不充分
团队合作	10		全员参与、分工合作明确	全员参与	一般	不能协调合作
学习态度	10		认真、积极	认真	一般	不参与学习
技能考核	50		熟练正确地操作	操作基本正确,较为熟练	操作不太熟练,错误不超过10%	错误超过10%
安全意识	10		安全	较安全	基本安全	存在风险
总评分数	100		优良(得分≥80)/中等(80>得分≥70)/合格(70>得分≥60)/不合格(得分<60)			

典型工作任务 3 更换 120 型控制阀

【任务准备】

工作任务书见表 17-31。

表 17-31 任务书

任务名称	更换 120 型控制阀	参考学时	2
任务要求	以小组为单位更换 120 型控制阀(主阀和紧急阀),每组 2 人,一人拆卸、一人安装,分工明确,作业质量应符合《铁路货车故障修理标准》和货车运用限度		
任务方案			
教师检查			

具体分工见表 17-32。

表 17-32 任务分工

班级		组号		指导老师	
组长		序号			
组员		姓名	组员排序	姓名	组员排序
分工描述(按序号)					

【任务实施】

一、劳动安全注意事项

1. 作业在开始和结束前，要严格执行插、撤安全防护信号的传递办法，严禁在无安全防护的情况下进行故障处理。

2. 列车队技术检查作业时处理故障不再另设防护信号。作业完毕后，故障处理人员向列检值班员报告，由列检值班员确认全列车作业完毕后，安排列车两端检车员撤除安全防护信号。

3. 更换 120 型控制阀前，应先关闭本车的截断塞门，排净副风缸余风。

4. 作业时，注意主阀、紧急阀须手抓牢抱稳，防止配件掉落伤人。

二、工量具准备

活动扳手、固定扳手、良好 120 阀主阀及紧急阀、撇销器、缓解阀拉杆开口销、主阀及紧急阀密封垫（新品）、毛刷、防尘罩等。

三、作业步骤及质量标准

1. 更换 120 型控制阀（主阀和紧急阀）作业流程

在列检作业过程中发现 120 型控制阀故障，需更换新品。更换 120 型控制阀（主阀和紧急阀）作业流程如图 17-32 所示。

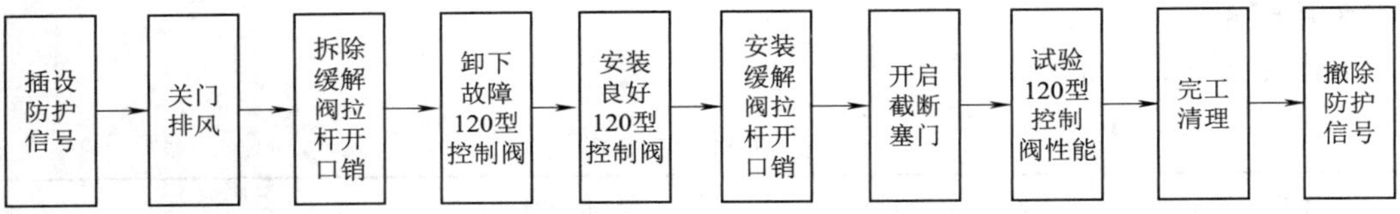

图 17-32　更换 120 型控制阀（主阀和紧急阀）作业流程

2. 作业程序及质量标准

更换 120 型控制阀（主阀和紧急阀）为大件修故障处理范围，作业时检车工长必须到位盯控作业安全，作业完毕后检查确认作业质量，确保车辆各部技术状态良好。作业程序及质量标准见表 17-33。

表 17-33　更换 120 型控制阀（主阀和紧急阀）作业程序及质量标准

作业步骤	作业项目	作业内容及质量标准
1	插设防护信号	将停车信号插设在车列第一位车辆前端来车方向左侧车体上。昼间红旗，夜间频闪红灯，防护红旗必须充分展开，颜色鲜艳，红灯明亮，插设牢固。 列车队技术检查作业时处理故障不再另设防护信号
2	关门排风	(1)关闭更换 120 型控制阀车辆的截断塞门，目视截断塞门芯刻线与车辆支管垂直。 (2)往外拉动缓解阀拉杆，将副风缸风压排净
3	拆除缓解阀拉杆开口销	拆除缓解阀拉杆开口销，将缓解阀拉杆与缓解阀分离

续上表

作业步骤	作业项目	作业内容及质量标准
4	卸下故障 120 型控制阀	(1)使用扳手拆卸主阀、紧急阀安装座螺母,使主阀、紧急阀与中间体分离,平稳放置在橡胶垫上,取出防尘罩安装在安装面上。 (2)卸下中间体主阀、紧急阀安装面上的密封胶垫、滤尘网,目视检查中间体安装面无裂损,双头螺栓无滑扣。 (3)打开截断塞门,对制动主管、支管进行吹扫除尘。除尘完毕后,关闭截断塞门,使用干净的棉布擦拭中间体安装面
5	安装良好 120 型控制阀	(1)检查滤尘网无破损、无杂物,破损时更换,将滤尘网装入中间体安装孔内。 (2)密封垫须更换新品,密封垫无软化、变质及裂损。安装密封垫,需确认密封垫正位,气密线须朝外。 (3)取下主阀及紧急阀的防尘装置,安装与本车辆匹配的良好主阀及紧急阀,排风管安装须紧固,管口向下。 (4)紧固安装座螺栓,须对角均衡紧固,并使用检点锤进行检查确认无松动  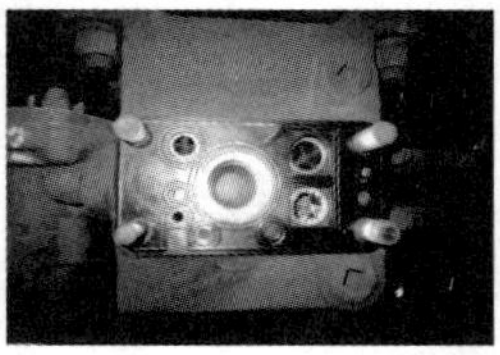
6	安装缓解阀 拉杆开口销	安装缓解阀拉杆开口销时,头部向内,开口销须双向劈开角度 60°～70°
7	开启截断塞门	打开截断塞门手把,确认截断塞门芯刻线与车辆支管平行
8	试验 120 型 控制阀性能	(1)连接地道风管或连挂机车试验 120 型控制阀性能。待制动主管充风达定压后,检查安装座处有无漏泄。 (2)列车制动机试验时检查确认 120 型控制阀性能良好
9	完工清理	将工具材料送回工具材料箱,废旧 120 阀要回收集中存放,做到工完、料净、场地清
10	撤除防护信号	作业完后,撤除安全防护红旗。 列车队技术检查作业时需整列作业完毕再撤除防护信号

【结果评价】

作业记录卡见表 17-34。

表 17-34 作业记录卡

序号	作业内容	结果描述

各组展示任务结果,介绍作业完成情况。作业结果评价见表 17-35。

表 17-35　结果评价

姓名			组号			
评价项目	分值	得分	评价标准（每项考核点分 A、B、C、D 四个等级评价）			
			A（得分≥80%）	B（80%>得分≥70%）	C（70%>得分≥60%）	D（得分<60%）
出勤情况	10		全勤	迟到	早退	旷课
准备情况	10		充分	较充分	基本充分	不充分
团队合作	10		全员参与、分工合作明确	全员参与	一般	不能协调合作
学习态度	10		认真、积极	认真	一般	不参与学习
技能考核	50		熟练正确地操作	操作基本正确，较为熟练	操作不太熟练，错误不超过 10%	错误超过 10%
安全意识	10		安全	较安全	基本安全	存在风险
总评分数	100		优良（得分≥80）/中等（80>得分≥70）/合格（70>得分≥60）/不合格（得分<60）			

【拓展知识】

拓展知识点　货物列车途中发生车辆抱闸处置

1. 拦停要求

列车运行途中，车站有关人员（其他部门人员发现时，通知车站）发现货物列车车辆走行部有冒火、冒烟，车轮、闸瓦发红，车轮抱死、滑行，剧烈振动等严重抱闸（各铁路局可对严重抱闸范围进行补充）情形时，要呼叫司机在就近合适地点停车。发现货物列车车辆有零星冒火星或冒火花、异响等一般抱闸情形时，通知司机在前方站停车或由各铁路局根据运输组织需要制定具体办法。司机接到通知后，使用常用制动停车，并将有关情况及时报车站值班员或列车调度员，如在前方站停车，由列车调度员通知前方车站。

2. 货物列车处置要求

（1）对在区间停车的列车，司机对预报抱闸车辆进行确认处置（单班单司机值乘的处置办法由各铁路局制定）。确认车辆无抱闸迹象的，列车正常运行；确认车辆为抱闸故障时，要关闭截断塞门，拉缓解阀排尽副风缸余风，确认缓解，按限速 60 km/h 运行至前方站。

（2）对在车站停车的列车中预报抱闸的车辆，有列检作业场的，由列检作业场负责确认处置；没有列检作业场的，由车站会同司机（单班单司机由车站）负责确认。确认车辆无抱闸迹象的，列车正常运行。

在无列检作业场的车站，确认车辆为抱闸故障时，车站要关闭截断塞门，拉缓解阀排尽副风缸余风。对关门车符合规定且车辆车轮踏面擦伤、缺损无过限的列车，正常运行；关门车不符合规定或车辆车轮踏面擦伤、缺损过限的以及车站人员不能判断时，将抱闸车辆及时摘下，并通知车辆部门派人处理。对抱闸车辆摘下后的列车，要及时安排列车开行。

（3）检查处置完毕，及时汇报列车调度员，由列车调度员安排列车运行。

（4）列检作业场接到车辆抱闸的通知后，要立即安排人员赶赴现场，组织处理。

任务四 列车制动机试验

【相关知识】

知识点1 列车制动机试验要求

列检作业场进行列车制动机试验时，须使用制动机微控地面试验装置和列车车辆制动试验监测装置进行，试验、监测数据须进行分析，监测结果作为列车制动机试验过程及质量判别的依据，监测数据保存1个月。遇有制动机微控地面试验装置检修、停电及故障等不能使用时或未安装微控地面试验装置的列检作业场，可利用本务机车进行列车制动机试验。

列检作业场对始发列车、中转列车在发车前施行一次持续一定时间全部试验。对到达列车，运行情况正常时，不进行列车制动机试验；对司机反映途中列车制动故障和作业中发现铁路货车存在车轮踏面温度异常偏高、轮辋变色严重、闸瓦异常磨耗等疑似抱闸迹象时，施行制动机持续一定时间全部试验，确认并查找故障原因，按规定处置；进行制动机试验时，列检值班员通知车站值班员待列车制动机试验结束后，再进行排风作业。

列检作业场始发、中转作业使用制动机微控地面试验装置进行列车制动机试验结束连挂机车后，应进行一次列车制动机简略试验；始发、中转作业的列车制动机试验后停留超过20 min时，发车前须再次施行列车简略试验。挂有列尾装置时，简略试验由机车乘务员负责，否则应由列车首、尾部检车员负责。

知识点2 列车制动机试验标准

列车自动制动机是保证列车运行安全的关键设备。在列车制动机试验时，要认真确认列车制动主管风压达到规定压力、列车制动主管压缩空气贯通状态、列车制动主管漏泄量和制动缸制动作用是否良好，以便发现故障及时处理，确保列车运行安全。

1.持续一定时间全部试验：在列车最后一辆车尾部制动软管上安装无线风压监测仪，并确认主管压力达到规定压力。

(1)感度保压试验：置常用制动位，减压50 kPa(编组60辆及以上时减压70 kPa)，全列车须发生制动作用；同时保压，第1 min内无线风压监测仪显示的制动主管压力下降不大于20 kPa，3 min内不得发生自然缓解，并确认制动缸活塞行程无异常。然后置运转位充风缓解，全列车须在1 min内缓解完毕。

(2)安定试验：置常用制动位，减压140 kPa(制动主管压力为600 kPa时减压170 kPa)，不得发生紧急制动，并确认感度保压试验发现异常的制动缸活塞行程是否符合规定。

2.列检作业的简略试验：在列车最后一辆车尾部制动软管上安装无线风压监测仪，确认制动主管压力达到规定后，通知机车乘务员减压100 kPa，尾部检车员确认最后一辆车制动缸活塞发生制动作用后，向机车乘务员显示缓解信号并确认最后一辆车制动缸活塞发生缓解作用。

挂有列尾装置的列车，简略试验由司机负责。列尾装置软管与车辆制动软管的连结，有列检作业的，由列检人员负责；无列检作业的，由车务人员负责。

知识点 3　列车制动机试验手信号

列检作业场进行列车制动机试验时，昼间使用检查锤、夜间使用白色灯光按如下规范显示手信号。

1. 制动信号：昼间——用检查锤高举头上，夜间——白色灯光高举，如图 17-33 所示。

图 17-33　制动信号

2. 缓解信号(继续充风信号)：昼间——用检查锤在下部左右摇动，夜间——白色灯光在下部左右摇动，如图 17-34 所示。

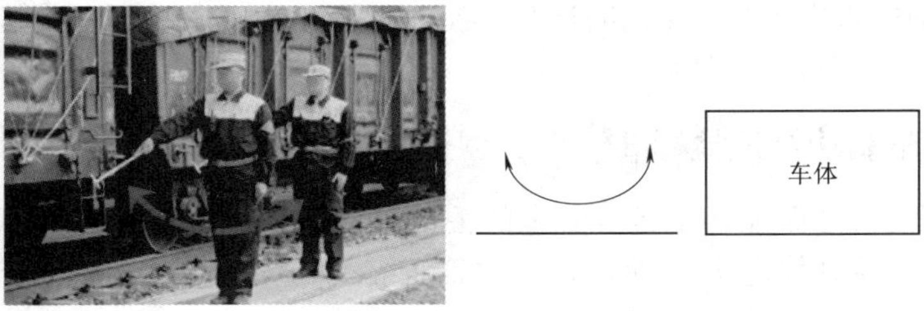

图 17-34　缓解信号

3. 试验完毕信号：昼间——用检查锤由上部向车列方向作圆形转动，夜间——白色灯光由上部向车列方向作圆形转动，如图 17-35 所示。

图 17-35　试验完毕信号

知识点 4　制动缸活塞行程规定

进行列车制动机感度保压试验时，要确认制动缸活塞行程无异常。对制动缸活塞行程发生异常的车辆，需在列车制动机安定试验时确认制动缸活塞行程是否符合规定，制动缸活塞行程运用限度须符合表 17-36 的规定。

表 17-36　制动运用限度

单位：mm

<table>
<tr><th colspan="4">名称</th><th>限度</th><th colspan="2">备注</th></tr>
<tr><td rowspan="13">制动缸活塞行程</td><td rowspan="8">装有闸调器的单式闸瓦</td><td rowspan="2">356×254 制动缸</td><td>空车位</td><td>115～135</td><td rowspan="2">未装闸调器</td><td>85～135</td></tr>
<tr><td>重车位</td><td>125～160</td><td>110～160</td></tr>
<tr><td rowspan="2">305×254 制动缸</td><td>空车位</td><td>145～165</td><td colspan="2"></td></tr>
<tr><td>重车位</td><td>145～195</td><td colspan="2"></td></tr>
<tr><td rowspan="2">254×254 制动缸</td><td>空车位</td><td>145～165</td><td colspan="2"></td></tr>
<tr><td>重车位</td><td>145～195</td><td colspan="2"></td></tr>
<tr><td rowspan="2">203×254 制动缸</td><td>空车位</td><td>115～145</td><td colspan="2"></td></tr>
<tr><td>重车位</td><td>125～160</td><td colspan="2"></td></tr>
<tr><td rowspan="3">装有闸调器的复式闸瓦</td><td rowspan="2">B_{21}、B_{22-1} 型车</td><td>空车位</td><td>120～130</td><td colspan="2"></td></tr>
<tr><td>重车位</td><td>150～160</td><td colspan="2"></td></tr>
<tr><td colspan="2">B_{19}、B_{22-2}、B_{23} 型车</td><td>130～150</td><td colspan="2"></td></tr>
<tr><td rowspan="2">集成制动装置</td><td colspan="2">BAB 系列</td><td>行程指示器在制动标志孔内</td><td colspan="2" rowspan="2"></td></tr>
<tr><td colspan="2">DAB 系列</td><td>行程指示器在行程标志环带内</td></tr>
</table>

知识点 5　制动关门车编挂

制动关门车是指关闭制动支管上的截断塞门，使车辆本身失去制动力的车辆，包括因装载货物要求须停止制动作用的车辆，以及因制动机临时发生故障准许关闭截断塞门的车辆。

为保证列车在实施制动时有足够的闸瓦压力，以确保列车在规定的制动距离内停车，列车中机车、车辆的自动制动机，均应加入全列车的制动系统。因装载货物规定须停止制动作用或运行中制动机临时发生故障不能及时修复时，允许编挂关门车。编挂关门车时应满足《技规(普速铁路部分)》规定的货物列车每百吨列车重量的最小闸瓦压力。

1. 车辆换算闸瓦压力见表 17-37。

表 17-37　车辆换算闸瓦压力

种类	车型			每辆换算闸瓦压力/kN		
				自动制动机制动管压力		人力制动机
				500 kPa	600 kPa	
客车	普通客车（120 km/h）	（踏面制动）		—	（350）	（80）
	新型客车（盘形制动，120 km/h、140 km/h、160 km/h）	120 km/h	自重 41～45 t	—	137（412）	13
			自重 46～50 t	—	147（441）	
			自重 51～55 t	—	159（477）	
			自重≥56 t	—	173（519）	
		双层			—	13
		140 km/h 及 160 km/h	自重 41～45 t	—	146（438）	13
			自重 46～50 t	—	156（468）	
			自重 51～55 t	—	167（501）	
			—		176（528）	
特快货物班列中的车辆（盘形制动，160 km/h）					180（540）	—
货车	快速货物班列中的车辆（18 t 轴重）	重车位		—	140	40
		空车位		—	55	40
	普通货车（21 t 轴重）	重车位		145	165	40
		空车位		60	70	40
	普通货车（23 t 轴重）	重车位		160	180	40
		空车位		65	75	40
	重载货车（25 t 轴重）	重车位		170	195	50
		空车位		70	80	50
	重载货车（27 t 轴重）	重车位		140（175）	160（195）	60
		空车位		65（80）	75（90）	60

注：1. 按 H 高摩合成闸瓦计算，括弧内为按铸铁闸瓦计算。

2. 空重车自动调整装置的空重位压力比为 1∶2.5；对装有空重车手动调整装置的车辆，当车辆总重（自重＋载重）达到 40 t 时，按重车位调整。

3. 旅客列车、特快及快速货物班列自动制动机主管压力为 600 kPa；其他列车为 500 kPa。长大下坡道区段货物列车及重载货物列车的自动制动机主管压力，由铁路局根据管内相关试验结果和列车实际操纵需要可提高至 600 kPa；遇机车换挂需将自动制动机列车主管压力由 600 kPa 改为 500 kPa 时，摘机前应对列车主管实施一次 170 kPa 的最大减压量操纵。

4. 快运货物班列车辆和货车以外的其他车辆，在列车主管压力为 500 kPa 时的闸瓦压力，按 600 kPa 时的闸瓦压力的 1∶1.15 换算。

2. SQ_8 型关节式双层运输汽车专用车及 $C_{96(H)}$ 型运煤专用敞车换算闸瓦压力见表 17-38、表 17-39。

表 17-38 SQ_8 型关节式双层运输汽车专用车换算闸瓦压力

空重状态	每组换算闸瓦压力/kN		
	自动制动机制动主管压力		人力制动机
	500 kPa	600 kPa	
重车位	2×140	2×165	2×75
空车位	2×110	2×120	2×75

表 17-39 $C_{96(H)}$ 型运煤专用敞车换算闸瓦压力

空重状态	每组换算闸瓦压力/kN		
	自动制动机制动主管压力		人力制动机
	500 kPa	600 kPa	
重车位	135	155	2×75
空车位	60	70	2×75

3. 为确保列车在紧急制动时能及时产生紧急制动作用，因此对关门车编挂位置需要进行严格控制。关门车在列车中的编挂位置及数量规定如下：

(1)列检作业场所在站编组始发的列车中，不得有制动故障关门车。

(2)编入列车的关门车数不超过现车总辆数的 6%(尾数不足 1 辆时按四舍五入计算)时，可不计算每百吨列车重量的换算闸瓦压力，不填发“制动效能证明书”(组合列车关门车按照每单元列车掌握)；超过 6%时，按《技规(普速铁路部分)》规定计算换算闸瓦压力，并填发“制动效能证明书”交司机。

(3)为保证列车运行安全，列车须有充分可靠的制动性能，因此关门车不得挂于机车后部 3 辆车之内；在列车中连续连挂不得超过 2 辆；列车最后一辆不得为关门车；列车最后第二、三辆不得连续关门。关门车须排净副风缸的压缩空气。

(4)组合的重载列车中每个单元列车的关门车数量和编挂位置均须符合上述规定。

4. SQ_8 型关节式双层运输汽车专用车关门车规定如下：

(1)车辆需关闭截断塞门时，应同时关闭全车的截断塞门，紧急排风阀塞门不得关闭，按连续 2 辆关门车统计。

(2)需关闭紧急排风阀塞门时，截断塞门不得关闭，不计为制动关门车。

知识点 6 装运需停止制动作用车辆办理程序

由于装运货物的需要停止装运车辆制动机作用时，装运车辆所在地车辆段接到车站或货运部门书面通知后，需组织相关运用作业场派员前往关闭截断塞门并施封，封上应有“停止制动”字样，货运部门在运单上注明“停止制动”。到站卸车后，车站或货运部门书面通知所在地货车车辆段，由货车车辆段组织相关运用作业场派员拆封，并确认铁路货车自动制动机技术状态良好后开启截断塞门。因货物装载原因而关闭或开启铁路货车截断塞门时，现场检车员均在“检车员工作记录手册”中做好记录。

知识点 7　制动效能证明书的填发

1. 列检作业场始发、中转作业列车发出方向运行前方途经长大下坡道区间的，在始发、中转作业时，需填发“制动效能证明书”交司机。

2. 装有 2 个及以上自动制动机的铁路货车，在运行途中自动制动机发生临时故障，采取关闭截断塞门时，应关闭全车截断塞门。列检作业场发现货物列车中的铁路长大货物车截断塞门关闭时，应计算每百吨列车重量的换算闸瓦压力，填发“制动效能证明书”交司机。

（1）每百吨列车重量的换算闸瓦压力计算示例

某次货物列车现车编组 70 辆，自动制动机制动主管压力 500 kPa，牵引 5 382 t，列车编组情况：C_{64K} 型铁路货车共 20 辆（空车 10 辆），其中重车制动关门 2 辆；C_{70} 型铁路货车共 48 辆（空车 10 辆），其中重车制动关门 2 辆、空车制动关门 1 辆；P_{70} 型铁路货车重车 1 辆；踏面制动普通客车 1 辆。计算该列车每百吨列车重量的换算闸瓦压力值如下。

计算过程：列车牵引总吨数 5 382 t；

60 吨车闸瓦总压力＝[（10－2）×145]＋（10×60）＝1 160＋600＝1 760（kPa）

70 吨车闸瓦总压力＝[（39－2）×160]＋[（10－1）×65]＝5 920＋585＝6 505（kPa）

普通客车闸瓦总压力＝350÷1.15～304.35（kPa）

列车每百吨列车重量的换算闸瓦压＝（1 760＋6 505＋304.35）/5 382×100≈159.22（kN）

（2）“制动效能证明书”填写示例，如图 17-36、图 17-37 所示。

制动效能证明书（正面）　　车统—45

____年____月____日　本证明书由检车员填写两份，一份交机车司机，一份自存。

____车辆段____运用车间____列检作业场____填写人员签名____ 机车司机签名____

<table>
<tr><td>车次</td><td></td><td colspan="2">机车型号及号码</td><td></td><td>牵引重量</td><td></td></tr>
<tr><td colspan="7">列车自动制动机状况</td></tr>
<tr><td colspan="2">列车编组总辆数</td><td colspan="2"></td><td colspan="2">无自动制动机辆数</td><td></td></tr>
<tr><td colspan="2">有效自动制动机辆数</td><td colspan="2"></td><td colspan="2">换算高摩合成闸瓦总闸瓦压力(kN)</td><td></td></tr>
<tr><td colspan="2">截断塞门关闭车辆数</td><td colspan="2"></td><td colspan="2">每百吨列车重量换算闸瓦压力(kN)</td><td></td></tr>
<tr><td colspan="2">列车主管压力(kPa)</td><td colspan="2"></td><td colspan="2">列车试验列车主管漏泄量(kPa/min)</td><td></td></tr>
<tr><td colspan="7">列车中途摘挂状况</td></tr>
<tr><td rowspan="2">站名或区间</td><td colspan="2">摘下</td><td colspan="2">挂上</td><td colspan="2" rowspan="2">签名</td></tr>
<tr><td>辆数</td><td>闸瓦压力(kN)</td><td>辆数</td><td>闸瓦压力(kN)</td></tr>
<tr><td></td><td></td><td></td><td></td><td></td><td colspan="2"></td></tr>
<tr><td></td><td></td><td></td><td></td><td></td><td colspan="2"></td></tr>
<tr><td></td><td></td><td></td><td></td><td></td><td colspan="2"></td></tr>
<tr><td></td><td></td><td></td><td></td><td></td><td colspan="2"></td></tr>
<tr><td></td><td></td><td></td><td></td><td></td><td colspan="2"></td></tr>
<tr><td></td><td></td><td></td><td></td><td></td><td colspan="2"></td></tr>
</table>

（规格：210 mm×148.5 mm）

图 17-36　“制动效能证明书”正面示例

车辆换算闸瓦压力表(背面)

种类	车型			每辆换算闸瓦压力(kN) 自动制动机列车主管压力 500 kPa	600 kPa	辆数	闸瓦压力(kN)
客车	普通客车(120 km/h)	(踏面制动)			(350)		
	新型客车(盘形制动,120 km/h,140 km/h,160 km/h)	120 km/h	自重 41～45 t		137(412)	( )	( )
			自重 46～50 t		147(441)	( )	( )
			自重 51～55 t		159(477)	( )	( )
			自重≥56 t		173(519)	( )	( )
		双层			178(534)	( )	( )
		140 km/h 及 160 km/h	自重 41～45 t		146(438)	( )	( )
			自重 46～50 t		156(468)	( )	( )
			自重 51～55 t		167(501)	( )	( )
			自重≥56 t		176(528)	( )	( )
特快货物班列中的车辆(盘形制动,160 km/h)					180(540)	( )	( )
铁路货车	快速货物班列中的车辆(18 t 轴重)	重车位			140		
		空车位			55		
	普通货车(21 t 轴重)	重车位		145	165		
		空车位		60	70		
	普通货车(23 t 轴重)	重车位		160	180		
		空车位		65	75		
	重载货车(25 t 轴重)	重车位		170	195		
		空车位		70	80		
	重载货车(27 t 轴重)	重车位		140(175)	160(195)	( )	( )
		空车位		65(80)	75(90)	( )	( )
总计						( )	( )

注:1. 按 H 高摩合成闸瓦计算,客车的括弧内为按铸铁闸瓦计算。铁路货车的括弧内为按 G 高摩合成闸瓦计算。

2. 空重车自动调整装置的空重位压力比为 1:2.5;对装有空重车手动调整装置的车辆,当车辆总重(自重+载重)达到 40 t 时,按重车位调整。

3. 快速货物班列车辆和货车以外的其他车辆,在列车主管压力为 500 kPa 时的闸瓦压力,按 600 kPa 时的闸瓦压力的 1:1.15 换算。

图 17-37 “制动效能证明书”背面示例

知识点 8 列车尾部车辆制动软管连结及吊起

1. 货物列车尾部安装有列尾装置时,列尾装置尾部主机安装好后,因列检需进行列车制动机试验等作业,尾部软管不能立即与列尾装置尾部主机连结,为提高作业效率,减少列尾装置作业人员的等待时间,规定尾部主机软管的连结,有列检作业的列车,由列检人员负责,如图 17-38、图 17-39 所示。

图 17-38 连接列尾主机软管

2. 货物列车尾部未挂列尾装置时,为便于车站接车作业人员确认列车的完整性,规定以吊起尾部车辆软管代替尾部标志。对有列检作业的列车，因列检需进行列车制动机试验等作业，为提高作业效率，规定尾部车辆软管的吊起，有列检作业的列车，由列检人员负责；对无列检作业的列车，则由车务人员负责。同时，对未挂列尾装置时尾部车辆制动软管的吊起须使用铁线进行吊起，制动软管吊起后，软管连接器与车钩下平面距离不得大于 200 mm，如图 17-40 所示。

图 17-39　开启尾部折角塞门

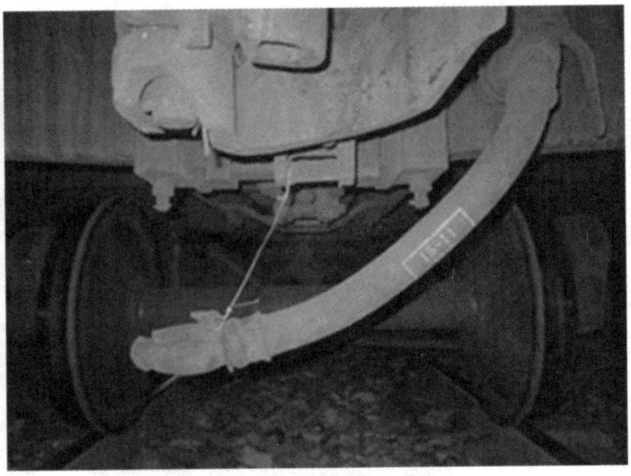

图 17-40　吊起尾部车辆软管

列车制动机试验由现场检车员在列车运行方向左侧，按照分摊的辆数跑动检查，目视确认制动机制动、缓解状态。对 X_{3K}、X_{4K} 型集装箱平车、K_F 型矿石车等因车辆结构影响现场检车员确认制动缸状态的车辆，整列编组时，现场作业组可调整为两个小组同时在列车两侧进行制动机试验；零星编入列车中的车辆，向列检工长报告，由列检工长或列检工长指定专人在列车另一侧确认制动机性能。在列车两侧进行制动机试验时，以列车运行方向左侧检车员为主，右侧检车员仅确认本侧制动机性能，并在每个试验项目结束后向同段左侧检车员报告。

典型工作任务 1　制动机全部试验

【任务准备】

工作任务书见表 17-40。

表 17-40　任务书

任务名称	制动机全部试验	参考学时	2
任务要求	以小组为单位按标准完成制动机全部试验。每组 5～8 人，剖析任务内容，商定工作方案，明确成员分工，安全有序规范完成任务		
任务方案			
教师检查			

具体分工见表 17-41。

表 17-41 任务分工

班级		组号		指导老师	
组长		序号			
组员		姓名	组员排序	姓名	组员排序
分工描述(按序号)					

【任务实施】

一、劳动安全注意事项

1. 确认车列防溜。
2. 作业前插设防护信号。
3. 按规定穿戴劳保用品，带好作业工具。
4. 雨雪天气时，当心滑倒。
5. 地沟作业时，当心碰头。
6. 现场作业时，不得侵限。

二、工量具准备

检查锤、检车灯、活口扳手、对讲机、红旗、红灯、卷尺、红外线测温仪、无线风压监测记录仪。

三、作业步骤及质量标准

列车制动机持续一定时间的全部试验作业流程如图 17-41 所示。

图 17-41 持续一定时间的全部试验作业流程

1. 到达试风位置

(1)到达试风起始位置

现场检车员到达各自试风起始位置，按照列车制动机试验走行示意图进行列车制动机试验，如图 17-42 所示。

(2)试风起始位置

首部正号检车员：列车运行方向左侧、机后一位车辆前端。

首部负号检车员：列车运行方向左侧、本段作业结束位置。

中部正号检车员：列车运行方向左侧、与尾段的分车位。

中部负号检车员：列车运行方向左侧、本段作业结束位置。

尾部正号检车员：列车运行方向左侧、尾部最后一辆车后端。

尾部负号检车员：列车运行方向左侧、本段作业结束位置。

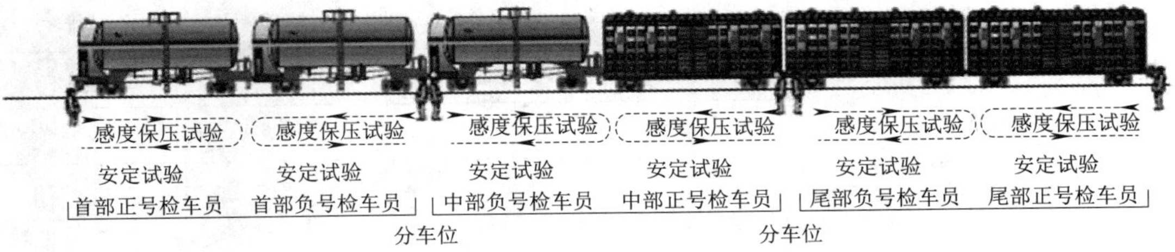

图 17-42　列车制动机试验走行

(3)试风碰头位置

各段正、负号检车员的试风碰头位置均为列车运行方向的左侧、本段作业辆数的中间位置。

2. 感度保压试验

(1)确认制动主管压力

方式一：尾部正号检车员目视确认无线风压监测仪显示的制动主管压力达到规定压力。

方式二：尾部正号检车员使用对讲机与列检值班员联系，确认制动主管压力达到规定压力(标准用语："请确认道××次风压")。列检值班员在系统主界面，依据"压力"数值据实回复(标准用语："××道××次风压×× kPa")；若达到制动主管定压，回复"××道××次风压×× kPa，符合要求"。

(2)传递制动信号

①制动信号：昼间能见度能满足要求的须使用检查锤高举头上，夜间或昼间能见度不能满足要求的须使用白色灯光的检车灯高举。

②恶劣天气、曲线线路可同时用对讲机辅助传递制动信号，标准用语：

传递人："××道××段(或接收人姓名)，制动"。

接收人："××道××段(或传递人姓名)，收到"。

③制动信号须依次逐段显示传递，不准越传、漏传、错传、代传，严禁臆测判断。

④禁止使用红旗(红灯)代替检查锤(检车灯)显示传递。

⑤制动信号传递程序和标准

a. 尾部正号检车员站立于试风起始位置，面向列车首部，向中部正号、尾部负号检车员传递"制动信号"，确认对方不少于 2 次接收后停止显示。

b. 尾部负号检车员与中部正号检车员列队站立于试风起始位置，面向列车尾部，当尾部正号检车员传递"制动信号"时，不少于 2 次接收"制动信号"；转身 180°，面向列车首部，尾部负号检车员与中部正号检车员共同向中部负号、首部负号检车员传递"制动信号"，确认对方不少于 2 次接收后停止显示。

c. 中部负号检车员与首部负号检车员列队站立于试风起始位置，面向列车尾部，当中部正号、尾部负号检车员传递“制动信号”时，不少于 2 次接收“制动信号”；转身 180°，面向列车首部，中部负号检车员与首部负号检车员共同向首部正号检车员传递“制动信号”，确认对方不少于 2 次接收后停止显示。

d. 首部正号检车员站立于试风起始位置，面向列车尾部；当中部负号、首部负号检车员面向自己传递“制动信号”时，不少于 2 次接收“制动信号”。转身 180°向司机显示“制动信号”，通知本务机车司机置常用制动位进行感度保压试验减压。允许用对讲机通知司机制动，标准用语：“×道×次感度保压试验，请减压 50(70)kPa”。

(3)确认感度保压试验减压量

方式一：尾部正号检车员实时观察无线风压监测仪显示的主管压力，确认感度保压试验减压量符合规定。

方式二：尾部正号检车员使用对讲机与列检值班员联控确认感度试验减压量，标准用语：“请确认××道××次感度保压试验减压量”，列检值班员确认系统终端显示的感度保压试验减压量后向现场作业联系，标准用语：“××道××次感度保压试验减压量×× kPa”。

(4)确认漏泄量

列检值班员实时观察“试风窗口”界面下方“感度保压试验”项目中显示的“保压”数值达到 60 s、“漏泄”数值不大于 20 kPa，使用车载台(或对讲机)通知现场作业人员，标准用语：“××道××次漏泄量×× kPa”。

列检值班员发现漏泄量超标或偏大时(大于 10 kPa)，通知现场检车员对各自责任范围内的车辆管系进行检查确认，查明漏泄原因。发现连接器漏风时，摘解制动软管后确认连接器和胶圈技术状态，确保软管胶圈无漏装、反装、破损、卷起、翘起、老化，禁止使用击打、摇动等方式临时消除漏风迹象。漏泄量超标时，必须重新进行感度保压试验。

(5)监控试风曲线

列检值班员实时观察系统终端显示的尾部风压曲线和提示信息，确认感度保压试验结果显示“合格”后，向现场进行作业联系，标准用语：“××道××次感度保压时间到”。

列检值班员发现试验项目未完成、试验不合格、试风数据中断等情况，通知现场检车员查清原因、处理后重新进行感度保压试验。

(6)确认制动性能

①接到列检值班员通知的感度保压时间到后(保压 3 min)，从试风起始位置开始，按照分摊的辆数跑动检查至试风碰头位置，逐辆弯腰探身、昼间用检查锤指(夜间用检车灯照)检查确认责任范围内的车辆自动制动机仍处于制动位置且制动缸活塞行程无异常，3 min 内未发生自然缓解。

BAB-2 型集成制动装置制动性能确认方法：蹲在制动缸对应的侧架三角孔处，目视确认三角形行程指示器的长竖直边应在行程标志牌的制动标志孔范围内，如图 17-43 所示。

DAB-1 型集成制动装置制动性能确认方法：蹲在制动缸对应的侧架三角孔处，目视确认外套筒上的黄色行程指示器尾端应在伸缩杆上的红色(第三道凸环)、绿色(第二道凸环)行程标志环带内，如图 17-44 所示。

图 17-43　BAB-2 型集成制动装置

图 17-44　DAB-1 型集成制动装置

②部分车型制动缸在背侧确认位置及动作

JSQ_6 型双层小汽车运输专用车（装用非集成制动装置）：在 4 位或 9 位车窗（采光窗）下方、“禁止溜放”标记处，头低过侧梁，锤指（灯照）、目视确认对侧制动缸活塞制动。

N_{17}、NX_{17}、NX_{70}、X_1、X_6 系列的平车、平集共用车、集装箱平车：限压阀（调整阀）相对位置，头低过侧梁，锤指（灯照）、目视确认制动缸活塞制动。

X_{70} 型集装箱平车：靠近副风缸的大横梁相对位置，头低过侧梁，锤指（灯照）、目视确认制动缸活塞制动。

X_{2K}、X_{2H} 型双层集装箱平车、K_{13}、KZ_{70} 型矿石车、L_{18}、L_{70} 型粮食车等制动缸在车体端部的铁路货车：在制动缸一端的车体外侧，自由调整身体姿势，锤指（灯照）、目视确认制动缸活塞制动。

X_{3K}、X_{4K} 型集装箱平车、K_F 型矿石车：到车辆另一侧制动缸相对处，锤指（灯照）、目视确认制动缸活塞制动。X_{3K}、X_{4K} 型集装箱平车确认时须头低过侧梁。

（7）传递缓解信号

①缓解信号：昼间能见度能满足要求的须使用检查锤，夜间或昼间能见度不能满足要求的须使用白色灯光的检车灯，在下部左右摆动。

②恶劣天气、曲线线路可同时用对讲机辅助传递缓解信号，标准用语：

传递人：“××道××段（或接收人姓名），缓解”；

接收人：“××道××段（或传递人姓名），收到”。

③缓解信号须依次逐段显示传递，不准越传、漏传、错传、代传，严禁臆测判断。

④禁止使用红旗（红灯）代替检查锤（检车灯）显示传递。

⑤缓解信号传递程序和标准。

a. 尾部正号检车员与尾部负号检车员列队站在试风碰头位置，面向列车首部，向中部正号检车员、中部负号检车员传递“缓解信号”，确认对方不少于 2 次接收后停止显示。

b. 中部正号检车员与中部负号检车员列队站在试风碰头位置，面向列车尾部，当尾部正号检车员与尾部负号检车员传递“缓解信号”时，不少于 2 次接收“缓解信号”；转身 180°，面向列车首部，中部正号检车员与中部负号检车员共同向首部正号检车员、首部负号检车员传递“缓解信号”，确认对方不少于 2 次接收后停止显示。

c. 首部正号检车员与首部负号检车员列队站在试风碰头位置，面向列车尾部，当中部正号检车员、中部负号检车员面向自己传递“缓解信号”时，不少于 2 次接收“缓解信号”；转身 180°，首部正号检车员与首部负号检车员共同向司机显示“缓解信号”，通知本务机车司机充风缓解。允许用对讲机通知司机缓解。标准用语：“××道××次缓解”。

(8)确认缓解性能

①列车充风后，现场检车员从试风碰头位置开始，按照分摊的辆数跑动检查返回试风起始位置，逐辆弯腰探身、昼间用检查锤指(夜间用检车灯照)检查，确认责任范围内的车辆须在 1 min 内缓解完毕，人力制动机拉杆链处于松弛状态。

BAB-2 型集成制动装置缓解性能确认方法：蹲在制动缸对应的侧架三角孔处，目视确认三角形行程指示器部分或全部遮挡行程标志牌的缓解标志孔，如图 17-45 所示。

DAB-1 型集成制动装置缓解性能确认方法：蹲在制动缸对应的侧架三角孔处，目视确认黄色行程指示器尾端应在伸缩杆上的白色缓解标志环带(第一道凸环)内，如图 17-46 所示。

图 17-45 BAB-2 型集成制动装置缓解性能确认

图 17-46 DAB-1 型集成制动装置缓解性能确认

②部分车型制动缸在背侧确认位置及动作

JSQ_6 型双层小汽车运输专用车(装用非集成制动装置)：在 4 位或 9 位车窗(采光窗)下方、“禁止溜放”标记处，头低过侧梁，锤指(灯照)、目视确认对侧制动缸活塞缓解。

N_{17}、NX_{17}、NX_{70}、X_1、X_6 系列的平车、平集共用车、集装箱平车：限压阀(调整阀)相对位置，头低过侧梁，锤指(灯照)、目视确认制动缸活塞缓解。

X_{70} 型集装箱平车：靠近副风缸的大横梁相对位置，头低过侧梁，锤指(灯照)、目视确认制动缸活塞缓解。

X_{2K}、X_{2H} 型双层集装箱平车、K_{13}、KZ_{70} 型矿石车、L_{18}、L_{70} 型粮食车等制动缸在车体端部的铁路货车：在制动缸一端的车体外侧，自由调整身体姿势，锤指(灯照)、目视确认制动缸活塞缓解。

X_{3K}、X_{4K} 型集装箱平车、K_F 型矿石车：到车辆另一侧制动缸相对处，锤指(灯照)、目视确认制动缸活塞缓解。X_{3K}、X_{4K} 型集装箱平车确认时须头低过侧梁。

(9)涂打制动缸活塞行程检查标记

制动缸活塞行程异常，造成列车运行中抱闸、不制动或制动力减弱、失效。现场检车员发现制动缸活塞行程异常时，要立即向列检工长汇报，在安定试验时，由列检工长和现场检车员共同确认异常车辆的制动缸活塞行程是否符合规定，并妥善处置。

①现场检车员确认自动制动机缓解、基础制动装置缓解(人力制动机拉链处于松弛状

态），按规定涂打制动缸活塞行程检查标记。

②制动缸活塞行程检查标记：逐辆在制动缸前盖、活塞筒上用粉笔画连线，长度不少于100 mm；制动缸在车辆另一侧时，确认缓解后，逐辆在制动缸相对处的上拉杆头部用粉笔画连线。集成制动装置在制动缸对应的三角孔上方的侧架上画直线，长度不少于100 mm，如图17-47所示。

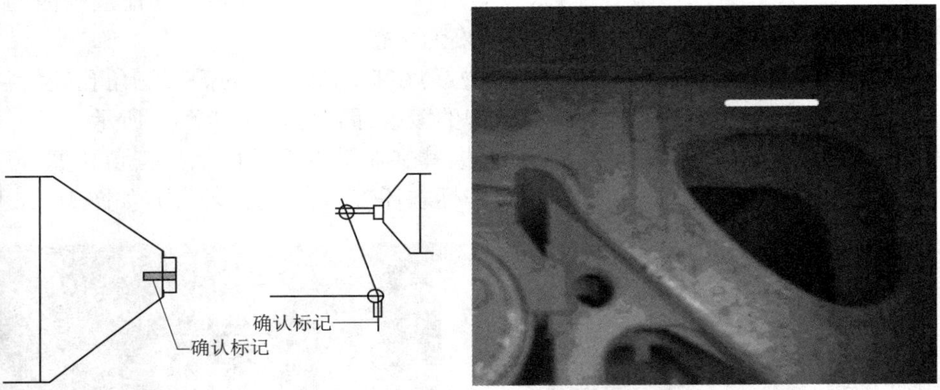

图17-47　制动缸活塞行程检查标记

③部分车型制动缸在背侧活塞行程检查标记涂打

JSQ_6型双层小汽车运输专用车（装用非集成制动装置）：在4位或9位车窗（采光窗）下方、“禁止溜放”标记处的侧梁下平面划横线，长度不少于100 mm。

N_{17}、NX_{17}、NX_{70}、X_1、X_6系列的平车、平集共用车、集装箱平车：限压阀（调整阀）相对位置的侧梁下平面划横线，长度不少于100 mm。

X_{70}型集装箱平车：靠近副风缸的相对位置的大横梁下平面划横线，长度不少于100 mm。

X_{2K}、X_{2H}型双层集装箱平车、K_{13}、KZ_{70}型矿石车、L_{18}、L_{70}型粮食车等制动缸在车体端部的铁路货车：在制动缸相对处的侧梁上平面划横线，长度不少于100 mm。

X_{3K}、X_{4K}型集装箱平车、K_F型矿石车：制动缸前盖、活塞筒上用粉笔画连线，长度不少于100 mm。

3. 安定试验

（1）确认主管压力

方式一：尾部正号检车员目视确认无线风压监测仪显示的主管压力达到规定压力。

方式二：尾部正号检车员使用对讲机与列检值班员联系，确认主管压力达到规定压力，标准用语：“请确认××道××次风压”。列检值班员在系统主界面，依据“压力”数值据实回复，标准用语：“××道××次风压×× kPa”；若达到主管定压，回复“××道××次风压×× kPa，符合要求”。

（2）传递制动信号

①制动信号：昼间能见度能满足要求的，使用检查锤高举头上。夜间或昼间能见度不能满足要求的，使用白色灯光的检车灯高举。

②恶劣天气、曲线线路可同时用对讲机辅助传递制动信号，标准用语：

传递人：“××道××段（或接收人姓名），制动”；

接收人:“××道××段(或传递人姓名),收到”。

③制动信号依次逐段显示传递,不准越传、漏传、错传、代传,严禁臆测判断。

④禁止使用红旗(红灯)代替检查锤(检车灯)显示传递。

⑤制动信号传递程序和标准。

a. 尾部正号检车员站立于试风起始位置,面向列车首部,向中部正号、尾部负号检车员传递“制动信号”,确认对方不少于2次接收后停止显示。

b. 尾部负号检车员与中部正号检车员列队站立于试风起始位置,面向列车尾部,当尾部正号检车员传递“制动信号”时,不少于2次接收“制动信号”;转身180°,面向列车首部,尾部负号检车员与中部正号检车员共同向中部负号、首部负号检车员传递“制动信号”,确认对方不少于2次接收后停止显示。

c. 中部负号检车员与首部负号检车员列队站立于试风起始位置,面向列车尾部,当中部正号、尾部负号检车员传递“制动信号”时,不少于2次接收“制动信号”;转身180°,面向列车首部,中部负号检车员与首部负号检车员共同向首部正号检车员传递“制动信号”,确认对方不少于2次接收后停止显示。

d. 首部正号检车员站立于试风起始位置,面向列车尾部;当中部负号、首部负号检车员面向自己传递“制动信号”时,不少于2次接收“制动信号”;转身180°向司机显示“制动信号”,通知本务机车司机置常用制动位进行安定保压试验减压。允许用对讲机通知司机制动。标准用语:“××道××次安定试验,请减压140(170)kPa后保压。”

(3)确认安定试验减压量

方式一:尾部正号检车员实时观察无线风压监测仪显示的主管压力,确认安定试验减压量符合规定。

方式二:尾部正号检车员使用对讲机与列检值班员联控确认安定试验减压量,标准用语:“请确认××道××次安定试验减压量”,列检值班员确认系统终端显示的安定试验减压量后向现场作业联系,标准用语:“××道××次安定试验减压量×× kPa”。

列检值班员通过列车车辆制动机试验监测装置终端确认制动主管减压140 kPa(制动主管压力为600 kPa时减压170 kPa)。“压力曲线图”相对缓慢下降,试风曲线呈弧线下降,并逐步至规定压力,而后相对保持恒定,试风曲线呈水平状延伸。若制动主管减压至规定压力后,尾部风压突然继续急速下降,则为列车发生紧急制动;要通知现场检车员确认,并查清原因、处理后重新施行列车制动机试验。

若现场检车员联系列车发生紧急制动,标准用语:“××道××次起非常”,要及时查看相应股道的“压力曲线图”界面,确认试风曲线,并组织现场检车员查清原因、处理后重新施行列车制动机试验。

(4)确认感度保压试验时异常车辆

列检工长与现场检车员共同确认感度保压试验时发现异常的制动缸活塞行程是否符合规定,不符合规定时应摘修处理。

(5)监控试风曲线

列检值班员实时观察系统“压力曲线图”界面,安定试验结果显示“合格”后,向现场进行作业联系,标准用语:“××道××次试验合格”。

列检值班员发现试验项目未完成、试验不合格、试风数据中断等情况,通知现场检车员查清原因、处理后重新进行安定试验。

（6）确认首尾车辆制动状态

首、尾部检车员分别确认机后一位车辆和最后一位车辆制动机处于制动状态，并使用作业记录仪摄录。

安定试验确认制动缓解性能或发生临时摘车时，首部检车员须通知机车司机进行减压制动（制动主管压力为 500 kPa 时减压 140 kPa；制动主管压力为 600 kPa 时减压 170 kPa），使全列车处于制动状态，首、尾部检车员分别确认机后一位车辆和最后一位车辆制动机处于制动状态，并使用作业记录仪摄录；列检值班员在试风系统保存该曲线。甩车后重新进行列车制动机试验。

4. 试验结束

（1）摘除无线风压监测仪

①尾部正号检车员按下无线风压监测仪控制面板上的“关”键，关闭电源，如图 17-48 所示。

②尾部正号检车员关闭列车尾部车辆后端的折角塞门，使折角塞门手把中心线与辅助管中心线呈 90°夹角（折角塞门开通线与辅助管中心线呈 90°夹角），如图 17-49 所示。

图 17-48　关闭无线风压检测仪

图 17-49　关闭折角塞门

③尾部正号检车员缓慢向风压监测仪反方向搬动手柄（发射天线），排除尾部制动软管内的压力空气，如图 17-50 所示。

④待无线风压监测仪挂钩离开软管连接器后，取下无线风压监测仪，如图 17-51 所示。

图 17-50　排风

图 17-51　取下无线风压监测仪

（2）确认列车尾部标志

①使用不低于 12 号镀锌铁线将最后一位车辆后端的制动软管吊至车钩下方，使软管连接器与车钩下平面之间的距离不大于 200 mm。尾车制动软管已吊起时，须确认捆绑牢固，符合要求，如图 17-52 所示。

图 17-52 确认列尾装置

②捆绑标准：

a. 车钩部位：13 号上作用车钩一端捆绑在车钩底部锁铁脚孔后部小横梁处（或车钩下部吊耳孔），捆绑绕线不少于 3 圈；13 号下作用车钩及 16、17 型车钩一端捆绑在吊耳孔（车钩吊链孔），捆绑绕线不少于 3 圈。

b. 软管部位：制动软管连接器孔处，捆绑绕线不少于 3 圈。

（3）保存试验结果

方式一：列检值班员使用鼠标右键点击“压力曲线图”，在弹出的对话框中使用鼠标单击“保存试验结果”，保存“压力曲线图”。

方式二：现场检车员关闭无线风压监测仪后，“压力曲线图”自动保存。

（4）查看试风曲线

列检值班员点击“查询”按钮，在弹出窗口单击相应车次，查看试风曲线，发现系统提示“不合格”或空白、试风项目不齐全、试风曲线不完整、试风曲线不规范等问题时，通知现场检车员查清原因、处理后重新施行列车制动机试验，如图 17-53 所示。

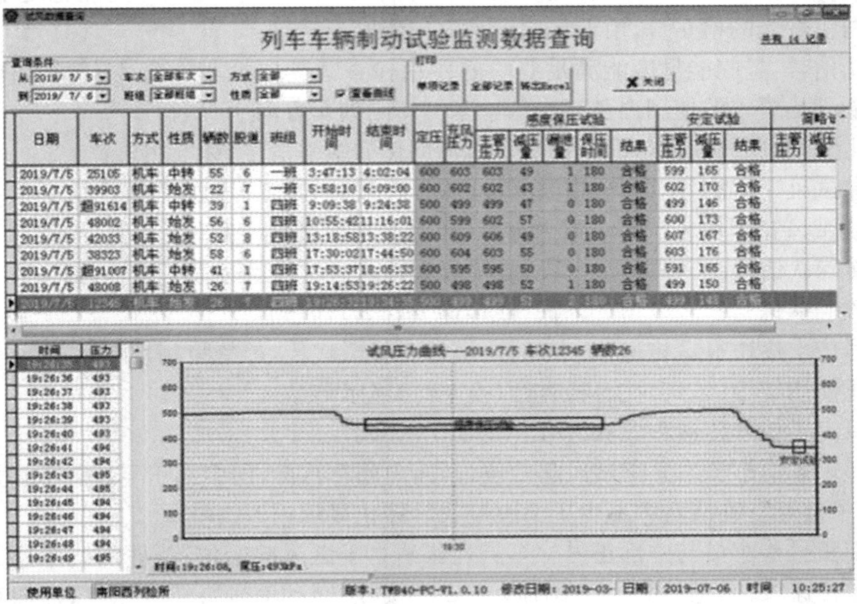

图 17-53 试风曲线

(5)填发“制动效能证明书”

对货物列车中的铁路长大货物车截断塞门关闭的，以及车站值班员通知发出的列车运行前方途经长大下坡道区间的或编入列车的关门车数超过6%时，现场检车员确认本人责任范围内车辆轴重、空重别、关门车数量等，使用对讲机逐段向首部检车员汇报，首部检车员负责统计填写“制动效能统计表”。牵引吨位由本务司机（或车站）提供，按规定计算换算闸瓦压力，填发“制动效能证明书”交本务机车司机签认，一份自存，一份交本务机车司机。

闸瓦压力计算方式为：

$$\text{每百吨平均高摩合成闸瓦压力}=\frac{\text{换算高摩合成闸瓦压力}}{\text{牵引重量}}\times 100$$

普通货物列车最高速度为90 km/h时，每百吨列车重量按高摩合成闸瓦换算闸瓦压力不得低于150 kN；普通货物列车最高速度为120 km/h时，每百吨列车重量按高摩合成闸瓦换算闸瓦压力不得低于150 kN；快速货物班列最高速度为120 km/h时，每百吨列车重量按高摩合成闸瓦换算闸瓦压力不得低于175 kN。

严格落实制动故障关门车检查处置标准，按规定计算闸瓦压力，填发“制动效能证明书”。列车甩挂车辆后要重新检查确认列车甩挂后制动故障关门车数量和编挂位置，确保调车作业后列车中关门车数量不超标、编挂位置符合规定。调车作业前已进行列车制动机试验时须重新试验，已计算“制动效能证明书”时，根据列车甩挂后编组情况，重新统计车辆轴重、空重别、关门车数，填写“制动效能统计表”，并重新填发“制动效能证明书”。《技规（普速铁路部分）》规定以外的客车、城市轨道交通客车自重及换算闸瓦压力，由车辆押运人员、车辆乘务员或车辆技术人员提供；未公布的自轮运转特种设备自重和闸瓦压力由随车人员提供。

(6)传递试风完了信号

①试风完了信号：昼间能见度能满足要求的使用检查锤，夜间或昼间能见度不能满足要求的使用白色灯光的检车灯，由上部向车列方向作圆形转动。

②确认信号：昼间能见度能满足要求的使用检查锤朝向列车方向45°斜行，夜间或昼间能见度不能满足要求的使用白色灯光的检车灯朝向列车方向45°斜行。

③恶劣天气、曲线线路可同时用对讲机辅助传递缓解信号，标准用语：

a. 传递试风完了信号：“××道××段（或接收人姓名），信号划过去了”。

b. 接收试风完了信号：“××道××段（或传递人姓名），收到”。

c. 传递确认信号：“××道××段（或接收人姓名），信号返过去了”。

d. 接收确认信号：“××道××段（或传递人姓名），收到”。

④信号依次逐段显示传递，不准越传、漏传、错传、代传，严禁臆测判断。

⑤禁止使用红旗（红灯）代替检查锤（检车灯）显示传递。

⑥试风完了信号传递程序和标准：

a. 尾部正号检车员站立于试风起始位置，面向列车首部，向中部正号、尾部负号检车员传递“试风完了信号”，确认对方不少于2次接收后停止显示。

b. 尾部负号检车员与中部正号检车员列队站立于试风起始位置，面向列车尾部，当尾部正号检车员传递“试风完了信号”时，不少于2次接收“制动信号”；转身180°，面向列车首部，尾部负号检车员与中部正号检车员共同向中部负号、首部负号检车员传递“试风完了信号”，确认对方显示接收“试风完了信号”不少于2次后停止传递。

c. 中部负号检车员与首部负号检车员列队站立于试风起始位置，面向列车尾部，当中部正号、尾部负号检车员传递“试风完了信号”时，不少于 2 次接收“试风完了信号”；转身 180°，面向列车首部，中部负号检车员与首部负号检车员共同向首部正号检车员传递“试风完了信号”，确认对方不少于 2 次接收后停止显示。

d. 首部正号检车员站立于试风起始位置，面向列车尾部；当中部负号、首部负号检车员面向自己传递“试风完了信号”时，不少于 2 次接收“试风完了信号”。向中部负号检车员、首部负号检车员传递“确认信号”，确认对方接收不少于 2 次后停止显示。

e. 中部负号检车员与首部负号检车员列队站立于试风起始位置，面向列车首部，当首部正号检车员面向自己传递“确认信号”时，不少于 2 次接收“确认信号”；中部负号检车员与首部负号检车员转身 180°，面向列车尾部；中部负号检车员与首部负号检车员共同向中部正号检车员、尾部负号检车员传递“确认信号”，确认对方不少于 2 次接收后停止显示。

f. 中部正号检车员与尾部负号检车员列队站立于试风起始位置，面向列车首部，当首部负号检车员、中部负号检车员返回“确认信号”后，不少于 2 次接收“确认信号”；转身 180°，面向列车尾部；中部正号检车员与尾部负号检车员共同向尾部正号检车员返回“确认信号”，确认对方不少于 2 次接收后停止显示。

g. 尾部正号检车员面向列车首部，当中部正号检车员、尾部负号检车员面向自己传递“确认信号”时，不少于 2 次接收“确认信号”。

(7)撤除停车信号

①首部正号检车员撤除机后一位车辆前端列车运行方向左侧车体上的停车信号，向列检值班员汇报，列检值班员复诵确认。防护红旗撤除后卷起，防护红灯撤除后关闭，并随身携带。标准用语：

首部正号检车员：××道××头，红旗(红灯)撤除。

列检值班员：××道××头，红旗(红灯)撤除。

②尾部正号检车员撤除尾部最后一辆车端列车运行方向左侧车体上的停车信号，向列检值班员汇报，列检值班员复诵确认。防护红旗撤除后卷起，防护红灯撤除后关闭，并随身携带。标准用语：

尾部正号检车员：××道××头，红旗(红灯)、压力表撤除、软管吊起。

列检值班员：××道××头，红旗(红灯)、压力表撤除、软管吊起。

5. 返回作业位置

现场检车员返回各自作业起始位置。

【结果评价】

作业记录卡见表 17-42。

表 17-42 作业记录卡

序号	作业内容	结果描述

各组展示任务结果,介绍作业完成情况。作业结果评价见表 17-43。

表 17-43　结果评价

姓名				组号		
评价项目	分值	得分	评价标准(每项考核点分 A、B、C、D 四个等级评价)			
			A(得分≥80%)	B(80%>得分≥70%)	C(70%>得分≥60%)	D(得分<60%)
出勤情况	10		全勤	迟到	早退	旷课
准备情况	10		充分	较充分	基本充分	不充分
团队合作	10		全员参与、分工合作明确	全员参与	一般	不能协调合作
学习态度	10		认真、积极	认真	一般	不参与学习
技能考核	50		熟练正确地操作	操作基本正确,较为熟练	操作不太熟练,错误不超过 10%	错误超过 10%
安全意识	10		安全	较安全	基本安全	存在风险
总评分数	100		优良(得分≥80)/中等(80>得分≥70)/合格(70>得分≥60)/不合格(得分<60)			

典型工作任务 2　制动机简略试验

【任务准备】

工作任务书见表 17-44。

表 17-44　任务书

任务名称	制动机简略试验	参考学时	2
任务要求	以小组为单位按标准完成制动机简略试验。每组 5~8 人,剖析任务内容,商定工作方案,明确成员分工,安全有序规范完成任务		
任务方案			
教师检查			

具体分工见表 17-45。

表 17-45　任务分工

班级		组号		指导老师	
组长		序号			
组员		姓名	组员排序	姓名	组员排序
分工描述(按序号)					

【任务实施】

一、劳动安全注意事项

1. 确认车列防溜。

2. 作业前插设防护信号。

3. 按规定穿戴劳保用品，带好作业工具。

4. 雨雪天气时，当心滑倒。

5. 地沟作业时，当心碰头。

6. 现场作业时，不得侵限。

二、工量具准备

检查锤、检车灯、活口扳手、对讲机、红旗、红灯、卷尺、红外线测温仪、无线风压监测记录仪。

三、作业步骤及质量标准

列车制动机简略试验作业流程如图 17-54 所示。

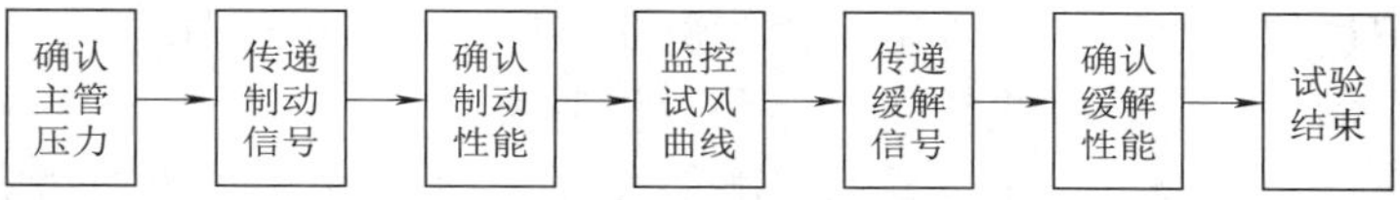

图 17-54　列车制动机简略试验作业流程

1. 确认主管压力

方式一：尾部检车员目视确认无线风压监测仪显示的主管压力达到规定压力。

方式二：尾部检车员使用对讲机与列检值班员联系，确认主管压力达到规定压力，标准用语："请确认××道××次风压"。列检值班员在系统主界面，依据"压力"数值据实回复，标准用语："××道××次风压×× kPa"；若达到主管定压，回复"××道××次风压×× kPa，符合要求"。

2. 传递制动信号

(1)尾部检车员站立于尾部最后一辆车后端列车运行方向的左侧，使用对讲机通知首部检车员简略试验"制动"。

标准用语："××道××头(或接收人姓名)，简略试验制动"。

(2)首部检车员站立于机后一位车辆前端列车运行方向的左侧，使用对讲机接收尾部检车员简略试验"制动"通知。

标准用语："××道××头(或传递人姓名)，收到"。

(3)首部检车员向本务机车司机显示制动信号，通知本务机车司机置常用制动位进行简略试验减压，标准用语："××道××次简略试验，请减压 100 kPa"。

制动信号：昼间能见度能满足要求的使用检查锤高举头上，夜间或昼间能见度不能满足要求的使用白色灯光的检车灯高举。

3. 确认制动性能

列车减压后，尾部检车员弯腰探身、昼间用检查锤指(夜间用检车灯照)检查确认最后一辆车制动缸活塞发生制动作用，并使用作业记录仪进行摄录。

BAB-2 型集成制动装置制动性能确认方法：蹲在制动缸对应的侧架三角孔处，目视确认白色“制动缸活塞指示牌”到达黄色标牌上的“活塞行程显示孔”位置。

DAB-1 型集成制动装置制动性能确认方法：蹲在制动缸对应的侧架三角孔处，目视确认“黄色行程指示器”尾端到达伸缩杆上的绿色、红色行程标志环带内。

控制措施：尾部检车员立即使用对讲机向列检值班员和列检工长报告，进行检查处理。

4. 监控试风曲线

列检值班员实时观察系统终端显示的尾部风压曲线和提示信息，确认制动主管减压 100 kPa，试风曲线呈弧线下降至规定压力，试风曲线呈水平状延伸，而后相对保持恒定。确认简略试验结果显示“合格”。

列检值班员发现试验项目未完成、试验不合格、试风数据中断等情况，通知现场检车员查清原因、处理后重新进行简略试验。

5. 传递缓解信号

(1)尾部检车员使用对讲机通知首部检车员简略试验“缓解”。

标准用语：“××道××头(或接收人姓名)，简略试验缓解”。

(2)首部检车员使用对讲机接收尾部检车员简略试验“缓解”通知。

标准用语：“××道××头(或传递人姓名)，收到”。

(3)首部检车员向本务机车司机显示缓解信号，通知本务机车司机充风缓解。

标准用语：“××道××次缓解”。

缓解信号：昼间能见度能满足要求的使用检查锤，夜间或昼间能见度不能满足要求的使用白色灯光的检车灯，在下部左右摆动。

6. 确认缓解性能

列车充风后，尾部检车员弯腰探身、昼间用检查锤指(夜间用检车灯照)检查确认最后一辆车缓解，使用作业记录仪进行摄录，并在制动缸前盖外侧用粉笔涂打“检车员责任代号”。

BAB-2 型集成制动装置缓解性能确认方法：蹲在制动缸对应的侧架三角孔处，目视确认白色“制动缸活塞指示牌”退回，“活塞行程显示孔”全部露出。

DAB-1 型集成制动装置缓解性能确认方法：蹲在制动缸对应的侧架三角孔处，目视确认“黄色行程指示器”尾端到达伸缩杆上的白色缓解标志环带内。

若最后一辆车缓解性能异常，尾部检车员须立即使用对讲机向列检值班员和列检工长报告，进行检查处理。发生临时摘车时，首部检车员须通知机车司机进行减压制动(制动主管压力为 500 kPa 时减压 140 kPa；制动主管压力为 600 kPa 时减压 170 kPa)，使全列车处于制动状态，首、尾部检车员分别确认机后一位车辆和最后一位车辆制动机处于制动状态，并使用作业记录仪摄录；列检值班员在试风系统须保存该曲线。甩车后须重新进行列车制动机试验。

7. 试验结束

(1)确认主管压力

方式一：尾部检车员目视确认无线风压监测仪显示的主管压力达到规定压力。

方式二：尾部检车员使用对讲机与列检值班员联系，确认主管压力达到规定压力，标准用语：“请确认××道××次风压”。列检值班员在系统主界面，依据“压力”数值据实回复，标准用语：“××道××次风压×× kPa”；若达到主管定压，回复“××道××次风压×× kPa，符合要求”。

(2)摘除无线风压监测仪

①尾部检车员按下无线风压监测仪控制面板上的“关”键,关闭电源。

②关闭列车尾部车辆后端的折角塞门,使折角塞门手把中心线与辅助管中心线呈 90°夹角(折角塞门开通线与辅助管中心线呈 90°夹角)。

③缓慢向风压监测仪反方向扳动手柄(发射天线),排除尾部制动软管内的压力空气。

④待无线风压监测仪挂钩离开软管连接器后,取下无线风压监测仪。

⑤确认列车尾部标志

a. 取下无线风压监测仪后,须确认尾车制动软管吊起符合要求。未吊起时,使用不低于 12 号镀锌铁线将最后一位车辆后端的制动软管吊至车钩下方,使软管连接器与车钩下平面之间的距离不大于 200 mm。尾车制动软管已吊起时,须确认捆绑牢固,符合要求。

b. 捆绑标准:

(a)车钩部位:13 号上作用车钩一端捆绑在车钩底部锁铁脚孔后部小横梁处(或车钩下部吊耳孔),捆绑绕线不少于 3 圈;13 号下作用车钩及 16、17 型车钩一端捆绑在吊耳孔(车钩吊链孔),捆绑绕线不少于 3 圈。

(b)软管部位:制动软管连接器孔处,捆绑绕线不少于 3 圈。

(3)传递试风完了信号

①尾部检车员站立于尾部最后一辆车后端列车运行方向的左侧,使用对讲机向首部检车员传递“试风完了信号”。

标准用语:“××道××头(或接收人姓名),信号划过去了”。

②首部检车员站立于机后一位车辆前端列车运行方向的左侧,使用对讲机接收尾部检车员传递的“试风完了信号”。

标准用语:“××道××头(或传递人姓名),收到”。

③首部检车员站立于机后一位车辆前端列车运行方向的左侧,使用对讲机向尾部检车员传递“确认信号”。

标准用语:“××道××头(或接收人姓名),信号返过去了”。

④尾部检车员站立于尾部最后一辆车后端列车运行方向的左侧,使用对讲机接收首部检车员传递的“确认信号”。

标准用语:“××道××头(或传递人姓名),收到”。

(4)撤除停车信号

①尾部检车员撤除尾部最后一辆车端列车运行方向左侧车体上的停车信号,向列检值班员汇报,列检值班员复诵确认。防护红旗撤除后卷起,防护红灯撤除后关闭,并随身携带。标准用语:

尾部检车员:××道××头,红旗(红灯)、压力表撤除、软管吊起。

列检值班员:××道××头,红旗(红灯)、压力表撤除、软管吊起。

②首部检车员撤除机后一位车辆前端列车运行方向左侧车体上的停车信号,向列检值班员汇报,列检值班员复诵确认。防护红旗撤除后卷起,防护红灯撤除后关闭,并随身携带。标准用语:

首部检车员:××道××头,红旗(红灯)撤除。

列检值班员:××道××头,红旗(红灯)撤除。

(5)联系汇报

列检值班员使用集中式直通电话或录音电话向车站值班员汇报简略试验结束，联系开车时间，合理安排送车。

标准用语：××道××次试风完毕。

【结果评价】

作业记录卡见表17-46。

表17-46 作业记录卡

序号	作业内容	结果描述

各组展示任务结果，介绍作业完成情况。作业结果评价见表17-47。

表17-47 结果评价

<table>
<tr><td colspan="2">姓名</td><td colspan="2"></td><td>组号</td><td colspan="2"></td></tr>
<tr><td rowspan="2">评价项目</td><td rowspan="2">分值</td><td rowspan="2">得分</td><td colspan="4">评价标准（每项考核点分A、B、C、D四个等级评价）</td></tr>
<tr><td>A（得分≥80%）</td><td>B（80%>得分≥70%）</td><td>C（70%>得分≥60%）</td><td>D（得分<60%）</td></tr>
<tr><td>出勤情况</td><td>10</td><td></td><td>全勤</td><td>迟到</td><td>早退</td><td>旷课</td></tr>
<tr><td>准备情况</td><td>10</td><td></td><td>充分</td><td>较充分</td><td>基本充分</td><td>不充分</td></tr>
<tr><td>团队合作</td><td>10</td><td></td><td>全员参与、分工合作明确</td><td>全员参与</td><td>一般</td><td>不能协调合作</td></tr>
<tr><td>学习态度</td><td>10</td><td></td><td>认真、积极</td><td>认真</td><td>一般</td><td>不参与学习</td></tr>
<tr><td>技能考核</td><td>50</td><td></td><td>熟练正确地操作</td><td>操作基本正确，较为熟练</td><td>操作不太熟练，错误不超过10%</td><td>错误超过10%</td></tr>
<tr><td>安全意识</td><td>10</td><td></td><td>安全</td><td>较安全</td><td>基本安全</td><td>存在风险</td></tr>
<tr><td>总评分数</td><td>100</td><td></td><td colspan="4">优良（得分≥80）/中等（80>得分≥70）/合格（70>得分≥60）/不合格（得分<60）</td></tr>
</table>

思考与练习

一、填空题

1.列检作业包括________、________、铁路货车故障处理等。

2.货物列车技术按作业性质不同分为________、________、________、________。

3.货车运用作业场主要由________、________、技术交接作业场、整备作业场等组成。

4.中转列车分为________中转列车和________中转列车。

5.铁路货车通行全国，货车管理原则上实行________。

6.利用TFDS进行的作业，实行________作业方式，对铁路货车执行“通过作业TFDS动态检查范围和质量标准”。

7.列检作业场接入列车进路未安装TFDS或TFDS无法正常进行动态检查的，车辆技术检查实行人工检查作业方式，对铁路货车执行________________。

8. 中转列车作业人机分工人工检查一辆作业过程采取________________方法。

9. 列检一辆作业过程中，两人平行作业，首尾车钩三态试验由________________负责。

10. 铁路货车故障处理种类分为：摘车临修、__________、__________、临时整修等。

11. 更换货车车钩钩舌圆销属于________________故障处理范围。

12. 车统—33 并车统—36 为________________。

13. 更换 120 型控制阀前，应先关闭本车的________________，排净副风缸余风。

14. 更换闸瓦后，闸瓦插销环距轨面不小于________ mm。

15. 货物列车制动机试验分为________________和________________。

16. 始发、中转作业的列车制动机试验后停留超过________ min 时，发车前须再次施行列车简略试验。

17. 当制动主管压力为 600 kPa 时，持续一定时间全部试验中的安定试验需减压________ kPa，全列车不得发生紧急制动。

18. 在进行列检作业的简略试验时，制动主管需减压________ kPa，确保列车最后一辆车制动缸活塞发生制动作用。

二、选择题

1. 货物列车机车与第一辆车的连挂，由(　　)负责。

A. 调车人员　　B. 机车乘务组　　C. 车站　　D. 列检人员

2. 在编组站不停车，在列检作业场进行加挂或者减编若干辆车的列车是(　　)。

A. 到达列车　　B. 始发列车　　C. 中转列车　　D. 通过列车

3. 列车中相互连挂的车钩中心水平线的高度差(简称车钩高)不得超过(　　)。

A. 65 mm　　B. 70 mm　　C. 75 mm　　D. 80 mm

4. 空货车的车钩中心水平线至轨面的距离(车钩高)，运用限度规定为(　　)。

A. 830～890 mm　　B. 815～890 mm　　C. 835～890 mm　　D. 840～890 mm

5. 货物列车机车与第一辆车的车钩摘解、软管摘解，由(　　)负责。

A. 调车人员　　B. 机车乘务组　　C. 车站　　D. 列检人员

6. 下列列车进行技术检查时只能采用人工作业的是(　　)。

A. 到达列车　　B. 始发列车　　C. 中转列车　　D. 通过列车

7. 列检作业场接入列车进路无 TFDS 的，实行人工检查方式，对加挂的铁路货车，执行“(　　)检查范围和质量标准”。

A. 到达列车人机分工人工　　B. 始发列车

C. 中转列车人机分工人工　　D. 人机分工 TFDS 动态

8. 动态检查作业发现危及行车安全的故障，按照“(　　)”的原则，办理拦停手续。

A. 先拦停后报告　　B. 先拦停后提交　　C. 先报告后提交　　D. 先报告后拦停

9. TFDS 动态检查时间原则上按(　　)的标准掌握(50 辆/列)。

A. 10 min　　B. 8 min　　C. 12 min　　D. 15 min

10. 在货列检“一班、一列、一辆”作业标准中，“两跨、一俯、两探”作业方法适用于以下(　　)作业过程。

A. 人工检查　　B. 动态检查　　C. 人机分工作业　　D. 以上都可以

11. 车统—23 是指(　　)。
A. 车辆破损技术记录　　B. 检车员工作手册
C. 车辆检修回送单　　D. 车辆检修通知单
12. 把有故障的车辆从列车中摘下,送到专用修车线或站修所内施修,称为(　　)。
A. 摘车临修　　B. 辅修　　C. 大件修　　D. 段修
13. 破损车辆的回送应填检修车回送单(　　)。
A. 车统—25　　B. 车统—22　　C. 车统—24　　D. 车统—26
14. (　　)故障处理属于小件修故障处理范围。
A. 更换空车枕簧　　B. 更换制动软管
C. 补装闸瓦　　D. 车轮磨耗过限的处理
15. (　　)故障处理属于摘车临修故障处理范围。
A. 更换空车枕簧　　B. 更换制动软管
C. 补装闸瓦　　D. 车轮磨耗过限的处理
16. 挂有列尾装置的列车,简略试验由(　　)负责。
A. 调车人员　　B. 机车乘务员　　C. 车站　　D. 列检人员
17. 装有(　　)个及以上自动制动机的铁路货车,在运行途中自动制动机发生临时故障,须采取关闭截断塞门时,应关闭全车截断塞门。
A. 1　　B. 2　　C. 3　　D. 4
18. 列尾装置软管与车辆制动软管的连结,有列检作业的,由(　　)负责。
A. 调车人员　　B. 机车乘务员　　C. 车站　　D. 列检人员

三、问答题

1. 货车运用维修工作的主要任务有哪些?
2. 列车在运行途中两车互钩差超过限度时,如何进行处理?
3. 说明货物列车中车辆的摘挂分工。
4. 简述货物列车中机车摘解作业流程。
5. 简述货物列车中机车连挂作业流程。
6. 列检作业场列车技术检查的作业方式有哪些?
7. 列检作业场“人机分工”技术作业范围和质量标准有哪些?
8. 列检作业场到达列车技术检修作业程序包括哪些内容?
9. 列检作业场始发列车技术检修作业程序包括哪些内容?
10. 简述货车单车技术检查作业过程。
11. 简述 TFDS 动态检查一列作业流程。
12. TFDS 动态检查发现哪些危及行车安全的故障时,应按规定立即拦停处理?
13. 请简述铁路货车小件修故障处理范围。
14. 列检摘车步骤有哪些?
15. 简述货车大件修作业中更换 120 型控制阀主阀和紧急阀的作业流程。
16. 简述货车大件修作业中更换闸瓦的作业流程。
17. 简述货车大件修作业中分解组装 17 型车钩钩头配件的作业流程。
18. 简述列车制动机试验中持续一定时间的全部试验作业过程。

项目十八　站修作业

站修作业场是货车检修的重要基地。货车站修包括辅修和临修，承接着新造、厂(段)修定期检修与运用维修之间的铁路货车检修工作，是快速处理铁路货车故障，加快铁路货车周转，确保铁路运输安全的重要组成部分。

站修作业程序分为预检、开工前会检、编制及实施日修车作业计划、完工分析等环节，具体作业流程，如图 18-1 所示。

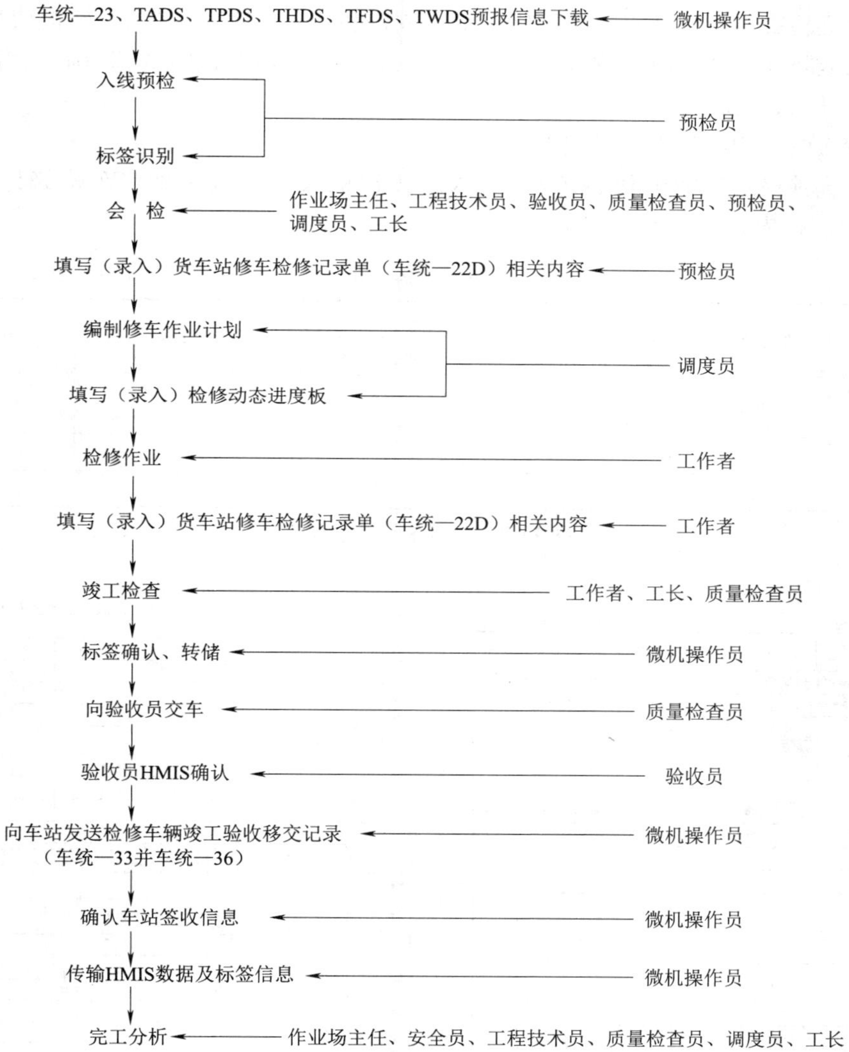

图 18-1　站修作业流程

任务一　预检

预检是站修作业场制订当日修车作业计划的依据，是保证计划修车的重要环节。站修作业场应指派专人从事预检工作。

【相关知识】

知识点 1　预检作业要点

1. 使用便携式标签读出器逐辆读取标签内存信息，核对车种、车型、车号和定检标记等信息须与现车一致，同时对超出站修作业场检修范围及能力的车辆进行记录，并通知调度员确认。

2. 核对“车辆检修通知书”（车统—23）列检摘修故障信息，对故障信息与现车不符的车辆进行记录，并通知调度员确认。

3. 按全面检查质量标准对入线检修车辆可视部位进行检查，核查 5T 预报信息，并对检查中发现的故障在车体对应部位进行标识，同时标注故障处理方法：焊修、调修、铆接、紧固、切除、挖补、补强、更换等。

4. 对较大的车辆故障提出修理方案。

5. 将车辆预检发现故障信息填写在“入线预检记录”和“货车站修车检修记录单”（车统—22D）对应栏内，如图 18-2、图 18-3 所示。

入线车预检记录　　　　××年××月××日上午

顺号	股道	车型车号	修程	前次定检				主要故障	施修方案
				厂	段	辅	轴		
1	2	C_{70}1638477	L	10.03 眉厂	14.03 沈苏	/	/	2 位下侧门破损 200 mm×100 mm	更换

图 18-2　入线车预检记录表

货车站修车检修记录单（车统—22D）

车统—22D 正面

单位：XX 站修　　　　修车日期：2021 年 03 月 12 日

修程	L	车型车号	C70 1638477	空重别	K	转向架	K6	制动机	120
配件型号	制动缸型号	旋压密封式	制动缸直径	305	球芯折角塞门	1 位√2 位√			
	车钩型号	1 位	17 型	2 位	17 型	闸调器型号	ST2-250		
前次定检	厂修	段修	辅修						
	10.03 眉厂	14.03 沈苏	/						
修车时间	开工：07 时 50 分	落成：时分	作业顺位	2-1					

检修记录

部位	故障	施修方法	工作者	工长
车体底架	2 位下侧门破损 200mm×100mm	更换		
转向架				
车钩缓冲				
基础制动				

货车站修车检修记录单（车统—22D）

车统—22D 背面

检修记录

部位	故障	施修方法	工作者	工长
空气制动				
	单车试验结果：			
轮对				
轴承				

更换配件记录	名称	位置	换上配件制造单位代码、制造号、年月	换上配件检修单位简称、检修号、日期	换下配件制造单位代码、制造号、年月	换下配件检修单位简称、检修号、日期

更换轮对记录

换上轮对	位置	轴号	换下轮对	轴号	故障原因

记事：

签章	预检员	检查员	车间主任	主管段长	一次校验合格	验收员
	***					

图 18-3　货车站修车检修记录单

知识点 2 预检作业流程

预检作业按全面检查质量标准对入线检修车辆可视部位进行检查，并使用摄像手电摄录车型、车号、定检信息等车辆标记、作业全过程，在车体相应位置标识故障信息和标注故障处理方法。

任务二 检修

【相关知识】

知识点 1 制定和实施日修车作业计划

一、制定日修车作业计划

根据入线的临修、辅修车的状况确定修车方案，由调度员负责编制站修车作业计划，作业场主任确认后组织各班组实施，并报车辆段调度。站修修车作业计划表如图 18-4 所示。各工长在开工前应向本班组认真传达当日修车作业计划，分配工作，布置重点故障的修理方法和要求。调度员应全面掌握、及时协调各班组作业进度，发现薄弱环节和关键问题，会同工长及时采取措施解决，保证生产计划兑现。

站修修车作业计划表　　　　单位：　　年　月　日

<table>
<tr><th rowspan="2">股道</th><th rowspan="2">顺号</th><th rowspan="2">车型车号</th><th rowspan="2">修程</th><th rowspan="2">空重</th><th rowspan="2">主要故障</th><th colspan="2">落成</th><th rowspan="2">一次交验是否合格</th><th rowspan="2">是否半日出线</th><th rowspan="2">未完成计划及原因</th></tr>
<tr><th>计划</th><th>实际</th></tr>
<tr><td></td><td></td><td></td><td></td><td></td><td></td><td></td><td></td><td></td><td></td><td></td></tr>
<tr><td></td><td></td><td></td><td></td><td></td><td></td><td></td><td></td><td></td><td></td><td></td></tr>
<tr><td></td><td></td><td></td><td></td><td></td><td></td><td></td><td></td><td></td><td></td><td></td></tr>
<tr><td></td><td></td><td></td><td></td><td></td><td></td><td></td><td></td><td></td><td></td><td></td></tr>
<tr><td></td><td></td><td></td><td></td><td></td><td></td><td></td><td></td><td></td><td></td><td></td></tr>
<tr><td></td><td></td><td></td><td></td><td></td><td></td><td></td><td></td><td></td><td></td><td></td></tr>
<tr><td colspan="2">临修</td><td>合计</td><td colspan="3">半日出车辆数</td><td colspan="5">残车辆数</td></tr>
<tr><td></td><td></td><td></td><td></td><td></td><td></td><td></td><td></td><td></td><td></td><td></td></tr>
<tr><td></td><td></td><td></td><td></td><td></td><td></td><td></td><td></td><td></td><td></td><td></td></tr>
</table>

审批：　　　　　　　　　　　　　　　　　　　　编制：

图 18-4　站修修车作业计划表

二、实施日修车作业计划

工作者按修车作业计划、修程、作业范围及检修要求修理，将铁路货车的修理情况分别填写在“货车站修车检修记录单”(车统—22D)的相应项目栏内，签名或盖章后录入 HMIS 站修子系统。其中，部分站修检修要求如下。

铁路货车站修时须按照原结构检修的原则，除国铁集团另有规定外，不得改变原设计的结构、材质、形状、颜色和位置。

1. 站修作业场应制定均衡的修车计划并及时通知车站，车站须将站修作业场日修车计划纳入车站日班计划。取送检修车的具体办法按车站和车辆段双方签订的有关协议办理。协议内容应包括取送检修车的时间、检修作业时两车辆之间的作业距离、防溜逸工作及责任划分。

2. 铁路货车入线后须全数查询最近不少于一个月的 TFDS、THDS、TADS、TPDS、TWDS 预报信息，充分利用 TFDS、THDS、TADS、TPDS、TWDS 预报和历史信息指导现场检修。摇枕、侧架、交叉支撑装置、承载鞍、常接触式旁承、制动梁、轮轴等部件非正常磨耗、破损、变形、制动故障关门车以及 5T 系统预报故障时，分析查找故障根源，消除故障隐患。

3. 铁路货车站修时，列检摘修故障与现车故障不符的，站修按实际修理故障填写“货车站修车检修记录单”（车统—22D），收集实际故障照片及车辆基本信息备查。列检摘修故障经确认无故障时，站修可签发“检修车辆竣工验收移交记录”（车统—33 并车统—36）予以撤销放行，在“货车站修车检修记录单”（车统—22D）上注明该故障列检误摘并录入上传 HMIS，同时承担首次运行期的质量保证责任；站修作业场定期对存在问题进行统计、分析、反馈，车辆段将结果纳入对列检的考核评价。

4. 铁路货车站修时，按规定对铁路货车及有关零部件的技术状态进行外观检查、分解检修或试验。主要零部件裂纹、磨耗超限、腐蚀超限、作用不良时按规定进行换件修；松动、焊缝开裂、变形、丢失、折损时修理或按原结构补装或更换。修理时满足车辆原结构要求。

5. 除国铁集团批准改造的零部件外，应按铁路货车的原结构检修，装用的零部件要与设计规定一致。配件原设计为高强度钢、不锈钢、铝合金、高分子材料等材质者不得换装为其他材质的配件。

6. 临修、辅修车检查和零部件组装时要符合站修限度。经站修分解检修、调修、更换、补装的车辆配件要齐全，其组装位置正确，作用良好。

7. 经站修分解检修后各零部件组装时，表面需清理，不得有污垢、杂物，其使用的螺栓、圆销、开口销、拉铆销等符合原车设计或改造技术条件，其组装位置正确、作用良好。

8. 车体及底架新截换、挖补、补强部分和加热调修的底架、车体钢结构及铆接配件金属结合面，在组装前均涂防锈漆或密封胶。除摩擦式减振器、非金属材料及特殊规定的部位外，经分解检修的摩擦、转动部位均涂润滑油（脂）。

9. 车钩托梁、钩尾框托板、钩尾销、心盘、交叉支撑装置等的组装螺栓螺纹处涂黑铅粉油，管系螺纹处使用聚四氟乙烯薄膜或涂抹黑铅粉油。

10. 裂纹或焊缝开裂时要清除裂纹或开裂处原焊波，按规定开坡口焊修。焊接技术要求及质量标准符合《机车车辆修理焊接技术条件》《机车车辆二氧化碳气体保护焊技术条件》和《机车车辆耐候钢焊接技术条件》等技术要求。低合金高强度材质使用相应强度等级的低合金钢焊接材料；耐候钢材质使用相应的耐候钢焊接材料；不锈钢材质使用相应的不锈钢焊接材料；普碳钢与耐候钢焊接时可使用普碳钢或耐候钢焊接材料；不锈钢与耐候钢焊接时使用不锈钢焊接材料。

11. 铆接零部件松动或铆钉松动时要更换铆钉。铆接技术要求及质量标准须符合《车辆铆接通用技术条件》或《车辆专用拉铆钉铆接技术条件》的规定；采用拉铆销组装的部位检修或更换配件时，其技术要求符合《车辆专用拉铆销技术条件》。

12. 微机控制单车试验器等设备，每班开工前进行性能校验，按规定定期检修；检查用的量具、样板按规定校对、检定，试验后试验用球按规定收回。

知识点 2　检修车要求

站修作业场主要负责对铁路货车进行辅修和临修，所检修的铁路货车要符合以下要求：

1. 站修检修的铁路货车经列检人员摘修并签发“车辆检修通知单”(车统—23)。

2. 修理的辅修车是空车。

3. 空车临修日期距辅修到期日期在10日以内者可转做辅修,并在“货车站修车检修记录单”(车统—22D)备注栏内注明。

4. 装载过易燃、易爆物品的罐车,经洗刷并有罐车洗刷合格证;站修修理前需用测爆仪进行二次测爆和明火试验,合格后方可修理。

5. 装载放射性物质的铁路货车,经有关部门鉴定、处理,并符合国家有关规定。

6. 毒品车经消毒并有消毒合格证。

铁路货车站修按照国铁集团批准的站修场所、能力和规定的检修范围开展相应维修工作。中梁、牵引梁、枕梁、端梁变形、车体破损严重及事故车等铁路货车,站修无检修能力时,按规定程序送至有检修能力的厂(段)修单位修理;厂、段、辅修到期、过期的铁路货车存在危及行车安全的故障,不能保证安全运行到指定的检修地点时,上报所属铁路局审批后方可进行临修;本级站修作业场对不具备检修能力的故障铁路货车,在确保安全的前提下回送至有相应检修能力的站修作业场;装运液化石油气、液氯等化工产品的罐车,检修时不包括罐体及安全附属件部分的修理;装运压缩气体、液化气体、放射性物质及有毒中度危害货物的罐车、不锈钢罐体和铝板制罐体的罐车、罐内装用内衬的罐车、长大货物车、工程专用车辆等的底架、钩缓装置、制动装置、转向架、轮轴、滚动轴承及整车修竣按站修要求检修,罐体、罐体阀类及工程专用车、长大货物车等装用的机电设备、液压系统等由具有相应设备检修资质的单位按有关行业标准检修。

站修质量保证

铁路货车站修实行质量责任追溯,车辆检修单位及配件生产、检修单位要承担相应的安全质量责任。

1. 检修质量保证

(1)质量保证是指在保证期限内,铁路货车在正常运用中不应发生任何故障,但不包括在定期检修时发现的故障。

(2)凡由于运用中不正常冲撞、脱轨、超载、装卸碰撞、偏载、商务错装(车型不符)、过期车、盗窃或人为损坏、存在设计、制造缺陷,或由于操作不良、违规改造改装、擅自拆卸、装车试验的零部件等情况而导致的损坏,均不属质量保证范围。

(3)事故责任的认定按国铁集团《铁路交通事故调查处理规则》办理。

(4)临修车的修理部位质量保证期限为该部位的下次定检到期(包括顺延日期)。

(5)临修车非修理部位的质量保证内容和保证期限见表18-1。

(6)辅修车的修理部位质量保证期限为该部位的下次定检到期(包括顺延日期),不属于分解检查范围的非修理部位其质量保证期限为一个首次运行期。

表18-1 临修非修理部位质量保证内容和保证期限

序号	部位	保证内容	保证期限
1	车钩缓冲装置	13号、13A型、13B型上作用式车钩锁铁移动量不大于12 mm,其他型车钩防跳作用不失效	首次运行期
		车钩钩体、钩舌、钩尾框可视部位无旧痕裂损	

续上表

序号	部位	保证内容	保证期限
2	转向架	铸钢摇枕、侧架、一体式构架、交叉支撑装置、弹簧托板及心盘可视部位无旧痕裂损	首次运行期
		摇枕弹簧、斜楔、侧架立柱磨耗板、摇枕斜楔摩擦面磨耗板可视部位无旧痕裂损	
3	轮轴	车轮踏面圆周磨耗、轮缘厚度磨耗不超限	首次运行期
		车轮、车轴及轴承外圈无旧痕裂损、缺损，滚动轴承密封罩无脱出	
4	制动装置	制动梁梁体、撑杆、支柱、夹扣、闸瓦托、人力制动机轴链可视部位无旧痕裂损	首次运行期
		制动主管、支管无旧痕裂损，制动阀作用良好	
5	底体架	枕梁、横梁、中梁、牵引梁、侧梁无旧痕裂纹，底架附属件齐全，无旧痕裂纹	首次运行期
		车体配件齐全、作用良好，罐车卡带无旧痕裂损	

注：(1)重车临修底体架部位，因装载物资造成无法达到检修质量标准或未施修的，其质量保证期限为到达货物卸空站。

(2)首次运行期：指铁路货车修竣后在正常运用中首个装重卸空的完整过程。

2. 配件质量保证

(1)在正常使用条件下，凡在制造质量保证期限内（时间统计精确到月）配件发生质量问题时，由配件制造单位承担质量保证责任，装用单位承担装用责任。

(2)站修不分解的配件，因内部缺陷造成事故及行车设备故障时由配件制造单位或前次定检单位负责。

(3)站修装用的配件因检修质量不良造成事故及行车设备故障时，由配件检修单位负责。

(4)铁路货车在检修中因设计、制造原因，需改造的项目或零部件在质量保证期内超过站修限度（站修无要求者按段修限度）或产生裂损等影响使用的缺陷，需更换的零部件由铁路货车制造或检修单位无偿以旧换新，铁路货车制造或检修单位继续向配件生产单位进行质量追溯、索赔。

任务三　交车验收

【相关知识】

知识点 1　交车验收程序

站修作业场在对临修车检查施修过程中执行“三检一验”质量检验制度。

1. 工作者全面检查和维修后在车辆交验标识栏处使用白色粉笔画“人”字标识，向工长交车。

2. 工长在现场盯控、检查中见到白色“人”字标识后，对施修部位进行检查确认，无故障后在车辆“人”字标识下方使用黄色粉笔画“一”字标识，向质量检查员交检。

3. 质量检查员在作业过程盯控中见到工长的交检标记后，对车辆进行全面检查，无故障后使用蓝色粉笔在工长交验标记下方画“口”字标识，形成“合”字标识，向验收员交验。

4. 验收员在质量监督检查中见到质量检查员交验标识后，对车辆进行验收检查，无故障后使用红色粉笔在“合”字标识外画“○”标识，车辆修竣完毕。

车辆验收合格后，签发“车辆修竣通知书”（车统—36）一式两份，送车站签字后，取回送段调度一份。不合格返修者填写“工种回修记录单”（车统—93）。

知识点 2 检修标记涂打

1. 零部件检修标记

站修装用的摇枕、侧架、弹簧托板、横跨梁、各型风缸、制动缸、承载鞍、人力制动机、交叉支撑装置及闸调器等零部件，要按要求在非磨耗部位涂打装用标记，如图 18-5 所示。

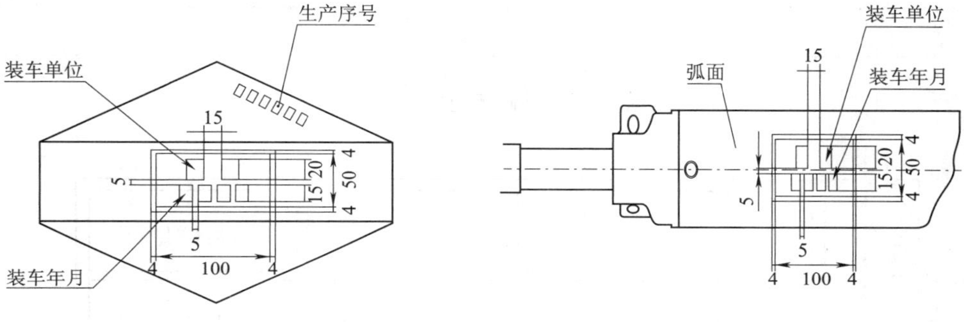

（a）交叉杆装车标记　（b）闸调器装车标记

图 18-5 零部件检修标记（单位：mm）

2. 临修、辅修标记

铁路货车技术性能标记和检修标记规格、位置等符合《铁道车辆标记一般规则》《铁道车辆标记文字与文体》规定及图样要求。装运酸碱类货物罐车及运输危险品专用车辆，按《铁路危险货物运输管理规则》等有关规定涂打标记。铁路货车标记使用字模涂打，且位置正确、字体规范，并保证定检期内字迹清楚，临修标记保留到下次段修到期。第一次临修单位在车体两端端梁右侧按图 18-6 所示涂打临修标记栏，距下端梁上边缘向下 20 mm 处横向涂打，内容包括序号、空重别、临修日期、临修单位。空、重车分别涂打“K”或“Z”，临修日期涂打修理年、月、日，临修单位须涂打站修作业场简称，字号均为 20 号；下次临修单位应在上次临修标记的上方顺序涂打相应的内容；当右侧临修标记栏涂打满后，再次临修单位在车体两端端梁左侧对应位置附近涂打相同的临修标记栏。

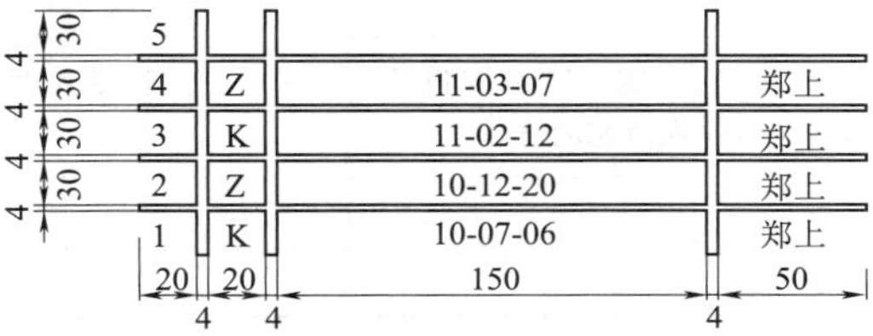

图 18-6 临修标记图例（单位：mm）

辅修标记的型式应符合规定。涂打辅修标记时，时间的月、日均为 2 位阿拉伯数字，辅修单位要涂打站修作业场简称，标记字号为 30 号。段修周期为 1 年者按图 18-7 涂打，段修周期为 1.5 年、2 年者应按图 18-8 涂打。

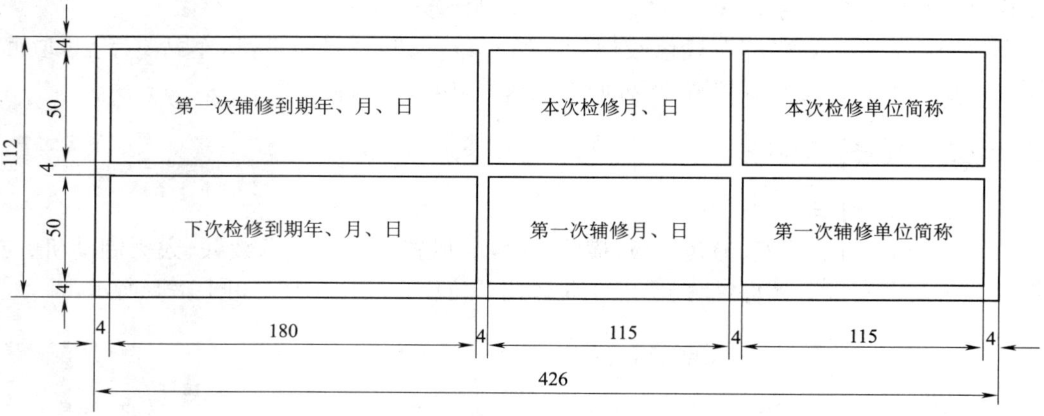

图 18-7　辅修标记(单位:mm)

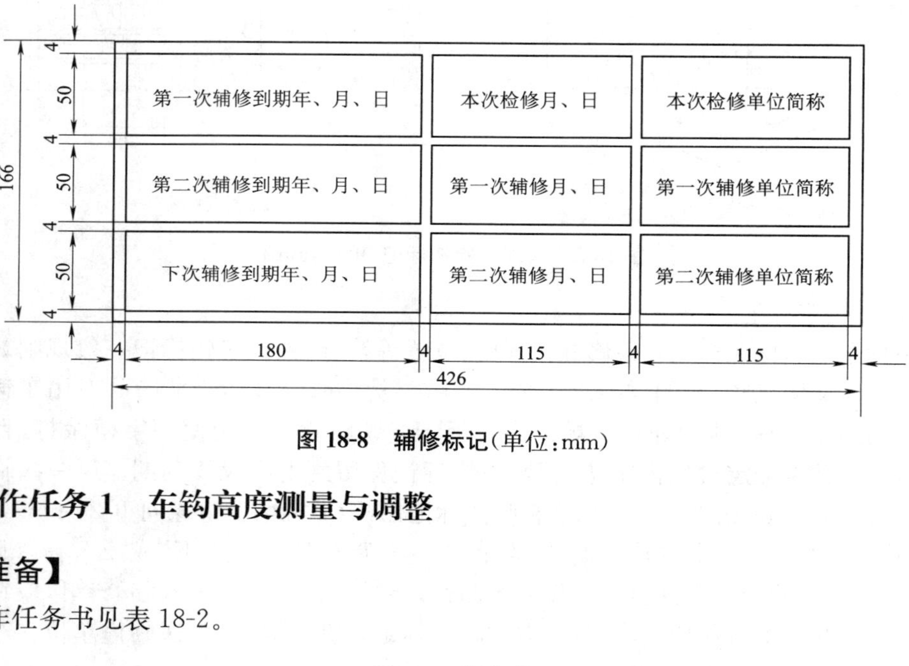

图 18-8　辅修标记(单位:mm)

典型工作任务 1　车钩高度测量与调整

【任务准备】

工作任务书见表 18-2。

表 18-2　任务书

任务名称	车钩高度测量与调整	参考学时	2
任务要求	以小组为单位按标准完成车钩高度测量与调整。每组 5～8 人，剖析任务内容，商定工作方案，明确成员分工，安全有序规范完成任务		
任务方案			
教师检查			

具体分工见表 18-3。

表 18-3 任务分工

班级		组号		指导老师	
组长		序号			
组员		姓名	组员排序	姓名	组员排序
分工描述(按序号)					

【任务实施】

一、劳动安全注意事项

1. 作业前后,应按规定设置、撤除安全防护信号。

2. 必须按规定穿戴好工作服、安全帽等防护用品,禁止穿拖鞋、凉鞋、高跟鞋作业。

3. 施修车辆防溜设置到位,防溜止轮器密贴车轮踏面。

二、工量具准备

车钩中心高度尺、塞尺、垫木、止轮器、防滑木垫、钩尾框托板钢垫板(厚度不大于 12 mm)、车钩托梁金属磨耗板、支承座金属磨耗板、钩尾框托板磨耗板(厚度不大于 8 mm)、车钩托梁非金属磨耗板(3～8 mm)、支承座非金属磨耗板(4～16 mm)。

三、作业步骤及质量标准

1. 作业要点

(1)检查确认端墙标注的车钩高度尺寸,对超过车钩高度限度的车钩进行调整。空车车钩中心高度为 870～890 mm。重车车钩中心高度均不低于 815 mm。

(2)车钩高度调整作业时必须在车辆的另一端轮对内外侧设置止轮器,止轮器必须与轮踏面密贴,不得有间隙,做好防溜保护。

(3)每次调整完毕后,须对钩身上部与冲击座间隙进行测量,13 系列不小于 10 mm,16、17 型不小于 28 mm。

(4)13 号、13A 型、13B 型、16 型、17 型车钩上翘量和 13 号、13A 型、13B 型车钩下垂量均不大于 5 mm,16 型、17 型车钩下垂量不大于 8 mm。

2. 安全防护要点

(1)开工前按规定穿戴好劳动保护用品。

(2)须在列车两端来车方向的左侧钢轨上,设置带有脱轨器的固定或移动信号牌(灯)进行安全防护。

(3)分解车钩缓冲器时,应采取防护措施,防止环簧弹出伤人;现车分解、组装车钩时要先确认周围情况安全后方可进入车底下作业,其他人员注意闪避。

3. 车钩高度测量与调整方法

(1)测量车钩高度

将钩高尺底座放于轨面，尺身置于钩舌在轨面垂直投影线外侧；钩高尺钩舌卡具卡在钩舌外侧上下平面；使用中部游标尺对准钩舌中心线，直接从游标尺处读出车钩高度的数值。要求使用钩高尺测量车钩高度时，尺身须垂直于轨面，测尺底座与钢轨垂直，如图 18-9 所示。

图 18-9　车钩高度测量

测量车钩高度，尺身不垂直于轨面，测尺底座与钢轨不垂直，13 号车钩与 16、17 型车钩测量尺不分别使用，均易造成测量数据不准确。所以测量车钩高度，尺身必须垂直于轨面，测尺底座与钢轨须垂直，13 号车钩与 16、17 型车钩测量尺要分别使用。

(2)13 系列车钩缓冲装置车钩高度调整

对不符合上述限度要求的车钩进行调整。一般通过翻转活动式车钩托梁，在钩托梁、钩尾框托板、支承座、下心盘处加减垫板进行调整。每次调整时均需对车钩高度进行测量，直至合格为止。

车钩高度调整作业时必须在车辆的另一端轮对内外侧设置止轮器，止轮器必须与轮踏面密贴，不得有间隙，做好防溜保护，如图 18-10 所示。

图 18-10　止轮器设置

①调整钩托梁组装状态

a. 使用手锤及钩引拆卸钩托梁螺栓开口销，使用扳手卸下钩托梁螺母，取出螺栓。使用天车吊索具将车钩头部吊起或使用电动架车机将车钩头部顶起，待车钩钩身上平面与冲击座下平面稍微接触时停止。工作者双手托起钩托梁下部向钩托梁两侧外移，取出钩托梁磨耗板，在将移出的钩托梁取出。

b. 翻转活动式车钩托梁调整车钩高度。根据检测得出的车钩高度尺寸进行调整，如车钩高度超上限时，将钩托梁凸出部位朝下重新装入，如图 18-11(a)所示，如原车钩托梁凸出部位朝下且车钩高度低于下限时，将钩托梁凸出部位朝上装入，如图 18-11(b)所示。车钩托梁安装时开口朝外，钩托梁及磨耗板装入后，安装螺栓，紧固螺母，装入开口销并劈开，劈开角度不小于 60°。

(a) 车钩高度超上限时

(b) 车钩高度低于下限时

图 18-11　钩托梁凸出部位

c. 调换车钩托梁磨耗板进行车钩高度调整，如图 18-12 所示，车钩托梁磨耗板厚度为 3～8 mm(挡边高度须为 50 mm)。非金属磨耗板厚度 8～14 mm，车钩高度低于下限时增大磨耗板的厚度，高于上限时减少磨耗板厚度。

d. 钩托梁凸出部位朝上装入，车钩高度仍低于下限时，在冲击座与车钩托梁接触面两侧各安装 1 块 60 mm×60 mm，厚度不大于 10 mm，中间有 ϕ24 mm 孔的钢垫板，如图 18-13 所示。原车装有钢垫板且车钩高度高于上限时取出钢垫板或减少钢垫板。

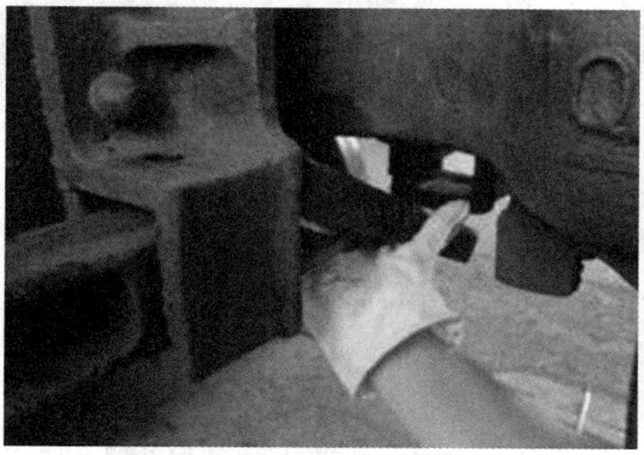

图 18-12 调换车钩托梁磨耗板

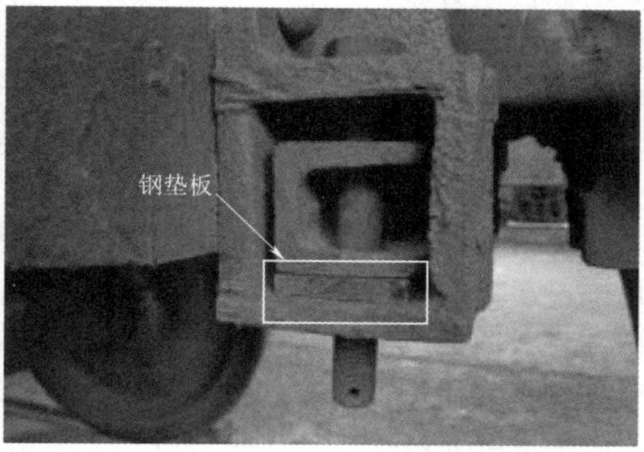

图 18-13 钢垫板位置

e. 调整结束，天车或电动架车机下降，待车钩钩身下平面与车钩托梁磨耗板上平面接触时停止。

②当以上步骤调整后车钩高度仍未合格时调整钩尾框托板组装状态。

a. 工作者放置千斤顶垫木在钩尾框中部正下方，将千斤顶放置在垫木上，镐顶放置防滑木垫，沿顺时针方向拧紧千斤顶油门，扶住垫木，将镐杆插入镐杆座，呈上下运动方式，反复压动镐杆(图 18-14)，直至稍微顶起钩尾框为止再停止压动镐杆。

千斤顶起重时底座需安放平稳牢固。千斤顶起重行程不得超过全长的 3/4(或安全线)，如图 18-15 所示。

图 18-14 千斤顶

图 18-15 千斤顶起重行程

b. 拆除钩尾框托板螺栓开口销，使用风扳机分别将螺母卸松至螺杆一半，再将一侧螺母全部卸除，另一侧不卸除，取下卸除螺母一侧的螺杆，在钩尾框托板与牵引梁下翼板间安装 1

块厚度不大于 12 mm 的钢垫板，调整钢垫板上的螺栓孔中心线与钩尾框托板、牵引梁下翼板的螺栓孔在同一直线上，装入螺栓，带上螺母，手动将螺母拧紧至螺杆中部(图 18-16)。再按以上步骤在另一侧钩尾框托板与牵引梁下翼板间安装一块钢垫板。两侧安装的钢垫板厚度须一致。两块钢垫板安装完毕后使用风扳机预紧螺栓，螺栓预紧完毕后使用力矩扳手分别校核螺栓的紧固力矩，紧固力矩为 547～608 N·m。

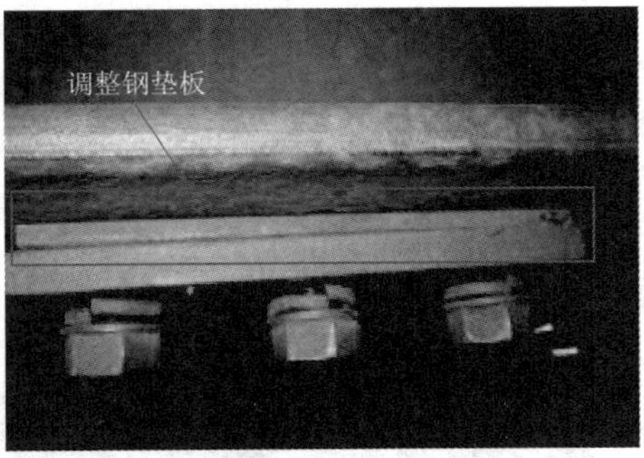

图 18-16　钢垫板调整

c. 钩尾框托板磨耗板为金属结构时，拆除钩尾框托板螺栓开口销，使用风扳机依次拆除两外侧螺母，卸除中间最后一颗螺母前，向上托住钩尾框托板方可卸除。螺母卸除后，缓慢将钩尾框托板卸下取出，通知电焊工在钩尾框托板上焊装 1 块厚度不大于 8 mm 的钢板。焊装后，组装钩尾框托板及磨耗板并使用风扳机预紧螺栓，螺栓预紧完毕后使用力矩扳手分别校核螺栓的紧固力矩，紧固力矩为 547～608 N·m。

d. 钩尾框托板组装状态调整完毕后，工作者松开千斤顶油门，取出千斤顶及垫木。

e. 通过以上步骤，车钩高度仍未合格时，需架车推出转向架，根据车钩高度情况，在下心盘与摇枕间调整下心盘垫板，直至车钩高度符合要求。

(3)16、17 型车钩缓冲装置车钩高度调整

①使用天车吊索具将车钩头部吊起或使用电动架车机将车钩头部顶起，待车钩钩身上平面与冲击座下平面稍微接触时停止，如图 18-17 所示。根据车钩高度情况，调换支撑座非金属磨耗板厚度，如图 18-18 所示，车钩高度小于下限时增加磨耗板厚度，车钩高度大于上限时减少磨耗板厚度，非金属磨耗板厚度 8～14 mm。调整结束，天车或电动架车机下降，待车钩钩身下平面与车钩托梁磨耗板上平面接触时停止。

图 18-17　车钩钩身吊起高度

图 18-18　调换支撑座非金属磨耗板厚度

②调换支撑座金属磨耗板时，使用天车或电动架车机顶起车钩后，通知熔接工切除原金属磨耗板。根据车钩高度情况重新选配支撑座磨耗板(支撑座磨耗板厚度为 4～16 mm，C_{80} 型货车车钩支撑座磨耗板厚度 6～14 mm)，测量车钩高度合格后，进行三面焊装。

③通过以上步骤，车钩高度仍未合格时，需架车推出转向架，根据车钩高度情况，在下心盘与摇枕间调整下心盘垫板，直至车钩高度符合要求。装用 D21 型转向架的 C_{63A}(C_{63})型

车，可在下心盘与座之间安装圆形钢垫板，数量不超过 2 块，总厚度不大于 40 mm。

【结果评价】

作业记录卡见表 18-4。

表 18-4 作业记录卡

序号	作业内容	结果描述

各组展示任务结果，介绍作业完成情况。作业结果评价见表 18-5。

表 18-5 结果评价

姓名			组号			
评价项目	分值	得分	评价标准（每项考核点分 A、B、C、D 四个等级评价）			
			A（得分≥80%）	B（80%>得分≥70%）	C（70%>得分≥60%）	D（得分<60%）
出勤情况	10		全勤	迟到	早退	旷课
准备情况	10		充分	较充分	基本充分	不充分
团队合作	10		全员参与、分工合作明确	全员参与	一般	不能协调合作
学习态度	10		认真、积极	认真	一般	不参与学习
技能考核	50		熟练正确地操作	操作基本正确，较为熟练	操作不太熟练，错误不超过 10%	错误超过 10%
安全意识	10		安全	较安全	基本安全	存在风险
总评分数	100		优良（得分≥80）/中等（80>得分≥70）/合格（70>得分≥60）/不合格（得分<60）			

典型工作任务 2 整车落成尺寸测量

【任务准备】

工作任务书见表 18-6。

表 18-6 任务书

任务名称	整车落成尺寸测量	参考学时	2
任务要求	以小组为单位按标准完成整车落成尺寸测量。每组 5～8 人，剖析任务内容，商定工作方案，明确成员分工，安全有序规范完成任务		
任务方案			
教师检查			

具体分工见表 18-7。

表 18-7 任务分工

<table>
<tr><td>班级</td><td></td><td>组号</td><td></td><td>指导老师</td><td></td></tr>
<tr><td>组长</td><td></td><td>序号</td><td colspan="3"></td></tr>
<tr><td colspan="2" rowspan="5">组员</td><td>姓名</td><td>组员排序</td><td>姓名</td><td>组员排序</td></tr>
<tr><td></td><td></td><td></td><td></td></tr>
<tr><td></td><td></td><td></td><td></td></tr>
<tr><td></td><td></td><td></td><td></td></tr>
<tr><td></td><td></td><td></td><td></td></tr>
<tr><td colspan="2">分工描述(按序号)</td><td colspan="4"></td></tr>
</table>

【任务实施】

一、劳动安全注意事项

1. 整车落成须在检修库内的平直线路上检测。

2. 按照规定穿戴好劳保用品，登高作业必须佩戴安全带。

3. 钻车进出时注意头部、背部，防止撞伤。攀登车辆时须确认扶手、脚踏板正常，方可攀登。

4. 确认车辆防溜措施是否落实到位。

二、工量具准备

红旗、塞尺、上心盘检测量规、止轮器、卷尺、车钩综合检测样板等。

三、作业步骤及质量标准

1. 作业要点

(1)全面检查所用设备及工量器具状态良好，计量器具检定不过期。

(2)核对摘车信息，详细记载入线车的车型、车号、空重车、转向架、制动机等车辆信息，主要摘修故障、修程、前次定检日期、单位等，及时填写“货车检修记录单”(车统－22D)。将核对信息向站修当班调度反馈。

2. 站修车落成尺寸测量方法

对落成车各部技术状态进行全面检查，对主要配件尺寸、配合间隙进行测量；对更换配件或检修处所进行检查确认，复测相关间隙。

(1)车体尺寸测量

①在轨面水平摆放平尺，使用卷尺测量同一端梁上平面与轨面的垂直距离左、右相差不大于 20 mm。无端梁上盖板的车辆，在两侧梁下平面处测量，如图 18-19、图 18-20 所示。

②有棚顶车辆在车顶悬挂垂线测量铁路货车车体倾斜不大于 30 mm，如图 18-21 所示。

③人力自然攀登 1、4 位脚蹬时，车体不得动摇，在脚蹬下侧轨面水平摆放平尺，使用卷尺测量脚蹬至轨面的垂直距离在 400～500 mm 范围内(L_{70} 型粮食漏斗车脚蹬下平面至轨面水平面的垂直距离为 380～500 mm)，其他车型有特殊规定者除外，如图 18-22 所示。

图 18-19　无端梁上盖板车辆测量

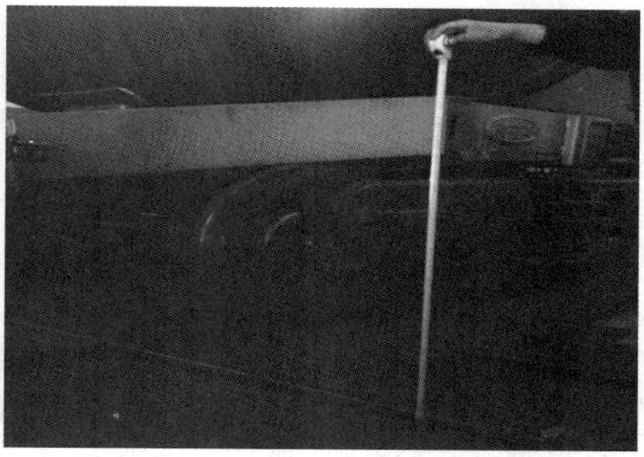

图 18-20　有端梁上盖板车辆测量

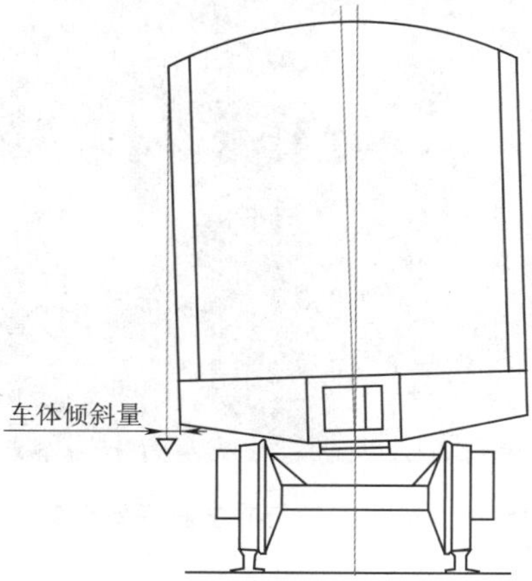

图 18-21　棚车车体倾斜测量

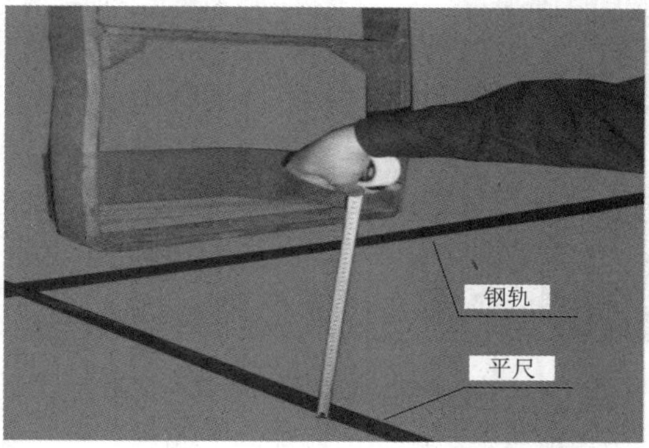

图 18-22　脚蹬至轨面的垂直距离测量

④罐车排油管盖、链放下后，在其正下轨面水平摆放平尺，使用卷尺测量其距轨面垂直距离不小于 50 mm，如图 18-23 所示。

⑤在下作用车钩钩提杆手把下端面，轨面水平摆放平尺，使用卷尺测量其至轨面水平面的垂直距离须大于 380 mm，有特殊规定者除外，如图 18-24 所示。

图 18-23　罐车排油管盖、链高度测量

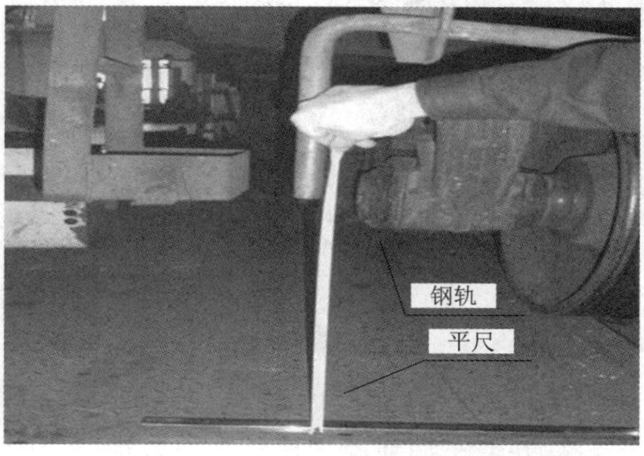

图 18-24　下作用车钩钩提杆手把垂直高度测量

⑥70 t 级货车须装用总长 795 mm 的制动软管连接器，并装有软管吊链组成；60 t 级货车须装用总长为 715 mm 的制动软管连接器。制动软管连接器与软管吊链组成连接后，制动软管连接器最下端距轨面距离不小于 120 mm，如图 18-25 所示。

X_{2K}、X_{2H} 在平直线路上空车状态下车体最低点距轨面的高度须为 190 mm，不符合时，用下心盘垫板调整至 190^{+15}_{0} mm 及以上。

(2)车钩缓冲装置尺寸测量

①车钩钩肩与冲击座间距测量

使用车钩综合检测样板测量钩肩与冲击座的距离。13 号、13A 型、13B 型车钩装用 MT-3 缓冲器时，间距须符合 91^{+10}_{-5} mm；16、17 型车钩装用 MT-2、HM-1、HN-1 型缓冲器时，间距须符合 95^{+10}_{-5} mm。测量方法如图 18-26 所示。

图 18-25　制动软管连接器距轨面高度测量

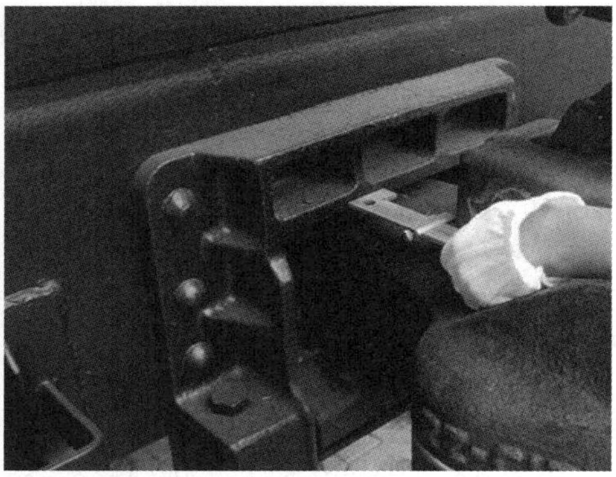

图 18-26　车钩钩肩与冲击座间距测量

②从板与牵引梁两内侧面间隙测量

使用塞尺测量从板与牵引梁两内侧面间隙之和不大于 22 mm，13 号、13A 型、13B 型钩尾端面与从板的间隙不大于 8 mm，车钩两侧严禁碰撞冲击座内侧（缓冲器缩短销未断者除外），如图 18-27 所示。

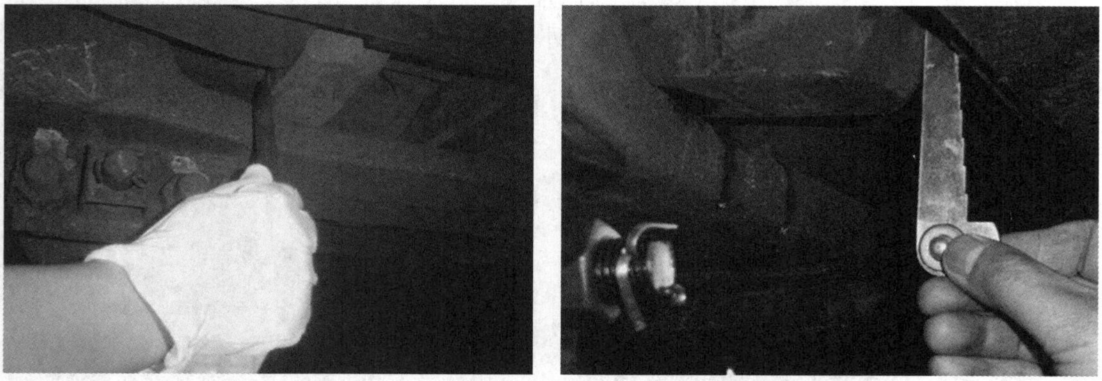

图 18-27　从板与牵引梁两内侧面间隙之和测量

③16 型车钩弹性支撑装置组装后，使用卷尺测量弹性支承托板上平面（不含磨耗板）至冲击座上口的距离不小于 197 mm，如图 18-28 所示。

图 18-28　弹性支承托板上平面(不含磨耗板)至冲击座上口的距离测量

④使用车钩综合检测样板测量,70 t 级铁路货车钩身上部与冲击座(*A* 部)间隙不小于 28 mm,如图 18-29 所示。

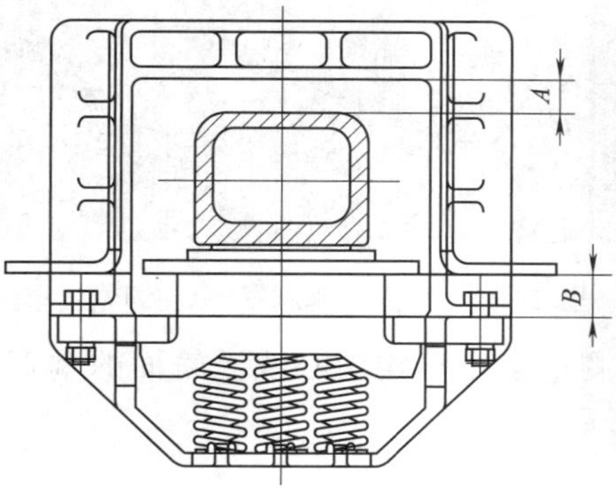

(a) 测量部位

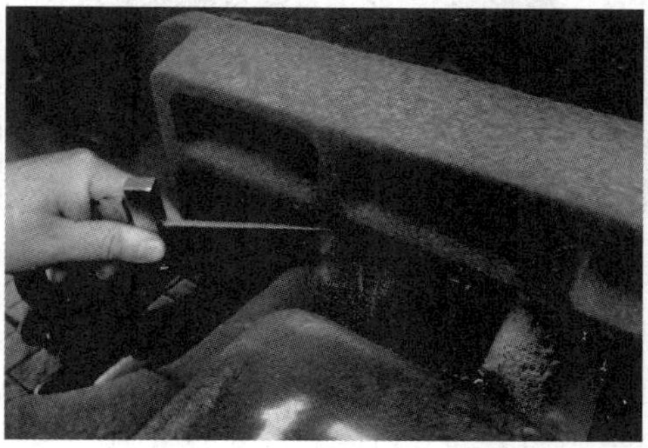

(b) 测量图示

图 18-29　钩身上部与冲击座测量及图示

⑤使用车钩综合检测样板测量,车钩支撑座与冲击座(*B* 部)间隙不小于 46 mm,其他型铁路货车 16 型、17 型支撑弹簧座腔顶部至支撑托板下平面的距离不小于 42 mm,车钩支撑座左右横向移动量不大于 15 mm(特殊规定者除外),如图 18-30 所示。

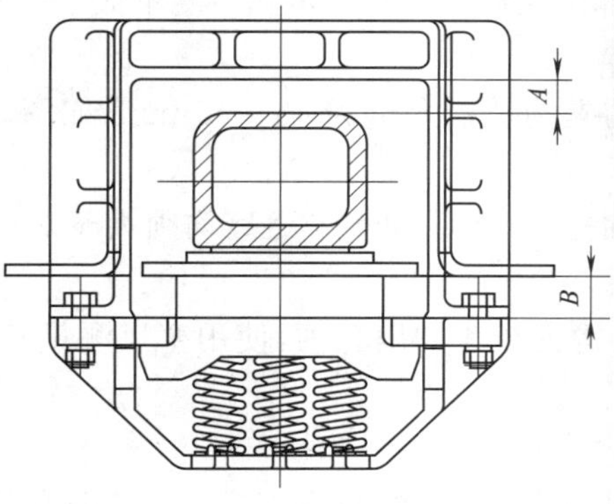

(a) 测量部位

(b) 测量图示

图 18-30　车钩支撑座与冲击座测量及图示

⑥13 号、13A 型、13B 型车钩组装后，使用车钩综合检测样板测量，钩身上部与冲击座间隙不小于 10 mm，如图 18-31 所示。

(3)车钩高度及上翘下垂测量

①从板或缓冲器与前、后从板座各工作面要接触；使用车钩高度检测尺检测：13 号、13A 型、13B 型、16 型、17 型车钩上翘量和 13 号、13A 型、13B 型车钩下垂量均不大于 5 mm；16 型、17 型车钩下垂量不大于 8 mm，如图 18-32 所示。16 型、17 型车钩上翘、下垂量超限时可换支撑弹簧或支撑座磨耗板调整。

图 18-31　钩身上部与冲击座间隙测量

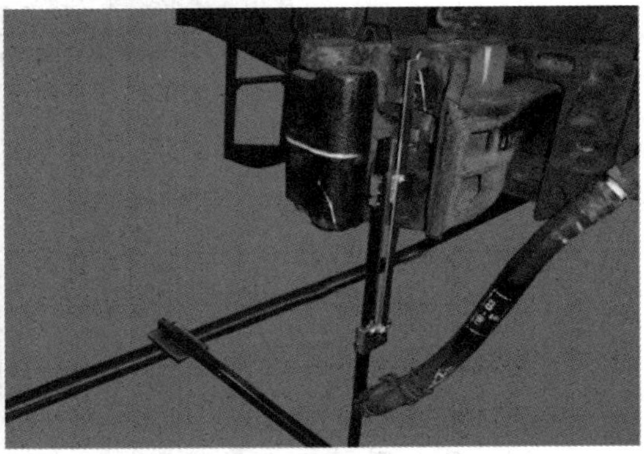

图 18-32　上翘下垂测量(标注测量读取位置)

②除特殊设计者外，使用车钩高度检测尺，测量空车车钩中心线至轨面的垂直距离为(880±10)mm；同一辆车两车钩中心高度差不大于 10 mm。

(4)车钩钩提杆及附属件落成尺寸测量

①用钢直尺在冲击座上取中点，即为车体纵向中心；移动车钩体及钩提杆，使得车钩纵向中心线与车体纵向中心线重合，且上锁销孔纵向中心与钩提杆头部纵向中心重合时，分别测量钩提杆左、右两侧最大移动量。上作用车钩装用圆孔型钩提杆座的钩提杆左右横动量为 30～50 mm，上作用车钩装用钥匙孔型钩提杆座的钩提杆左右横动量为 23～40 mm。

②使用卷尺测量，下作用车钩钩提杆扁平部位在钩提杆座处每侧长度不小于 60 mm。上作用车钩装用钥匙形孔钩提杆座的钩提杆扁平部位在钩提杆座处每侧长度不大于40 mm，如图 18-33 所示。

③使用车钩松余量检测样板，测量上作用车钩提钩链松余量为 45～55 mm，如图 18-34 所示。

④使用卷尺测量：钩提杆弯曲部位与手制动轴托上、下部和水平距离均须大于 20 mm，如图 18-35 所示。

⑤闭锁位置时，钩提杆扁平部位须能自由落入钩提杆座的扁孔内，使用塞尺测量其间隙不大于 3 mm，如图 18-36 所示。

(5)转向架落成尺寸测量

①斜楔主摩擦板(主摩擦面)与侧架立柱磨耗板须接触，严禁有垂直方向的贯通间隙，局部间隙不大于 2 mm，横向间隙用 2×10 mm 的塞尺测量，深入不超过 50 mm，如图 18-37 所示。转 8A 型承载斜楔的弹簧支撑面须低于摇枕弹簧支撑面 1～6 mm。

②使用塞尺测量横跨梁组装螺栓垂直移动量为 3～5 mm，调整垫圈数量不超过 3 个，如图 18-38 所示。

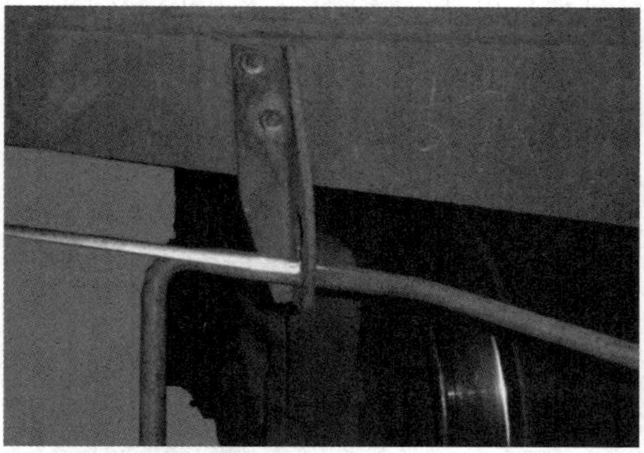

图 18-33　钩提杆扁平部位在钩提杆座处每侧长度测量

图 18-34　车钩提钩链松余量测量

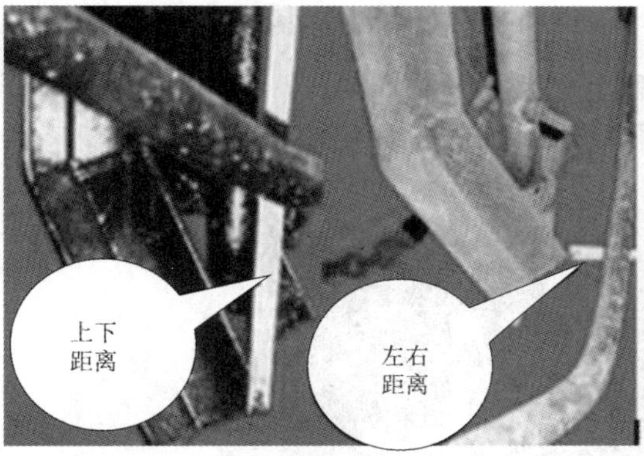

图 18-35　钩提杆弯曲部位与手制动轴托测量

图 18-36　钩提杆与钩提杆座间隙测量

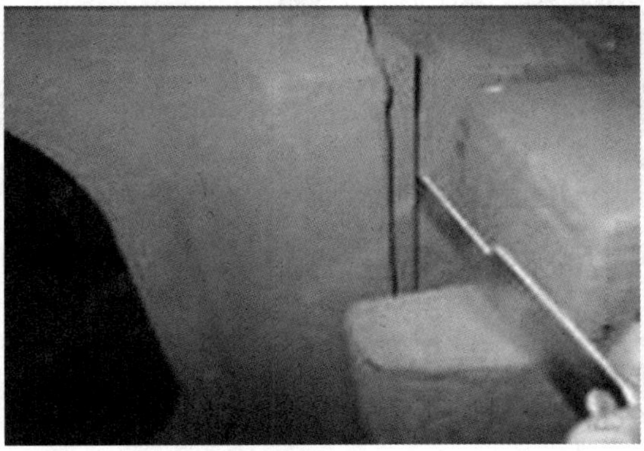

图 18-37　斜楔主摩擦板与侧架立柱磨耗板间隙测量

图 18-38　横跨梁组装螺栓垂直移动量测量

③使用卷尺测量横跨梁与车体枕梁下盖板的距离不小于 60 mm，转 8AG 型、转 8G 型、转 8AB 型、转 8B 型转向架不小于 68 mm，如图 18-39 所示。

④使用塞尺测量上、下心盘之间的螺栓与铆钉垂直相对距离不小于 5 mm，如图 18-40 所示。

图 18-39　横跨梁与车体枕梁下盖板的距离测量

图 18-40　上、下心盘之间的螺栓与铆钉垂直相对距离测量

⑤使用塞尺测量：未装用心盘磨耗盘的车辆，上心盘底座平面与下心盘立棱间距不小于 3 mm，装用心盘磨耗盘的车辆，上心盘底座平面与下心盘立棱间距不小于 7 mm，如图 18-41 所示。

图 18-41　上心盘底座平面与下心盘立棱间距测量

(6)旁承落成间距测量

①铁路货车装用双作用弹性下旁承的转向架时，整车落成后上下旁承须接触，须使用塞尺逐个测量上旁承下平面与双作用弹性下旁承滚子(或支撑磨耗板)的间距，具体要求见表 18-8，测量方法如图 18-42 所示。

表 18-8 上旁承下平面与双作用弹性下旁承滚子(或支撑磨耗板)的间距

序号	转向架型号(旁承型号)	上旁承下平面与双作用弹性下旁承滚子(或支撑磨耗板)间隙/mm	备注
1	转 K1、转 K2、转 K6	5±1	
2	转 K2 或转 K6(装用 JC-2)	7±1	GY_{95K}、GY_{95AK}、GY_{95SK}、GY_{100K}、GY_{100SK} 等型罐车
3	转 K2 或转 K6(装用 JC-2)	10±1	装用于 JSQ_5、JSQ_6、P_{70B}、T_{13} 等型铁路货车
4	转 K6	6±1	装用于 X_{4K} 型集装箱车，C_{80}、C_{80B} 等铁路货车

②装用转 K4、转 K5 型转向架时，上下旁承须接触，使用 K4、K5 型转向架旁承间隙样板，检测弹性旁承体与旁承体下部间距为(9±1)mm。装用转 E21 型转向架时，弹性旁承体与旁承体下部间距为(6±1)mm，如图 18-43 所示。

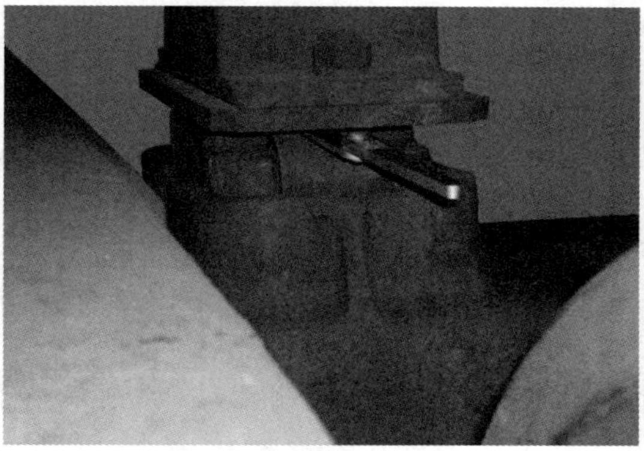

图 18-42 双作用弹性下旁承测量

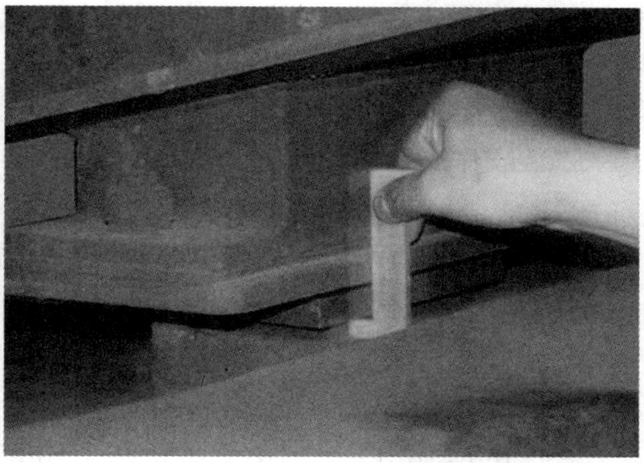

图 18-43 转 K4、K5 测量

(7)人力制动机检查、试验，作用良好，制动时用撬棍检查闸瓦须抱紧车轮，缓解时用撬棍检查闸瓦须松开车轮。人力制动机轴链卷入量检查，装用 NSW 或 FSW 型手制动机车辆空车全缓解位时，卷尺测量前制动杠杆与手制动拉杆之间链条的松余量不小于 30 mm。

【结果评价】

作业记录卡见表 18-9。

表 18-9 作业记录卡

序号	作业内容	结果描述

各组展示任务结果，介绍作业完成情况。作业结果评价见表 18-10。

表 18-10　结果评价

姓名			组号			
评价项目	分值	得分	评价标准（每项考核点分 A、B、C、D 四个等级评价）			
			A（得分≥80%）	B（80%>得分≥70%）	C（70%>得分≥60%）	D（得分<60%）
出勤情况	10		全勤	迟到	早退	旷课
准备情况	10		充分	较充分	基本充分	不充分
团队合作	10		全员参与、分工合作明确	全员参与	一般	不能协调合作
学习态度	10		认真、积极	认真	一般	不参与学习
技能考核	50		熟练正确地操作	操作基本正确，较为熟练	操作不太熟练，错误不超过 10%	错误超过 10%
安全意识	10		安全	较安全	基本安全	存在风险
总评分数	100		优良（得分≥80）/中等（80>得分≥70）/合格（70>得分≥60）/不合格（得分<60）			

思考与练习

一、填空题

1. 站修作业在车辆预检时，工作人员需将发现的故障信息填写在“入线预检记录”和________对应栏内。

2. 铁路货车进行站修检修时，车辆必须经列检人员摘修并签发________。

3. 铁路货车临修、辅修标记中的“K”表示该车为________，“Z”表示该车为________。

4. 车钩高度每次调整完毕后，须对钩身上部与冲击座间隙进行测量，13 系列不小于________ mm，16、17 型不小于________ mm。

5. 使用钩高尺测量车钩高度时，尺身必须________于轨面，测尺底座与钢轨________，否则会造成测量数据不准确。

二、选择题

1. 站修作业场在对临修车检查施修过程中需执行“三检一验”质量检验制度。其中一验是指由（　　）验收。

A. 工作者　　B. 工长　　C. 质量检查员　　D. 验收员

2. 测量旁承间隙使用的工具为（　　）。

A. 游标卡尺　　B. 塞尺　　C. 卷尺　　D. 钩高尺

3. 下列检修标记中，（　　）不是站修作业时涂打的。

A. 零部件检修标记　　B. 临修标记　　C. 辅修标记　　D. 段修标记

4. 站修作业涂打临修标记中的“K”含义为（　　）。

A. 重车　　B. 空车　　C. 纯度　　D. 公里数

三、问答题

简述站修交车验收时“三检一验”制度的具体过程。

安全篇

ANQUAN PIAN

模块五　安全管理

【知识导图】

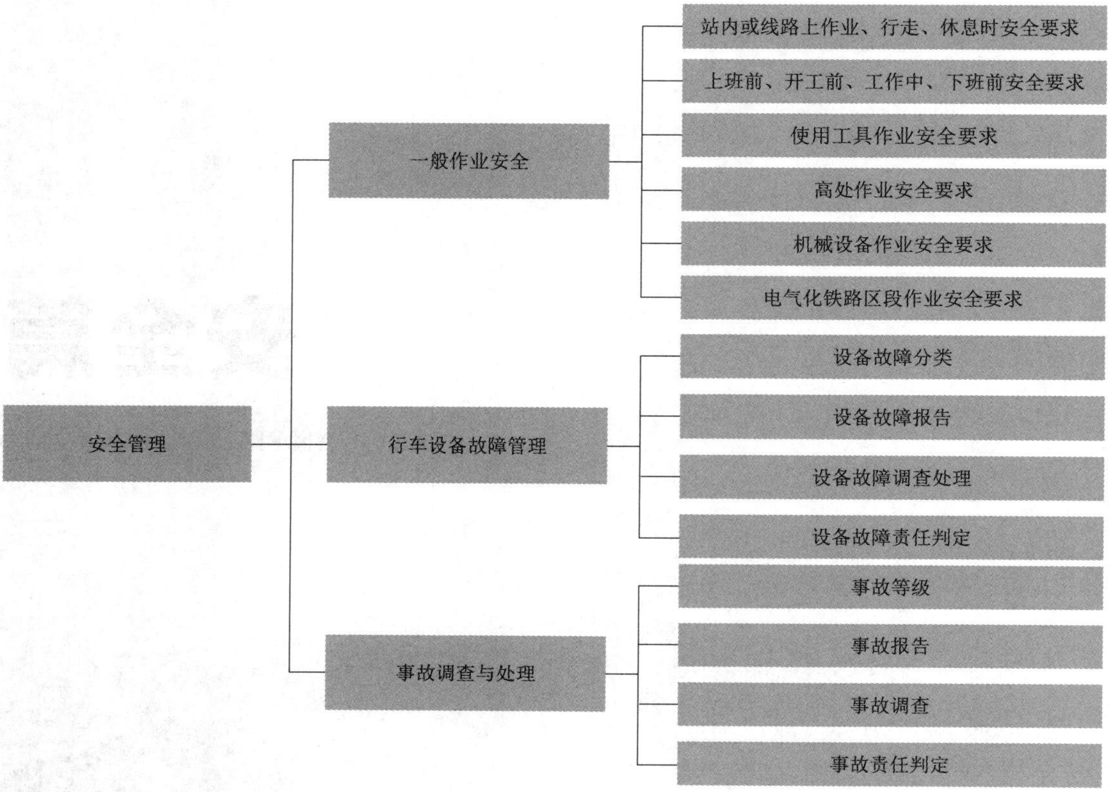

【学习目标】

知识目标

1. 熟悉铁道车辆运用维修生产的一般作业安全要求。
2. 熟悉铁路行车设备故障处置流程。
3. 熟悉铁路交通运输事故等级。
4. 熟悉铁路交通运输事故处置流程。

能力目标

1. 具备按照一般作业安全要求规范自身作业行为的能力。
2. 具备做好劳动保护和自身人身安全的能力。
3. 具备按规定处置铁路行车设备故障的能力。
4. 具备按规定处置与铁道车辆相关的铁路交通运输事故的能力。

素质目标

1. 具有较强的安全生产意识。
2. 具有遵章守纪的工作习惯。
3. 具有严格执行工作程序、规程的标准规范意识。

4. 具有应急事件处理的综合素质。

安全是铁路交通运输生产系统运行秩序正常、旅客生命财产平安无险、货物和运输设备完好无损的保证。“安全第一，预防为主”是我国铁路交通运输安全管理方针。“安全第一”就是要求运输企业在组织生产，指挥生产时，坚持把安全生产作为企业生存与发展的第一要素和保证条件。“预防为主”就是要求运输企业以主动积极的态度，从组织管理和技术措施上，增强运输安全保障系统的整体功能，把事故遏制在萌芽状态，做到防患于未然。

项目十九　一般作业安全

铁路车辆部门在生产作业过程中，要严格履行安全生产责任和义务，遵守国铁集团、铁路局发布的安全、技术规章和安全生产管理制度，严格执行作业标准、做好劳动保护、保证作业安全、避免出现人身安全事故。

【相关知识】

知识点 1　站内或线路上作业、行走、休息时安全要求

1. 四不走：不走轨道中心及枕木头；不由车底下通过；未确认安全情况不得越过轨道及两车间隙；不得在站台安全线以外行走。

2. 五确认：工作时确认是否插设安全防护装置；插设安全防护装置时确认是否符合规定，移动脱轨器插销是否打紧；撤除安全防护装置时确认车下是否有人；起镐时确认是否垫稳，工作完了时是否撤镐；工作完了后确认是否撤除安全防护装置。

3. 六不要：不要抢越轨道及在高站台上跳上跳下；不要坐在钢轨、枕木头休息和在车下及高站台检修地沟内避雨雪、乘凉等；非作业时间内不要单独行动，列车间隔时间由组长集合适当地点学习；不要攀登车辆飞上飞下；不要戴影响听、视觉的帽子；当班不要打盹睡觉。

4. 过铁路必须“一站、二看、三确认、四通过”。严禁抢道、抓车、跳车、无防护钻车。横越有停留车辆的线路时严禁翻越车辆。对于上下工需横越铁路线路特别是正线的作业单位，要制定安全管控措施。

5. 严禁在枕木头、轨道心、车底下、车边、车端和站台边坐、立、闲谈、休息、避雨或乘凉；不准使用自备交通工具进入作业场所。

6. 从停留车端部横过线路时，必须先确认车辆无移动可能，在留有足够安全距离的前提下迅速通过，不得在轨道中停留。通过时安全距离不少于 5 m。横越地沟线路时，应由渡板或安全岛等处通过，严禁跨越。

7. 在作业场所，人员、机动车辆移动时必须按规定路线行走；交叉作业时，应采取可靠防护措施。线路间行走时，禁止侵入机车车辆限界，要随时注意邻线来往的机车车辆，防止机车车辆伤害或被车辆坠落脱出物品和篷布绳索等物品击打伤害。

8. 在高站台摘挂机车时要手抓牢、脚踩稳，以防扭伤、摔伤。在高站台侧处理车辆故障时，应设有明显的防护信号，站台上对应位置应设专人监护。

9. 在线路上作业时，要穿戴反光警示防护服，禁止佩戴妨碍视觉的色镜。

知识点2 上班前、开工前、工作中、下班前安全要求

1. 认真执行保休制度，班前应充分休息。严禁班前、班中饮酒；需进行酒精含量测试的岗位人员，未经酒精检测或酒精检测不合格严禁上岗。严禁私自替班或换班。

2. 开工前要做好安全预想，按规定穿戴好防护用品。留有长发的职工，要将长发挽在工作帽内。开工前必须对使用的机具设备进行检查，主要机具设备须进行作用试验，性能不良或损坏时应立即修换，禁止使用不良机具设备。

3. 工作中不得做与工作无关的事情，严禁脱岗、串岗。

4. 工作中必须正确使用防护用品、用具，严格执行安全操作规程。工作过程中要时刻注意工作场所及设备状态，发现不安全因素时须立即停止作业，隐患消除后方可进行作业。应保持工作场地、机具设备的整洁和道路通畅，产品配件、原材料排放需整齐稳固。

5. 下班前（完工后），要关闭电、汽、风、水等开关，清扫环境，做到工完、料净、场地清。

知识点3 使用工具作业安全要求

1. 工具不得投掷传递，不准将工具放置在机械运转、蠕动部位及其他容易坠落和不安全处所。

2. 各种锤、铲、锉、冲、斧等工具的材质硬度要适中，表面平整，无卷边、缺损、裂纹。把柄用硬木制作，要平滑光洁，无裂纹、不松动。锤柄应装有金属防脱楔子（不得用铁钉代替），防脱状态良好。

3. 挥动锤、斧等工具作业时，必须前后左右瞭望，确认安全，禁止戴手套；不得将松动的锤头、斧头等配合紧固件墩紧使用。

4. 铲切及打下、投出物件时，不得面对铲打物，不得朝向他人。在将要铲断、打下、投出时，用力要轻缓以免脱出伤人。

5. 使用管钳、扳手、撬棍及其他类似工具时，应卡牢、套牢、撬准，不得用脚踩蹬，用力不得过猛，并将身体避开脱出方位。

6. 各种工具必须专器专用，不得乱用替代，扳手与扳手不得连接或加套管使用。

7. 使用各种镐类、千斤顶起重时，重心要找准，底座安放平稳牢固；镐体垂直，铁与铁接触部分要加防滑木（胶）垫，其行程不得超过全长的3/4（或安全线）。非电动、气动镐起镐后必须撤出镐把。

8. 梯子应有防滑装置，伸缩梯锁固装置应良好。放置梯子时，确认放置牢靠，梯子与地面的夹角以50°～60°为宜。使用人字梯时，应挂好安全链钩，安全链钩不得随意延长或缩短。梯子与梯子不能连接使用，不得使用不良登高工具。

9. 使用滑车、三脚架、扒杆时，脚架必须捆扎或挂上安全链（钩），脚架放置应匀称，绞盘滑车应固定牢靠。电动和手拉葫芦自降时不得使用。使用滚杠时手脚不得接触滚动部位。

10. 使用手持移动电动砂轮和其他电动工具时，应选好站立位置。

知识点4 高处作业安全要求

距离坠落基准面2 m及以上，即为高处作业。

1. 高处作业必须使用安全带或安全绳（安全网）。安全带在使用前，必须对安全带及带

钩进行检查,状态良好时方可使用。安全带应高挂低用,必须锁好安全带及带钩,拴绑于结实牢固处所。安全带应定期检验。

2. 登高作业前,应检查确认登高辅助设备完整良好,设有防滑、固定等装置,并采取有效防护措施。作业时,要思想集中,不得用力过猛和探身过远或高空跨越。升降台在上下升降或左右移动时,必须瞭望确认安全后才能开动。登高作业时,应避开电线和周围障碍物,不得脚踩悬浮物和不能承受重力的物件和处所。攀援物件时,必须试验其稳固性。

3. 高处作业必须将工具、材料放置稳妥,严禁抛接工具、材料等。

4. 客车车顶作业时,严禁从两车间跨越。检修车内顶灯、电扇、配线等,要使用专用登高设备,不得脚踏座椅靠背,要做好隔离防护,保证周围人员安全。

5. 对不足 2 m 但存在坠落危险的处所,作业前做好安全预想,作业过程中应扶牢站稳,并做好防滑、防坠落等防护工作。

6. 使用移动式检修平台作业时,停放稳固,不应超过额定载荷及人数,不可在平台防护栏上跨坐或站立;检修平台移动时,降到最低高度,严禁载人走动;平台升降时,身体各部不得超出平台护栏。

7. 遇大雨、大雪、大雾以及六级以上强风天气,禁止露天高处作业。

知识点 5　机械设备作业安全要求

1. 操作各种机械设备,必须由经过专业培训考试合格并持有效操作证的人员进行,严禁无证操作。

2. 机械设备操作人员,工作前应按规定穿着防护服,佩戴防护眼镜,扎紧衣袖,职工的长发应挽在工作帽内。机械设备在操作中严禁戴手套,各传动部分严禁与身体和衣着接触。

3. 各种动力机械(包括电气设备)的部件、附件均应符合该设备的规格性能要求,各项参数、指标、能力均应匹配。使用动力机械设备时,应按设备的规格、能力专机专用,不准超负荷使用。

4. 机械动力设备上各种显示、监测仪表,必须保证性能和作用良好,应按规定实施检定,安全阀应定期校验,爆破片应定期更换,紧急切断装置应作用良好。

5. 各种机械的传动旋转裸露部位应有安全防护装置,各种转动机械设备在开机前,要检查防护装置是否齐全良好,给油状态是否良好;使用中严禁擅自拆除。

6. 机械易于触电部位应安装防触电保护装置。冲床和木工锯刨机床应装设人体误侵入的自动停车装置。

7. 机械设备运转中,严禁操作人员擅自离岗,并应密切注意设备的运行状态,要眼看、耳听、鼻闻,发现异状、异音、异味时,应立即停机检查,并通知设备修理部门检查处理。

8. 机械设备及附属配件按规定定期检查并做好记录。

知识点 6　电气化铁路区段作业安全要求

1. 凡涉及电气化铁路区段作业人员,必须经考试合格后方准上岗。

2. 在能攀登到客车等车辆上部的梯子或支架处,涂刷或设置“电气化区段严禁攀登”的警告标志,客车还要设置防攀盒并加装防开装置。

3. 在有接触网的整备线进行登顶和动车组、客车人工冲刷车体作业时,接触网必须停电、挂设接地线后方可进行；作业结束必须确认所有作业人员进入安全地点后，方准向接触网供电。

4. 动车组在客整所、专用存车场内进行检修、整备作业后，必须检查确认轨道桥内、车顶、车下无作业人员，并与客整所库检（运用）车间值班员、专用存车场车辆值班员联控，确认具备条件后方可升弓供电。

5. 自接触网设备第一次受电开始，在未办理停电接地手续和确认不带电之前，所有从业人员均按有电对待。

6. 隔离开关操作、监护人员必须经专业培训并持证上岗，按规定使用绝缘防护用品

7. 隔离开关操作严格执行验电程序，严禁不验电连挂接地线。遇隔离开关故障时，必须停止操作，按规定程序进行处置，未修复前不准操作，严禁擅自修理。

项目二十　行车设备故障管理

铁路运输过程中无法避免行车设备故障。因此，行车设备故障管理也是铁路运输管理体系的组成部分。目前对行车设备故障实施事前预防、事中应对、事后处置和善后恢复等办法，使行车设备故障处置高效有序。

【相关知识】

知识点 1　设备故障分类

因违反作业标准、操作规程及养护维修不当或设计制造质量缺陷、自然灾害等原因，造成铁路机车车辆（包括动车组、自轮运转特种设备）、铁路轮渡、线路、桥隧、通信、信号、供电、信息、监测监控、给水、防护设施等行车设备损坏，影响正常行车，危及行车安全，均构成设备故障。

发生耽误列车、危及行车安全或影响列车正常运营的下列情形之一，但未构成铁路交通事故的，为行车设备故障：

1. 机车故障。
2. 车辆故障。
3. 动车组故障。
4. 铁路轮渡设备故障。
5. 自轮运转特种设备故障。
6. 线路、桥隧设备故障。
7. 信号设备故障。
8. 通信设备故障。
9. 供电设备故障。
10. 供水设备故障。
11. 信息系统设备故障。
12. 列尾装置故障。
13. 监测、监控设备故障。
14. 线路安全防护设备设施破损。

15. 水害、塌方、落石、倒树。

16. 其他设备故障。

知识点2 设备故障报告

设备故障发生后，司机、车站值班员等现场工作人员应立即通知设备管理单位和铁路局列车调度员，及时组织抢修。

1. 铁路局列车调度员应填写“铁路交通事故（设备故障）概况表”（安监报1），及时传送铁路局相关专业部门和安全监督部门。

2. 铁路局专业部门和设备管理单位接到设备故障报告后，应及时组织抢修设备和调查处理工作，铁路局专业部门应及时报告国铁集团专业部门。

3. 铁路局安全监督部门接到设备故障报告后，应督促有关专业部门组织调查处理，并跟踪了解设备故障修复及调查处理情况。

4. 设备故障涉及其他铁路局、铁路专业运输公司时，发生局专业部门、安全监督部门应及时将“安监报1”分别传送相关铁路局、专业运输公司的专业部门和安全监督部门。涉及外单位（系指非铁路局直接管理或者受委托管理的合资铁路、地方铁路，以及工厂、工程等单位，下同）的设备故障，由发生局专业部门5日内通知相关单位。

知识点3 设备故障调查处理

国铁集团、铁路局专业部门是行车设备的主管部门，负责组织设备故障的调查处理。设备故障涉及本局、外局或外单位两个及以上单位时，由发生局该设备的主管专业部门牵头组织调查。

设备故障调查的处理，应通过检查检测故障设备，查阅有关作业记录、台账资料、管理制度等，查明故障原因，组织认真分析，确定责任，制定防范措施，提出对责任单位的考核处理意见。两个及以上部门（单位）定责意见不一致时，由发生局安全监督部门裁决。必要时另行组织调查。

设备管理单位在故障发生后7日内，向铁路局专业部门、安全监督部门报送“行车设备故障处理报告表”。

铁路局专业部门定责不准确时，安全监督部门应予以纠正。

属于人为破坏造成的设备故障，由发生局公安部门查处。

知识点4 设备故障责任判定

设备故障分为责任故障和非责任故障。发生设备故障应件件定责。设备故障责任划分为全部责任、主要责任、次要责任和同等责任。

1. 未按国铁集团规定制定或自行发布的文电，违反规章制度、技术标准、作业标准，导致设备故障，列发文电部门（单位）主要责任，同时追究会签部门（单位）责任。

2. 设备质量不良造成设备故障，属设计、制造、采购、检修、验收等单位责任的，定相关单位责任，未按规定采用行政许可，强制认证、定点厂生产的产品，或采购不合格、不达标的产品，造成设备故障时，定采购、采用单位责任。

3. 营业线施工中因建设、设计、监理、施工、设备管理等原因造成的设备故障，定相关单位责任。

4. 涉及两个及以上单位，或在结合部发生的设备故障，不能判定主要原因时，定相关单位局等责任。

5. 设备故障发生单位隐瞒或查不清原因的，定该单位责任：协同隐瞒的单位追究同等责任。

6. 作业人员违章违纪或养护维修质量不良等，造成监测、检测设备系统故障或漏检、漏传信息，定相关单位责任。

7. 定他局、外单位责任的设备故障，发生局专业部门应填写“外转行车设备故障通知书”，经本局安全监督部门会签后，在故障发生后 20 日内向责任单位发出。未按时转出定发生单位责任。责任单位在接到“外转行车设备故障通知书”后，应在 5 日内向发出“外转行车设备故障通知书”的专业部门给予回执。

8. 租(借)用其他单位的设备发生故障，定租(借)用单位责任；有合同约定的，按合同办理。

9. 因自然灾害等不可抗力导致的设备故障，列非责任；经公安部门查明，确系破坏原因造成的设备故障，列非责任；应采取防范措施而未采取，致使人为破坏造成的设备故障，定相关单位责任。

项目二十一　事故调查与处理

铁路交通运输发生事故时，铁路部门应及时救援，尽快恢复铁路正常生产秩序，并进行事故调查，分析查明事故原因，分清造成事故的责任，教育广大群众，吸取教训，制定对策，防止类似事故的发生。并以此作为全路有关人员进行事故处理的准则和依据。

发生与车辆相关的交通事故，包括铁道车辆行车设备故障升级为铁路交通事故时，铁路局车辆部门应组织相关人员调查处理，分析事故原因，厘清事故责任，必要时派人协助事故救援工作，并及时向国铁集团报告。

【相关知识】

知识点 1　事故等级

铁道机车车辆在运行过程中发生冲突、脱轨、火灾、爆炸等影响铁路正常行车的事故，包括影响铁路正常行车的相关作业过程中发生的事故；或者铁道机车车辆在运行过程中与行人、机动车、非机动车、牲畜及其他障碍物相撞的事故，均为铁路交通事故(以下简称事故)。

根据事故造成的人员伤亡、直接经济损失、列车脱轨辆数、中断铁路行车时间等情形，事故等级分为特别重大事故、重大事故、较大事故和一般事故。

一、特别重大事故

有下列情形之一的，为特别重大事故：

1. 造成 30 人以上死亡。

2. 造成 100 人以上重伤(包括急性工业中毒，下同)。

3. 造成 1 亿元以上直接经济损失。

4. 繁忙干线客运列车脱轨 18 辆以上并中断铁路行车 48 h 以上。

5. 繁忙干线货运列车脱轨 60 辆以上并中断铁路行车 48 h 以上。

二、重大事故

有下列情形之一的，为重大事故：

1. 造成 10 人以上 30 人以下死亡。

2. 造成 50 人以上 100 人以下重伤。

3. 造成 5 000 万元以上 1 亿元以下直接经济损失。

4. 客运列车脱轨 18 辆以上。

5. 货运列车脱轨 60 辆以上。

6. 客运列车脱轨 2 辆以上 18 辆以下，并中断繁忙干线铁路行车 24 h 以上或者中断其他线路铁路行车 48 h 以上。

7. 货运列车脱轨 6 辆以上 60 辆以下，并中断繁忙干线铁路行车 24 h 以上或者中断其他线路铁路行车 48 h 以上。

三、较大事故

有下列情形之一的，为较大事故：

1. 造成 3 人以上 10 人以下死亡。

2. 造成 10 人以上 50 人以下重伤。

3. 造成 1 000 万元以上 5 000 万元以下直接经济损失。

4. 客运列车脱轨 2 辆以上 18 辆以下。

5. 货运列车脱轨 6 辆以上 60 辆以下。

6. 中断繁忙干线铁路行车 6 h 以上。

7. 中断其他线路铁路行车 10h 以上。

四、一般事故

造成 3 人以下死亡，或者 10 人以下重伤，或者 1 000 万元以下直接经济损失的，为一般事故。一般事故分为：一般 A 类事故、一般 B 类事故、一般 C 类事故、一般 D 类事故。

1. 一般 A 类事故

有下列情形之一，未构成较大以上事故的，为一般 A 类事故：

A1. 造成 2 人死亡。

A2. 造成 5 人以上 10 人以下重伤。

A3. 造成 500 万元以上 1 000 万元以下直接经济损失。

A4. 列车及调车作业中发生冲突、脱轨、火灾、爆炸、相撞，造成下列后果之一的：

A4.1 繁忙干线双线之一线或单线行车中断 3 h 以上 6 h 以下，双线行车中断 2 h 以上 6 h 以下。

A4.2 其他线路双线之一线或单线行车中断 6 h 以上 10 h 以下，双线行车中断 3 h 以上 10 h 以下。

A4.3 客运列车耽误本列 4 h 以上。

A4.4 客运列车脱轨 1 辆。

A4.5 客运列车中途摘车 2 辆以上。

A4.6 客车报废 1 辆或大破 2 辆以上。

A4.7 机车大破 1 台以上。

A4.8 动车组中破 1 辆以上。

A4.9 货运列车脱轨 4 辆以上 6 辆以下。

2.一般 B 类事故

有下列情形之一，未构成一般 A 类以上事故的，为一般 B 类事故：

B1.造成 1 人死亡。

B2.造成 5 人以下重伤。

B3.造成 100 万元以上 500 万元以下直接经济损失。

B4.列车及调车作业中发生冲突、脱轨、火灾、爆炸、相撞，造成下列后果之一的：

B4.1 繁忙干线行车中断 1 h 以上。

B4.2 其他线路行车中断 2 h 以上。

B4.3 客运列车耽误本列 1 h 以上。

B4.4 客运列车中途摘车 1 辆。

B4.5 客车大破 1 辆。

B4.6 机车中破 1 台。

B4.7 货运列车脱轨 2 辆以上 4 辆以下。

3.一般 C 类事故

有下列情形之一，未构成一般 B 类以上事故的，为一般 C 类事故：

C1.列车冲突。

C2.货运列车脱轨。

C3.列车火灾。

C4.列车爆炸。

C5.列车相撞。

C6.向占用区间发出列车。

C7.向占用线接入列车。

C8.未准备好进路接、发列车。

C9.未办或错办闭塞发出列车。

C10.列车冒进信号或越过警冲标。

C11.机车车辆溜入区间或站内。

C12.列车中机车车辆断轴，车轮崩裂，制动梁、下拉杆、交叉杆等部件脱落。

C13.列车运行中碰撞轻型车辆、小车、施工机械、机具、防护栅栏等设备设施或路料、坍体、落石。

C14.接触网接触线断线、倒杆或塌网。

C15.关闭折角塞门发出列车或运行中关闭折角塞门。

C16.列车运行中刮坏行车设备设施。

C17.列车运行中设备设施、装载货物(包括行包、邮件)、装载加固材料(或装置)超限(含按超限货物办理超过电报批准尺寸的)或坠落。

C18.装载超限货物的车辆按装载普通货物的车辆编入列车。

C19.电力机车、动车组带电进入停电区。

C20.错误向停电区段的接触网供电。

C21.电气化区段攀爬车顶耽误列车。

C22. 客运列车分离。

C23. 发生冲突、脱轨的机车车辆未按规定检查鉴定编入列车。

C24. 无调度命令施工,超范围施工,超范围维修作业。

C25. 漏发、错发、漏传、错传调度命令导致列车超速运行。

4. 一般 D 类事故

有下列情形之一,未构成一般 C 类以上事故的,为一般 D 类事故:

D1. 调车冲突。

D2. 调车脱轨。

D3. 挤道岔。

D4. 调车相撞。

D5. 错办或未及时办理信号致使列车停车。

D6. 错办行车凭证发车或耽误列车。

D7. 调车作业碰轧脱轨器、防护信号,或未撤防护信号动车。

D8. 货运列车分离。

D9. 施工、检修、清扫设备耽误列车。

D10. 作业人员违反劳动纪律、作业纪律耽误列车。

D11. 滥用紧急制动阀耽误列车。

D12. 擅自发车、开车、停车、错办通过或在区间乘降所错误通过。

D13. 列车拉铁鞋开车。

D14. 漏发、错发、漏传、错传调度命令耽误列车。

D15. 错误操纵、使用行车设备耽误列车。

D16. 使用轻型车辆、小车及施工机械耽误列车。

D17. 应安装列尾装置而未安装发出列车。

D18. 行包、邮件装卸作业耽误列车。

D19. 电力机车、动车组错误进入无接触网线路。

D20. 列车上工作人员往外抛掷物体造成人员伤害或设备损坏。

D21. 行车设备故障耽误本列客运列车 1 h 以上,或耽误本列货运列车 2 h 以上;固定设备故障延时影响正常行车 2 h 以上(仅指正线)。

知识点 2 事故报告

一、事故报告方式

1. 事故发生后,事故现场的铁路运输企业工作人员或者其他人员应当立即报告邻近铁路车站、列车调度员或者公安机关。有关单位和人员接到报告后,应当立即将事故情况报告事故发生地铁路管理机构。

2. 铁路管理机构接到事故报告,应当尽快核实有关情况,并立即报告国务院铁路主管部门;对特别重大事故、重大事故,国务院铁路主管部门应当立即报告国务院并通报国家安全生产监督管理等有关部门。

3. 发生特别重大事故、重大事故、较大事故或者有人员伤亡的一般事故,铁路管理机构还应当通报事故发生地县级以上地方人民政府及其安全生产监督管理部门。

二、报告内容

事故报告应当包括下列主要内容：

1.事故发生的时间、地点、区间(线名、公里、米)、事故相关单位和人员。

2.发生事故的列车种类、车次、部位、计长、机车型号、牵引辆数、吨数。

3.承运旅客人数或者货物品名、装载情况。

4.人员伤亡情况，机车车辆、线路设施、道路车辆的损坏情况，对铁路行车的影响情况。

5.事故原因的初步判断。

6.事故发生后采取的措施及事故控制情况。

7.具体救援请求。

事故报告后，人员伤亡、脱轨辆数、设备损坏等情况发生变化时，应及时补报。

知识点3　事故调查

一、事故调查组织

1.特别重大事故由国务院或者国务院授权的部门组织事故调查组进行调查。

2.重大事故由国务院铁路主管部门组织事故调查组进行调查。

3.较大事故和一般事故由事故发生地铁路管理机构组织事故调查组进行调查；国务院铁路主管部门认为必要时，可以组织事故调查组对较大事故和一般事故进行调查。

4.根据事故的具体情况，事故调查组由有关人民政府、公安机关、安全生产监督管理部门、监察机关等单位派人组成，并应当邀请人民检察院派人参加。事故调查组认为必要时，可以聘请有关专家参与事故调查。

二、事故调查报告

各专业小组应按调查组组长的要求，及时提交专业小组调查报告。调查组组长应组织审议专业小组调查报告，并研究形成“铁路交通事故调查报告”，由调查组所有成员签认。调查组成员意见不一致时，应在事故报告中分别进行表述，报组织调查的机关审议、裁定。

1.“铁路交通事故调查报告”内容包括：

(1)事故概况。

(2)事故造成的人员伤亡和直接经济损失。

(3)事故发生的原因和事故性质。

(4)事故责任的认定以及对事故责任者的处理建议。

(5)事故防范和整改措施建议。

(6)与事故有关的证明材料。

2.事故调查组提交“铁路交通事故调查报告”期限：

(1)特别重大事故的调查期限为60日。

(2)重大事故的调查期限为30日。

(3)较大事故的调查期限为20日。

(4)一般事故的调查期限为10日。

事故调查期限自事故发生之日起计算。

3.事故认定书

“铁路交通事故认定书”是事故赔偿、事故处理以及事故责任追究的依据，按照国铁集团规定的统一格式制作，内容包括：

(1)事故发生的原因和事故性质。

(2)事故造成的人员伤亡和直接经济损失。

(3)事故责任的认定。

(4)对有关责任单位及人员的处理决定或建议。

事故责任单位接到“铁路交通事故认定书”后，于 7 日内，填写“铁路交通事故处理报告表”(安监报 2)，按规定报送“铁路交通事故认定书”制作机关，并存档。

知识点 4 事故责任判定

事故分为责任事故和非责任事故。

事故责任分为全部责任、主要责任、重要责任、次要责任和同等责任。

负有事故全部责任的，承担事故直接经济损失费用的 100%；负有主要责任的，承担损失费用的 50%以上；负有重要责任的，承担损失费用的 30%以上、50%以下；负有次要责任的，承担损失费用的 30%以下。

有同等责任、涉及多家责任单位承担损失费用时，由事故调查组根据责任程度依次确定损失承担比例。

负同等责任的单位，承担相同比例的损失费用。

【拓展知识】

拓展知识点 1 机车车辆伤害

机车车辆伤害是铁路运输生产过程中的主要伤害种类之一。铁路作业人员在站场与线路上行走侵入限界、避车安全距离不够、施工作业防护不当、未执行作业安全标准等，极易造成机车车辆伤害。

所谓机车车辆伤害是铁路机车车辆在运行过程中碰、撞、轧、压、挤、摔等造成铁路作业人员伤亡的事故。

铁路作业人员在生产过程中，容易造成机车车辆伤害的危险和有害因素较多，根据事故致因理论，事故致因因素包括人的不安全行为、物的不安全状态、作业环境不良和管理缺陷 4 个方面。

拓展知识点 2 个人劳动防护用品使用与维护

劳动防护用品是劳动者在生产过程中为免遭或减轻事故伤害和职业危害，个人随身穿(佩)戴的用品，国际上称为 PPE(personal protective equipment)，即个人防护器具。企业有义务为工人配备必要的个人防护用品。

企业工作人员根据不同的使用场所及工作岗位的要求正确选择性能符合要求的防护用品。使用个人防护用品者必须了解所使用的防护用品的性能及正确使用方法。使用个人防护用品前，必须严格检查，损坏或磨损严重的必须及时更换。防护用品应定期检查，放于取用方便的场所，妥善维护保养防护用品。

思考与练习

一、填空题

1. 人员过铁路时必须要________________。

2. 工作中必须正确使用________________，严格执行________________。

3. 操作各种机械设备必须由经过专业培训考试合格并持有效操作证的人员进行，严禁________________操作。

4. 行车设备故障发生会耽误列车、危及行车安全或影响列车正常运营，但未构成________________。

5. 铁路交通事故等级分为________________，________________，________________和________________。

二、选择题

1. 距离坠落基准面(　　)及以上即为高处作业。

A. 0.5 m　　B. 1 m　　C. 1.5 m　　D. 2 m

2. 电气化铁路区段，自接触网设备第(　　)次受电开始，在未办理停电接地手续和确认不带电之前，所有从业人员均须按有电对待。

A. 1　　B. 2　　C. 3　　D. 4

3. 设备管理单位在故障发生后(　　)日内，向铁路局专业部门、安全监察部门报送“行车设备故障处理报告表”。

A. 3　　B. 5　　C. 7　　D. 10

4. 使用千斤顶时，起重行程不得超过全长的(　　)(或安全线)。

A. 1/2　　B. 3/4　　C. 3/5　　D. 2/3

三、问答题

1. 什么是铁路行车设备故障？分为哪几类？
2. 铁路行车设备故障责任如何判定？
3. 发生铁路交通事故后如何报告？
4. 发生铁路交通事故后如何调查？
5. 铁路交通事故责任如何判定？

参考文献

[1] 吴海超，耿烽. 铁道车辆运用与管理[M]. 北京：中国铁道出版社有限公司，2020.
[2] 中国国家铁路集团有限公司机辆部. 铁路客车运用维修[M]. 北京：中国铁道出版社有限公司，2022.
[3] 中国国家铁路集团有限公司机辆部. 铁路货车运用维修[M]. 北京：中国铁道出版社有限公司，2022.
[4] 中国国家铁路集团有限公司机辆部. 铁路动车组运用维修[M]. 北京：中国铁道出版社有限公司，2022.
[5] 中国国家铁路集团有限公司机辆部. 铁路客车检修[M]. 北京：中国铁道出版社有限公司，2022.
[6] 中国国家铁路集团有限公司机辆部. 铁路货车检修[M]. 北京：中国铁道出版社有限公司，2022.
[7] 中国国家铁路集团有限公司运输部. 铁道概论[M]. 北京：中国铁道出版社有限公司，2022.
[8] 中国铁路总公司. 铁路技术管理规程(普速铁路部分)[S]. 北京：中国铁道出版社，2014.
[9] 中国铁路总公司. 铁路货车运用维修规程[S]. 北京：中国铁道出版社，2018.
[10] 王金香. 接发列车作业[M]. 成都：西南交通大学出版社，2019.

参考答案

项目一

一、填空题

1. 行政管理，运营管理
2. 国铁集团、铁路局，国铁集团、铁路局、站段
3. 车辆运用维修管理体系，车辆调度管理体系

二、选择题

1. D，　2. B

三、问答题

略

项目二

一、填空题

1. 160
2. 回送
3. 挂用
4. 过轨
5. 降速

二、选择题

1. D，　2. A，　3. C，　4. D，　5. A

三、问答题

略

项目三

一、填空题

1. 单管供风状态
2. 隔离车
3. 上行，下行
4. 机车乘务员
5. 车辆乘务员

二、选择题

1. B，　2. C，　3. A，　4. C，　5. D，　6. B

三、问答题

略

项目四

一、填空题

1. 状态修,换件修,主要零部件的专业化集中修
2. 厂修,段修
3. A1 修

二、选择题

1. C，　2. D

三、问答题

略

项目五

一、填空题

1. 国铁集团级、铁路局级、车辆段(厂)级,车辆段(厂)级、车间级、工位级
2. 信息应用管理层,基础数据提供层
3. 电子标签读出器,计算存储设备,二维码,移动手持终端,信息网络

二、选择题

C

三、问答题

略

项目六

一、填空题

1. 始发列车
2. 始发列车

二、选择题

B

三、问答题

略

项目七

一、填空题

1. 配属单位
2. 凹底平车,落下孔车,双联平车,长大平车,钳夹车
3. 重车状态
4.《铁路机械冷藏车运用维修规程》

二、选择题

1. C，　2. D

三、问答题

略

项目八

一、填空题

1. 车号
2. 国铁
3. 客车配属
4. 备用地点

二、选择题

1. A，　2. B

项目九

一、填空题

1. 自备客车
2. 产权单位，代管段
3. 车号
4. 国铁货车

二、选择题

B

项目十

一、填空题

1. 客列检
2. 国铁集团
3. 中方

二、选择题

B

项目十一

一、填空题

1. 车辆段
2. 《铁路客车运用维修规程》

3. 车号
4. 始发列车

二、选择题

1. B， 2. A

三、问答题

略

项目十二

一、填空题

1. 车辆部，车辆段
2. 中性，用水
3. 移动备品
4. 铁路货车损坏赔偿费

二、选择题

B

三、问答题

略

项目十三

一、填空题

1. 库列检，客列检
2. 临修线
3. 锤敲
4. 30， 20
5. 闭锁，开锁，全开
6. 小于 1mm
7. ±20
8. 制动
9. 170
10. 非破坏性

二、选择题

1. D， 2. D， 3. C， 4. D， 5. B， 6. D， 7. B， 8. A， 9. D， 10. A
11. A， 12. D， 13. C， 14. D， 15. A， 16. B， 17. C， 18. A， 19. D， 20. A

三、问答题

略

项目十四

一、填空题

1. 现场检车员，TVDS 动态检车员
2. 两侧平行
3. 动态直通作业，动态技检作业，动态站折作业，动态折返作业，动态本属作业
4. 车钩钩提杆加装防跳装置，车钩下锁销加装防跳装置，折角塞门手把加装开口销

二、选择题

1. B，　2. B，　3. A，　4. C

三、问答题

略

项目十五

一、填空题

1. 车辆乘务长，车辆乘务员，发电车乘务员
2. 本属客整所出乘签到，值乘担当车底返回本属客整所入库退乘签到

二、选择题

1. B，　2. C，　3. B

三、问答题

略

项目十六

一、填空题

1. 设有机械师室的拖车（餐座合造车）
2. 动力车与控制车，控制车连挂控制车
3. 制动/缓解指示器
4. 运用维修，定期检修
5. 客车管理信息系统（KMIS）
6. “无电—有电”，“有电—无电—有电”
7. 车外设施检查，车内设施检查，制动机试验
8. 人工作业
9. 供电
10. 集控塞拉门开关门

二、选择题

1. B，　2. D，　3. B，　4. A，　5. D

三、问答题

略

项目十七

一、填空题

1. 列车技术检查,列车制动机试验
2. 始发作业,到达作业,中转作业,通过作业
3. 列检作业场,动态检查作业场
4. 有调,无调
5. 无固定配属管理
6. 动态检查
7. 始发列车检查范围和质量标准
8. “一跨、一俯、三探”分面检查
9. 钩提杆所在侧检车员
10. 列车队较大故障修理(大件修),列车队一般故障修理(小件修)
11. 小件修
12. 检修车辆竣工验收移交记录
13. 截断塞门
14. 25
15. 持续一定时间全部试验,简略试验
16. 20
17. 170
18. 100

二、选择题

1. B, 2. C, 3. C, 4. C, 5. D, 6. B, 7. B, 8. C, 9. A, 10. A
11. D, 12. A, 13. D, 14. C, 15. D, 16. B, 17. B, 18. D

三、问答题

略

项目十八

一、填空题

1. 货车站修车检修记录单
2. 车辆检修通知单或车统—23
3. 空车,重车
4. 10,28
5. 垂直,垂直

二、选择题

1. B, 2. D, 3. B, 4. D, 5. B

三、问答题

略

项目二十一

一、填空题

1.“一站、二看、三确认、四通过”

2.防护用品用具,安全操作规程

3.无证

4.铁路交通事故

5.特别重大事故,重大事故,较大事故,一般事故

二、选择题

1.D，　2.A，　3.C

三、问答题

略